Andreas Blank, Helge Meyer, Jörn Menne, Christian Schmidt, Lars Schroeder-Richter, Thomas Wirtz

Wirtschafts- und Betriebslehre

Lernen, Handeln, Prüfung vorbereiten.
Fachklassen des dualen Systems der Berufsausbildung.
Fachbereich: Technik/Naturwissenschaften

1. Auflage

Bestellnummer 07881

■ Bildungsverlag EINS

service@bv-1.de
www.bildungsverlag1.de

Bildungsverlag EINS GmbH
Ettore-Bugatti-Straße 6-14, 51149 Köln

ISBN 978-3-427-07881-4

Vorwort

Dieses Lehr- und Arbeitsbuch erfüllt die Anforderungen des Bildungsplans für das Fach **Wirtschafts- und Betriebslehre für die Fachklassen des dualen Systems** der Berufsausbildung im Bereich Technik / Naturwissenschaften in Nordrhein-Westfalen.

Um den Schülerinnen und Schülern die Lerninhalte zu veranschaulichen, werden bei der Erarbeitung der Anforderungssituationen zwei Modellunternehmen zugrunde gelegt. Dabei handelt es sich um die **Sommerfeld GmbH**, ein Industriebetrieb für Herstellung und Vertrieb von Büro- und Einrichtungsmöbeln und die **KFZ-Siebert KG,** ein KFZ-Reparaturbetrieb. Die Modellunternehmen unterstützen die Anschauung und bietet einen Fundus an konkreten betrieblichen Situationen, mit denen sich die Schülerinnen und Schüler identifizieren können.

Die im Lehrplan vorgesehenen sieben **Anforderungssituationen** sind Grundlage der Gliederung.
- Eine Geschäftsidee entwickeln und das Unternehmen in den volkswirtschaftlichen Zusammenhang einordnen
- Leistungserstellungsprozesse planen und Beschaffungsprozesse durchführen
- Marktbedingungen verstehen und eine Marketingkonzeption entwerfen
- Die Rolle in der Arbeitswelt reflektieren und die Notwendigkeit des lebenslangen Lernens erkennen
- Arbeitsrechtliche Regelungen und Mitbestimmungsmöglichkeiten kennenlernen
- Investitionen beurteilen und Finanzierungsalternativen aus Unternehmens- und Verbrauchersicht vergleichen
- Die Rolle der Bundesrepublik Deutschland in einer globalisierten Weltwirtschaft beurteilen

Die Anforderungssituationen wurden in sachlogisch strukturierte Unterrichtseinheiten gegliedert. Der Umfang der einzelnen Kapitel orientiert sich an den Stundenrichtwerten der Richtlinien. Das didaktische Prinzip der Handlungsorientierung sowie die Orientierung am Erfahrungshorizont der Schülerinnen und Schüler sind durchgehend verwirklicht, um die geforderte berufliche Handlungskompetenzen zu vermitteln.

Jede Unterrichtseinheit (= Gliederungspunkt im Buch), wird mit einer unternehmens- und fachtypischen **Handlungssituation** eingeleitet. Über Arbeitsaufträge werden die Schülerinnen und Schüler zur eigenständigen Lösung motiviert. Mit der verständlichen Darstellung und Erläuterung der **Sachinhalte** an Beispielen werden Hilfen zur Entwicklung eigener Lösungsvorschläge und damit zu einer identifizierenden Handlungsorientierung angeboten. Dabei verzichten die Autoren bewusst auf die Darstellung von Spezialkenntnissen. Stattdessen vermitteln sie betriebswirtschaftliche Zusammenhänge als Grundstruktur des Faches und beachten zudem das exemplarische Prinzip. Jeder Abschnitt schließt mit einer **Zusammenfassung** der Lerninhalte und einem umfangreichen Aufgabenteil ab. Die zahlreichen **Aufgaben** sind zur Wiederholung, vielseitigen Vertiefung und Anwendung des Gelernten geeignet. Am Ende jeder Anforderungssituation dienen **Prüfungsaufgaben** der gezielten Prüfungsvorbereitung.

Das zugehörige **Lehrerhandbuch** enthält eine ausführliche Lösung der Aufgaben.

Die Verfasser

Inhaltsverzeichnis

Ein Unternehmen stellt sich vor

Damit Sie die vielfältigen Probleme und Methoden der Wirtschafts- und Betriebslehre leichter kennenlernen, haben wir für Sie ein mittelständisches Unternehmen als Modellunternehmen gewählt, die **Sommerfeld GmbH**, Büro- und Einrichtungsmöbelfabrik. An typischen Situationen dieses Unternehmens lernen Sie die wesentlichen Themen kennen, mit der sich die Wirtschafts- und Betriebslehre beschäftigt. Sie erfahren, wie betriebswirtschaftliche Entscheidungen zustande kommen und welche Methoden eingesetzt werden, damit ein Unternehmen Erfolg hat.

Betrachten Sie die Sommerfeld GmbH als „Ihren Ausbildungsbetrieb", um betriebswirtschaftliches Denken und Handeln zu lernen. Hierzu sollen Sie zunächst einige Details über dieses Unternehmen erfahren.

Sie erfahren, wo die Sommerfeld GmbH ihren Sitz hat, wie das Unternehmen aufgebaut ist, welche Abteilungen vorhanden sind und welche Menschen in diesem Unternehmen arbeiten. Einigen der Mitarbeiter werden Sie in Ihrem Unterricht häufig begegnen und sie in typischen Situationen beobachten. Sie finden auch einen Auszug aus dem Katalog der Produkte, die von der Sommerfeld GmbH vertrieben werden.

Auf diese Informationen werden Sie bei Ihrer Lernarbeit häufiger zurückgreifen. Deshalb haben wir sie zusammengefasst und am Anfang des Lehrbuches zur ständigen Nutzung aufgeführt.

Unternehmensgeschichte

In der Mitte des Ruhrgebietes zwischen Oberhausen und Bochum gründete der Tischlermeister Christian Sommer 1973 in Essen die **Sitzmöbelfabrik Christian Sommer e. K.**, die Stühle im gutbürgerlichen Geschmack und von hoher handwerklicher Qualität produzierte. Im Jahre 1978 trat der Tischlermeister Friedrich Feld in das bestehende Unternehmen als Mitgesellschafter ein, wobei das Unternehmen seitdem als **Sitzmöbelfabrik Sommer OHG** firmierte. 1983 trat Johannes Farthmann als Kommanditist (Teilhafter) in das als **Sitzmöbelfabrik Sommer KG** umfirmierte Unternehmen ein. 1998 wandelten die beiden Gründersöhne Dipl.-Kfm. Lambert Feld und Hartmut Sommer zusammen mit der Dipl.-Ing. Claudia Farthmann das Unternehmen in die **Sommerfeld GmbH** um. Damit begann der eigentliche Aufstieg des Unternehmens zu einem der führenden Hersteller von Büro- und Einrichtungsmöbeln in Deutschland.

Eine wesentliche **Grundmaxime** des Unternehmens sind die **Forderung nach hoher Dauerhaftigkeit der Produkte und die Absage an verschwenderischen Überfluss**.

Ohne um die ökologischen Zusammenhänge zu wissen, produzierte die Sommerfeld GmbH bereits vor über zwei Jahrzehnten Möbel, die ein wesentliches ökologisches Grunderfordernis erfüllen – hohe Gebrauchsdauer bei reduziertem Materialaufwand.

Der Geschäftssitz

Produktionsstätte und Büroräume der Sommerfeld GmbH liegen in **45141 Essen**, in der **Gladbecker Straße 85–91**. Hier hat das Unternehmen Lagerräume und Werkstätten für die Fertigung errichtet. Die Büroräume befinden sich in einem Nebengebäude, das Eigentum der Sommerfeld GmbH ist.

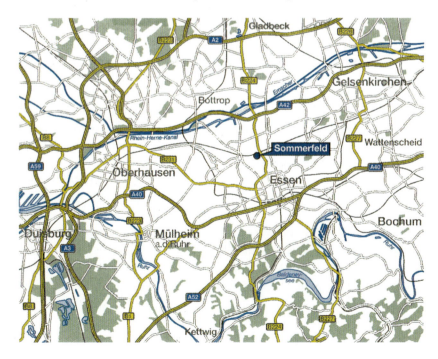

Telefon, Telefax, E-Mail und Internet

Telefon: 0201 163456/0
Telefax: 0201 1634589

E-Mail: info@sommerfeld.de
Internet: www.sommerfeld.de

Die Bankverbindungen

Geldinstitut	IBAN	SWIFT-BIC
Deutsche Bank Essen	DE96360700500025203488	DEUTDEDEXXX

Steuer-, USt-Identnummer, Betriebs-Nr. für Sozialversicherung, Handelsregistereintragung, Geschäftsjahr 1. Januar d. J. – 31. Dezember d. J.

Finanzamt: Essen-Nord; Steuer-Nr. 110/1209/0189; USt-Identnummer DE-129666846
Betriebs-Nr. für die Sozialversicherung: 77865759
Handelsregistereintragung: Amtsgericht Essen HR B 564-0541

Die Verbände

Gemäß § 1 IHK-Gesetz ist die Sommerfeld GmbH Mitglied der **Industrie- und Handelskammer Essen**. Als mittelständischer Handwerksbetrieb ist sie ebenfalls Mitglied der **Handwerkskammer**. Das Unternehmen ist im **Landesverband Holzindustrie und Kunststoffverarbeitung Nordrhein e. V.** organisiert, die organisierten Arbeitnehmer sind Mitglied in der **Vereinten Dienstleistungsgewerkschaft (Verdi)**.

Betriebsrat, Jugend- und Auszubildendenvertretung

Vorsitzende des Betriebsrates der Sommerfeld GmbH ist **Ute Stefer**, ihre Stellvertreterin Jessica Lange. Darüber hinaus gehören dem Betriebsrat die Mitarbeiterinnen und Mitarbeiter Roya Mehmet, Dave Gilbert und Raffael Zorn an. Jugend- und Auszubildendenvertreterin ist **Diana Feld**, Stellvertreter ist Siegfried Holl.

Sicherheits-, Umwelt-, Qualitäts- und Datenschutzbeauftragte der Sommerfeld GmbH

Sicherheitsbeauftragte: Jutta Schindler
Qualitätsbeauftragter: Werner Wolf
Umweltbeauftragte: Petra Lauer
Datenschutzbeauftragte: Stefanie Schwarz

Der Gesellschaftsvertrag (Auszug)

Gesellschaftsvertrag der Sommerfeld GmbH

durch die Gesellschafterversammlung am 1. Juli .. in 45141 Essen, Gladbecker Straße 85–91, festgelegt:

§ 1 Die Firma der Gesellschaft lautet Sommerfeld GmbH.

§ 2 Der Geschäftssitz der Gesellschaft ist in 45141 Essen.

§ 3 Die Gesellschaft betreibt die Herstellung und den Vertrieb von Einrichtungssystemen für den Empfang, das Büro, Konferenzen und Aufenthalt. Nach Möglichkeit sollen umweltverträgliche Materialien und Produktionsverfahren berücksichtigt werden.
[...]

§ 4 Das Stammkapital der Gesellschaft beträgt 4.000.000,00 EUR.

§ 5 Das Stammkapital wird aufgebracht:
1. Gesellschafterin Dipl.-Ing. Claudia Farthmann mit einem Nennbetrag der Geschäftsanteile von 1.000.000,00 EUR,
2. Gesellschafter Dipl.-Kfm. Lambert Feld mit einem Nennbetrag der Geschäftsanteile von 1.500.000,00 EUR,
3. Gesellschafter Hartmut Sommer mit einem Nennbetrag der Geschäftsanteile von 1.500.000,00 EUR. Die Nennbeträge der Geschäftsanteile sind in bar oder in Sachwerten zu leisten. Sie sind sofort in voller Höhe fällig.
[...]

§ 6 Die Gesellschafterversammlung beruft einstimmig die Geschäftsführung.

§ 7 Die Gesellschaft hat mindestens zwei Geschäftsführer. Sie wird von der Geschäftsführung geleitet und gerichtlich und außergerichtlich vertreten. Die Geschäftsführung ist vom Selbstkontrahierungsverbot des § 181 BGB befreit.

§ 8 Die Gesellschafter treten jährlich einmal zu einer ordentlichen Versammlung zusammen. Die Geschäftsführer laden mit einwöchiger Frist unter Angabe von Tagungsort, Tagungszeit und Tagesordnung ein. Die Gesellschafterversammlung findet regelmäßig am Gesellschaftssitz statt. Die Versammlung wird vom Vorsitzenden geleitet. Er wird durch einfache Mehrheit der Gesellschafter gewählt.

§ 9 Die Rechte der Gesellschafterversammlung werden bis auf Widerruf auf die Geschäftsführung übertragen. Für den Widerruf ist eine Mehrheit von 3/4 der Stimmen erforderlich. Abgestimmt wird nach Geschäftsanteilen. Je 1,00 EUR eines Geschäftsanteils gewähren eine Stimme.

§ 10 Ist nicht schon gesetzlich eine gerichtliche oder notarielle Beurkundung vorgeschrieben, müssen alle das Gesellschaftsverhältnis betreffende Vereinbarungen der Gesellschafter untereinander und mit der Gesellschaft schriftlich erfolgen. Mündliche Absprachen haben keine Gültigkeit. Die Gesellschafterversammlung beschließt nach freiem Ermessen über die Verteilung des jährlichen Reingewinns.

§ 11 Jeder Gesellschafter kann aus wichtigem Grund seinen Austritt aus der Gesellschaft erklären. Der Austritt ist nur zum Ende eines Geschäftsjahres zulässig. Er hat durch Einschreibebrief mit einer Frist von sechs Monaten zu erfolgen. Bei Kündigung der Gesellschafter oder Austritt wird die Gesellschaft nicht aufgelöst.

§ 12 Die Gesellschaft wird mit den Erben fortgesetzt. Ist ein Gesellschafter nicht ausschließlich von anderen Gesellschaftern oder seinen gesetzlichen Erben beerbt worden, kann der Geschäftsanteil des verstorbenen Gesellschafters gegen Entgelt eingezogen werden.

§ 13 Das Entgelt für einen eingezogenen oder sonst aufgrund obiger Vorschriften anstatt der Einziehung zu übertragenden Geschäftsanteil bestimmt sich nach dem von der Finanzbehörde zuletzt festgestellten Wert des Geschäftsanteils.

§ 14 Bekanntmachungen der Gesellschaft nach den gesetzlichen Bestimmungen erfolgen ausschließlich in elektronischer Form.

§ 15 Zuständiges Gericht für alle Streitigkeiten aus diesem Vertrag ist nur das Gericht am Sitz der Gesellschaft.
[...]

§ 16 Außerhalb des Gesellschaftsvertrages wurde folgender Beschluss gefasst: Als Geschäftsführer gemäß § 9 des Gesellschaftsvertrages werden bestimmt:
1. Frau Dipl.-Ing. Claudia Farthmann
2. Herr Dipl.-Kfm. Lambert Feld
3. Hartmut Sommer
Die Gesellschaft wird durch zwei Geschäftsführer oder durch einen Geschäftsführer gemeinsam mit einem Prokuristen vertreten.

§ 17 Vorstehendes Protokoll wurde den Gesellschaftern vom Notar vorgelesen, von ihnen genehmigt und eigenhändig wie folgt gegengezeichnet:

Claudia Farthmann   Lambert Feld   Hartmut Sommer

zu 1.   zu 2.   zu 3.

Organigramm der Sommerfeld GmbH (Auszug)

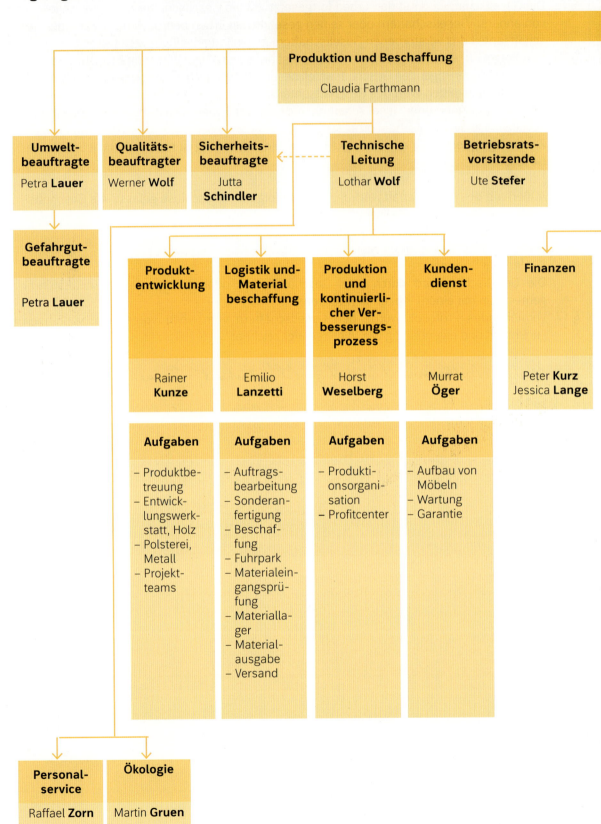

Produktion und Beschaffung

Claudia Farthmann

Umwelt-beauftragte

Petra **Lauer**

Qualitäts-beauftragter

Werner **Wolf**

Sicherheits-beauftragte

Jutta **Schindler**

Technische Leitung

Lothar **Wolf**

Betriebsrats-vorsitzende

Ute **Stefer**

Gefahrgut-beauftragte

Petra **Lauer**

Produkt-entwicklung

Rainer **Kunze**

Logistik und- Material beschaffung

Emilio **Lanzetti**

Produktion und kontinuierli-cher Ver-besserungs-prozess

Horst **Weselberg**

Kunden-dienst

Murrat **Öger**

Finanzen

Peter **Kurz**
Jessica **Lange**

Aufgaben

– Produktbe-treuung
– Entwick-lungswerk-statt, Holz
– Polsterei, Metall
– Projekt-teams

Aufgaben

– Auftrags-bearbeitung
– Sonderan-fertigung
– Beschaf-fung
– Fuhrpark
– Materialein-gangsprü-fung
– Materialla-ger
– Material-ausgabe
– Versand

Aufgaben

– Produkti-onsorgani-sation
– Profitcenter

Aufgaben

– Aufbau von Möbeln
– Wartung
– Garantie

Personal-service

Raffael **Zorn**

Ökologie

Martin **Gruen**

Geschäftsführung

Allgemeine Verwaltung
Lambert **Feld**

Vertrieb und Marketing
Hartmut **Sommer**

Datenschutz-beauftragte
Stefanie **Schwarz**

Personal-beschaffung und -einsatz	**Rechnungswesen**	**Controlling**	**Informations-system**	**Marketing**	**Objektplanung**	**Public Relations**	**Vertrieb**
Franz **Krämer**	Jens **Effer**	Nicole **Esser** Theo **Bast**	Petra **Müller** Sascha **Brass**	Roya **Mehmet** Georgio **Travlos** Sandra **Braun**	Tim **Smith** Udo **Möller** Gerd **Fust**	Erika **Berg** Heinz **Remmers**	Peter **Kraus**

Fibu
Sonja **Nolden**
Yvonne **Peters**
Georg **Lunau**

Statistik
Hermann **Witges**
Christian **Sust**

Planung
Dirk **Nelles**
Manuel **Sanchez**

KLR
Jussuf **Önder**
Klaus **Lage**

Azubis

Hera Dubowski Elektronikerin (Industrie) - 2. Ausbildungsjahr
Daniela Schaub Elektronikerin (Industrie) - 1. Ausbildungsjahr
Tülay Güvec Industriemechanikerin - 1. Ausbildungsjahr
Rudolf Heller Industriemechaniker - 2. Ausbildungsjahr
Siegfried Holl Industriemechaniker - 2. Ausbildungsjahr
Nicole Ganser Industriemechanikerin - 3. Ausbildungsjahr
Diana Feld Tischlerin - 1. Ausbildungsjahr
Heinrich Peters Tischler - 1. Ausbildungsjahr
Jörg Albers Tischler - 2. Ausbildungsjahr
Jan Fedder Anlagenmechaniker - 3. Ausbildungsjahr

Vertrieb Nord GmbH
Andreas **Stock**

Vertrieb Mitte GmbH
Stefan **Bohne**

Vertrieb Süd GmbH
Viktor **Kuzow**

Vertrieb Ost GmbH
Daniela **Niedlich**

Fabrikver-kaufsladen
(Factory Outlet)
Irene **Grell**

Vertrieb Europa
Jana **Bauer**

Vertrieb Amerika
Daniel **Berger**

Lizenzen
Dave **Gilbert**

Vertrieb Asien und Ozeanien
Mirella **Brown**

Vertrieb Afrika
Mustafa **Ergün**

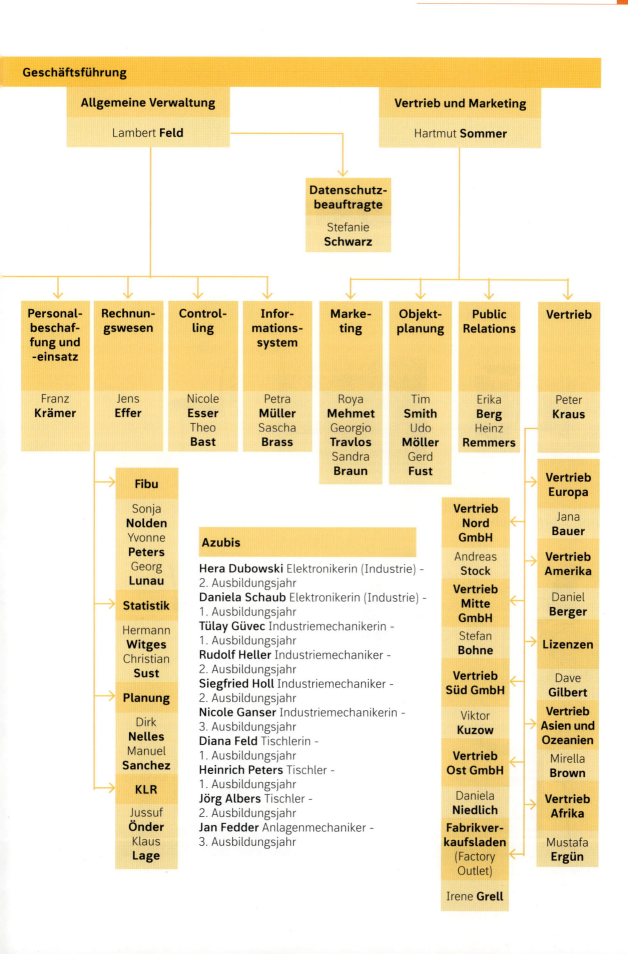

Produktauswahl

Das Sommerfeld-Programm umfasst durchgängige, international ausgezeichnete Produktfamilien für die Einrichtungsbereiche Warten und Empfang, Am Schreibtisch, Konferenz, PAusen Speisen, Aufenthalt. Langlebigkeit und eine auf das Wesentliche reduzierte Formensprache kennzeichnen die Produkte schon seit Jahrzehnten. Dazu kommen heute konkrete ökologische Vorzüge durch Material-auswahl, Konstruktion und Herstellungsverfahren.

Warten und Empfang

Tubis

Cubis Programm 830

Cubis Programm 830

Cubis

Cana

Ceno

Am Schreibtisch

Modus

FS-Linie

Picto

Stitz 2

Conrack Regalsystem

Konferenz

Confair

Contas

Versal

Linus

Logon

Pause, Speisen, Aufenthalt

Kendo

Avera

ConsulTable

Zwei Auszubildende der Sommerfeld GmbH stellen sich vor

Am ersten Berufsschultag füllt **Daniela Schaub**, Auszubildende zur Elektronikerin Industrie der Sommerfeld GmbH, folgenden Fragebogen aus, um sich ihren Mitschülern vorzustellen:

Name:	Daniela Schaub, Auszubildende zur Elektronikerin (Industrie)
Ausbildungsbetrieb:	Sommerfeld GmbH Essen
Ausbildungsdauer:	3,5 Jahre (1. Ausbildungsjahr)
Geburtsdatum:	10.03.19.. (19 Jahre)
Geburtsort:	München
Wohnort:	45474 Mühlheim Talstr. 5
Schulabschluss:	Abitur
Größte Fehler:	schlafe gern lange höre zu laut Musik bin manchmal zu ungeduldig

Was ich vor der Ausbildung gemacht habe:	Grundschule, Realschule,
Warum ich mich für diese Ausbildung entschieden habe:	bin am Design von Möbeln aller Art interessiert wollte auf keinen Fall in den Verkauf gute Aufstiegschancen im Unternehmen
Mein erster Eindruck von der Ausbildung:	anstrengend, macht aber viel Spaß, insbesondere der Kontakt zu den Mitarbeitern

Heinrich Peters ist in derselben Berufsschulklasse wie Daniela Schaub und füllt ebenfalls den Fragebogen aus:

Name:	Heinrich Peters, Auszubildender zum Tischler
Ausbildungsbetrieb:	Sommerfeld GmbH Essen
Ausbildungsdauer:	3 Jahre (1. Ausbildungsjahr)
Geburtsdatum:	21.09.19.. (19 Jahre)
Geburtsort:	Leipzig
Wohnort:	45355 Essen Dachstr. 15
Schulabschluss:	Fachhochschulreife
Größte Fehler:	bin zu eifersüchtig kann schlecht ruhig sitzen rede zu viel
Was ich vor der Ausbildung gemacht habe:	Grundschule, Mittlere Reife an der Kopernikus Realschule Leipzig, Höhere Berufsfachschule für Technik
Warum ich mich für diese Ausbildung entschieden habe:	habe Lust auf eine praktische Tätigkeit Empfehlung meiner Mutter
Mein erster Eindruck von der Ausbildung:	nette Kollegen, aber anstrengend

1 Eine Geschäftsidee entwickeln und das Unternehmen in den volkswirtschaftlichen Zusammenhang einordnen

Um das Unterrichtsfach Wirtschafts- und Betriebslehre näher kennenzulernen, werden Sie zu Beginn die **Gründung eines Unternehmens** nachvollziehen. Sie begleiten dazu einen Kfz-Meister bei seinen ersten Überlegungen zur Frage der Selbstständigkeit und vollziehen seine Gedanken von der ersten Geschäftsidee über die Namensfindung, die Entwicklung eines Businessplans bis hin zur Auswahl der Rechtsform der Unternehmung nach. Insbesondere die Auswahl der Rechtsform – im Konflikt zwischen Entscheidungsbefugnis, Haftung, Gewinn- und Verlustverteilung sowie der Kapitalaufbringung – wird dabei eine zentrale Rolle spielen.

In Unternehmen werden immer mehr Aufgaben in Teams bearbeitet, sodass **Teamfähigkeit** zu einer der entscheidenden Qualifikationen geworden ist. Aus diesem Grund wird das Kennenlernen von Teamprozessen eine wichtige Rolle spielen.

Im Anschluss daran werden Sie sich damit beschäftigen, wie sich Unternehmen und die privaten Haushalte in den **gesamtwirtschaftlichen Zusammenhang** einordnen. Dabei lernen Sie das Entscheidungsverhalten der Modellunternehmen KFZ-Siebert KG und Sommerfeld GmbH kennen. Diese Modellunternehmen werden Sie durch dieses Buch und Ihre Ausbildung begleiten. Sie bewerten die Entscheidungen der Unternehmen in ihrer ökonomischen, ökologischen und sozialen Dimension. Dabei betrachten Sie diese sowohl aus betriebswirtschaftlicher als auch aus übergeordneter volkswirtschaftlicher Sicht.

1.1 Eine Geschäftsidee entwickeln und ein Unternehmen gründen

1.1.1 Kooperativ und konstruktiv in einem Team Prozesse gestalten

In einer Sitzung der Geschäftsleitung der Sommerfeld GmbH, einem Industriebetrieb für die Herstellung von Büromöbeln, wird der Auftritt auf der nächsten Messe diskutiert. Franz Krämer, Abteilungsleiter Personalbeschaffung und Einsatz, meldet sich zu Wort: *„Wie wäre es, wenn wir unsere Auszubildenden mit der Vorbereitung der Messe beauftragen"*, führt er aus. *„Das schafft Identifikation mit dem Unternehmen, der neue Jahrgang muss sich mit dem Haus auseinandersetzen, wir bekommen frische Ideen und die Teamfähigkeit der Auszubildenden wird gestärkt!" „Und wir sparen auch noch Kosten!"*, ergänzt Jens Effer, Abteilungsleiter Rechnungswesen. *„Ich halte das für eine tolle Idee"*, stellt Hartmut Sommer, der Geschäftsführer und Abteilungsleiter Vertrieb und Marketing fest. *„Wir bilden ein abteilungsübergreifendes Projektteam der Auszubildenden. Teamleiterin wird Sandra Braun aus dem Marketing. Die ist jung, hat aber auf der anderen Seite bereits Erfahrungen mit dem Thema Messe und kann sicherstellen, dass die jungen Leute nicht abheben." „Dann ist das also beschlossen"*, fasst die Geschäftsführerin Claudia Fahrtmann zusammen. *„Und zur Vorbereitung schicken wir die Gruppe auf das Seminar ‚Grundlagen der Teamarbeit', das die Kammer gerade anbietet."*

Arbeitsaufträge

1 Sammeln Sie Merkmale, anhand derer Sie „Teamfähigkeit" beobachten können.
2 Beschreiben Sie die Bedeutung der Teamfähigkeit anhand von konkreten Beispielen aus Ihrem Ausbildungsbetrieb.
3 Tauschen Sie sich über Ihre Erfahrungen mit Gruppenarbeit in der Schule aus.

Grundlagen der Teamarbeit

Der Schulabschluss ist als „Eintrittskarte" in das Berufsleben nach wie vor von entscheidender Bedeutung. Die Erwartungen der Betriebe gehen jedoch weit über den Abschluss hinaus: Das **Interesse am Beruf** ist mit großem Abstand das Wichtigste, da hieraus die Motivation und Leistungsbereitschaft in der beruflichen Tätigkeit folgt. Daneben sind die sogenannten **Sekundärtugenden** (Zuverlässigkeit, Pünktlichkeit, Disziplin usw.) und die Persönlichkeit (Selbstbewusstsein, Grundhaltungen, Belastbarkeit usw.) von besonderer Bedeutung. Schließlich erwarten über ein Drittel der Betriebe auch eine ausgeprägte **Lernfähigkeit** sowie **kommunikative und soziale Kompetenzen**. In Unternehmen werden immer mehr Aufgaben in Teams bearbeitet, sodass auch die **Teamfähigkeit** zu einer entscheidenden Qualifikation wird.

Team und Gruppe

Bei einer **Gruppenarbeit** in der Schule werden Gruppen häufig nach dem Zufallsprinzip gebildet oder es kommt zu Sympathiegruppen. Manchmal werden auch ganz bewusst Schülerinnen und Schüler zusammengesetzt, die ein ähnliches Leistungsniveau haben. Unter bestimmten Bedingungen werden auch absichtlich leistungsgemischte Gruppen gebildet. Die Gruppen sollen dann konstruktiv zusammenarbeiten und meistens auch ein Ergebnis „produzieren". Anders als bei der Gruppenarbeit in einem Unternehmen (Teamarbeit) spielt dieses Ergebnis aber nicht die wichtigste Rolle. **In der Schule steht das Lernen** (der Weg zum Ergebnis) **im Mittelpunkt.**

Neben dem gemeinsamen und kooperativen Lernen von Sachinhalten ist die **Förderung der Teamfähigkeit** ein wesentliches Ziel schulischer Gruppenarbeit. Es gilt, die Fähigkeiten zu entwickeln, die bei der Teamarbeit im Beruf wichtig sind. In der Berufswelt werden die Teams zielgerichtet zusammengesetzt. Dabei spielen die jeweiligen Stärken der Teammitglieder im Hinblick auf die anstehende Aufgabe im Mittelpunkt. Sympathien zwischen den Teammitgliedern spielen bei der Zusammensetzung eine untergeordnete Rolle, da von allen ein professionelles Arbeiten verlangt wird, dem persönliche/menschliche Vorlieben und Abneigungen unterzuordnen sind. Teams in Unternehmen weisen folgende Merkmale auf:

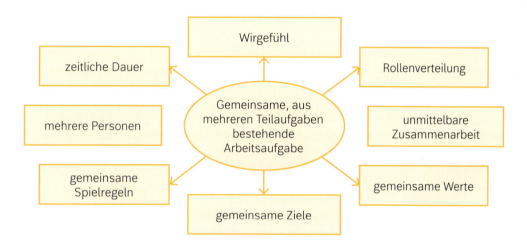

Vorteile und Probleme bei der Teamarbeit

Erfolgreiche Gruppen- oder Teamarbeit hat vielfältige **Vorteile**. Diese gelten für schulisches Lernen und betriebliches Arbeiten gleichermaßen.

Vorteile von Teamarbeit				
mehr Ideen und bessere Ergebnisse	Ausgleich von Stärken und Schwächen	Übung von Planung und Organisation	Selbstständigkeit und Verantwortung	Lern- und Arbeitsfreude

Aber auch das ist jedem bekannt: Teamarbeit kann mit Problemen verbunden sein. Wenn man sich dieser möglichen **Probleme** bewusst ist, können sie häufig bereits im Vorfeld verhindert werden. Aber selbst wenn sie auftreten, liegt es in der Macht der Gruppe, diese Probleme professionell zu bearbeiten und zu beseitigen.

Probleme bei der Teamarbeit			
ineffizientes Arbeiten	Organisationsprobleme	einseitige Arbeitsverteilung	Gruppenkonflikte

Erfolgsfaktoren bei der Teamarbeit

Ob eine Teamarbeit erfolgreich verläuft, hängt von dem gesamten Team, der Aufgabenstellung und von jedem Teammitglied selbst ab. Was man bei der Teamarbeit falsch machen kann, wird in den folgenden **„11 Minusregeln"** verdeutlicht[1].

---

1 Vgl. Knoll, Jörg: Kleingruppenmethoden, 2. Aufl., Weinheim und Basel, Beltz Verlag, 1997, S. 33.

11 Minusregeln, um ein Team zu ruinieren

1. Rede nie von dir selbst, bleibe immer nur sachlich und ernst.
2. Rede in jede Pause hinein.
3. Gerechtigkeit ist nicht zu erreichen, sei ungerecht.
4. Ignoriere Konflikte in der Gruppe.
5. Erzähle eine Anekdote nach der anderen.
6. Greife nie in das Gruppengeschehen ein.
7. Fühle dich immer persönlich angegriffen und antworte mit Kurzreferat.
8. Gehe zum Lachen in den Keller.
9. Gib überall deinen Senf dazu.
10. Erteile ungefragt, aber heftig Ratschläge.
11. Scheue dich nie, Gesprächsteilnehmer zu korrigieren und zu unterbrechen.

Wenn man diese Regeln in ihr Gegenteil umkehrt, wird deutlich, dass das Verhalten **jedes einzelnen Teammitglieds** für den Erfolg der Teamarbeit entscheidend ist. Daher ist auch jedes Mitglied bei drohenden Problemen gefordert, kritisch sein Verhalten zu hinterfragen, bevor Fehler bei anderen gesucht werden.

Kommunikation	Was die Gruppe braucht	Klarheit
– Probleme analysieren – Planung abstimmen – Entscheidungen treffen – Konflikte lösen		– Aufgabenstellung – Planung – Organisation (Zeit-wächter, Protokoll-führer, Präsentierer)

Der Schlüssel zu erfolgreichem Teamarbeiten liegt in der **Kommunikation**. Die Analyse der Aufgaben- und Problemstellungen, Planungen, Entscheidungsprozesse und vor allem Konflikte bieten zahlreiche kommunikative Herausforderungen, die von der Gruppe gemeistert werden müssen. Erfolgreiche Kommunikation in der Gruppe bewirkt für alle Teammitglieder mehr Klarheit, die ihrerseits wiederum die Kommunikation erleichtert. So ist es zwingend erforderlich, dass die Aufgabenstellung für alle Teammitglieder eindeutig ist und dass die Arbeit ausgewogen geplant wird. Zudem hilft eine klare Organisation und Rollenverteilung im Team, um effizient zu lernen und zu arbeiten.

Kooperativ und konstruktiv in einem Team Prozesse gestalten

- Teamarbeit und die **Teamfähigkeit** der Mitarbeiter und Mitarbeiterinnen haben große Bedeutung in Unternehmen.
- Erfolgreiche Teamarbeit bietet zahlreiche **Vorteile** und kann zu einer höheren Arbeitszufriedenheit und -qualität führen. Man muss jedoch auch die **Gefahren** bei Teamarbeit kennen, um sie von vornherein auszuschließen und erfolgreich zu arbeiten.
- Das Gelingen von Teamarbeit ist an zahlreiche **Bedingungen** gebunden, die das Verhalten der einzelnen Mitglieder, die Kommunikation innerhalb des Teams und die Arbeitsorganisation betreffen.

Übungsaufgaben

1. Führen Sie eine Podiumsdiskussion zum Thema „Sinn und Unsinn der Gruppenarbeit" durch. Nachdem in Gruppen Argumente für jeweils eine Position (Befürworter bzw. Gegner der Gruppenarbeit) gesammelt wurden und ein Sprecher je Gruppe gewählt wurde, gehen Sie bei der Podiumsdiskussion wie folgt vor.

Darstellungsrunde
- Der Leiter/die Leiterin eröffnet die Diskussion, nennt das Thema der Diskussion und stellt die Teilnehmer(innen) nacheinander vor. Der/die zuletzt genannte Teilnehmer(in) erhält als Erste(r) das Wort.
- Die einzelnen Diskussionsteilnehmer(innen) stellen nacheinander ihre Positionen dar. Sie dürfen dabei nicht unterbrochen werden. Die Redezeit ist auf zwei Minuten begrenzt, dann gibt der Leiter/die Leiterin das Wort weiter.

Diskussionsrunde
- Die Teilnehmer(innen) an der Podiumsdiskussion können nun miteinander „streiten", das heißt, sie gehen auf die Argumente der „Gegenseite" ein und versuchen sie zu entkräften oder durch schlagkräftigere eigene Argumente zu übertreffen.
- Dem Leiter/der Leiterin kommt in dieser Phase eine wichtige Stellung zu. Er/sie erteilt und entzieht den einzelnen Teilnehmern/Teilnehmerinnen das Wort. Es ist darauf zu achten, dass die Gesprächsanteile gerecht verteilt und dass die Redebeiträge zeitlich begrenzt werden. Hierbei ist es hilfreich, wenn der Leiter/die Leiterin eine Redeliste führt.

Plenumsrunde
- Wenn die Positionen auf dem Podium ausreichend ausgetauscht und diskutiert worden sind, hat der Rest der Klasse Gelegenheit, mit Fragen an einzelne Teilnehmer/Teilnehmerinnen oder auch mit eigenen Beiträgen die Diskussion zu bereichern.
- Auch in dieser Phase muss der Leiter/die Leiterin auf eine gerechte Verteilung der Redeanteile achten.

2. Formulieren Sie mindestens fünf Positivregeln für das Verhalten des/der Einzelnen für sein/ihr Verhalten in der Teamarbeit.

3. Erläutern Sie mit der Teamarbeit verbundenen Probleme anhand von Beispielen aus Ihrem schulischen Alltag.

4. Erstellen Sie eine Tabelle von negativen Faktoren für die Arbeit in Gruppenprozessen und geben Sie jeweils ein Beispiel an:

Faktor	Beispiel
Fehlende Kompromissbereitschaft	Ein Teammitglied beharrt darauf, dass nur seine Meinung die Richtige ist, obwohl die Mehrheit einer anderen Meinung ist.

1.1.2 Eine Geschäftsidee entwickeln und einen darauf abgestimmten Businessplan erstellen

Jan Siebert ist für den Fuhrpark der Sommerfeld GmbH zuständig. Nach der Ausbildung zum Kfz-Mechatroniker und der entsprechenden Praxis hat er die Meisterprüfung abgelegt und die Weiterbildung zum Betriebswirt im Handwerk abgeschlossen. *„Eigentlich bist du für deinen Job überqualifiziert"*, sagt sein Freund Tom Vogler beim Feierabendbier. *„Ich weiß"*, entgegnet Jan. *„Für den Fuhrpark der Sommerfeld GmbH habe ich den Meister und den Betriebswirt auch nicht gemacht." „Das klingt ja geheimnisvoll"*, entgegnet Tom. *„Nun sag schon, was hast du vor?" „Ich will mein eigener Herr sein. Eine eigene Kfz-Werkstatt, das ist mein Traum. Und weißt du was, der Traum kann Realität werden. Meine Großmutter hat mir ihr Haus vermacht und das habe ich gerade sehr gut verkauft. Das Startkapital wäre also da!" „Aber das kann auch schiefgehen"*, antwortet Tom. *„Alte Unke"*, sagt Jan und bestellt noch zwei Bier.

Arbeitsaufträge

1 Überlegen Sie, welche Ziele Jan Siebert mit dem Schritt in die Selbstständigkeit verbinden könnte.
2 Diskutieren Sie, welche Voraussetzungen Jan erfüllen sollte, damit die Existenzgründung ein Erfolg wird.
3 Planen Sie die Gründung eines Betriebes in dem Gewerk ihrer Ausbildung von der Geschäftsidee über die Wahl der Unternehmensform bis zur Finanzierung und präsentieren Sie das Ergebnis.

Für einen Mitarbeiter/eine Mitarbeiterin, der/die im Unternehmen aufsteigt und als leitende(r) Angestellte(r) Karriere macht, stellt sich die Frage, ob er/sie ein Unternehmen langfristig leiten oder sich selbstständig machen will. Fällt die Entscheidung für die Selbstständigkeit, ist eine **Geschäftsidee** zu entwickeln und es sollten die **Ziele** und die **Gründungsvoraussetzungen** geklärt werden.

Die Geschäftsidee

Am Anfang jeder Existenzgründung steht eine **Geschäftsidee**. Die Idee, etwas anders, erfolgreicher, besser zu machen als der eigene Chef oder die zukünftigen Mitbewerber. Damit diese Idee Aussicht auf Erfolg hat, sollte der/die Existenzgründer(in) sorgfältig seine/ihre unternehmerischen Ziele und das Vorliegen der Gründungsvoraussetzungen prüfen.

Unternehmerische Ziele

Wichtigstes Ziel jedes Unternehmers ist die langfristige Sicherung des größtmöglichen Gewinns **(Gewinnmaximum)**. Daneben spielen aber auch andere Ziele, z. B. Unabhängigkeit, das Ansehen in der Öffentlichkeit oder die soziale Verantwortung, eine Rolle.

In einer marktwirtschaftlichen Wirtschaftsordnung ist jedoch ein langfristiger Gewinn für die Existenzsicherung des Unternehmers unabdingbar. Für den Unternehmer/die Unternehmerin bedeutet der Gewinn:

- **Unternehmerlohn** für die geleistete Arbeit im Betrieb und damit Einkommen und Sicherung des Lebensstandards,
- **Kapitalverzinsung** für das eingebrachte Eigenkapital,
- **Risikoprämie** für die Möglichkeit des Scheiterns, z. B. durch die Insolvenz des Unternehmens.

Gründungsvoraussetzungen

In der Bundesrepublik Deutschland herrscht gemäß Artikel 12 Abs. 2 **Grundgesetz** (GG) und § 1 **Gewerbeordnung** (GewO) der Grundsatz der **Gewerbefreiheit**.

§ 1 Abs. 1 GewO:

Der Betrieb eines Gewerbes ist jedermann gestattet, soweit nicht durch dieses Gesetz Ausnahmen oder Beschränkungen vorgeschrieben oder zugelassen sind.

! **Praxistipp**: Die Gewerbeordnung finden Sie im Internet unter www.gesetze-im-internet.de/ gewo/

Die genannten **Ausnahmen oder Beschränkungen** dienen dem Schutz der Verbraucher. So gibt es Gesetze und Verordnungen, die Herstellung und Verkauf von

- chemischen Produkten,
- Waffen,
- Pflanzenschutzmitteln

an besondere **Sachkundennachweise** oder **Prüfungen der Zuverlässigkeit** binden. Darüber hinaus ist es jedoch jedermann gestattet, ein Unternehmen zu gründen. Um dieses Unternehmen erfolgreich führen zu können, sollte der/die zukünftige Unternehmer(in) jedoch bestimmte Voraussetzungen erfüllen.

Persönliche Voraussetzungen

Die harten Anforderungen des Wettbewerbs erfordern unter anderem

- eine gute Ausbildung
- Einsatzbereitschaft,
- Menschenkenntnis,
- Risikofreude,
- Führungsfähigkeit,
- Ideenreichtum,
- Rückendeckung durch den Partner.
- Nutzung neuer (IuK)-Techniken

Was erfolgreiche Existenzgründer auszeichnet
Die wichtigsten Merkmale von Existenzgründern mit überdurchschnittlichem Umsatzwachstum*

ERFOLG

| Risikofreude | Nutzung neuer (IuK-) Techniken | Rückendeckung durch den Partner | Gute Ausbildung |

*von der deutschen Ausgleichsbank mit Eigenkapitalhilfe gefördert
Quelle: Deutsche Ausgleichsbank; Fotos: Siemens Information and Communications imu 110 0101

Sachliche Voraussetzungen

Die Hauptschwierigkeiten bei der Neugründung eines Unternehmens liegen im Bereich der Beschaffung von Kapital, Personal und der anderen Betriebsfaktoren wie z.B. der geeignete Standort oder leistungsfähige Lieferanten. Daneben spielen selbstverständlich die Marktchancen eine zentrale Rolle.

Marktchancen: Für die Geschäftsidee muss der entsprechende Bedarf (vgl. S. 61) vorhanden sein, d. h., es müssen Marktlücken im Güter- und Dienstleistungsangebot der Mitbewerber bestehen und Absatzchancen müssen vorhanden sein, d. h., die Konkurrenzsituation muss die Neugründung ermöglichen. Hier unterstützen Kreditinstitute, Kammern und Verbände gründungswillige Unternehmer(innen) durch Marktuntersuchungen.

Geeigneter Standort: Die Wahl des Standortes ist eine der wichtigsten Entscheidungen bei der Neugründung. Sie beeinflusst maßgeblich den Kundenkreis, den Umsatz und die Kosten des Unternehmens.

Leistungsfähige Lieferanten: Es müssen Lieferanten gefunden werden, die den Bedarf des Unternehmens mengen- und qualitätsmäßig decken. Fragen der Einschaltung des Großhandels oder von Handelsvertretern oder die Notwendigkeit langfristiger Lieferantenbindungen sind zu klären.

Qualifiziertes und motiviertes Personal: Trotz hoher Arbeitslosigkeit stellt die Beschaffung qualifizierten Personals und die langfristige Motivation der Mitarbeiter(innen) bei vielen Unternehmen ein Problem dar. Darüber hinaus sind die Personalkosten und insbesondere die Lohnnebenkosten zu berücksichtigen.

Eine gesicherte Finanzierung: Der Kapitalbedarf ist u. a. vom Gegenstand des Unternehmens, von der Betriebsgröße, der Art der Fertigung und dem Marketingkonzept abhängig.

Rechtliche Voraussetzungen

Wer ein Gewerbe betreiben will, muss **unbeschränkt geschäftsfähig** (vgl. S. 114ff) sein.
Das neu gegründete Einzelhandelsunternehmen muss bei einer Vielzahl von Institutionen **angemeldet** werden.

- Das staatliche **Amt für Gewerbeschutz** (Gewerbeaufsichtsamt) erteilt den **Gewerbeschein**, der für den Betrieb jedes Gewerbes erforderlich ist.
- Das **Finanzamt** erteilt die Steuer- und Sozialversicherungsnummer.
- Die **Berufsgenossenschaft** prüft die Einhaltung der Unfallverhütungsvorschriften.
- Die **Industrie- und Handelskammern** sowie die **Handwerkskammern** sind Körperschaften des öffentlichen Rechts, denen alle im Kammerbezirk tätigen Gewerbetreibenden als Pflichtmitglieder angehören. Aufgaben der Kammern sind die Wahrnehmung der Interessen der Mitglieder, die Förderung der Wirtschaft und die Förderung der Berufsausbildung. Die Kammern überwachen als „zuständige Stelle" die Ausbildung.
- Die **Krankenkasse** muss informiert werden, sofern Arbeitnehmer(innen) beschäftigt werden. Über die Krankenkasse werden die Beiträge zur Kranken-, Renten-, Pflege- und Arbeitslosenversicherung abgerechnet.
- Das **Handelsregister** als Verzeichnis der Kaufleute (vgl. S. 31)

Fördermöglichkeiten im Rahmen der Existenzgründung

Für Kaufleute, die einen eigenen Betrieb gründen wollen, gibt es eine Vielzahl von **Fördermöglichkeiten**

> **!** Praxistipp: Informationen zur Existenzgründung und zu den Fördermöglichkeiten finden Sie im Internet z. B. unter www.existenzgruender.de oder www.go-online.nrw.de.

Vor- und Nachteile der Selbstständigkeit

Die Vor- und Nachteile der Selbstständigkeit kann ein/eine Unternehmer(in) nur vor dem Hintergrund seiner/ihrer persönlichen Situation beantworten.

Beispiel:

Vorteile	Nachteile
• eigene Ideen verwirklichen • Gewinnerwartung • gesellschaftliches Ansehen • ...	• Risiko des Scheiterns • Arbeitsbelastung • Verantwortung gegenüber Mitarbeitern/Mitarbeiterinnen • ...

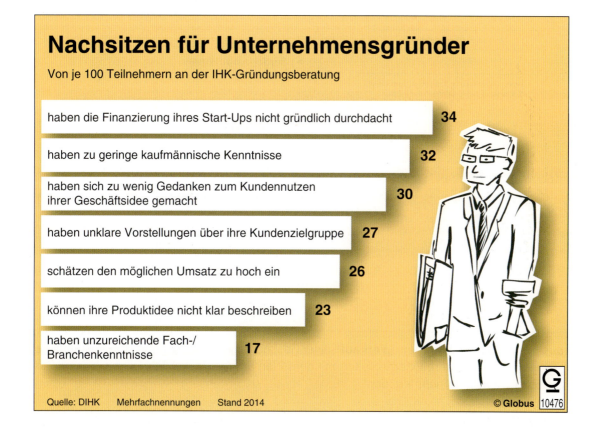

Nachsitzen für Unternehmensgründer

Von je 100 Teilnehmern an der IHK-Gründungsberatung

haben die Finanzierung ihres Start-Ups nicht gründlich durchdacht	34
haben zu geringe kaufmännische Kenntnisse	32
haben sich zu wenig Gedanken zum Kundennutzen ihrer Geschäftsidee gemacht	30
haben unklare Vorstellungen über ihre Kundenzielgruppe	27
schätzen den möglichen Umsatz zu hoch ein	26
können ihre Produktidee nicht klar beschreiben	23
haben unzureichende Fach-/Branchenkenntnisse	17

Quelle: DIHK   Mehrfachnennungen   Stand 2014

© Globus 10476

Der Businessplan

*Ein **Business-/Geschäftsplan** ist eine übersichtliche und systematische Darstellung eines unternehmerischen Vorhabens. Der Businessplan basiert auf der Geschäftsidee. Er enthält die Ziele und die Strategie, die mit der Erstellung der Leistung, dem Vertrieb und der Finanzierung eines Produktes oder einer Dienstleistung verbunden sind.*

Bestandteile und Adressaten des Businessplans[1]

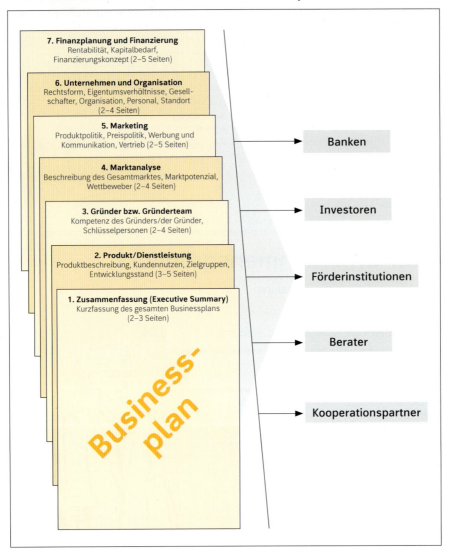

7. Finanzplanung und Finanzierung
Rentabilität, Kapitalbedarf, Finanzierungskonzept (2–5 Seiten)

6. Unternehmen und Organisation
Rechtsform, Eigentumsverhältnisse, Gesellschafter, Organisation, Personal, Standort (2–4 Seiten)

5. Marketing
Produktpolitik, Preispolitik, Werbung und Kommunikation, Vertrieb (2–5 Seiten)

4. Marktanalyse
Beschreibung des Gesamtmarktes, Marktpotenzial, Wettbeweber (2–4 Seiten)

3. Gründer bzw. Gründerteam
Kompetenz des Gründers/der Gründer, Schlüsselpersonen (2–4 Seiten)

2. Produkt/Dienstleistung
Produktbeschreibung, Kundennutzen, Zielgruppen, Entwicklungsstand (3–5 Seiten)

1. Zusammenfassung (Executive Summary)
Kurzfassung des gesamten Businessplans (2–3 Seiten)

Business-plan

Banken

Investoren

Förderinstitutionen

Berater

Kooperationspartner

Der Businessplan dient auch dem **„Verkauf"** einer Geschäftsidee. Banken, Investoren, staatliche Förderinstitutionen und andere Externe sollen mit dem Plan überzeugt werden, dass sich eine Zusammenarbeit mit dem Unternehmen lohnt.

Nutzen des Businessplans

Neben der dargestellten Funktion des Businessplans als unverzichtbarem Instrument für die **Außendarstellung** des Unternehmens, erleichtert die Erstellung und kontinuierliche Weiterentwicklung des Businessplans die Erfolgskontrolle, zwingt zu systematischem Vorgehen und dient der Risikoabschätzung.

Erfolgskontrolle: Die im Plan festgehaltenen Ziele (z. B. Umsatz, Gewinn) sind Grundlage für Soll-Istvergleiche. Bei Abweichungen zwischen der geplanten und der tatsächlichen Zielerreichung müssen die Ursachen festgestellt und Korrekturen eingeleitet werden.

Systematisches Vorgehen: Der Businessplan zwingt seine(n) Ersteller(in), wesentliche Aspekte der Unternehmensgründung bzw. -führung gründlich zu durchdenken und sinnvoll zu verknüpfen. Dies verschafft dem/der Unternehmer(in) einen klaren Überblick. Außerdem werden auf diese Weise auch Informationslücken und noch zu klärende Sachverhalte aufgedeckt.

---

1 Quelle: WiL – Wirtschaftsinitiative Lausitz: Lausitzer Existenzgründer-Wettbewerb, Handbuch, S. 7, Zugriff am 29.09.2007 unter: www.lausitzer-gruenderwettbewerb.de

Risikoabschätzung: Die Umsetzung einer Geschäftsidee ist immer mit Risiken verbunden, die aus dem Unternehmen selbst oder vom Markt aus entstehen. Der Businessplan kann Risiken selbstverständlich nicht beseitigen – erkannte und im Businessplan beschriebene Risiken können aber gemildert oder in ihren Konsequenzen (z. B. durch die Einplanung finanzieller Reserven) abgefedert werden.

Durch die Erstellung eines Businessplans steigen die **Erfolgsaussichten** eines Unternehmens. Dies ist inzwischen durch die Praxis bestätigt. Ein fehlerhafter Plan, gravierende Planabweichungen oder ein nicht vorhandener Plan sind die häufigsten Ursachen für das Misslingen einer Gründung in Deutschland.

Erstellung eines Businessplans

Die Erstellung eines Businessplans ist eine anspruchsvolle Aufgabe, die ein kaufmännischer Laie in der Regel nicht allein bewältigen kann. Damit gute Geschäftsideen nicht an dem mangelnden kaufmännischen „Know-how" scheitern, gibt es zahlreiche **Unterstützungsmöglichkeiten**. Bei der Erstellung des für die Geschäftsgründung unverzichtbaren Businessplans helfen insbesondere die Industrie- und Handelskammern und die Handwerkskammer mit Informationsmaterial und entsprechenden Seminaren.

! **Praxistipp:** Hilfestellung bei der Erstellung eines Businessplans liefern folgende Quellen.

Informationsquellen	Link
IHK-Nordwestfalen: Infos zum Businessplan	https://www.ihk-nordwestfalen.de/wirtschaft/existenzgruendung-und-unternehmensfoerderung/gruendung-und-festigung/ihk-service-existenzgruendung/baustein-4-der-businessplan-check/[1]
Infobroschüre des Startcenters NRW	http://www.startercenter.nrw.de/files/geschaeftsplan_kleinstunternehmen_neues_vorwort_1.pdf

Eine Geschäftsidee entwickeln und einen darauf abgestimmten Businessplan erstellen

- **Unternehmerische Ziele**
  Oberziel: langfristiges Gewinnmaximum
  Teilziele: Wachstum, Unabhängigkeit, Ansehen, soziale Verantwortung

Gründungsvoraussetzungen

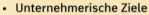

persönliche	sachliche	rechtliche

persönliche	sachliche	rechtliche

• gute Ausbildung
• Einsatzbereitschaft
• Menschenkenntnis
• Risikobereitschaft
• Führungsfähigkeit
• Ideenreichtum
• Rückendeckung durch den Partner
	• Marktchancen
	• geeigneter Standort
	• leistungsfähige Lieferanten
	• qualifiziertes Personal
	• gesicherte Finanzierung
		• Geschäftsfähigkeit
		• Anmeldung bei
		  » zuständiger Behörde
		  » Finanzamt
		  » Berufsgenossenschaft
		  » IHK
		  » Krankenkasse
		  » Handelsregister

- Der **Businessplan** ist eine übersichtliche und systematische Darstellung des Geschäftsvorhabens. Er ist ein unverzichtbares Instrument bei der Unternehmensgründung.

Übungsaufgaben

1. Fritz und Walter erben jeder 750 000,00 €. Fritz gründet einen Metall verarbeitenden Betrieb, Walter legt das Kapital in festverzinslichen Wertpapieren mit einer Verzinsung von 3,5 % an. Nach einigen Jahren treffen sie sich wieder und stellen fest, dass Fritz einen durchschnittlichen Jahresgewinn von 100 000,00 € erwirtschaftet hat. Walter hingegen erhält jährlich 56 250,00 € Zinsen. Walter findet es ungerecht, dass sein Bruder fast die doppelte Rendite erzielt und schimpft auf die Unternehmer. Nehmen Sie zu den Standpunkten der Brüder Stellung.

2. Nennen Sie vier Stellen, bei denen ein neu gegründeter Betrieb angemeldet werden muss.

3. Stellen Sie Vor- und Nachteile einer Existenzgründung am Beispiel eines Betriebes Ihrer Wahl gegenüber. Begründen Sie Ihre persönliche Entscheidung für oder gegen die Selbstständigkeit.

4. Entwickeln Sie eine begründete Geschäftsidee für ein Unternehmen Ihrer Wahl.

5. Diskutieren Sie den in Aufgabe 3 in Erwägung gezogenen Schritt in die Selbstständigkeit vor dem Hintergrund des Scheiterns.

1.1.3 Die handelsrechtlichen Rahmenbedingungen bei der geplanten Unternehmensgründung berücksichtigen

Jan Siebert will den Schritt in die Selbstständigkeit wagen. Dabei will er kein Risiko eingehen. *„Ich will klein anfangen"*, sagt er zu seinem Freund Tom, *„mit einer Werkstatt und einem Abschlepp- und Pannendienst. Wenn das läuft, können wir weitersehen." „Nenne den Laden doch ‚International-Car-Center Siebert'"*, schlägt Tom vor, *„das lockt vielleicht auch ausländische Kunden an."* Jan ist skeptisch. Er plant alles gründlich und will sich erst einmal sachkundig machen, welche Vorschriften es bei der Wahl der Firma einer Unternehmung gibt und wie er erfahren kann, ob es schon eine Unternehmung mit dem gleichen Namen gibt.

Arbeitsaufträge

1 Stellen Sie fest, welche Vorschriften Jan Siebert bei der Wahl der Firma beachten muss.
2 Erläutern Sie, ob der Vorschlag von Tom Vogler, das Unternehmen „International-Car-Center Siebert" zu nennen, zulässig ist.
3 Einigen Sie sich auf einen zulässigen Firmennamen für Jan Sieberts Unternehmen.
4 Fertigen Sie den Vordruck eines Handelsregisterauszuges an und nehmen Sie nach Erarbeitung des folgenden Kapitels die Eintragung vor.
5 Vergleichen Sie den von Ihnen erstellten Handelsregisterauszug mit den Daten, die Sie im Internet unter www.unternehmensregister.de finden.

Die Firma

Begriff der Firma

Umgangssprachlich werden die Begriffe Betrieb und Firma oft gleichgesetzt. Dabei ist der **Betrieb** der Ort der Leistungserstellung.

Beispiel:

Der Auszubildende Werner Krull sagt, er müsse nach der Berufsschule noch in die Firma.

§ 17 Abs. 1 HGB:

Die Firma eines Kaufmanns ist der Name, unter dem er im Handel seine Geschäfte betreibt und die Unterschrift abgibt.

! Praxistipp: Das HGB finden Sie im Internet unter www.gesetze-im-internet.de/hgb/

Die **Firma** besteht aus dem Firmenkern und dem Firmenzusatz.
Der **Firmenkern** beinhaltet den Gegenstand, den Namen des Unternehmens oder eine Fantasiebezeichnung.

Beispiel:

KFZ-Siebert KG, Hage AG Elektrogeräteherstellung

Der **Firmenzusatz** kann das Gesellschaftsverhältnis erklären, über Art und Umfang des Geschäftes Auskunft geben oder der Unterscheidung der Person oder des Geschäftes dienen. Er muss der Wahrheit entsprechen.

Beispiel:

*Pullmann KG **Haushaltswaren***

Arten der Firma

- **Personenfirma:** Der Firmenkern besteht aus einem oder mehreren Namen und gegebenenfalls dem Vornamen.

Beispiel:

Jan Siebert e. K, Oliver Rand e. K., Karl Bunz e. K., Heinz Holland e. K., Otto Meyer & Co. OHG

- **Sachfirma:** Der Firmenkern ist aus dem Gegenstand des Unternehmens abgeleitet.

Beispiel:

Universa AG Import- und Exporthandelsgesellschaft, Kieswerke GmbH

- **Gemischte Firma:** Die Firma besteht aus Namen und Gegenstand des Unternehmens.

Beispiel:

KFZ-Siebert KG, Stricker AG Textilherstellung

- **Fantasiefirma:** Die Firma besteht aus einer Abkürzung oder einem Fantasienamen.

> **Beispiel:**
>
> Sommerfeld GmbH, EBEKA eG, HaWa AG

Firmengrundsätze

Bei der Wahl der Firma muss der Kaufmann neben den Vorschriften, die sich auf die Unternehmensform beziehen, die **Firmengrundsätze** beachten.

- **Firmenwahrheit / Firmenklarheit**

Bei einer Sachfirma muss der Gegenstand des Unternehmens den Tatsachen entsprechen (**Firmenwahrheit**). Firmenzusätze dürfen nicht zu einer Täuschung über die Art oder den Umfang des Geschäfts oder die Verhältnisse des Geschäftsinhabers Anlass geben (**Firmenklarheit**).

> **Beispiel:**
>
> Mit der Firma „International-Car-Center Siebert" verstößt Jan Siebert gegen den Grundsatz der Firmenwahrheit, da er nur in beschränktem Umfang und nur in der Stadt Essen tätig ist.

- **Firmenausschließlichkeit**

Ist eine Firma in das Handelsregister eingetragen, hat sie **das ausschließliche Recht**, diese Firma zu führen. Will sich ein Kaufmann gleichen Namens in dieses Handelsregister eintragen lassen, so muss er sich von der bereits eingetragenen Firma deutlich unterscheiden. Dies kann z. B. durch einen Firmenzusatz oder weitere Vornamen geschehen.

> **Beispiel:**
>
> *Die Firma „KFZ-Siebert KG" ist in das Handelsregister eingetragen. Ein Namensvetter von Jan Siebert, der ebenfalls ein Kfz-Unternehmen gründen will, kann sich mit seinen Vornamen als Kfz-Jan Siebert in das Handelsregister eintragen lassen.*

- **Firmenbeständigkeit**

Eine am Markt bekannte Firma kann einen großen Wert darstellen. Aus diesem Grund ermöglicht es der Gesetzgeber, **die Firma bei einem Wechsel in der Person des Inhabers fortzuführen**. Dies kann mit oder ohne einen das Nachfolgeverhältnis andeutenden Zusatz geschehen.

> **Beispiel:**
>
> Jan Siebert denkt über die Übernahme des Airbag-Herstellers SafeBag Thomas Kermer nach. Folgende Firmen sind möglich: Jan Siebert e. K.; Thomas Kermer Nachfolger e. K.; Jan Siebert e. K., vormals Thomas Kermer e. K.; Thomas Kermer, Inhaber Jan Siebert e. K.; Thomas Kermer e. K.

- **Firmenöffentlichkeit**

Jeder Kaufmann ist verpflichtet, seine Firma am Ort der Niederlassung in das **Handelsregister** eintragen zu lassen, damit sich jedermann über die Rechtsverhältnisse informieren kann.

Das Handelsregister

*Das Handelsregister ist ein **amtliches Verzeichnis aller Kaufleute**, das vom Registergericht (meist Amtsgericht) des Bezirks elektronisch geführt wird. Es soll die Öffentlichkeit über wichtige Sachverhalte und Rechtsverhältnisse der Kaufleute und Handelsgesellschaften unterrichten.*

§ 9 Abs. 1 S. 1HGB:

Die Einsichtnahme des Handelsregisters sowie der zum Handelsregister eingereichten Dokumente ist jedem zu Informationszwecken gestattet.

Die Eintragungen in das Handelsregister erfolgen in **elektronischer Form** und werden im Unternehmensregister **veröffentlicht**. Alle publikationspflichtigen Daten eines Unternehmens werden bundesweit zentral online in ein **Unternehmensregister** unter www.unternehmensregister.de eingestellt. Damit gibt es eine zentrale Internetadresse, unter der alle publikationspflichtigen Daten bereitstehen.

Gliederung des Handelsregisters
Das Handelsregister wird in **zwei Abteilungen** gegliedert:
- **Abteilung A** für Einzelkaufleute und Personengesellschaften, z. B. OHG, KG (vgl. S. 35ff)
- **Abteilung B** für Kapitalgesellschaften, z. B. GmbH und Aktiengesellschaft (vgl. S. 41ff)

Wirkung der Eintragung
Die **Wirkung** der Eintragung kann rechtsbezeugend (deklaratorisch) oder rechtserzeugend (konstitutiv) sein.
- **Deklaratorisch** bedeutet, dass die Rechtswirkung schon vor Eintragung eingetreten ist. So ist derjenige automatisch Kaufmann, der ein Handelsgewerbe nach § 1 HGB betreibt. Die Eintragung in das Handelsregister **bezeugt** diese Tatsache lediglich.

Beispiel:

Zum Kaufmann wird die KFZ-Siebert KG mit Aufnahme eines Handelsgewerbes.

- **Konstitutiv** bedeutet, dass die Rechtswirkung erst mit der Eintragung in das Handelsregister eintritt. So wird der Kleingewerbetreibende oder die Kapitalgesellschaft erst im Moment der Eintragung Kaufmann i. S. des HGB. Die Eintragung **erzeugt** die Rechtswirkung.

Beispiel:

Die Hage AG Elektrogeräteherstellung entstand als Kapitalgesellschaft im Moment der Eintragung in das Handelsregister.

Ist eine Tatsache eingetragen und bekannt gemacht, so muss ein Dritter sie gegen sich gelten lassen, auch wenn er sie nicht kannte (**Öffentlichkeitswirkung**).

Beispiel:

Helga Kowski ist Prokuristin der Hage AG Elektrogeräteherstellung. Wegen einer Unterschlagung werden ihr die Prokura entzogen und der Arbeitsvertrag fristlos gekündigt. Die Entziehung der Prokura wird im Handelsregister eingetragen und veröffentlicht. Eine Woche später kauft Frau Kowski im Namen der Hage AG bei der Auto-Becker GmbH einen Pkw der Oberklasse und verschwindet mit dem Fahrzeug. Da der Entzug der Prokura von Frau Kowski eingetragen und veröffentlicht war, kann die Auto-Becker GmbH die Forderung nicht gegen die Hage AG geltend machen.

Jeder Kaufmann sollte sorgfältig das **Unternehmensregister** und die Handelsregisterbekanntmachungen lesen. Nur so kann er sicherstellen, dass er jederzeit über Veränderungen, z. B. bei der Haftung eines Kunden, informiert ist.

Die handelsrechtlichen Rahmenbedingungen bei der geplanten Unternehmensgründung berücksichtigen

- **Firma**

Begriff	Arten	Grundsätze
Die Firma eines Kaufmanns ist der Name, unter dem er sein Handelsgewerbe betreibt und die Unterschrift abgibt.	• **Personenfirma:** Firmenkern besteht aus Namen der/des Unternehmer/s • **Sachfirma:** Firmenkern besteht aus Gegenstand des Unternehmens • **Gemischte Firma:** Firma besteht aus Namen und Gegenstand des Unternehmens • **Fantasiefirma:** Firma besteht aus Fantasienamen	• **Wahrheit:** bei Sachfirma muss Gegenstand des Unternehmens wahr sein • **Klarheit:** keine täuschenden Firmenzusätze • **Ausschließlichkeit:** eingetragene Firma hat ausschließlich das Recht, diese Firma zu führen • **Beständigkeit:** Fortführung des Namens der Firma bei Wechsel in der Person des Inhabers • **Öffentlichkeit:** Eintragung der Firma am Ort der Niederlassung in das Handelsregister

- **Handelsregister**

Übungsaufgaben

1. Suchen Sie aus dem Branchenbuch oder dem Internet je drei Beispiele für eine Personen-, Sach-, Fantasiefirma und gemischte Firma heraus und stellen Sie diese in der Klasse vor.

2. Paul Serries will sich selbstständig machen. Er stellt fest, dass bereits eine Firma gleichen Namens im Handelsregister eingetragen ist. Erläutern Sie, was Paul Serries tun kann.

3. Erläutern Sie den Unterschied zwischen deklaratorischer und konstitutiver Wirkung einer Eintragung in das Handelsregister anhand je eines Beispiels.

4. Welche Rechtsfolgen hat die sog. Öffentlichkeitswirkung des Handelsregisters? Erläutern Sie den Sachverhalt anhand eines Beispiels.

5. Suchen Sie im Internet unter www.unternehmensregister.de nach Eintragungen zu Unternehmen in der Region. Ordnen Sie diese anhand der Kriterien Gründung, Veränderung, Löschung. Stellen Sie fest, welche Branchen und Unternehmensformen am häufigsten vertreten sind.

1.1.4 Den Unterschied zwischen Kapitalgesellschaften und Personengesellschaften analysieren

Jan Siebert informiert sich im Internet über die Bedingungen zur Gründung eines Unternehmens. Dabei stößt er als zentralen Punkt auf die Wahl der Rechtsform. *„Es ist scheinbar sehr wichtig sich darüber Gedanken zu machen, in welcher Rechtsform man ein Unternehmen gründen möchte"*, berichtet er seinem Freund Sven. *„Und worum geht es da?"*, fragt Sven. *„Durch die Wahl der Rechtsform entscheidet man bereits über die Haftung, die Leitung des Unternehmens, die Möglichkeiten der Kapitalbeschaffung und die Gewinn- und Verlustverteilung"*, liest Jan vor. *„Die Rechtsformen können grob unterteilt werden in Einzelunternehmen und Gesellschaftsunternehmen, wobei diese in Personen- und Kapitalgesellschaften sowie Genossenschaften unterschieden werden."* Jan und Sven gucken sich ratlos an. *„Guck man weiter"*, sagt Sven. Jan klickt weiter und es erscheint eine Tabelle mit den verschiedenen Rechtsformen.

Arbeitsaufträge

1 Unterscheiden Sie Einzelunternehmen und Gesellschaftsunternehmen anhand der jeweiligen Rechtsformen.
2 Recherchieren Sie die Rechtsform Ihres Ausbildungsbetriebes und stellen Sie diese in der Klasse vor.

Die Rechtsform

Um ein Unternehmen gründen zu können, benötigt dieses einen **rechtlichen Rahmen**. Je nach Wahl der Rechtsform kann dieser anhand der Leitung des Unternehmens, der Haftung, der Gewinn- und Verlustbeteiligung sowie der Kapitalaufbringung unterschieden werden. Die Rechtsformen können grundsätzlich in Einzelunternehmen und Gesellschaftsunternehmen unterschieden werden.

Einzelunternehmen

Die meisten Unternehmen werden als Einzelunternehmung gegründet. Die Besonderheit dieser Rechtsform ist, dass der Gründer die Unternehmung **allein** gründet und keine Mitgründer hat. Dadurch muss er keine vertragliche Bindung mit weiteren Personen eingehen und ist „sein eigener Herr" im Unternehmen.

Gesellschaftsunternehmen

Um die Haftung zu beschränken, die Arbeitsbelastung zu reduzieren oder neues Kapital zu beschaffen, kann der Existenzgründer ein Gesellschaftsunternehmen gründen. Je nach wirtschaftlichem Ziel, der Personenzahl, der Frage der Kapitalaufbringung oder der Haftung kann in Personengesellschaften, Kapitalgesellschaften oder Genossenschaften unterschieden werden.

• Personengesellschaften

Personengesellschaften **haften in der Regel unbeschränkt mit dem Unternehmens- wie auch mit dem Privatvermögen**. Zur Gründung werden zwei oder mehr Personen benötigt.
Diese sind in der Regel sogenannte **natürliche Personen**. Als natürliche Personen gelten alle lebenden Menschen.

Zu den Personengesellschaften zählen:
> » die Offene Handelsgesellschaft (OHG)
> » und die Kommanditgesellschaft (KG)
> » die Gesellschaft bürgerlichen Rechts (GbR)

• Kapitalgesellschaften

Kapitalgesellschaften sind **juristische Personen**. Juristische Personen werden vom Gesetz wie natürliche Personen behandelt. Sie besitzen aufgrund ihrer Eintragung in das Handelsregister eigene Rechtsfähigkeit. Kapitalgesellschaften **haften nur mit dem Kapital der Gesellschaft**.

Zu den Kapitalgesellschaften zählen
> » die Gesellschaft mit beschränkter Haftung (GmbH),
> » die Aktiengesellschaft (AG).

• Genossenschaften (eG)

Eine Genossenschaft ist ein Zusammenschluss von Personen oder Unternehmen, deren Ziel es ist, die eigenen **Mitglieder durch einen gemeinschaftlichen Geschäftsbetrieb zu fördern.** Ein Beispiel sind die Wohnungsbaugenossenschaften, die für ihre Mitglieder günstigen Wohnraum erstellen und/oder zur Verfügung stellen. Genossenschaften müssen zum Genossenschaftsregister des jeweiligen Amtsgerichts angemeldet werden und gelten dann als **eingetragene Genossenschaft (eG)**.

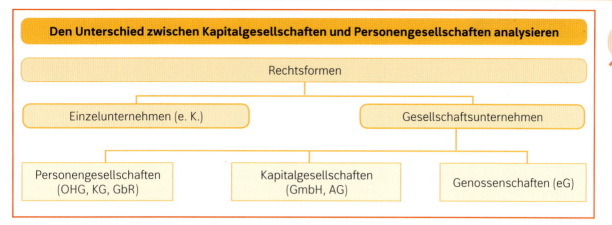

Den Unterschied zwischen Kapitalgesellschaften und Personengesellschaften analysieren

Rechtsformen

- Einzelunternehmen (e. K.)
- Gesellschaftsunternehmen
  - Personengesellschaften (OHG, KG, GbR)
  - Kapitalgesellschaften (GmbH, AG)
  - Genossenschaften (eG)

Übungsaufgaben

1. Beschreiben Sie den Unterschied zwischen natürlichen und juristischen Personen und nennen Sie jeweils zwei Beispiele.

2. Erklären Sie den Unterschied zwischen Einzel- und Gesellschaftsunternehmen und nennen Sie mindestens zwei Vor- bzw. Nachteile der Einzelunternehmung.

3. Erläutern Sie den Unterschied zwischen Personen- und Kapitalgesellschaften.

4. Diskutieren Sie in der Klasse, welcher besondere Vorteil in der Gründung einer Kapitalgesellschaft liegt.

1.1.5   Die Rechtsform der Einzelunternehmung (e. K.) beschreiben und bewerten

Nach der ersten Internetrecherche ist Jan Siebert immer noch unsicher. Bestimmte Rechtsformen wie z. B. die Genossenschaft oder die Aktiengesellschaft scheiden zwar von vornherein aus, aber bei den anderen will er sich weiter kundig machen. Daher holt er sich Rat beim Gründungsberater der Handwerkskammer. Bei einem ersten Gespräch berichtet er diesem über seine Pläne.

„Eine Geschäftsidee haben Sie mit dem Kfz-Reparaturbetrieb ja bereits", stellt dieser fest. *„Als nächsten Schritt sollten Sie sich mit der Frage der geeigneten Rechtsform auseinandersetzen. Fragen der Kapitalaufbringung, der Geschäftsführung oder der Haftung beantworten sich daraus."* "Das habe ich gelesen", erwidert Jan. *„Ich will mein eigener Herr sein und Entscheidungen selbst treffen können. Das ist doch der Grund der Selbstständigkeit"*, erwidert Jan spontan. *„Dann kommt eigentlich nur eine Einzelunternehmung infrage"*, entgegnet der Gründungsberater. *„Bevor Sie aber eine Entscheidung treffen, sollten Sie sich die Vor- und Nachteile dieser Unternehmensformen genau ansehen. Danach sehen wir uns wieder."*

1 Fertigen Sie gemeinsam mit Ihren Mitschülern/Mitschülerinnen ein Plakat an. Stellen Sie dabei die Rechtsform der Einzelunternehmung anhand folgender Begriffe dar:

a) Definition	d) Kapitalaufbringung	g) Gewinnverteilung
b) Gründung	e) Haftung	h) Verlustverteilung
c) Firma	f) Geschäftsführung und Vertretung	

2 Stellen Sie in einer Liste die Vor- und Nachteile der Rechtsform der Einzelunternehmung gegenüber.

3 Diskutieren Sie, ob die Einzelunternehmung die geeignete Rechtsform für die Pläne von Jan Siebert ist.

Definition

Das Einzelunternehmen wird von **einer Person** betrieben, die das Eigenkapital allein aufbringt.

Gründung

Die Gründung erfolgt **formlos**. Falls es sich um ein Handelsgewerbe nach § 1 HGB handelt und das Gewerbe in kaufmännischem Umfang betrieben wird, ist eine Eintragung in das **Handelsregister** erforderlich.

Firma

Die Firma kann eine Personen-, Sach-, Fantasiefirma oder gemischte Firma sein und muss den Zusatz **eingetragener Kaufmann** (e. K./e. Kfm.) oder **eingetragene Kauffrau** (e. K./e. Kffr.) beinhalten.

Beispiel:

KFZ-Siebert e. K.

Kapitalaufbringung

Da der Einzelunternehmer als **alleiniger Eigenkapitalgeber** fungiert, ist die Eigenkapitalbasis durch das Vermögen des Unternehmers begrenzt. Eine Erweiterung des Eigenkapitals kann nur durch die Nichtentnahme erzielter Gewinne erfolgen. Diese Möglichkeit ist jedoch begrenzt, weil der Kaufmann vom Gewinn seines Unternehmens leben muss, da er kein Gehalt bezieht.

Unabhängig von den tatsächlichen wirtschaftlichen Verhältnissen wirkt sich die Beschränkung des Haftungskapitals auf das Vermögen einer Person nachteilig auf die Kreditwürdigkeit aus. Deshalb sind den Möglichkeiten der **Fremdkapitalbeschaffung** beim Einzelunternehmen **enge Grenzen** gesetzt.

Haftung

Der Einzelunternehmer **haftet** für die Verbindlichkeiten seines Unternehmens **allein und unbeschränkt**, d. h. mit seinem gesamten Geschäfts- und Privatvermögen.

Geschäftsführung und Vertretung

Der Einzelunternehmer ist alleiniger Inhaber, er hat infolgedessen auch alle Entscheidungsbefugnisse. Er hat das alleinige Recht, im Innenverhältnis die Geschäfte zu führen (**Geschäftsführungsbefugnis**) und das Unternehmen im Außenverhältnis gegenüber Dritten zu vertreten (**Vertretungsbefugnis**).

Gewinne- und Verluste

Da der Einzelunternehmer alle Risiken allein übernimmt, steht ihm auch der gesamte **Gewinn** zu, andererseits trägt er auch alle **Verluste** allein.

Die Rechtsform der Einzelunternehmung (e. K.) beschreiben und bewerten	
Definition	Gewerbebetrieb, dessen Eigenkapital von einer Person aufgebracht wird
Gründung	– eine Person – Eintragung in das Handelsregister bei Handelsgewerbe mit kaufmännischem Umfang
Firma	Personen-, Sach-, Fantasiefirma oder gemischte Firma und der Zusatz „eingetragener Kaufmann" (e. K./e. Kfm.) oder „eingetragene Kauffrau" (e. K./e. Kffr.)
Kapitalaufbringung	durch den Einzelunternehmer
Haftung	allein und unbeschränkt
Geschäftsführung und Vertretung	allein durch den Einzelunternehmer
Gewinne und Verluste	erhält bzw. trägt der Einzelunternehmer

Übungsaufgaben

1. Beschreiben Sie die Rechtsform des Einzelunternehmens.

2. Erläutern Sie, welcher Vorteil aus Sicht des Unternehmens für eine Einzelunternehmung spricht.

3. Der Einzelunternehmer Eberle ist zahlungsunfähig. Der Gläubiger Pfeiffer behauptet, Eberle hafte auch mit seinem Privatvermögen. Eberle selbst steht auf dem Standpunkt, Geschäfts- und Privatvermögen hätten nichts miteinander zu tun. Nehmen Sie zu diesen Behauptungen Stellung.

4. Stellen Sie fest, wer sich in Ihrer Klasse einmal selbstständig machen möchte, und diskutieren Sie die damit verbundenen Vor- und Nachteile.

5. Stellen Sie in einem Kurzreferat die Unternehmensform des Einzelunternehmens vor. Nutzen Sie Tafel, Overheadprojektor oder andere Medien zur Veranschaulichung.

1.1.6 Die Rechtsform der Kommanditgesellschaft (KG) als Personengesellschaft beschreiben und bewerten

Jan Siebert kommt mit seiner Gegenüberstellung der Vor- und Nachteile der Einzelunternehmung zu einem weiteren Gespräch mit dem Gründungsberater der Handwerkskammer. *„Der Vorteil, alle Entscheidungen allein treffen zu können, überzeugt zwar"*, sagt Jan nachdenklich, *„aber ich trage auch die alleinige Verantwortung und muss das Kapital allein aufbringen."* „Und der Businessplan hat ja ergeben, dass das Eigenkapital äußerst knapp ist", ergänzt der Gründungsberater. „Haben Sie denn jemand, der ggf. in die Unternehmung mit einsteigen würde?" *„Mein Freund Tom Vogler möchte mitmachen, der hat aber kein Kapital. Bei der Erstellung des Businessplans hat mich mein Steuerberater Schröder unterstützt. Auch der war interessiert, will aber auf keinen Fall haften."* „Vielleicht sehen wir uns einmal die Kommanditgesellschaft an", schlägt der Gründungsberater vor. „Auch hier sollten Sie zunächst die Vor- und Nachteile gegenüberstellen."

Arbeitsaufträge

1 Fertigen Sie gemeinsam mit Ihren Mitschülern/Mitschülerinnen ein Plakat an. Stellen Sie dabei die Rechtsform der Kommanditgesellschaft anhand folgender Begriffe dar:

   a) Definition   d) Kapitalaufbringung   g) Gewinnverteilung
   b) Gründung   e) Haftung   h) Verlustverteilung
   c) Firma   f) Geschäftsführung und
                                    Vertretung

2 Stellen Sie in einer Liste die Vor- und Nachteile der Rechtsform der Kommanditgesellschaft gegenüber.

3 Diskutieren Sie, ob die Kommanditgesellschaft die geeignete Rechtsform für die Pläne von Jan Siebert ist.

Definition

Die **Kommanditgesellschaft** ist eine **Handelsgesellschaft,** bei der mindestens ein Gesellschafter unbeschränkt **(Komplementär)** und die anderen Gesellschafter nur in Höhe ihrer Einlage **(Kommanditist)** haften.

Gründung

Zur Gründung einer KG sind mindestens **zwei Personen** erforderlich. Der Gesellschaftsvertrag ist formfrei. Die Gesellschaft ist zur Eintragung in das **Handelsregister** anzumelden. Dies ist besonders für den Kommanditisten von großer Wichtigkeit, da eine Beschränkung der Haftung auf die Einlage erst ab dem Zeitpunkt der Eintragung rechtswirksam ist.

Firma

Die **Firma** der KG kann Personen-, Sach-, Fantasiefirma oder gemischte Firma sein. Sie muss den Zusatz „Kommanditgesellschaft" oder eine verständliche Abkürzung dieser Bezeichnung enthalten.

Beispiel:

Jan Siebert und Steuerberater Schröder gründen eine KG. Siebert wird Komplementär, Schröder Kommanditist. Die Firma wird als Siebert KG in das Handelsregister eingetragen.

Kapitalaufbringung

Die Möglichkeiten der **Eigenkapitalbeschaffung** sind bei der KG i. d. R. größer als bei der Einzel-unternehmung, da aufgrund der Beschränkung der Haftung des Kommanditisten auf seine Einlage leichter Teilhafter und damit Kapitalgeber gefunden werden können.
Die **Fremdkapitalbeschaffung** ist leichter als bei der Einzelunternehmung, da hier neben dem Voll-hafter zumindest ein Teilhafter mit der Einlage zusätzlich haftet.

Haftung

Der **Komplementär** haftet unbeschränkt, unmittelbar und solidarisch.
- **Unbeschränkt** bedeutet, dass der Komplementär mit seinem gesamten Vermögen haftet. Es haftet also nicht nur das Gesellschaftsvermögen, sondern der Komplementär muss auch mit seinem Privatvermögen für die Schulden der KG einstehen.
- **Unmittelbar** (persönlich, direkt) bedeutet, dass sich ein Gläubiger an jeden beliebigen Komple-mentär wenden kann. Der Komplementär kann nicht verlangen, dass der Gläubiger zuerst gegen die Gesellschaft auf Zahlung klagt.
- **Solidarisch** (gesamtschuldnerisch) heißt, dass jeder Komplementär für die gesamten Schul-den der KG haftet. Er haftet also für die anderen Gesellschafter mit. Im Innenverhältnis hat der Gesellschafter selbstverständlich einen Ausgleichsanspruch, d. h., er kann von den anderen Komplementären deren Anteil am Verlust verlangen.

Die Haftung des **Kommanditisten** ist auf die in das Handelsregister eingetragene Einlage beschränkt. Ein in eine KG **eintretender Gesellschafter** haftet auch für die Verbindlichkeiten, die bei seinem Ein-tritt bereits bestehen. **Bei Austritt** haftet der Gesellschafter noch **fünf Jahre** für die bei seinem Aus-tritt vorhandenen Verbindlichkeiten.

Geschäftsführung und Vertretung

Geschäftsführung und **Vertretung** liegen allein **beim Komplementär**, d. h., der Kommanditist ist von der Führung der Geschäfte ausgeschlossen (Grundsatz der **Einzelvertretungsmacht**). Er kann Rechts-geschäften jedoch widersprechen, wenn sie über den gewöhnlichen Geschäftsbetrieb hinausgehen.

Beispiel:

Der Komplementär will den Sitz des Unternehmens aus steuerlichen Gründen nach Liechten-stein verlegen. Hier hat der Kommanditist ein Widerspruchsrecht.

Der Kommanditist ist berechtigt, eine **Abschrift der Bilanz** zu verlangen und diese durch **Einsicht in die Bücher** auf ihre Richtigkeit hin zu überprüfen. Das Recht auf eine laufende Kontrolle der Geschäf-te hat er jedoch nicht.

Beispiel:

Der Kommanditist Schröder erscheint an jedem ersten Freitag im Monat im Unternehmen und verlangt Einblick in die Bücher. Komplementär Siebert kann ihm dies verweigern, da der Kom-manditist kein Recht auf eine laufende Kontrolle der Geschäfte hat.

Gewinnverteilung

Bei der KG erhält der geschäftsführende Gesellschafter vom Gewinn der Unternehmung i. d. R. zunächst einen **Unternehmerlohn**. Danach werden die Kapitaleinlagen gemäß Gesellschaftsvertrag **verzinst**. Ist hierüber keine Regelung getroffen, gilt § 168 HGB, der eine Kapitalverzinsung von 4 % vorsieht. Falls der Gewinn diesen Betrag übersteigt, soll der Rest **„angemessen"** verteilt werden, d. h. das unterschiedliche Risiko der Gesellschafter wird berücksichtigt.

> **Beispiel:**
>
> Herr Schröder ist mit 100 000,00 € als Kommanditist an der Mauser KG beteiligt. Frau Mauser hat als Komplementärin 150 000,00 € eingebracht. Im ersten Jahr der Gründung erwirtschaftet die KG einen Gewinn in Höhe von 35 000,00 €. Nach der Kapitalverzinsung lt. HGB verbleibt ein Restgewinn in Höhe von 25 000,00 €. Im Gesellschaftsvertrag ist vereinbart, dass die angemessene Gewinnverteilung im Verhältnis der Einlagen, d. h. im Verhältnis 2 zu 3, erfolgt. Herr Schröder erhält somit 10 000,00 € und Frau Mauser 15 000,00 € vom Restgewinn.

Gesellschafter	Geschäftsanteile in €	Kapitalverzinsung 4 % in €	Rest angemessen in €	Gewinnanteil in €
Schröder	100 000,00	4 000,00	10 000,00	14 000,00
Mauser	150 000,00	6 000,00	15 000,00	21 000,00
Gesamt	250 000,00	10 000,00	25 000,00	35 000,00

Der Kommanditist hat nur Anspruch auf Auszahlung des Gewinns, wenn er seine Einlage voll geleistet hat.

Verlustverteilung

Macht die Gesellschaft Verlust, wird dieser **im Verhältnis der Anteile** verteilt, wobei die Verlustbeteiligung des Kommanditisten auf die Höhe seiner Einlage beschränkt ist. Die Gesellschafter können das Gesellschaftsverhältnis mit einer Frist von sechs Monaten zum Ende des Geschäftsjahres **kündigen**.

Die Rechtsform der Kommanditgesellschaft (KG) als Personengesellschaft beschreiben und bewerten	
Definition	Handelsgesellschaft, bei der mindestens ein Gesellschafter unbeschränkt (Komplementär) und ein Gesellschafter in Höhe seiner Einlage (Kommanditist) haftet
Gründung	• mindestens zwei Personen • Gesellschaftsvertrag ist formfrei • Handelsregistereintrag erforderlich
Firma	Personen-, Sach-, Fantasiefirma oder gemischte Firma mit dem Zusatz KG
Kapitalaufbringung	verbesserte Möglichkeiten der Eigenfinanzierung durch Aufnahme von Kommanditisten durch den Einzelunternehmer
Haftung	• Komplementär: unbeschränkt, unmittelbar, solidarisch • Kommanditist: in Höhe seiner Einlage
Geschäftsführung und Vertretung	durch den Komplementär (Grundsatz der Einzelvertretung)
Gewinnverteilung	4 % auf das eingesetzte Kapital, Rest angemessen (HGB) oder nach Gesellschaftsvertrag
Verlustverteilung	angemessen, d. h. im Verhältnis der Anteile

Übungsaufgaben

1. Roland Rothe plant die Gründung eines SHK-Handwerkbetriebes in der Rechtsform einer KG. Um Chancen und Risiken gegeneinander abzuwägen, bittet Herr Rothe seinen Steuerberater Schmitz um die Beantwortung der nachfolgenden Fragen:
   a) Geben Sie an, wo die Gesellschaft eingetragen bzw. angemeldet werden muss.
   b) Erläutern Sie, wie die Gesellschafter haften.
   c) Beschreiben Sie, wie die gesetzliche Gewinnverteilung geregelt ist.
   d) Begründen Sie, warum der Gewinn der KG, der die Verzinsung auf das eingesetzte Kapital übersteigt, „angemessen" verteilt wird.
   e) Roland Rothe betreibt die KG zusammen mit seinem Kompagnon Kotte. Rothe ist Komplementär, Kotte Kommanditist. Nennen Sie mögliche Firmen.
   f) Stellen Sie in einer Tabelle die Rechte und Pflichten des Komplementärs gegenüber.
   Helfen Sie Herrn Schmitz bei der Erledigung dieses Auftrages.

2. Nach der Eintragung der Rothe KG in das Handelsregister kauft Rothe mehrere Geschäfts-Pkw.
   a) Erläutern Sie, ob Rothe das Geschäft für die KG wirksam abschließen konnte.
   b) Führen Sie aus, welche Rechtsfolgen es gehabt hätte, wenn Kotte dem Geschäft widersprochen hätte.
   c) Erläutern Sie, ob Kotte sich an einer weiteren KG als Gesellschafter beteiligen kann.
   d) Kotte bekommt einen Lkw günstig angeboten. Er möchte dieses Geschäft auf eigene Rechnung machen. Ist dies zulässig, wenn Rothe dagegen ist?
   e) Aufgrund von Unstimmigkeiten möchte Kotte die Gesellschaft verlassen. Er ist der Meinung, ab dem Tag der Auflösung des Gesellschaftsvertrages habe er mit den Verbindlichkeiten des Unternehmens nichts mehr zu tun. Erläutern Sie die Rechtslage.

3. Erläutern Sie die gesetzliche Gewinnverteilung bei der KG und begründen Sie die unterschiedliche Behandlung der Gesellschafter.

4. Erläutern Sie die wesentlichen Unterschiede zwischen einer Einzelunternehmung und einer KG.

1.1.7 Die Rechtsform der Gesellschaft mit beschränkter Haftung (GmbH) als Kapitalgesellschaft beschreiben und bewerten

Wieder sitzen Jan Siebert und der Gründungsberater der Handwerkskammer zusammen. *„Mein Steuerberater wäre einverstanden, er hat mich aber noch einmal nachdrücklich auf das Risiko des Scheiterns aufmerksam gemacht. Wenn es schiefgeht, ist das Erbe weg und ich habe Schulden bis ans Ende meiner Tage!" „Das Risiko besteht"*, bestätigt der Gründungsberater. *„Vielleicht sehen wir uns anschließend einmal die Gesellschaft mit beschränkter Haftung an. Hier können Sie die Haftung auf das Gesellschaftsvermögen beschränken."*

Definition

Die GmbH ist eine Handelsgesellschaft mit eigener Rechtspersönlichkeit (**juristische Person**), deren Gesellschafter mit ihrem Nennbetrag der Geschäftsanteile am Stammkapital der Gesellschaft beteiligt sind ohne persönlich zu haften.

Gründung

Eine Mindestzahl von **Gründern** ist nicht vorgeschrieben, d. h., dass auch eine Person allein eine GmbH gründen kann (Ein-Personen-GmbH). Dies kann auch eine andere juristische Person sein. Der Gesellschaftsvertrag (**Satzung**) bedarf der notariellen Beurkundung. Als juristische Person entsteht die GmbH erst mit Eintragung in das Handelsregister. Sie ist damit **Formkaufmann**. Für unkomplizierte Standardgründungen steht als Anlage zum GmbHG ein **Mustergesellschaftsvertrag** zur Verfügung. Wird dieser verwendet, ist eine notarielle Beurkundung nicht erforderlich. Es sind lediglich die Unterschriften der Gesellschafter zu beglaubigen. Auch ein **Muster der Handelsregisteranmeldung** steht als Anlage zum GmbHG zur Verfügung.

§ 11 Abs. 2 GmbHG:

Ist vor der Eintragung im Namen der Gesellschaft gehandelt worden, so haften die Handelnden persönlich und solidarisch.

! **Praxistipp**: Das GmbH-Gesetz finden Sie im Internet unter www.gesetze-im-internet.de/gmbhg/

Beispiel:

Jan Siebert will seinen Kfz-Betrieb in der Rechtsform einer GmbH führen. Er lässt von seinem Rechtsanwalt einen Gesellschaftsvertrag aufsetzen. Vor der Eintragung ins Handelsregister lässt er eine Werkstatt umbauen. Da die hiermit verbundenen Rechtsgeschäfte vor der Eintragung abgeschlossen wurden, haftet Jan Siebert hierfür persönlich und solidarisch.

Firma

Die **Firma** der GmbH kann Personen-, Sach-, Fantasiefirma oder gemischte Firma sein. Sie muss den Zusatz „Gesellschaft mit beschränkter Haftung" oder eine verständliche Abkürzung dieser Bezeichnung (GmbH) enthalten.

Kapitalaufbringung

Anders als bei den Personengesellschaften ist bei der GmbH ein festes Gesellschaftskapital vorgeschrieben. Es wird **Stammkapital** genannt und beträgt mindestens 25 000,00 €. Die Einlage jedes einzelnen Gesellschafters ist der **Nennbetrag der Geschäftsanteile**. Er beträgt mindestens 1,00 €. Das Stammkapital kann in Geld oder Sachwerten aufgebracht werden.

> **Beispiel:**
>
> *Jan Siebert hat bei Gründung der GmbH einen Geschäftswagen im Wert von 15 000,00 € eingebracht. Zudem hat er eine Einlage in Höhe von 10 000,00 € in bar geleistet.*

Die Erweiterung der Eigenkapitalbasis der GmbH ist durch sog. **Nachschusszahlungen** der Gesellschafter möglich. Diese müssen jedoch ausdrücklich in der Satzung vorgesehen sein. Darüber hinaus besteht die Möglichkeit der Aufnahme neuer Gesellschafter, die durch ihre Einlagen das Stammkapital der GmbH erhöhen. Infolge der Beschränkung der Haftung und der damit verbundenen geringen Kreditwürdigkeit der GmbH sind der **Fremdkapitalbeschaffung** enge Grenzen gesetzt. Dies führt dazu, dass in der Praxis Kredite häufig nur durch Sicherung aus dem Privatvermögen der Gesellschafter vergeben werden.

Haftung

Die **Haftung** der Gesellschafter der GmbH ist ausgeschlossen, es haftet ausschließlich die juristische Person.

> **Beispiel:**
>
> *Wird die KFZ-Siebert GmbH zahlungsunfähig, können sich die Gläubiger ausschließlich an die Gesellschaft wenden. Diese haftet mit ihrem gesamten Betriebsvermögen in Höhe von 25 000,00 €. Auf das Privatvermögen von Jan Siebert haben die Gläubiger keinen Zugriff.*

Geschäftsführung und Vertretung

Die Geschäftsführung und Vertretung der Gesellschaft erfolgt durch die **Geschäftsführer**. In der Praxis sind dies gerade bei kleinen Unternehmen häufig die Gesellschafter, es können aber selbstverständlich auch dritte Personen sein. Die Art der **Vertretungsbefugnis** ist in das Handelsregister einzutragen und auf den Geschäftsbriefen der GmbH anzugeben.

Die **Gesellschafterversammlung** wird durch die Geschäftsführer einberufen und beschließt z. B. über
- Jahresabschluss und Gewinnverwendung,
- Bestellung, Entlastung und Abberufung der Geschäftsführer und
- Bestellung von Prokuristen und Handlungsbevollmächtigten.

Die Abstimmung erfolgt mit einfacher Mehrheit nach Geschäftsanteilen. Je 1,00 € eines Geschäftsanteils gewährt eine Stimme.

Der Gesellschaftsvertrag kann die Einrichtung eines **Aufsichtsrates** aus Vertretern der Arbeitnehmer und der Gesellschafter vorsehen. Seine Aufgaben sind die Überwachung der Geschäftsführer und die Prüfung von Jahresabschluss und Lagebericht. Für eine GmbH mit mehr als 500 Arbeitnehmern/Arbeitnehmerinnen ist die Einrichtung eines Aufsichtsrates durch das Betriebsverfassungsgesetz zwingend vorgesehen. Der Aufsichtsrat wird **für vier Jahre gewählt**.

Gewinnverteilung

Der **Gewinn** der GmbH wird, wenn die Satzung nichts anderes vorsieht und die Gesellschafterversammlung dies beschließt, **im Verhältnis der Geschäftsanteile** verteilt.

Verlustverteilung

Bei **Verlusten** werden zunächst die Rücklagen aufgezehrt. Ist die Gesellschaft zahlungsunfähig oder ergibt sich bei Aufstellung der Bilanz, dass die Schulden nicht mehr durch das Vermögen der Gesellschaft gedeckt sind (**Überschuldung**), müssen die Geschäftsführer spätestens nach drei Wochen das **Insolvenzverfahren** beantragen.

Die haftungsbeschränkte Unternehmergesellschaft

Existenzgründer, die über wenig Eigenkapital verfügen, können eine haftungsbeschränkte Unternehmergesellschaft, **UG haftungsbeschränkt** gründen. Diese kann ohne ein Mindeststammkapital gegründet werden. Die UG muss eine gesetzliche Rücklage bilden, in die 25% des Jahresüberschusses einzustellen sind, bis das Stammkapital der Standard GmbH in Höhe von 25.000,00 EUR erreicht ist. Ist dies der Fall, kann die UG den Zusatz GmbH führen.

Die Rechtsform der Gesellschaft mit beschränkter Haftung (GmbH) als Kapitalgesellschaft beschreiben und bewerten	
Definition	Handelsgesellschaft mit eigener Rechtspersönlichkeit (juristische Person), deren Gesellschafter mit dem Nennbetrag ihrer Geschäftsanteile am Stammkapital der Gesellschaft beteiligt sind, ohne persönlich zu haften
Gründung	• Mindestzahl nicht vorgeschrieben • notarieller Gesellschaftsvertrag erforderlich • Handelsregistereintrag erforderlich
Firma	Sach-, Personen-, Fantasiefirma oder gemischte Firma mit Zusatz GmbH
Kapitalaufbringung	• Stammkapital mindestens 25 000,00 € • Nennbetrag der Geschäftsanteile je Gesellschafter mindestens 1,00 € • Fremdkapitalbeschaffung durch Beschränkung der Haftung problematisch
Haftung	Es haftet die juristische Person mit ihrem gesamten Vermögen.
Geschäftsführung und Vertretung	durch die Geschäftsführer (Einzel- oder Gesamtgeschäftsführung möglich)
Organe	• Gesellschafterversammlung • gegebenenfalls Aufsichtsrat (ab 500 Arbeitnehmern/Arbeitnehmerinnen)
Gewinnverteilung	im Verhältnis der Geschäftsanteile
Verlustverteilung	Aufzehrung von Rücklagen, bei Überschuldung Insolvenzverfahren

Übungsaufgaben

1. Erläutern Sie die Unternehmensform der GmbH anhand der Merkmale
   - Firma,
   - Kapitalaufbringung,
   - Haftung,
   - Geschäftsführung und Vertretung,
   - Gewinn- und Verlustverteilung.

2. Erläutern Sie die grundsätzlichen Unterschiede zwischen einer KG und einer GmbH.

3. Die Tischler Wolf und Walter wollen eine Möbelschreinerei in der Rechtsform einer GmbH gründen.
    a) Geben Sie an, welches Mindestkapital sie einbringen müssen.
    b) Walter möchte seinen Sohn als Gesellschafter mit einer geringen Einlage beteiligen. Erläutern Sie, ob es hierfür einen Mindestbetrag gibt.
    c) Die Tischler setzen den Gesellschaftsvertrag auf und unterschreiben alle. Welche weiteren Formvorschriften sind zu beachten?
    d) Nennen Sie drei Firmen, die diese GmbH führen könnte.
    e) Nach Unterschrift unter den Gesellschaftsvertrag, aber vor Eintragung in das Handelsregister, kauft Wolf im Namen der GmbH einen repräsentativen Geschäftswagen. Walter Junior und Senior sind nicht damit einverstanden. Prüfen Sie, ob Walter zur Zahlung herangezogen werden kann.
    f) Wolf und Walter Senior werden zu Geschäftsführern bestimmt. Sie haben Einzelvertretungsmacht. Wolf mietet Geschäftsräume, ohne Walter zu fragen. Entscheiden Sie, ob der Mietvertrag gültig ist.
    g) Erläutern Sie, wie die Ernennung der Geschäftsführer bekannt gemacht werden muss.
    h) Das Stammkapital der GmbH entspricht dem gesetzlichen Mindestkapital. Wolf ist mit 15 000,00 €, Walter Senior mit 9 500,00 € und sein Sohn mit dem Rest beteiligt. Erläutern Sie, wie viel Stimmen die drei in der Gesellschafterversammlung haben.
    i) Im ersten Jahr macht die GmbH 40 000,00 € Gewinn. Wie wird der Gewinn verteilt, wenn in Gesellschafterversammlung und Satzung darüber nichts festgelegt wurde?

4. Erläutern sie, welcher unternehmerische Vorteil für die Gründung einer GmbH spricht.

1.1.8   Weitere Rechtsformen im Überblick kennenlernen

Jan Siebert trifft sich mit dem Gründungsberater zu einem weiteren Gespräch. *„Ich glaube, ich habe jetzt einen ganz guten Überblick“*, führt Jan aus. *„Nicht so schnell“*, fällt ihm der Gründungsberater ins Wort. *„Bevor Sie sich entscheiden, sollten Sie sich noch die weiteren Rechtsformen ansehen. Auch wenn diese nicht für Sie infrage kommen, werden Sie ihnen in der Praxis oft begegnen.“* Jan ist einverstanden.

Arbeitsaufträge

1 Sehen Sie sich die weiteren Personen- und Kapitalgesellschaften an und vergleichen Sie diese mit den erarbeiteten Rechtsformen.
2 Stellen Sie in einer Übersicht die Personengesellschaften OHG und KG und die Kapitalgesellschaften GmbH und AG gegenüber.

Weitere Personengesellschaften

Neben der bereits bekannten Kommanditgesellschaft (KG) stellen die **Offene Handelsgesellschaft (OHG)** und die **Gesellschaft bürgerlichen Rechts (GbR)** weitere Personengesellschaften dar.

Die Offene Handelsgesellschaft (OHG)

Definition	Gesellschaft, deren Zweck auf den Betrieb eines gemeinsamen Handelsgewerbes gerichtet ist, wobei alle Gesellschafter unbeschränkt haften
Gründung	• mindestens zwei Personen • Gesellschaftsvertrag ist formfrei • die Gesellschaft ist zur Eintragung in das Handelsregister anzumelden
Firma	Personen-, Sach-, Fantasiefirma oder gemischte Firma mit dem Zusatz OHG
Kapitalaufbringung	verbesserte Möglichkeiten der Fremdkapitalaufbringung durch Verbreiterung der Eigenkapitalbasis und Haftung
Haftung	• unbeschränkt • unmittelbar • solidarisch (gesamtschuldnerisch)
Geschäftsführung und Vertretung	Jeder Gesellschafter ist berechtigt, allein die Geschäfte zu führen und die Gesellschaft im Außenverhältnis zu vertreten.
Gewinnverteilung	wenn nichts geregelt ist, dann gilt § 121 HGB, d. h. 4 % auf das eingesetzte Kapital, Rest nach Köpfen oder lt. Gesellschaftsvertrag
Verlustverteilung	nach Köpfen oder lt. Gesellschaftsvertrag

Die Gesellschaft bürgerlichen Rechts (GBR)

Definition	Gesellschaft auf Grundlage des BGB zu einem bestimmten Zweck
Gründung	• mindestens zwei Personen schließen sich für einen begrenzten Zeitraum formlos zusammen, um ein gemeinsames Ziel zu erreichen. • Der Gesellschaftsvertrag ist formfrei Handelsregistereintrag nicht erforderlich
Firma	• kein Firmazwang • in der Regel endet der Name mit GbR
Kapitalaufbringung	verbesserte Möglichkeiten der Eigenfinanzierung durch Aufnahme weiterer Gesellschafter
Haftung	• unbeschränkt • unmittelbar • solidarisch (gesamtschuldnerisch)
Geschäftsführung und Vertretung	gemeinsam, außer durch Festlegung im Gesellschaftervertrag
Gewinnverteilung	nach Köpfen oder lt. Gesellschaftsvertrag
Verlustverteilung	nach Köpfen oder lt. Gesellschaftsvertrag

Weitere Kapitalgesellschaften

Neben der bereits bekannten GmbH stellt die **Aktiengesellschaft** eine weitere bedeutende Kapitalgesellschaft dar.

Die Aktiengesellschaft

Definition	Gesellschaft, deren Grundkapital als Aktien an der Börse gehandelt werden
Gründung	• Mindestzahl nicht vorgeschrieben • notarieller Gesellschaftsvertrag als Satzung erforderlich • Handelsregistereintrag erforderlich
Firma	Personen-, Sach-, Fantasiefirma oder gemischte Firma mit dem Zusatz AG
Kapitalaufbringung	• Grundkapital mindestens 50 000,00 € • Nennbetrag der Geschäftsanteile je Ausgegebener Nenn- oder Stückaktie, mindestens jedoch 1,00 €
Haftung	Es haftet die juristische Person.

Die Aktiengesellschaft	
Geschäftsführung und Vertretung	durch den Vorstand (von der Hauptversammlung gewählt)
Organe	• Hauptversammlung • Aufsichtsrat
Gewinnverteilung	Dividende (auf der Hauptversammlung festgesetzter Betrag) je Aktie
Verlustverteilung	Verlust/Minderung des Nennwertes der Aktien

Weitere Rechtsformen im Überblick kennenlernen

weitere Personengesellschaften – offene Handelsgesellschaft OHG – Gesellschaft bürgerlichen Rechts GbR	weitere Kapitalgesellschaften – Aktiengesellschaft AG

Übungsaufgaben

1. Jörg Albers und Nicole Ganser sind Auszubildende der Sommerfeld GmbH und befreundet. Sie planen den ersten gemeinsamen Urlaub und Jörg hat bereits das Hotel gebucht und die Fahrkarten gekauft. Da macht Nicole vom einen auf den anderen Tag Schluss. *„Jetzt bleibe ich neben dem ganzen Stress auch noch auf den Hotelkosten und den Fahrkarten sitzen"*, jammert Jörg bei seinem Freund Robin. *„Bist Du sicher?"*, fragt Robin. *„Wir haben heute in der Berufsschule etwas über die Gesellschaft bürgerlichen Rechts erfahren, da haften die Gesellschafter unbeschränkt, unmittelbar und solidarisch!"* *„Aber wir waren doch ein Paar und keine Gesellschaft"*, antwortet Jörg. Stellen Sie fest, ob Jörg und Nicole eine GbR waren und ob auch Nicole für die Fahrkarten und das Hotel zahlen muss.

2. Stellen Sie in einer Übersicht die wesentlichen Unterschiede der GmbH und der Aktiengesellschaft gegenüber.

3. Der Aufsichtsrat ist das Kontrollorgan der Aktiengesellschaft, der Vorstand das Leitungsorgan. Im Aktiengesetz ist geregelt, das ein Mitglied im Aufsichtsrat nie zugleich Mitglied im Vorstand sein darf. Diskutieren Sie den Sinn dieser Regelung.

1.1.9   Die Gründungsentscheidung der KFZ-Siebert KG nachvollziehen und diese als weiteres Modellunternehmen kennenlernen

Der Gründungsberater der Handwerkskammer trifft sich mit Jan Siebert zu einem Abschlussgespräch. *„Ich habe mir die Gesellschaft mit beschränkter Haftung genau angesehen"*, führt Jan aus, *„und ich habe mit meiner Hausbank gesprochen. Die will die erforderlichen Kredite nur bei persönlicher Haftung gewähren."* *„Also doch die Kommanditgesellschaft?"*, fragt der Gründungsberater. *„Genau das ist meine Entscheidung"*, sagt Jan, *„und ich habe auch schon ein Organigramm erstellt und die wichtigsten Daten zusammengefasst."* *„Sehr schön, Herr Siebert, dann stellen Sie mir Ihr Unternehmen doch einmal vor."*

Arbeitsaufträge

1 Tauschen Sie Ihre Eindrücke über die KFZ-Siebert KG und die Geschäftsidee in der Klasse aus.
2 Erläutern Sie die betrieblichen Funktionsbereiche der KFZ-Siebert KG anhand des Organigramms.

KFZ-Siebert KG

Adresse:
KFZ-Siebert KG
Dieselstraße 20
45141 Essen

Telefon, Telefax, E-Mail und Internet:
Telefon: 0201 2649260   E-Mail: info@kfz-siebert.de
Telefax: 0201 2649269   Internet: www.kfz-siebert.de

Bankverbindungen:
Sparkasse Essen, **IBAN:** DE16 3605 0105 0061 4755 86, **BIC:** SPESDE3EXXX

Geschäftszeiten:
Montag bis Freitag: 07:00 Uhr bis 18:00 Uhr
Samstag: 09:00 Uhr bis 13:00 Uhr
oder nach Vereinbarung

Vertretungsberechtigter Geschäftsführer: Jan Siebert
Finanzamt: Essen-Nord; Steuer-Nr. 140/1599/0230;
Umsatzsteuer-IdNr.: DE 136 817 550
Handelsregister: Amtsgericht Essen
Registernummer: HRA 14741
Betriebs-Nr. für die Sozialversicherung: 83957488

Unternehmenszweck:
Schnelle kompetente Hilfe im Notfall, zuverlässiger Transport und fachgerechte Reparatur. Die **KFZ-Siebert KG** hat ein kompetentes Team, von der meistergeführten Kfz-Werkstatt bis zum Pannendienst, und bietet die folgenden Leistungen:

• Wartung und Instandsetzung Ihres Fahrzeugs
• Inspektionen
• computergesteuerte Fehleranalyse
• Reparaturen aller Art, wie z. B. Reparatur der Bremsanlage, Reifendienst sowie Reifeninstandsetzung, Motorinstandsetzung, Zahnriemenwechsel, Reparatur der Kupplung – und vieles mehr
• tägliche HU-Abnahme durch die DEKRA
• Fahrzeugdurchsicht inklusive Test der Bremsanlage
• AU/OBD für Diesel- und Benzinmotoren
• elektrische Fehlersuche und Beheben elektrischer Fehler
• Beseitigung von Unfallschäden
• Hol- und Bring-Service
• Ersatzfahrzeug und Abwicklung der Unfallkorrespondenz (Versicherung)
• Fahrzeugscheiben (Instandsetzung und Austausch), wir übernehmen für Sie die Direktabwicklung mit Ihrer Versicherung (ohne Rechtsberatung)
• Wartung und Instandsetzung von Klimaanlagen und Standheizung

Organigramm KFZ-Siebert KG

KFZ-Siebert KG
Geschäftsführung
Jan Siebert

Abteilung Werkstatt

Abteilung Abschlepp- und Pannendienst

Abteilung Büro

Abteilung Personal

Leitung:
Meister: Tom Vogler

Leitung:
Reinhard Liedtke

Leitung:
Christine Schmidt

Leitung:
Max Fischer

Jürgen Bauer
Mike Rösner
Stefan Gudjons
Auszubildender:
Robin Strasek

Max Kaiser,
Alexander Schiffer,
Besmir Dzidara,
Marvin Lohoff

Jaqueline Korsten
Kathy Harms

Katja Harms

Die Werkstatt der KFZ-Siebert KG

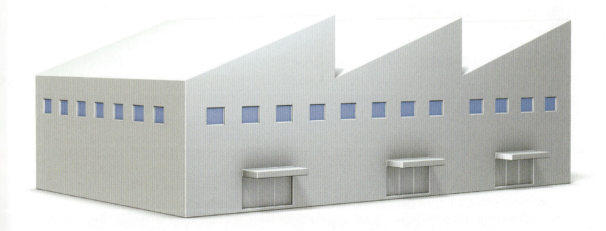

Die Gründungsentscheidung der KFZ-Siebert KG nachvollziehen und diese als weiteres Modellunternehmen kennenlernen

Jan Siebert hat sich als Rechtsform für eine Kommanditgesellschaft entschieden. Siebert ist Komplementär und Geschäftsführer, Kommanditist ist sein Steuerberater Schröder. Gegenstand des Unternehmens ist die Reparaturen von Kraftfahrzeugen und ein Pannen- und Abschleppdienst.

Übungsaufgaben

1. Erläutern Sie die Gründe, die für Jan Siebert bei der Wahl der Kommanditgesellschaft als Rechtsform ausschlaggebend waren.

2. Diskutieren Sie in der Klasse die Entscheidung von Jan Siebert und mögliche Alternativen zur Wahl der Kommanditgesellschaft als Rechtsform.

1.2 Unternehmerisches Handeln in den gesamtwirtschaftlichen Zusammenhang einordnen

1.2.1 Das Entscheidungsverhalten der privaten Haushalte nachvollziehen und Unternehmen und öffentliche Haushalte als weitere Entscheidungsträger kennenlernen

Caroline Sommer sitzt mit ihrem Bruder Thomas beim Frühstück. Nachdem sie ihm ausführlich über eine erfolgreiche Präsentation im Wirtschaftslehreunterricht berichtet hat, wirft sie einen Blick in die Tageszeitung. *„Weitreichende Steuerreform geplant! Die Nachfrage der Haushalte soll durch Steuerentlastungen in Höhe von 10 Mrd. € angekurbelt werden."* Caroline stutzt. *„Was hat denn der Haushalt von Mutti mit der Steuerreform zu tun?"*, fragt sie ihren Bruder. Thomas lacht. *„Du Dummkopf, da geht es nicht um Mutti, sondern um alle öffentlichen und privaten Haushalte!"* Caroline schweigt, aber sie weiß immer noch nicht richtig, was die Steuerreform mit den Haushalten zu tun hat.

Arbeitsaufträge

1 Beschreiben Sie die Wirtschaftssubjekte Unternehmen und Haushalte.
2 Stellen Sie Vermutungen über das Nachfrageverhalten der Haushalte der Familien Schaub und Sommer an.

Um die wirtschaftlichen Beziehungen der Wirtschaftssubjekte in einer Volkswirtschaft betrachten zu können, gliedert die Volkswirtschaftslehre zunächst das Handeln der Individuen in die Sektoren **Haushalt** und **Unternehmen**.

Zu den Unternehmen gehören die privaten wie die öffentlichen Unternehmen, zu den Haushalten die privaten und die öffentlichen Haushalte.

Haushalte

Private Haushalte

Die Volkswirtschaftslehre betrachtet nicht jeden Menschen als Individuum, sondern fasst alle Menschen zu den privaten **Haushalten**, unabhängig von der Zahl ihrer Mitglieder, zusammen.

Beispiel:

Bei der Familie Schaub handelt es sich um einen Haushalt im volkswirtschaftlichen Sinne. Er besteht aus dem Vater, Otto Schaub, der Mutter, Antje Schaub, dem Sohn Jörn und der Tochter Daniela. Das Haushaltseinkommen beträgt 3 300,00 €. Dabei wird nicht unterschieden, wer dieses Einkommen erzielt. Auch bei der Familie Sommer handelt es sich um einen Haushalt im volkswirtschaftlichen Sinne. Die Eltern Klaus und Waltraud und die Kinder Thomas und Caroline verfügen über ein Haushaltseinkommen in Höhe von 5 500,00 €.

Bei der Nachfrage des Haushaltes, z. B. nach Konsumgütern, wird davon ausgegangen, dass die Mitglieder die wirtschaftlichen Entscheidungen intern abgestimmt haben. Betrachtet wird also nur die **nach außen wirksame Handlungsweise**. Diese besteht aus der **Nachfrage** nach Konsumgütern oder Dienstleistungen und dem **Angebot** der Produktionsfaktoren Arbeit, Boden und Kapital.

Beispiel:

Familie Sommer fragt Konsumgüter und Dienstleistungen nach. Vater Klaus Sommer ist berufstätig und bezieht als Geschäftsführer der Sommerfeld GmbH Einkommen aus Arbeit. Volkswirtschaftlich gesehen stellt er den Produktionsfaktor Arbeit (vgl. S. 67 ff.) zur Verfügung.

Privathaushalte beziehen **Einkommen aus unselbstständiger Arbeit** (Lohn und Gehalt), **aus selbstständiger Arbeit** (Unternehmerlohn), aus **Vermögen** (Zinsen), aus **Vermietung und Verpachtung** (Miete und Pacht) und aus **Transferzahlungen** (z. B. Kindergeld). Das verfügbare Einkommen wird für den Kauf von Konsumgütern ausgegeben oder gespart. Private Haushalte handeln nach dem Prinzip der **Nutzenmaximierung**, d. h., sie wollen für ihr Einkommen so viele Güter wie möglich kaufen.

Öffentliche Haushalte

Bei den **öffentlichen Haushalten** handelt es sich um die Tätigkeit des Bundes, der Länder und Gemeinden und der Träger der Sozialversicherungen. Einnahmen der öffentlichen Haushalte sind die Steuern und Abgaben der Haushalte und Unternehmen. Ausgaben sind Transferzahlungen z. B. in Form von Kindergeld, Subventionen, Zahlungen für öffentliche Aufträge und die Gehaltszahlungen an die Beschäftigten im Öffentlichen Dienst.

Zu den öffentlichen Haushalten gehören **Behörden** (z. B. Stadtverwaltung) und **öffentliche Betriebe** (Städtische Müllabfuhr, Straßenbahn, Wasserwerk usw.). Sie erbringen für die Bürger Dienstleistungen, die z. T. von privaten Betrieben nicht erbracht werden können oder aufgrund gesetzlicher Bestimmungen nicht erbracht werden dürfen.

Beispiel:

Das Führen des Handelsregisters bei den Amtsgerichten ist eine öffentliche Aufgabe, die nicht von einem privaten Unternehmen geleistet werden kann.

Unternehmen

Private Unternehmen

Private Unternehmen treten als Nachfrager der Produktionsfaktoren Arbeit, Boden und Kapital auf und bieten die von ihnen erbrachten Güter und Dienstleistungen auf den entsprechenden Märkten an. Unternehmen versuchen, durch den Einsatz und die Kombination der Produktionsfaktoren einen maximalen Gewinn zu erwirtschaften, sie verfolgen das Prinzip der **Gewinnmaximierung**.

Öffentliche Unternehmen

Öffentliche Unternehmen erbringen Leistungen für die Allgemeinheit, z. B. in den Bereichen Verkehr, Gesundheit, Soziales oder Entsorgung. Bei der Preisgestaltung öffentlicher Leistungen spielen soziale Gesichtspunkte und das Gemeinwohl eine Rolle. Öffentliche Unternehmen folgen dem **gemeinwirtschaftlichen Prinzip**.

Das Zusammenwirken der Wirtschaftssubjekte Unternehmen und Haushalte wird im **Wirtschaftskreislauf** (vgl. S. 74 ff.) dargestellt.

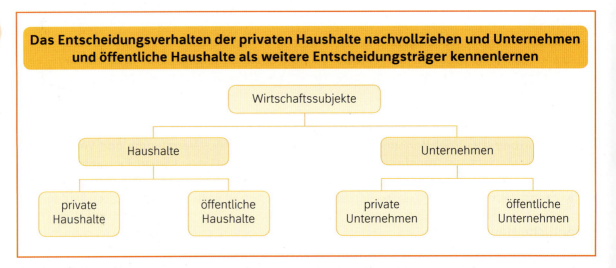

Das Entscheidungsverhalten der privaten Haushalte nachvollziehen und Unternehmen und öffentliche Haushalte als weitere Entscheidungsträger kennenlernen

Übungsaufgaben

1. Stellen Sie Haushalte und Unternehmen anhand von Beispielen Ihrer Wahl vor.

2. Die vierköpfige Familie Schaub hat ein Haushaltseinkommen von 3 300,00 €, die vierköpfige Familie Sommer ein Haushaltseinkommen von 5 500,00 €. Diskutieren Sie die erwartete unterschiedliche Zusammensetzung der Nachfrage der Haushalte Sommer und Schaub.

3. Erläutern Sie den Begriff der Transferzahlungen anhand von Beispielen.

1.2.2 Wirtschaftliches und nachhaltiges Handeln von Betrieb und Haushalt nachvollziehen

Daniela hält ihren aktuellen Kontoauszug in der Hand. Ihre Ausbildungsvergütung wurde soeben überwiesen. Sie überlegt, was sie mit ihrem ersten Gehalt anstellen soll, und berät mit ihrer Freundin Sonja in der Küche des Hauses der Familie Schaub, was am Wochenende geshoppt werden soll. Einige neue DVDs, ein neues Smartphone und die tolle Lederjacke, die sie letztens im Schaufenster gesehen hat, stehen auf Danielas Liste. Als Sonja das Wort „Lederjacke" hört, regt sie sich sofort auf. *„Du weißt schon, dass Leder Tierhaut ist und die Tiere dafür gequält werden. Hast du mal gesehen wie brutal das ist?"* Sonja zieht ihr Smartphone heraus und zeigt Daniela das Video. Sie ist angeekelt von dem Video. Jörn, der ebenfalls in der Küche steht und das Geschehen kommentarlos beobachtet hat, meldet sich zu Wort: *„Liebe Sonja, wenn*

dich das schon aufregt, wieso hast du denn dann noch ein Smartphone? Weißt du gar nicht, wie viele Kinder in den Coltan-Minen im Kongo täglich sterben um dringend benötigte Mineralien für Handys, Smartphones und Tablets zu schürfen? Oder wie die chinesischen Wanderarbeiter bei der Produktion ausgebeutet werden? Das ist doch auch alles nicht nachhaltig. Mal abgesehen von der Umweltverschmutzung." Daniela schluckt. *„Ich hab das gerade mal überschlagen, ich kann mir das eh nicht alles leisten."*

Arbeitsaufträge

1 Erläutern Sie anhand des Beispiels den Konflikt zwischen sozialen, wirtschaftlichen und ökologischen Interessen.
2 Erläutern sie das „ökologische Prinzip" anhand von Beispielen.
3 Stellen Sie dar, was sich hinter dem Begriff der Nachhaltigkeit verbirgt.

Das ökonomische Prinzip

Die **Bedürfnisse** der Menschen sind i. d. R. **unbegrenzt. Wirtschaftsgüter** hingegen sind **knapp**. Sie sind nur begrenzt vorhanden und ihre Bereitstellung verursacht Kosten. Private Haushalte und Unternehmen lösen dieses Problem, indem sie mit den knappen Wirtschaftsgütern sparsam umgehen, das heißt sie **wirtschaften**. Dieses planvolle Handeln nennt man das **ökonomische** (wirtschaftliche) **Prinzip**. Es zeigt sich in zwei Erscheinungsformen.

- Beim **Minimalprinzip** wird versucht, ein gegebenes Ziel mit möglichst wenig (minimalen) Mitteln zu erreichen. Dieses Prinzip wird i. d. R. in den Unternehmen angewandt.

Beispiel:

Jan Siebert versucht durch möglichst geringen Personaleinsatz die Aufträge zu bearbeiten.

- Beim **Maximalprinzip** wird versucht, mit gegebenen Mitteln einen größtmöglichen (maximalen) Erfolg zu erreichen. Dieses Prinzip wird i. d. R. in den Haushalten angewandt.

Beispiel:

Daniela Schaub versucht sich mit ihrer Ausbildungsvergütung so viele Wünsche wie möglich zu erfüllen.

Das ökologische Prinzip

Lange Zeit stand die **Umwelt für jedermann kostenlos** zur Verfügung. Luft und Wasser waren als freie Güter (vgl. S. 63 ff.) im Überfluss vorhanden, die Vorräte an **Rohstoffen (Ressourcen) schienen unendlich**.

Die zunehmende Industrialisierung und das ungebremste Bevölkerungswachstum belasten das ökologische System inzwischen so stark, dass die **Selbstheilungskräfte der Natur nicht mehr ausreichen**, um das ökologische Gleichgewicht zu erhalten. Darüber hinaus weiß man, dass die natürlichen **Ressourcen der Erde nur noch für begrenzte Zeit ausreichen**.

Mit den Beziehungen der Menschen zu ihrer Umwelt befassen sich die **Ökologie** und das Konzept der **Nachhaltigkeit**, deren Ziel es ist, die Belastungen der Umwelt zu mindern oder gänzlich zu vermeiden. **Nachhaltigkeit** ist ein Handlungsprinzip zur schonenden Ressourcennutzung, bei dem die Bewahrung der wesentlichen Eigenschaften der Natur und die natürliche Regenerationsfähigkeit des jeweiligen Systems im Vordergrund stehen. Nachhaltiges Wirtschaften bedeutet, dass wir heute so leben und handeln, dass auch nachfolgende Generationen eine lebenswerte Umwelt vorfinden und so in der Lage sind, ihre Bedürfnisse zu befriedigen.

Wenn sich private Haushalte wie Unternehmen bei allen wirtschaftlichen Tätigkeiten so verhalten, dass die Umwelt so wenig wie möglich belastet wird, handeln sie nach dem **ökologischen Prinzip**.

Beim Handeln nach dem ökologischen Prinzip sind **folgende Möglichkeiten** denkbar:

- **Sparsamer Verbrauch von Rohstoffen und Energie**

Beispiel:

Herr Sommer, Geschäftsführer der Sommerfeld GmbH, denkt über die Beteiligung an einer Windenergieanlage nach. Er weiß aus dem Jahresbericht der Industrie- und Handelskammer dass im Kammerbezirk 172 Windenergieanlagen in Betrieb sind. Diese erzeugen ohne Verbrauch von Rohstoffen etwa 50 Megawatt, das ist der Jahresbedarf von 20 500 Einfamilienhäusern.

- **Aufarbeitung gebrauchter Rohstoffe (Recycling)**

Beispiel:

Die KFZ-Siebert KG gibt ihren Kunden eine Rücknahmegarantie für Altöl. Dieses wird weitergeleitet an eine Recyclingfirma, die Schmieröl daraus herstellt.

- **Herstellung umweltfreundlicher Produkte**

Beispiel:

Die Sommerfeld GmbH bietet mit dem Bürostuhl „Öko-Design-Natur" ein Produkt an, das ausschließlich aus umweltverträglichen Rohstoffen gefertigt wird.

- **Anwendung umweltfreundlicher Produktionstechniken**

Beispiel:

Die Lackfirma Robert Blusch GmbH, eine Lieferantin der Sommerfeld GmbH, hat auf wasserlösliche Lacke umgestellt, die keine umweltschädlichen Lösungsmittel enthalten. Dadurch wird die Lackierung der Möbel in der Produktion der Sommerfeld GmbH nun umweltfreundlicher.

Dass das Thema Ökologie auch ein **Geschäftsmodell** sein kann, zeigt folgende Abbildung:

Das Spannungsverhältnis zwischen Ökonomie und Ökologie

Zwischen Ökonomie und Ökologie kann es zu **Zielkonflikten** kommen. Dies ist immer dann der Fall, wenn ökologisch sinnvolle Entscheidungen mit höheren Kosten für das einzelne Unternehmen oder den privaten Haushalt verbunden sind.

Beispiel:

Herr Sommer erfährt vom Energieberater der Rheinisch-Westfälischen Elektrizitätswerke (RWE), dass der Durchschnittspreis pro Kilowatt Windenergie-Strom höher ist als der Durchschnittspreis für Tarifkunden der RWE.

Da sich Unternehmen und Haushalte oft am kurzfristigen Erfolg wirtschaftlichen Handelns orientieren, greift hier der **Staat** regelnd ein. Dabei sind folgende staatliche Maßnahmen im Sinne der **Umweltpolitik** denkbar:

- Beeinflussung der öffentlichen Meinung durch **Aufklärung und Erziehung**

Beispiel:

Die Stadt Essen schafft ein Schadstoffmobil an, das kostenlos Sondermüll der privaten Haushalte abholt.

- Gewährung von **Subventionen** für ökologisch sinnvolle Maßnahmen

> **Beispiel:**
>
> *Herr Sommer erfährt, dass der Bund im Rahmen des Windenergie-Förderprogramms selbst erzeugten Strom subventioniert.*

- Erhebung von **Steuern und Abgaben** für die Verursacher von Umweltbelastungen

> **Beispiel:**
>
> Die Kfz-Steuer bemisst sich aus der Steuer für den Hubraum und der Steuer für die CO_2-Emissionen. Der Staat will so erreichen, dass zukünftig mehr Fahrzeuge mit kleinerem Hubraum und geringerem CO_2-Ausstoss gebaut werden.

- Erlass von **Gesetzen und Verordnungen** zum Umweltschutz

> **Beispiel:**
>
> Gesetz zum Schutz vor schädlichen Umwelteinwirkungen durch Luftverunreinigungen, Geräusche, Erschütterungen und ähnliche Vorgänge (BlmSchG)

> **§ 1 BlmSchG:**
>
> (1) Zweck dieses Gesetzes ist es, Menschen, Tiere und Pflanzen, den Boden, das Wasser, die Atmosphäre sowie Kultur- und sonstige Sachgüter vor schädlichen Umwelteinwirkungen zu schützen und dem Entstehen schädlicher Umwelteinwirkungen vorzubeugen.

! **Praxistipp**: Das BlmSchG finden Sie im Internet unter www.gesetze-im-internet.de/blmschg/

Wirtschaftsprinzipien

Die grundsätzliche Zielsetzung der Unternehmen in einer Volkswirtschaft richtet sich zunächst nach der Aufgabe, die diese zu erfüllen haben.

In **erwerbswirtschaftlichen Betrieben** wird Kapital investiert, um **Gewinn** zu erwirtschaften. Die Aussicht auf Gewinn veranlasst den Unternehmer, sein Kapital in dem Bereich einzusetzen, in dem er die höchste Verzinsung (**Rentabilität**) erwartet. So lenkt der erwartete Gewinn das Kapital in den rentabelsten Bereich und wirkt als „Motor der Wirtschaft".

> **Beispiel:**
>
> *Die Whitworth AG Schraubenherstellung, ein Lieferant der KFZ-Siebert KG, investiert in eine neue Produktionsanlage für die Herstellung von Schrauben, da sie durch eine kostengünstigere Produktion eine Maximierung der Gewinne erwartet.*

In **gemeinwirtschaftlichen Betrieben** steht nicht die Gewinnerzielung, sondern die bestmögliche **Versorgung der Bevölkerung** mit Waren und Dienstleistungen im Vordergrund. Man unterscheidet hier zwischen **Kostendeckungsbetrieben und Zuschussbetrieben**.

> **Beispiel:**
>
> *Stadtwerke (Kostendeckungsbetrieb), Krankenhäuser, Theater (Zuschussbetriebe)*

Einzel-, Volks- und Weltwirtschaft

Unter **Wirtschaft** versteht man alle Tätigkeiten und Einrichtungen, die sich auf die Produktion und den Konsum knapper Güter beziehen.

- **Einzelwirtschaft**
  Als Einzelwirtschaften werden das Wirtschaftswesen der einzelnen Unternehmung (**Betriebs-wirtschaft**) und das Wirtschaftswesen der einzelnen Haushalte (**Hauswirtschaft**) bezeichnet.
- **Volkswirtschaft**
  Als Volkswirtschaft bezeichnet man die Wirtschaft eines Staates, die eine bestimmte rechtliche Ordnung hat (**Wirtschaftsordnung**).
- **Weltwirtschaft**
  Die Volkswirtschaften der einzelnen Staaten sind durch **Import** und **Export** miteinander verbun-den. Durch diese außenwirtschaftlichen Beziehungen entsteht die Weltwirtschaft.

Wirtschaftliches und nachhaltiges Handeln von Betrieb und Haushalt nachvollziehen

- **Das ökonomische Prinzip**

  Wünsche sind **unbegrenzt**   **Güter** sind **knapp**

  Zwang zum Wirtschaften

  mit gegebenen Mitteln einen maximalen Erfolg erzielen   ein gegebenes Ziel mit mi-nimalen Mitteln erreichen

  Maximalprinzip   **Minimalprinzip**

- **Das ökologische Prinzip**

  Ökonomie ←→ **Ökologie**

  Kosten- und Gewinnorientierung   Umweltorientierung

  Staat

  greift im Rahmen der Um-weltpolitik regelnd ein

- **Wirtschaftsprinzipien**

  erwerbswirtschaftliches Prinzip ←→ gemeinwirtschaftliches Prinzip

  maximaler Gewinn   bestmögliche Versorgung

- **Von der Einzelwirtschaft zur Weltwirtschaft**

- Die Volkswirtschaft besteht aus **Einzelwirtschaften** (Unternehmen, private Haushalte). Die **Volkswirt-schaften** der Staaten sind in der **Weltwirtschaft** miteinander verbunden.

Übungsaufgaben

1. Stellen Sie fest, nach welchen Grundsätzen in den folgenden Fällen gehandelt wird.

    a) *Die wirtschaftlichen Entscheidungen im Haushalt werden so getroffen, dass der größtmögliche Nutzen für die Familie erreicht wird.*

    b) *Ein festgelegtes Produktionsziel soll mit möglichst geringem Materialeinsatz erreicht werden.*

    c) *Ein Schüler versucht, eine bestimmte DVD so günstig wie möglich zu kaufen.*

    d) *Eine Hausfrau versucht, durch Preisvergleich den Lebensmittelbedarf der Familie so preiswert wie möglich zu decken.*

    e) *Ein Unternehmer versucht, das festgelegte Umsatzziel mit minimalen Gesamtkosten zu verwirklichen.*

    f) *Ein Schüler versucht, mit möglichst geringem Einsatz die Versetzung zu erreichen.*

    g) *Ein Unternehmer versucht, mit dem vorhandenen Personal den größtmöglichen Umsatz zu erzielen.*

2. *Daniela möchte am Wochenende mit dem Auto in die Niederlande fahren.*

    a) *Erläutern Sie anhand der Kriterien Kilometerleistung und Benzinverbrauch das Maximal- und das Minimalprinzip.*

    b) *Diskutieren Sie, wie Daniela sich verhalten sollte, wenn sie nach dem ökologischen Prinzip handeln will.*

3. a) *Überprüfen Sie Ihren Platz in der Schule auf umweltschädliche Arbeitsmittel.*

    b) *Machen Sie Vorschläge, welche Arbeitsmittel gegen ökologisch sinnvolle ausgetauscht werden können.*

    c) *Stellen Sie fest, wo ökologisch ratsame Änderungen zu Konflikten mit der Ökonomie führen können.*

4. *Ermitteln Sie die Preise für Güter des täglichen Bedarfs. Stellen Sie in einer Liste die Preise für das preiswerteste und das ökologisch sinnvollste Gut gegenüber.*

    a) *Überprüfen Sie, wo es zu Zielkonflikten zwischen Ökologie und Ökonomie kommt.*

    b) *Stellen Sie für sich persönlich fest, in welchen Fällen Sie trotz höherer Preise das ökologisch sinnvollste Gut wählen würden.*

5. *Entscheiden Sie in den folgenden Fällen, nach welchem Prinzip gehandelt wird, und beschreiben Sie dieses Prinzip.*

    a) *Der Architekt Schmitz will ein Haus, das er entworfen hat, bauen lassen. Er fordert von verschiedenen Bauunternehmern Kostenvoranschläge an.*

    b) *Herr Müller will seinen alten VW-Golf verkaufen. Er hat drei Angebote. Herr A bietet 1 200,00 €, Herr B 1 000,00 € und Frau C 1 500,00 €. Herr Müller verkauft an Frau C.*

6. *In einer Sitzung der Geschäftsleitung der Sommerfeld GmbH soll über die Anschaffung einer Windenergieanlage entschieden werden. Herr Sommer plant, 20 % des Jahresstromverbrauchs von 25 000 kW/h durch Windenergie zu erzeugen, sie müssten jedoch mit rund 5 % höheren Energiekosten rechnen.*
    Bilden Sie zwei Gruppen. Eine Gruppe stellt die Argumente zusammen, die für die Anschaffung der Windenergieanlage sprechen, der anderen Gruppe die Argumente gegen eine Anschaffung. Führen Sie in einem Rollenspiel das Gespräch der Befürworter und Gegner der Windenergieanlage.

1.2.3 Bedürfnis, Bedarf und Nachfrage als volkswirtschaftliche Grundtatbestände verstehen

Daniela Schaub ist unzufrieden! Sie ist zwar nur Auszubildende, aber eines weiß sie genau: Die Roh-, Hilfs- und Betriebsstoffe in der Sommerfeld GmbH sollten ganz andere sein. Sie würde anstelle von Tropenhölzern ausschließlich ökologisch vertretbare Holzsorten verwenden. Zudem würde sie komplett auf Kunststoff verzichten. Papier wäre nur noch aus chlorfrei gebleichten Primärfasern. Dass das Bedürfnis nach umweltverträglichen Produkten immer größer

wird, lässt sich ja ohnehin im Fernsehen betrachten. Als sie Frau Fahrtmann, Geschäftsführerin der Produktion, darauf anspricht, entgegnet diese ihr, dass das Bedürfnis nach ökologischen Produkten bei einem Teil der Kunden sicherlich vorhanden sei. Mit einer entsprechenden Nachfrage sei bei den preisorientierten Kunden jedoch nicht zu rechnen.

Arbeitsaufträge

1 Stellen Sie fest, welcher Zusammenhang zwischen den Begriffen „Bedürfnis", „Bedarf" und „Nachfrage" besteht.
2 Diskutieren Sie, ob der von Daniela Schaub festgestellte Wandel der Bedürfnisse in der Produktion der Sommerfeld GmbH berücksichtigt werden sollte.

Bedürfnis

Ausgangspunkt allen Wirtschaftens sind die **Wünsche** der Menschen. Diese Wünsche sind i. d. R. unbegrenzt. Jeder hat das Gefühl, dass ihm noch etwas fehlt. Eine eigene Wohnung, Anerkennung im Beruf oder Ferien in der Sonne. Dieses Gefühl eines Mangels, verbunden mit dem Bestreben, ihn zu beseitigen, bezeichnet man als **Bedürfnis**.
Nach der Dringlichkeit der Bedürfnisbefriedigung kann man Existenz-, Kultur- und Luxusbedürfnisse unterscheiden.

- **Existenzbedürfnisse** sind lebensnotwendige Bedürfnisse. Sie müssen i. d. R. kurzfristig befriedigt werden, um das Leben der Menschen nicht zu gefährden.

Beispiel:

Wunsch nach Grundnahrungsmitteln, Kleidung, Wohnung

- **Kulturbedürfnisse** werden durch die Umwelt oder Kultur geprägt. Sie müssen weitgehend befriedigt werden, wenn der Mensch in seiner sozialen Umwelt anerkannt werden will.

Beispiel:

Wunsch nach Bildung, modischer Kleidung, Hobbys

- **Luxusbedürfnisse** sind übersteigerte Ansprüche. Sie können vom Großteil der Bevölkerung nicht befriedigt werden.

Beispiel:

Wunsch nach Modellkleidern, Champagner, einer eigenen Yacht

Eine genaue Abgrenzung zwischen den Bedürfnissen ist nicht immer möglich. Sie ist von der persönlichen Situation des Einzelnen abhängig und **verändert** sich im Laufe der Zeit. So ist eine ausreichende und abwechslungsreiche Ernährung für uns ein Existenzbedürfnis, für weite Teile der Dritten Welt hingegen ein Luxusbedürfnis. Und der Wunsch nach Erholung in der Sonne, der für unsere Eltern noch ein Luxusbedürfnis war, ist heute für viele ein Existenzbedürfnis.

Nach der **Möglichkeit der Bedürfnisbefriedigung** können unterschieden werden:

- **Individualbedürfnisse**, die von einem einzelnen Menschen, dem Individuum, ausgehen.

Beispiel:

Wunsch nach einem Auto

- **Kollektivbedürfnisse**, die aus dem Zusammenleben der Menschen entstehen und nur in der Gemeinschaft befriedigt werden können.

Beispiel:

ein gut ausgebautes Straßennetz

Nach dem **Gegenstand der Bedürfnisse** kann man in materielle und immaterielle Bedürfnisse gliedern.

- **Materielle Bedürfnisse** richten sich auf sachliche Güter.

Beispiel:

modische Kleidung, Auto, Möbel

- **Immaterielle Bedürfnisse**, d. h. nicht greifbare Bedürfnisse, richten sich auf Dienstleistungen oder geistige Belange.

Beispiel:

Haarschnitt, Kinobesuch, Freundschaft, Anerkennung, Geborgenheit

Nach dem **Grad der Bewusstheit** unterscheidet man akute und latente Bedürfnisse.
- **Akute** (offene) **Bedürfnisse**: Sie sind den Menschen bewusst und verlangen nach Befriedigung.

Beispiel:

Wunsch nach einer Reise in den Süden

- **Latente** (schlummernde, versteckte) **Bedürfnisse**: Sie sind den Menschen nicht bewusst und können z. B. durch die Werbung geweckt werden.

> **Beispiel:**
>
> *Die Verkaufsabteilung der Sommerfeld GmbH stellt im Rahmen der Marktforschung fest, dass das Bedürfnis nach Sicherheit eine immer größere Rolle spielt. Die Geschäftsleitung diskutiert, ob der Bereich der Sicherheitstechnik im Haushalt (z. B. Zusatzschlösser für Fenster und Türen) in das Sortiment aufgenommen werden soll.*

Bedarf

Der Teil der Bedürfnisse, der sich mit Mitteln der Wirtschaft befriedigen lässt und der mit entsprechender **Kaufkraft** ausgestattet ist, wird **Bedarf** genannt.

> **Beispiel:**
>
> *Daniela hat von ihrer Ausbildungsvergütung 300,00 € gespart. Sie will sich damit einen Wunsch erfüllen und einen Blu-ray-Player kaufen.*

Nachfrage

Wird der Bedarf am Markt wirksam, d. h., wird für ein bestimmtes Gut tatsächlich Geld ausgegeben, so wird er zur **Nachfrage**.

> **Beispiel:**

Ziel jedes Unternehmers ist es, aus den allgemeinen Bedürfnissen seiner möglichen **(potenziellen) Kunden** eine konkrete Nachfrage nach den Leistungen seines Unternehmens zu machen. Um dies zu erreichen, versucht er im Rahmen der **Marktforschung** die Bedürfnisse seiner Kunden zu ermitteln, sein **Absatzprogramm** darauf abzustellen und den Bedarf der Kunden durch **Werbung** (vgl. S. 173) zu wecken.
Die genaue Kenntnis der Bedürfnisse seiner Kunden gibt dem Unternehmer die Möglichkeit, unbewusst vorhandene **(latente) Bedürfnisse in offene Bedürfnisse umzuwandeln**. Mithilfe der Werbung wird der Kunde angeregt, Produkte zu kaufen, die ihm bisher nicht notwendig erschienen oder die er nicht kannte.

> **Beispiel:**
>
> *Die Verkaufsabteilung der Sommerfeld GmbH hat im Rahmen der Marktforschung festgestellt, dass das Bedürfnis nach Möbeln aus ökologischer Produktion sehr groß ist. Daher stellt sie Sortiment und Produktion um und macht mit großem Aufwand Werbung für die neue Produktlinie "Öko-Design".*

Bedürfnis, Bedarf und Nachfrage als volkswirtschaftliche Grundtatbestände verstehen

Bedürfnisse

Existenzbedürfnisse	**Kulturbedürfnisse**	**Luxusbedürfnisse**
müssen zur Erhaltung des Lebens befriedigt werden.	müssen befriedigt werden, wenn der Mensch in seiner sozialen Umwelt anerkannt werden will.	können vom Großteil der Bevölkerung nicht befriedigt werden.

- Der **Bedarf** ist ein konkretisiertes Bedürfnis, das sich mit Mitteln der Wirtschaft befriedigen lässt und mit entsprechender Kaufkraft ausgestattet ist.
- Die **Nachfrage** ist der Teil des Bedarfs, der am Markt wirksam wird.

Übungsaufgaben

1. Erläutern Sie, wie die KFZ-Siebert KG das zunehmende Bedürfnis nach einer sauberen Umwelt und Gesundheit nutzen könnte.

2. Erläutern Sie den Zusammenhang der Begriffe „Bedürfnis", „Bedarf" und „Nachfrage" anhand eines Beispiels.

3. Überprüfen Sie, ob die nachfolgenden Wünsche in unserer Gesellschaft ein Existenz-, Kultur- oder Luxusbedürfnis darstellen. Der Wunsch nach

   - Brot,
   - Wasser,
   - Whisky,
   - Cola,
   - Ansehen der Tagesschau,
   - einem Nerzmantel,
   - einem Bad in der Wohnung,
   - einem Pkw, um zur Arbeit zu kommen,
   - einer Luxuslimousine,
   - einer Armbanduhr.
   - der 6. Markenjeans,
   - einer Flugreise in den Süden, um braun zu werden,
   - einer Seereise, um ein fremdes Land zu erkunden,
   - einem Sachbuch,
   - einem einfachen Fernsehgerät,
   - einem Erholungsurlaub,
   - teurem, pikantem Essen,

4. In Afrika verhungern täglich Tausende von Menschen. Ein großer Teil des Kontinents ist unterentwickelt. Die Bevölkerung ist arm. Entscheiden Sie, ob unter diesen Bedingungen eine andere Einteilung der Bedürfnisse möglich bzw. erforderlich ist.

5. Nennen Sie mindestens fünf Beispiele für Bedürfnisse, die vor 20 oder 30 Jahren Luxusbedürfnisse waren und heute zur Normalausstattung eines Haushalts gehören. Unterhalten Sie sich mit Ihren Eltern, um die Aufgabe lösen zu können.

6. Mithilfe der Werbung werden latente Bedürfnisse der potenziellen Kunden in Nachfrage nach Leistungen eines Unternehmens umgewandelt.
   a) Diskutieren Sie die Rolle der Werbung in unserer Gesellschaft.
   b) Werten Sie Anzeigen in Illustrierten aus und stellen Sie fest, wo in erster Linie latente Bedürfnisse angesprochen werden. Stellen Sie die Ergebnisse in der Klasse vor.

1.2.4 Güter als Mittel der Bedürfnisbefriedigung erkennen

Thomas Sommer möchte für sein Studium gerne ein Praktikum in einer Maschinenbaufirma in Japan machen. Leider fehlt ihm das notwendige Geld dazu. Als er seinen Vater darauf anspricht, meint dieser nur, dass das viel zu teuer sei. *„Du kannst ja dafür sparen"*, sagt er. Thomas raunzt zurück. *„Und wovon soll ich dann leben? Von Luft und Liebe?" „Naja mein Sohn, das Leben ist halt nicht umsonst, nicht einmal der Tod ist kostenlos"*, antwortet da Herr Sommer. *„Du musst dir schon klar machen, wie wichtig das Bedürfnis ist und wie viel es dir wert ist."*

Arbeitsaufträge

1 Erläutern Sie, warum Menschen bereit sind, für manche Güter viel Geld auszugeben und für manche nicht. Geben Sie hierfür Beispiele an.
2 Erläutern Sie, nach welchen Gesichtspunkten wirtschaftliche Güter unterteilt werden können.

Die Mittel, mit denen die menschlichen Bedürfnisse befriedigt werden können, nennt man **Güter**. Indem sie das Bedürfnis des Verwenders befriedigen, stiften sie einen Nutzen. Jeder Mensch wird sich für das Gut entscheiden, das ihm **den höchsten Nutzen** stiftet.

Freie Güter sind im Überfluss vorhanden und ihre Bereitstellung verursacht keine Kosten.

Beispiel:

Luft, Meerwasser, Sonne, Wind

Knappe (wirtschaftliche) Güter sind nur begrenzt vorhanden. Ihre Bereitstellung verursacht Kosten, deshalb haben sie am Markt einen Preis.

Beispiel:

Fuhrpark der Sommerfeld GmbH, Maschinen und Werkzeuge der KFZ-Siebert KG

Im Laufe der Zeit sind immer **mehr freie Güter zu knappen Gütern** geworden. So sind z. B. sauberes Wasser und klare Luft in vielen Gegenden nur noch unter großem Kostenaufwand zu erhalten.
Bei vielen knappen Gütern wird deutlich, dass die für die Herstellung erforderlichen Rohstoffe nur noch für wenige Jahre reichen. Die Konsequenz muss der sparsamere Umgang mit diesen Stoffen und ihre Wiederverwertung (**Recycling**) sein.
Jeder kann Hilfe bei der Wiederverwertung von Rohstoffen und bei ihrem sparsameren Einsatz leisten. **Haushalte** können Glas, Altpapier und Wertstoffe **getrennt sammeln** und entsorgen. **Unternehmen** können Verpackungen **einschränken oder vermeiden** und wiederverwertbare Rohstoffe in der Produktion einsetzen.
Wie bei den Bedürfnissen können auch die knappen (wirtschaftlichen) Güter in verschiedene **Güterarten** unterschieden werden.

Nach der **Dringlichkeit in Existenz-, Kultur- und Luxusgüter:**

Beispiel:

- *Existenzgüter:* Nahrung, Kleidung, Wohnung
- *Kulturgüter:* Theater, Kino, Bücher
- *Luxusgüter:* Goldbarren, Privatflugzeug

Nach der **Verfügbarkeit in private und öffentliche Güter:**

Beispiel:

- *private Güter:* Kleidung, Auto
- *öffentliche Güter:* Schule, Polizei, Krankenhaus

Nach dem **Gegenstand in materielle und immaterielle Güter:**

- **Materielle** (fassbare) **Güter** sind **Sachgüter**.

Beispiel:

Schokoriegel, Blu-ray-Player, Damenbluse, Kaffeevollautomat „Aromastar" der KFZ-Siebert KG

- **Immaterielle** (nicht fassbare) **Güter** sind **Dienstleistungen, Rechte und Informationen**.
  - » **Dienstleistungen** sind Arbeitsleistungen, durch die ein Wert oder Nutzen entsteht.

Beispiel:

Reparaturen von Fahrzeugen durch die KFZ-Siebert KG

  - » **Rechte** sind Ansprüche oder Befugnisse.

Beispiel:

- *Das Recht, einen bestimmten Markennamen zu führen oder ein Grundstück zu nutzen.*
- *Die KFZ-Siebert KG ist Vertragswerkstatt von Mercedes-Benz.*

  - » **Informationen** sind Voraussetzung jeder Art von Entscheidungsfindung.

Beispiel:

Zugriff auf das Wissen in Datenbanken, Abonnement einer Fachzeitschrift

Nach der Art der Verwendung können Sachgüter, Dienstleistungen und Rechte in Konsum und Produktionsgüter eingeteilt werden.

- **Konsumgüter** dienen der unmittelbaren Bedürfnisbefriedigung. Sie werden vom Endverbraucher verwendet.

Beispiel:

- *Sachgut als Konsumgut: ein Hammer im Hobbykeller*
- *Dienstleistung als Konsumgut: Werner Krull fährt mit dem Taxi von der Diskothek nach Hause.*
- *Recht als Konsumgut: Werners Eltern haben einen Schrebergarten gepachtet.*
- *Information als Konsumgut: Werner kauft sich eine Computerzeitschrift.*

- **Produktions- oder Investitionsgüter** dienen zur Herstellung anderer Güter.

Beispiel:

- *Sachgut als Produktionsgut: ein Hammer in der KFZ-Siebert KG*
- *Dienstleistung als Produktionsgut: Eine Transportfirma liefert Reparaturteile für die KFZ-Siebert KG.*
- *Recht als Produktionsgut: Die Sommerfeld GmbH hat ein Grundstück als Lagerplatz gepachtet.*
- *Information als Produktionsgut: Herr Siebert nimmt mit seinen Mechanikern an Weiterbildungen zu neuen Motoren teil.*

Da bei der Einteilung in Konsum- und Produktionsgüter nicht die Art des Gutes, sondern die **Art der Verwendung** den Ausschlag für die Zuordnung gibt, kann ein und dasselbe Gut sowohl Konsum- als auch Produktionsgut sein.

Nach der Nutzungsdauer können Güter in Gebrauchs- und Verbrauchsgüter eingeteilt werden.

- **Gebrauchsgüter** können mehrmals verwendet werden und nutzen sich erst allmählich ab.

Beispiel:

Büromöbel, Kleidung, Maschinen

- **Verbrauchsgüter** können nur einmal zum Zwecke der Bedürfnisbefriedigung bzw. Produktion eingesetzt werden.

Beispiel:

Benzin für Geschäftswagen der Sommerfeld GmbH

Nach der Beziehung der Güter zueinander kann man in Komplementärgüter und Substitutionsgüter unterscheiden.

- **Komplementärgüter** ergänzen sich gegenseitig. Sie können nur in Kombination miteinander ein Bedürfnis befriedigen.

Beispiel:

Kfz und Treibstoff, Blu-ray-Player und Blu-ray-Disc

- **Substitutionsgüter** ersetzen sich, sie sind gegeneinander austauschbar.

Beispiel:

Transport von Waren mit dem Lkw oder der Transport mit der Deutschen Bahn AG

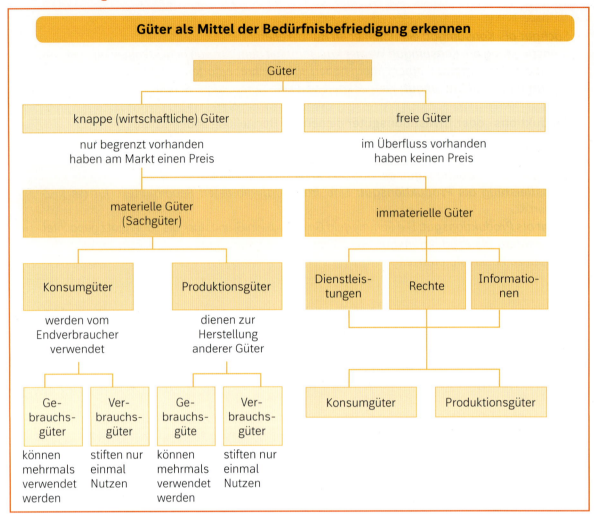

Übungsaufgaben

1. *Haushalte und Unternehmen können gemeinsam dazu beitragen, dass nicht noch mehr freie Güter zu wirtschaftlichen Gütern werden.*
    a) Erläutern Sie diese Bemühungen anhand von fünf Beispielen aus Ihrem Haushalt.
    b) Stellen Sie fünf Beispiele aus der KFZ-Siebert KG dar.

2. *Erläutern Sie fünf Fälle, wie in der KFZ-Siebert KG Verbrauchsgüter gegen mehrmals verwendbare Gebrauchsgüter ausgetauscht werden können.*

3. *Welche der nachfolgenden Verwendungsarten treffen auf unten stehende Sachverhalte zu? Ordnen Sie zu.*
    Verwendungsarten wirtschaftlicher Güter:
    (1) Produktionsgut als Gebrauchsgut   *(5) Recht als Produktionsgut*
    (2) Produktionsgut als Verbrauchsgut   *(6) Recht als Konsumgut*
    (3) Dienstleistung als Produktionsgut   *(7) Konsumgut als Gebrauchsgut*
    (4) Dienstleistung als Konsumgut

    a) Ein Transportunternehmen liefert Reparaturteile.
    b) Überlassung von Geschäftsräumen gegen Entgelt.
    c) Verwendung eines Taschenrechners in der Werkstatt.
    d) Verwendung eines Taschenrechners durch den Auszubildenden in der Schule.
    e) Verwendung von Heizöl zur Beheizung einer Werkstatt.

4. Ordnen Sie den folgenden Gütern die Buchstaben a) freie Güter und b) knappe Güter zu.

(1) Lebensmittel
(2) Wasser im Meer
(3) Schnee in den Bergen
(4) Lastkraftwagen in der Sommerfeld GmbH
(5) Fernsehgerät

(6) Sand in der Wüste
(7) Salz im Toten Meer
(8) Salz im Haushalt
(9) Luft
(10) Sonne

5. Man kann die wirtschaftlichen Güter in verschiedene Gruppen aufteilen. Ordnen Sie die folgenden Güter den entsprechenden Gruppen zu.

(1) Verbrauchsgüter
(3) Investitionsgüter

(2) Gebrauchsgüter
(4) Dienstleistungen

a) Gefrierschrank der Familie Schaub
b) PC in der Sommerfeld GmbH
c) Rolltreppe
d) Tätigkeit eines Rechtsanwalts
e) Hebebühne in der KFZ-Siebert KG

f) Computer bei der Familie Schaub
g) Drehbank im Industriebetrieb
h) Tätigkeit eines Kreditinstituts
i) Orangensaft im Haushalt Schaub
j) Tätigkeit eines Standesbeamten

1.2.5 Die Produktionsfaktoren und ihre Kombination beschreiben

Große Aufregung in der Geschäftsleitung der Sommerfeld GmbH. Zwei Herren der Unternehmensberatung Kienapfel sind im Haus. Als die Auszubildende Daniela Schaub ins Büro kommt, um die Pläne für eine neue Steckdosenleiste zu prüfen, hört sie folgenden Dialog.

Unternehmensberater: *„Sie können rechnen, wie sie wollen, Frau Fahrtmann, die Personalkosten Ihres Betriebes sind einfach zu hoch!"*

Frau Fahrtmann: *„Im Augenblick trifft das sicher zu, aber denken Sie an die Überstunden nach der Messe!"*

Unternehmensberater: *„Das gebe ich ja zu, trotzdem müssen wir die Personalproduktivität steigern. Und das geht nur, wenn wir den Personalfaktor Arbeit gegen Kapital substituieren ..."*

Als Daniela das Büro verlässt, hat sie nichts verstanden. Sie versteht zwar nicht, was Geschäftsleitung und Unternehmensberatung besprochen haben, hat aber das Gefühl, dass das auch etwas mit ihr zu tun haben könnte.

Arbeitsaufträge

1 Stellen Sie fest, was sich hinter der Formulierung „Arbeit gegen Kapital substituieren" verbirgt.
2 Erläutern Sie den Vorgang der Substitution anhand einiger Beispiele aus ihrem Betrieb.

Die volkswirtschaftliche Produktionsfaktoren

Nur ein kleiner Teil der Güter wird den Menschen von der Natur konsumreif zur Verfügung gestellt. In der Regel müssen Güter produziert werden. Zur **Produktion** zählt dabei nicht nur die Herstellung von Gütern, sondern auch die Bereitstellung von Dienstleistungen.

Alle an der Produktion beteiligten Menschen und die eingesetzten Güter kann man auf drei grundlegende Faktoren zurückführen, die man als **volkswirtschaftliche Produktionsfaktoren** bezeichnet. Die volkswirtschaftlichen Produktionsfaktoren sind:

Arbeit	Boden (Natur)	Kapital

Produktionsfaktor Arbeit

Zum **Produktionsfaktor Arbeit** zählt jede geistige und körperliche Tätigkeit, die auf die Erzielung eines Einkommens gerichtet ist.

Beispiel:

Wischt eine Reinigungskraft in einem Büro der Sommerfeld GmbH die Böden, handelt es sich um Arbeit im volkswirtschaftlichen Sinne. Erledigt sie die gleiche Arbeit in ihrer Wohnung, zählt diese Tätigkeit nicht zum Produktionsfaktor Arbeit, da kein Einkommen erzielt wird.

Der Produktionsfaktor Arbeit kann nach verschiedenen Gesichtspunkten unterteilt werden.

Nach der Weisungsgebundenheit:

Arten der Arbeit	Beispiele
leitende (dispositive) **Arbeit**	*Die Geschäftsführer der Sommerfeld GmbH, Herr Sommer, Frau Fahrtmann und Herr Feld*
ausführende Arbeit	*Geselle in der Werkstatt*

Nach der Ausbildung:

gelernte Arbeit (Voraussetzung ist eine abgeschlossene Berufsausbildung)	*Holzmechanikerin in der Produktion*
angelernte Arbeit (Voraussetzung ist eine kurze Anlernzeit)	*Aushilfe in der Produktion*
ungelernte Arbeit	*Reinigungskraft*

Nach den Anforderungen:

geistige Arbeit	*Die Datenschutzbeauftragte Stefanie Schwarz*
körperliche Arbeit	*Die Lagerarbeiter der Sommerfeld GmbH*

Nach der Selbstständigkeit:

selbstständige Arbeit	*Der Steuerberater der KFZ-Siebert KG, Schröder*
nicht selbstständige Arbeit	*Alle Arbeitnehmer der KFZ-Siebert KG*

Produktionsfaktor Boden (Natur)

Der **Produktionsfaktor Boden (Natur)** umfasst die zu wirtschaftlichen Zwecken genutzte Natur. Er ist nicht vermehrbar und nicht transportierbar. Da er nicht transportierbar ist, bezeichnet man ihn auch als **Immobilie**. Der Produktionsfaktor Boden wird in dreifacher Weise genutzt.

- **Anbauboden** ist der land- und forstwirtschaftlich genutzte Boden. Da der Produktionsfaktor Boden nicht vermehrbar ist, ist eine Steigerung der Erträge in der Landwirtschaft nur durch intensivere Nutzung, z. B. durch Einsatz von Pflanzenschutz- und Düngemitteln möglich. Die damit verbundenen Probleme führen jedoch zu einer Störung des ökologischen Gleichgewichts und damit zu einem Zielkonflikt zwischen Ökonomie und Ökologie (Vgl. S. 55).

- **Abbauboden** ist der bergbaulich genutzte Boden, aus dem die Bodenschätze gewonnen werden. Hauptproblem ist hier die Knappheit der Rohstoffe, die oft nur noch für wenige Jahre reichen. Da Rohstoffe und Energieträger nicht erneuerbar sind, kommt dem **Recycling** immer größere Bedeutung zu.

- **Standortboden** ist der baulich genutzte Boden, auf dem z. B. ein Unternehmer seinen Betrieb errichtet. Dabei sucht der Unternehmer anhand bestimmter **Standortfaktoren** den Ort, der ihm die größten Ertrags- und Kostenvorteile bringt. Betriebe der Urproduktion, z. B. ein Kohlebergwerk, wählen ihren Standort anhand der Rohstoffvorkommen. Industriebetriebe wählen ihren Standort aufgrund günstiger Verkehrsverbindungen, z. B. in der Nähe von Autobahnen, Eisenbahnanschlüssen oder Wasserwegen. Bestimmte Fertigungsbetriebe, die hochspezialisierte Arbeiter benötigen, siedeln sich in Gegenden an, in denen diese Arbeitskräfte zur Verfügung stehen. Die Standortwahl orientiert sich auch am Absatzgebiet, d. h. an der Nähe zum Kunden.

Beispiel:

Für die Standortwahl der KFZ-Siebert KG waren mehrere Faktoren ausschlaggebend. So spielten die Kosten des Grundstücks, die günstigen Verkehrsverbindungen, die Wettbewerbssituation in der Region und die Nähe zu den Kunden eine Rolle.

Arbeit und Boden bezeichnet man als **ursprüngliche (originäre) Produktionsfaktoren**. Sie ermöglichen die Herstellung von Gütern und Dienstleistungen.

Produktionsfaktor Kapital

Der **Produktionsfaktor Kapital** entsteht durch **Konsumverzicht**, d. h. durch **Sparen**.

Beispiel:

Um sich die Arbeit zu erleichtern und die Erträge zu steigern, baut ein Gärtner ein Gewächshaus. Voraussetzung hierfür ist das erforderliche Kapital. Dies entsteht, indem der Gärtner nur einen Teil der Ernte verzehrt. Bei dem anderen Teil der Ernte verzichtet er auf den Konsum und bringt ihn auf den Wochenmarkt, um ihn zu verkaufen. Das Geld legt er auf einem Sparbuch zinsgünstig an.

Gesparte Mittel, die für produktive Zwecke bereitgestellt werden, heißen **Geldkapital**. Wird das Geldkapital in Produktionsmitteln angelegt, d. h. **investiert**, entsteht **Sach- oder Realkapital**.

Beispiel:

Sobald ausreichend Kapital vorhanden ist, beauftragt der Gärtner einen Bauunternehmer mit dem Bau des Gewächshauses, er investiert.

Da der Produktionsfaktor Kapital nicht von Anfang an vorhanden ist, sondern erst durch den Einsatz der ursprünglichen Produktionsfaktoren Arbeit und Boden entsteht, bezeichnet man ihn als **abgeleiteten (derivativen) Produktionsfaktor**.

Bewahrt ein Haushalt sein Geld im „Sparstrumpf" auf, handelt es sich nicht um Sparen im volkswirtschaftlichen Sinne, da das Geld dem Wirtschaftskreislauf entzogen wird. Dieses Verhalten bezeichnet man als **„Horten"**.

Die betriebswirtschaftlichen Produktionsfaktoren

Die volkswirtschaftlichen Produktionsfaktoren Arbeit, Boden und Kapital werden im Betrieb durch die **betriebswirtschaftlichen Produktionsfaktoren dargestellt.**

| Arbeitskraft | Werkstoffe | Betriebsmittel |

Die **leitenden Mitarbeiter(innen)** eines Unternehmens setzen die betriebswirtschaftlichen Produktionsfaktoren so ein, dass das angestrebte Unternehmensziel erreicht wird. Ihre Aufgabe ist die Leitung, Planung und Organisation der Unternehmung. Aufgrund ihrer Bedeutung für das Unternehmen werden sie zu einem eigenständigen betriebswirtschaftlichen Produktionsfaktor zusammengefasst, dem **dispositiven Faktor**.

Beispiel:

> Herr Siebert ist als Geschäftsführer leitender Mitarbeiter der KFZ-Siebert KG, er gehört zum Top-Management.

Die Kombination der Produktionsfaktoren

Für die Produktion von Gütern und Dienstleistungen müssen die Produktionsfaktoren Arbeit, Boden und Kapital sinnvoll miteinander **kombiniert** werden. Das Ergebnis des Produktionsprozesses bezeichnet man als **Produktionsertrag**.

Beispiel:

> *Der Umsatz (= Produktionsertrag) der KFZ-Siebert KG betrug im vergangenen Jahr 521 000,00 €.*

Kombination der Produktionsfaktoren

Die Menge der eingesetzten Produktionsfaktoren, multipliziert mit dem Preis je Einheit, sind die **Kosten der Produktion**.

Beispiel:

Die Personalkosten der KFZ-Siebert KG betrugen im vergangenen Jahr rd. 150 000,00 €.

Ziel jedes Unternehmers ist es, die Produktionsfaktoren so einzusetzen, dass ein bestimmter Produktionsertrag mit den geringstmöglichen Kosten erreicht wird. Diese Faktorenkombination bezeichnet man als **Minimalkostenkombination**

Limitationale Produktionsfaktoren

Bei vielen Produktionsprozessen ist das **Einsatzverhältnis der Produktionsfaktoren vorgegeben**, d. h., sie können nicht gegeneinander ausgetauscht werden. Ist dies der Fall, handelt es sich um **limitationale** Produktionsfaktoren (limitational = begrenzt). Hier stellt sich das Problem der Minimalkostenkombination nicht, da das Einsatzverhältnis der Produktionsfaktoren technisch bedingt ist.

Beispiel:

Ein Abschleppwagen der KFZ-Siebert KG kann höchstens 24 Stunden täglich eingesetzt werden. Ist dies der Fall, werden bei einer Arbeitszeit von acht Stunden drei Fahrer benötigt. Der zusätzliche Einsatz eines weiteren Fahrers erhöht lediglich die Kosten der Produktion. Werden nur zwei Fahrer eingesetzt, verringert sich der Produktionsertrag, da der Abschleppwagen nicht ausgelastet ist.

Substitutionale Produktionsfaktoren

Sind bei einem Produktionsprozess die Produktionsfaktoren gegeneinander austauschbar, kann z. B. der Produktionsfaktor Arbeit durch den Produktionsfaktor Kapital ersetzt werden, handelt es sich um **substitutionale** Produktionsfaktoren (substituieren = ersetzen). Hier bestimmen die Kosten der Produktionsfaktoren die Wahl der Faktorenkombination. Gewählt wird die Faktorenkombination mit den niedrigsten Gesamtkosten, die Minimalkostenkombination.

Beispiel:

Im Rahmen der Arbeitsvorbereitung sollen in der Sommerfeld GmbH Hölzer für Büromöbel zugeschnitten werden. Der Produktionsertrag lässt sich durch folgende Faktorenkombinationen erzielen:

	Arbeit (Angestellte) Einheiten	Kapital (Maschinen) Einheiten
Kombination 1	1	8
Kombination 2	2	4
Kombination 3	4	2
Kombination 4	8	1

Der Preis für den Faktor Arbeit beträgt 1 250,00 € je Einheit. Der Preis für den Faktor Kapital beträgt 2 500,00 € je Einheit. Es entstehen folgende Gesamtkosten:

	Arbeit	Arbeitskosten	Kapital	Kapitalkosten	Gesamtkosten
Kombination 1	1	1 250,00 €	8	20 000,00 €	21 250,00 €
Kombination 2	2	2 500,00 €	4	10 000,00 €	12 500,00 €
Kombination 3	4	**5 000,00 €**	2	**5 000,00 €**	**10 000,00 €**
Kombination 4	8	10 000,00 €	1	2 500,00 €	12 500,00 €

Die Kombination 3 hat die geringsten Gesamtkosten. Sie ist die Minimalkostenkombination.

Handelt ein Unternehmer nach dem **ökonomischen Prinzip** (vgl. S. 53 ff.), wird er bei Kostensteigerungen des Produktionsfaktors Arbeit diesen durch den Produktionsfaktor Kapital ersetzen,

d. h. substituieren. Der Mensch als Produktionsfaktor wird also durch die Maschine ersetzt, er wird **arbeitslos**.

Informationen als Produktionsfaktor und globalisierter Wettbewerb

Globalisierung der Wirtschaft bedeutet, dass der Wettbewerb heute nicht mehr nur innerhalb der Grenzen eines Landes stattfindet. Ländergrenzen spielen bei der Entwicklung von großen Unternehmen keine Rolle mehr. Großkonzerne sind heutzutage in zahlreichen Ländern tätig.

> **Beispiel:**
>
> *Daimler, Bayer, VW, General Motors*

Hinter der Globalisierung verbergen sich neue Trends wirtschaftlich-technischer Entwicklungen:
- **globalisierter Strukturwandel** (Vertiefung der internationalen Arbeitsteilung)
- **globalisierte Finanzmärkte** (weltweites Einsetzen von Ersparnissen in Investitionen)
- **globalisierte Dienstleistungsmärkte** (weltweites Wachstum auf dem Markt der Dienstleistungen)

Eine wichtige Rolle beim globalisierten Strukturwandel spielen die zunehmende Vernetzung der Weltwirtschaft (z. B. durch die Nutzung des **Internets**), der technische Fortschritt und der Abbau von Handelshemmnissen. Rund um das Internet als Schlüsselmedium der Informationsgesellschaft verschmelzen bislang getrennte Technologien, Medien und Services zu einer Branche mit großen Wachstumschancen (z. B. **E-Commerce**). In diesem Zusammenhang bekommt die Gewinnung, Verarbeitung und Speicherung von Informationen zunehmende Bedeutung.

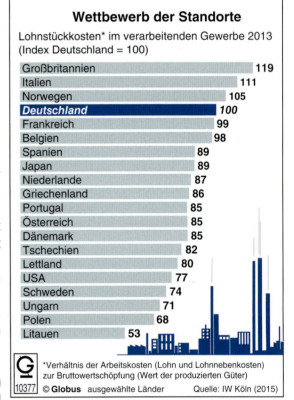

Wettbewerb der Standorte

Lohnstückkosten* im verarbeitenden Gewerbe 2013
(Index Deutschland = 100)

Großbritannien	119
Italien	111
Norwegen	105
Deutschland	*100*
Frankreich	99
Belgien	98
Spanien	89
Japan	89
Niederlande	87
Griechenland	86
Portugal	85
Österreich	85
Dänemark	85
Tschechien	82
Lettland	80
USA	77
Schweden	74
Ungarn	71
Polen	68
Litauen	53

10377 *Verhältnis der Arbeitskosten (Lohn und Lohnnebenkosten) zur Bruttowertschöpfung (Wert der produzierten Güter)
© **Globus** ausgewählte Länder   Quelle: IW Köln (2015)

Informationen sind immaterielle Güter (vgl. S. 73 ff.) und beinhalten zweckbestimmtes Wissen. Sie sind von großer Bedeutung für jede Art von Entscheidungsfindung. Ohne Informationen ist menschliches Handeln undenkbar. Je schneller gute Informationen vorliegen, desto schneller können richtige Entscheidungen getroffen werden.
An Informationen müssen bestimmte **Anforderungen** gestellt werden.
- **Aktualität:** Die Informationen müssen stets auf dem **neuesten Stand** sein.

> **Beispiel:**
>
> *In der KFZ-Siebert KG müssen die Ersatzteile schnellstmöglich geliefert werden, damit die Reparaturen für den Kunden nicht zu lange dauern. Sollte es Lieferverzögerungen geben, muss Herr Siebert davon unverzüglich Kenntnis erhalten und diese Information schnellstmöglich an den Kunden weitergeben.*

- **Verfügbarkeit:** Die Informationen müssen für alle betroffenen Mitarbeiter **jederzeit** und an jedem Arbeitsplatz **abrufbar** sein.

- **Zuverlässigkeit:** Sowohl die Informationsquelle als auch der Inhalt der Information müssen **vertrauenswürdig** und **glaubwürdig** sein. Ebenso gilt dies für Informationen, die innerhalb des Betriebes oder vom Betrieb an Dritte weitergegeben werden. Daher dürfen keine Informationen ungeprüft weitergegeben oder verarbeitet werden.
- **Wirtschaftlichkeit:** Die Informationsbeschaffung und -verarbeitung muss möglichst **kostengünstig** bewältigt werden. Informationen können intern oder extern beschafft werden, die Verarbeitung kann manuell oder durch moderne Kommunikationslösungen erfolgen. Welche dieser Möglichkeiten jeweils gewählt wird, richtet sich nach dem verfolgten Ziel, der zur Verfügung stehenden Zeit, der gewünschten Zuverlässigkeit der Informationen und den Kosten.

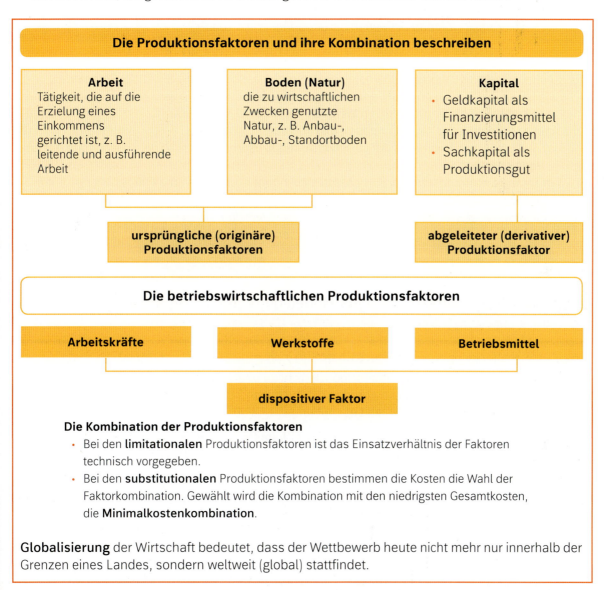

Die Produktionsfaktoren und ihre Kombination beschreiben

Arbeit
Tätigkeit, die auf die Erzielung eines Einkommens gerichtet ist, z. B. leitende und ausführende Arbeit

Boden (Natur)
die zu wirtschaftlichen Zwecken genutzte Natur, z. B. Anbau-, Abbau-, Standortboden

Kapital
- Geldkapital als Finanzierungsmittel für Investitionen
- Sachkapital als Produktionsgut

ursprüngliche (originäre) Produktionsfaktoren

abgeleiteter (derivativer) Produktionsfaktor

Die betriebswirtschaftlichen Produktionsfaktoren

Arbeitskräfte **Werkstoffe** **Betriebsmittel**

dispositiver Faktor

Die Kombination der Produktionsfaktoren
- Bei den **limitationalen** Produktionsfaktoren ist das Einsatzverhältnis der Faktoren technisch vorgegeben.
- Bei den **substitutionalen** Produktionsfaktoren bestimmen die Kosten die Wahl der Faktorkombination. Gewählt wird die Kombination mit den niedrigsten Gesamtkosten, die **Minimalkostenkombination**.

Globalisierung der Wirtschaft bedeutet, dass der Wettbewerb heute nicht mehr nur innerhalb der Grenzen eines Landes, sondern weltweit (global) stattfindet.

Übungsaufgaben

1. *Beschreiben Sie den Vorgang der Kapitalbildung.*

2. *Erläutern Sie, wodurch sich das Sparen im volkswirtschaftlichen Sinne und das Horten unterscheiden.*

3. *Beschreiben Sie anhand von zehn Gütern Ihrer Wahl, wie die Produktionsfaktoren Arbeit, Boden und Kapital bei ihrer Herstellung zusammenwirken.*

4. *Erläutern Sie, welche der unten stehenden Sachverhalte man den Produktionsfaktoren*
   (1) Arbeit,
   (2) Boden,
   (3) Kapital oder
   (4) keinem der Produktionsfaktoren
   zuordnen kann.
   a) Einkommen, das nicht für Konsumgüter ausgegeben wird und in einen Sparvertrag fließt
   b) ein Grundstück, das ein Unternehmer erwirbt
   c) Braunkohle, die im Tagebau gewonnen wird
   d) Halle, in der Warenvorräte gelagert werden
   e) Schülerarbeit während der Ferien bei der Sommerfeld GmbH
   f) im Sparstrumpf gehortetes Geld

5. *Auf der Grundlage des Gutachtens einer Unternehmensberatung soll bei der Sommerfeld GmbH ein Mitarbeiter im Lager entlassen werden. An seiner Stelle wird eine computergesteuerte Kommissionierungsanlage im Wert von 150 000,00 € angeschafft. Herr Sommer möchte diese Maßnahme mit dem Betriebsrat diskutieren.*
   a) Stellen Sie die Argumente der Geschäftsleitung zusammen, die für die Anschaffung der Anlage sprechen.
   b) Stellen Sie Argumente des Betriebsrates zusammen, die gegen die Entlassung des Mitarbeiters sprechen.
   c) Führen Sie das Gespräch in Form eines Rollenspiels durch.
   d) Fassen Sie den Verlauf des Gesprächs in einem Protokoll zusammen.

1.2.6 Den Wirtschaftskreislauf als Modell der Volkswirtschaft verstehen

Daniela Schaub möchte sich ein Auto kaufen. 1 212,00 € hat sie selbst, den Rest des Kaufpreises sollen ihr die Eltern geben. Der Vater ist jedoch nicht zu überzeugen. *„Für ein zweites Auto ist kein Geld da. Unsere Einnahmen decken gerade die Ausgaben."* Um Daniela zu überzeugen, stellt er mit ihr die Einnahmen und Ausgaben gegenüber.

Haushaltskonto der Familie Schaub

Einnahmen		Ausgaben	
Einkommen		Lebensmittel	532,00 €
Otto Schaub (netto)	1 960,00 €	Wohnung, Hausrat etc.	1 130,00 €
Antje Schaub (netto)	640,00 €	alltäglicher Verbrauch	1 218,00 €
Kindergeld Jörn + Daniela	380,00 €	Sparen Otto und Antje	370,00 €
Abgaben Daniela an Eltern	200,00 €	Taschengeld Jörn	50,00 €
Abgaben Jörn an Eltern	120,00 €		
Summe	**3 300,00 €**	**Summe**	**3 300,00 €**

Daniela ist enttäuscht. *„Was ist denn aus der letzten Gehaltserhöhung geworden, die du bekommen hast?"* Ihr Vater lacht. *„Die paar Kröten? Die sind sofort durch die höheren Steuern und die Verteuerung der Lebensmittel aufgefressen worden. Leider bleibt unser Haushaltskonto im Gleichgewicht."* Daniela versteht nicht, was ihr Vater meint.

Arbeitsaufträge

1 Stellen Sie fest, welche Modellbetrachtung Herrn Schaubs Überlegungen zugrunde liegen könnten.
2 Erklären Sie Daniela, was ihr Vater mit „Gleichgewicht des Haushaltskontos" meint.
3 Erläutern Sie die Mängel der Überlegungen von Otto Schaub.

Um die Volkswirtschaft als Ganzes betrachten zu können, bedient man sich eines **Modells**, d. h. einer Abbildung der Wirklichkeit. So wie ein Globus eine vereinfachte Wiedergabe der Erde und ein Stadtplan eine vereinfachte Abbildung einer Stadt ist, versucht ein volkswirtschaftliches Modell die wesentlichen Zusammenhänge der Volkswirtschaft in vereinfachter Form wiederzugeben. Da die Volkswirtschaft aus einer Vielzahl sehr komplizierter Beziehungen besteht, ist es erforderlich, das Modell auf wenige Grundannahmen (Prämissen) zu beschränken.

Der einfache Wirtschaftskreislauf

Dem Modell eines einfachen Wirtschaftskreislaufs werden folgende Annahmen (**Prämissen**) zugrunde gelegt:
• Es gibt nur zwei Gruppen von Beteiligten (**Wirtschaftssubjekte**) am Wirtschaftsgeschehen: die privaten Haushalte und die Unternehmen.
• Alle privaten Haushalte und alle Unternehmen werden zu je einem **Sektor** zusammengefasst.
• Die **Haushalte** stellen den Unternehmen die Produktionsfaktoren Arbeit, Boden und Kapital als **Produktivgüter** zur Verfügung.

Beispiel:

Die Auszubildende Daniela Schaub stellt der Sommerfeld GmbH ihre Arbeitskraft zur Verfügung.

• Die **Unternehmen** zahlen den Haushalten für die Nutzung der Produktionsfaktoren Einkommen in Form von Lohn (für Arbeit), Miete und Pacht (für Boden) und Zinsen (für Kapital).

Beispiel:

Die Sommerfeld GmbH zahlt der Auszubildenden Daniela Schaub eine Ausbildungsvergütung von 896,60 €.

• Die Unternehmen stellen durch die Kombination der Produktionsfaktoren alle in der Volkswirtschaft benötigten **Konsumgüter** her.
• Alle in den Unternehmen produzierten Konsumgüter werden an die Haushalte abgesetzt.
• Die Haushalte verwenden ihr gesamtes Einkommen für die Beschaffung der Konsumgüter.

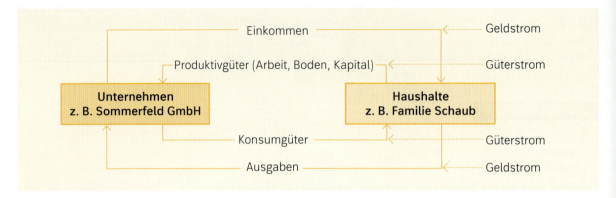

Anhand dieses Modells einer Volkswirtschaft lassen sich jetzt folgende **Aussagen** machen:

- Im Modell lässt sich ein **geschlossener Wirtschaftskreislauf** erkennen, der von einem Geldstrom und einem Güterstrom gebildet wird.
- Der **Geldstrom** besteht aus den Einkommen der Haushalte und ihren Ausgaben für Konsumgüter.
- Der **Güterstrom** besteht aus den von den Haushalten bereitgestellten Produktivgütern und den von den Unternehmen produzierten Konsumgütern.
- Jedem Güterstrom läuft ein Geldstrom von gleichem Wert entgegen, d. h., **Güter und Geldkreislauf sind wertmäßig gleich**.

Das Modell des geschlossenen Wirtschaftskreislaufs zeigt, dass zwischen den Sektoren der Volkswirtschaft, also zwischen Haushalten und Unternehmen, eine **ständige Wiederholung von Produktion und Konsum** stattfindet. Da sich Geld- und Güterstrom wertmäßig entsprechen, kann nur das konsumiert werden, was auch produziert wurde. Es kann ebenfalls nur das ausgegeben werden, was auch an Einkommen erzielt wurde. Das heißt:

Summe der Faktoreinkommen = Gesamtausgaben für Konsumgüter

Da der einfache Wirtschaftskreislauf eine Volkswirtschaft beschreibt, in der es keine Veränderungen gibt, spricht man auch von einer statischen Betrachtung oder von einer **stationären Wirtschaft**.

Der erweiterte Wirtschaftskreislauf

Das Modell des erweiterten Wirtschaftskreislaufs in einer wachsenden Wirtschaft wird um folgende **Annahmen** erweitert:

- Die Haushalte geben nicht ihr gesamtes Einkommen für Konsumgüter aus, sondern **sparen** einen Teil.

Beispiel:

Daniela Schaub legt monatlich 250,00 € bei ihrer Bank als Sparguthaben zu einem Zinssatz von 1,0 % an.

- Die gesparten Beträge werden auf Konten bei **Kreditinstituten** (Banken, Sparkassen) angelegt, die zu einem eigenen Sektor zusammengefasst werden.
- Die Kreditinstitute stellen den Unternehmen das Geldkapital für **Investitionen** zur Verfügung.

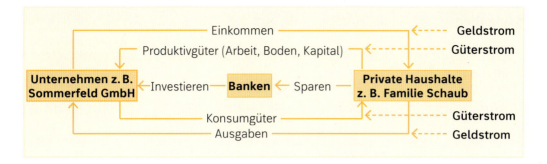

Das Einkommen der Haushalte in der wachsenden Wirtschaft wird zum Teil für den Konsum ausgegeben und zum Teil gespart. Es gilt:

Summe der Faktoreinkommen = Gesamtausgaben für Konsumgüter + Gesamtsparbeträge

Da die Unternehmen ihre Produktionsanlagen durch die Investition erweitern, können sie in der folgenden Periode mehr Mitarbeiter beschäftigen und mehr Konsumgüter produzieren. Eine Volkswirtschaft, die sich durch Investitionen vergrößert, bezeichnet man als dynamische oder **evolutorische Wirtschaft**.

In der **evolutorischen Wirtschaft mit staatlicher Aktivität** werden die Staatseinnahmen (z. B. Steuern) und Staatsausgaben (z. B. Transferzahlungen, Subventionen) berücksichtigt.

Den Wirtschaftskreislauf als Modell der Volkswirtschaft verstehen

In der **stationären Wirtschaft** gibt es zwei Sektoren, die Haushalte und die Unternehmen.
• Aufgabe der **Unternehmen** ist die Erzeugung von Sachgütern und Dienstleistungen.
• Die **Haushalte** verwenden ihr gesamtes Einkommen für die Beschaffung der Güter bei den Unternehmen.

In der **evolutorischen Wirtschaft** geben die Haushalte nicht ihr gesamtes Einkommen für Konsumgüter aus, sondern **sparen** einen Teil.
• Die Sparguthaben werden bei den Kreditinstituten angelegt, die sie den Unternehmen für **Investitionen** zur Verfügung stellen.

Übungsaufgaben

1. Erläutern Sie, warum man bei der Erklärung der Volkswirtschaft von stark vereinfachten Modellen ausgeht.

2. Erläutern Sie die Prämissen, die dem einfachen Wirtschaftskreislauf zugrunde gelegt werden.

3. Stellen Sie das Modell der wachsenden Wirtschaft mit staatlicher Aktivität grafisch dar und erläutern Sie die Geld- und Güterströme.

4. Überprüfen Sie, welche Bedeutung das Sparen der Haushalte in einer Volkswirtschaft hat.

Prüfungsaufgaben

1. Was wird unter dem Begriff „minimales ökonomisches Prinzip" verstanden?
   a) Die Umweltressourcen müssen geschützt und dürfen daher nicht eingesetzt werden.
   b) Bei gegebenem möglichen Aufwand das höchstmögliche Ziel erreichen.
   c) Die Umwelt möglichst effektiv auszubeuten.
   d) Ein Ziel mit möglichst geringem Aufwand erreichen.
   e) Einen möglichst geringen persönlichen Aufwand beim Arbeiten, um möglichst viel Freizeit zu haben.

2. Entscheiden Sie um welche Art von Bedürfnis es sich bei einem Besuch eines Kinos handelt.
   a) ein Luxusbedürfnis
   b) ein Existenzbedürfnis
   c) ein Sicherheitsbedürfnis
   d) ein Kulturbedürfnis

3. Welche der folgenden Aussagen über Güter ist richtig?
   a) Dienstleistungen sind keine Güter.
   b) Konsumgüter dienen der Produktion in der Industrie.
   c) Luft ist ein knappes Gut.
   d) Güter dienen der Bedürfnisbefriedigung von Menschen.
   e) Freie Güter sind frei verkäufliche Güter.

4. Welches der folgenden Unternehmen ist eine Genossenschaft?
   a) AG
   b) GmbH
   c) eG
   d) OHG
   e) GmbH & Co. KG

5. Eine nachhaltige Betriebsstruktur ist sehr wichtig und eine ökologische Produktion ebenfalls.
   a) Erklären Sie das „ökologische Prinzip".
   b) Nennen Sie ein Beispiel für Zielkonflikte zwischen dem ökologischen und dem ökonomischen Prinzip in Ihrem Berufsfeld.
   c) Nennen Sie drei Maßnahmen zum Umweltschutz in Ihrem Betrieb.

6. Ein Betrieb steht immer in Wechselwirkung zur Gesamtwirtschaft.
   a) Beschreiben Sie anhand des folgenden Diagramms die Wechselwirkungen 1–10 zwischen den einzelnen Wirtschaftssubjekten.

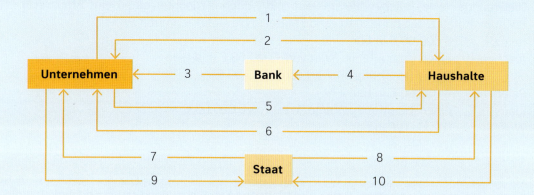

   b) Geben Sie jeweils ein Beispiel für die Wechselwirkungen in a).

7. Erklären Sie den Unterschied zwischen Kapital- und Personengesellschaften.

8. Ergänzen Sie die folgende Tabelle.

Unternehmensform	Abkürzung	Haftungsart
	GmbH	Kapitalgesellschaft
Offene Handelsgesellschaft		
	KG	Personengesellschaft
Aktiengesellschaft		
	GbR	

9. **Füllen Sie die folgende Tabelle aus.**

Kriterien	AG	KG
Gründungsmitglieder		
Gründungskapital		
Haftung		
Entscheidungsbefugnis		
Gesellschaftsorgane		
Gewinnverteilung		

10. Nennen Sie Vor- und Nachteile bei der Gründung einer GmbH.

11. Sie haben vor, ein Unternehmen zu gründen, und überlegen, welche Rechtsform Ihr Handwerksbetrieb haben soll. Sie entscheiden sich zunächst für ein Einzelunternehmen.
    a) Was sind die Vor- und Nachteile eines Einzelunternehmens?
    b) Nennen Sie eine Personengesellschaft und eine Kapitalgesellschaft.
    c) Nennen Sie jeweils einen wesentlichen Unterschied (Vor- und Nachteil) dieser Personengesellschaft und der Kapitalgesellschaft im Vergleich zu einem Einzelunternehmen.

12. **Ordnen** Sie die Unternehmensformen „GmbH und Co. KG", „AG", „GmbH", „OHG", „eG" und „KG" den Begrifflichkeiten Personengesellschaft, Kapitalgesellschaft und Genossenschaft richtig zu.

13. Die Freunde Heinz, Joachim, Peter, Klaus und Wolfgang möchten eine kleine Brauerei in Bochum eröffnen. Sie bringen folgende Mittel in die Unternehmung ein:

    Heinz: 3 000,00 € in bar
    Joachim: einen Computer im Wert von 1 000,00 € und eine
                Büroausstattung im Wert von 1 500,00 €
    Peter: 4 000,00 € in bar
    Klaus: einen Kleintransporter im Wert von 6 000,00 €
    Wolfgang: 5 000,00 € in bar

    Sie beschließen, die Brauerei gemeinschaftlich zu führen. Dagegen haben aber die Frauen von Heinz und Wolfgang etwas. Sie möchten, dass ihre Männer Zeit für sie haben und nicht für die Unternehmung haften. Heinz und Wolfgang fügen sich den Frauen und stellen lediglich die oben genannten Mittel zur Verfügung.
    a) Entscheiden Sie anhand der Kriterien „Mindestzahl der Gründer", „Gründungskapital", „Leitung", „Haftung", „Gewinn/Verlustbeteiligung", welche Rechtsform Sie wählen würden.
    b) Begründen Sie ihre Entscheidung schriftlich anhand der oben genannten Kriterien.

14. Michael und Sven sind gute Freunde. Sie haben beide eine Meisterausbildung für Kälteanlagenbauer absolviert und wollen ihren eigenen Fachbetrieb gründen. Der Bruder von Svens Ehefrau Jürgen hat eine Ausbildung als Mechatroniker für Kältetechnik erlernt und soll Mitbegründer der Firma werden.
    Sie bringen folgende Mittel in die Unternehmung ein:

    Michael: 10.000 Euro aus einem Bausparkonto und Werkzeug im Wert von 800 Euro
    Sven: Einen Lieferwagen im Wert von 8.000 Euro, Werkzeug im Wert von 1.200 Euro,
                sowie 6.000 Euro die er von seinen Eltern als Startkapital geschenkt
                bekommen hat.
    Jürgen: Computer- und Büroausstattung im Wert von 4.000 Euro und eine VW-Passat
                von 2005 im Wert von 12.500 Euro.

    Sven hat den Hof seiner Eltern übernommen, auf dem diese auch noch wohnen, weshalb er nicht für den Verlust des Unternehmens mit seinem Privatvermögen haften möchte. Michael möchte dies auch nicht, da seine Frau bei der Hochzeit ein kleines Vermögen mit in die Ehe gebracht hat, dass er nicht riskieren will und darf.
    a) Entscheiden Sie anhand der Kriterien „Mindestzahl der Gründer", „Gründungskapital", „Leitung", „Haftung", „Gewinn/Verlustbeteiligung", welche Rechtsform Sie wählen würden.
    b) Begründen Sie ihre Entscheidung schriftlich anhand der oben genannten Kriterien.

2 Leistungserstellungsprozesse planen und Beschaffungsprozesse durchführen

In diesem Kapitel lernen Sie, wie Produktionsbetriebe und Dienstleistungsunternehmen des Handwerks in der gewerblich-technischen Branche ihre Leistungserstellungsprozesse planen und unter Aspekten des Qualitätsmanagements optimieren. Dabei erfahren Sie etwas über Produktionsfaktoren und unterschiedliche Fertigungsverfahren.

Am Beispiel der Schreinerei der Sommerfeld GmbH erkennen Sie, warum es für Unternehmen überlebenswichtig ist, ihren Beschaffungsprozess gut zu planen und zu organisieren. In diesem Zusammenhang setzten Sie sich auch mit der Frage auseinander, ob es besser ist, ein Bauteil oder Produkt selbst zu fertigen (Eigenfertigung) oder es bei einem anderen Lieferanten einzukaufen (Fremdbezug). Sie vergleichen Angebote unterschiedlicher Lieferanten und werden eine Entscheidung über das beste Angebot treffen – dabei werden Sie merken, dass nicht in allen Fällen das günstigste Angebot auch das beste Angebot ist.

Des Weiteren lernen Sie, wie Unternehmen und Privatpersonen rechtsgültige Kaufverträge abschließen. Dabei berücksichtigen Sie auch die Rechts- und Geschäftsfähigkeit der Vertragspartner.

Nicht in jedem Beschaffungsprozess läuft alles rund. An ausgewählten Beispielen lernen Sie deshalb angemessen auf Kaufvertragsstörungen zu reagieren.

Letztendlich überprüfen Sie mit wichtigen Wirtschaftlichkeitskennziffern, ob Ihr Handeln im Beschaffungsprozess effizient und zielgerichtet ist.

2.1 Leistungserstellungsprozesse in gewerblich-technischen Betrieben planen und optimieren

Rudolf Heller, Auszubildender zum Industriemechaniker in der Sommerfeld GmbH, trifft an seinem ersten Berufsschultag seinen Freund Thomas Müller, der eine Ausbildung zum Anlagenmechaniker – Sanitär-, Heizungs- und Klimatechnik begonnen hat. Beide kommen über ihre Eindrücke der ersten Tage in der Ausbildung ins Gespräch.

Rudolf: *„Hi Thomas, wie waren bei dir die ersten Tage in der Ausbildung? Schon die ersten Heizungen eingebaut?"*

Thomas: *„Von wegen … bisher bin ich nur in der Wartung eingesetzt und fahre mit erfahrenen Monteuren zu unseren Kunden, um Heizungen zu warten oder um kleinere Reparaturen durchzuführen. Und du glaubst gar nicht, was man da so alles erlebt. Erst gestern ist es mal wieder passiert, dass wir ein falsches Ersatzteil mitgenommen haben und die Heizung zuerst gar nicht reparieren konnten. Als dann auch noch der Kunde richtig ärgerlich wurde, mussten wir wieder zurück in den Betrieb und das richtige Ersatzteil holen. So ging total viel Zeit verloren, was zur Folge hatte, dass wir bei allen anderen Kunden an diesem Tag viel zu spät waren. Das war dann mal wieder ganz schön stressig – und der meiste Stress entsteht bei uns, weil einfach schlecht geplant wird, und wir müssen das dann vor Ort ausbügeln."*

Rudolf: *„Das kenne ich, so etwas Ähnliches ist letzte Woche auch bei uns passiert. Die Einkaufabteilung hatte vergessen, Sitzpolster für einen bestimmten Bürostuhl zu bestellen. Das hatte zur Folge, dass für einen Nachmittag fast die ganze Produktion bei uns stillstand. Mit viel Stress wurden auf die Schnelle Sitzpolster aufgetrieben, damit wir am nächsten Tag weiterproduzieren konnten. Das kann ich dir sagen, die Stimmung unseres Chefs war …"*

Arbeitsaufträge

1 Tauschen Sie sich über Ihre Erfahrungen am Arbeitsplatz aus. Haben Sie schon mal Ähnliches in Ihrem Ausbildungsbetrieb erlebt?
2 Stellen Sie die beschriebenen Prozesse (Reparatur einer Heizung und Produktion eines Bürostuhls) in einer einfachen Skizze dar.
3 Erläutern Sie die besondere Bedeutung der „Beschaffung" in den beiden Beispielen.

Produktionsfaktoren zur Leistungserstellung

Jedem Unternehmen liegt eine Geschäftsidee zugrunde, aus der hervorgeht, warum das Unternehmen besteht, was es durch seine Tätigkeit erreichen will und wie es seine Ziele umsetzen möchte. Daraus ableiten lässt sich der **Betriebszweck** eines Unternehmens.
Betriebswirtschaftliche Produktionsfaktoren sind notwendig, um den Betriebszweck zu erfüllen. Sie ermöglichen den unmittelbaren Leistungsprozess eines Unternehmens.

Produktionsfaktoren	Erläuterung	Beispiele
leitende Arbeit (dispositive Arbeit)	Planung, Leitung und Überwachung der betrieblichen Tätigkeit	• Herr Sommer als Geschäftsführer der Sommerfeld GmbH • Meister der Schreinerei
ausführende Arbeit	Menschliche Arbeitsleistung, die zur Leistungserstellung in einem Betrieb notwendig ist	• Arbeiter in der Produktion • Sachbearbeiterin im Einkauf
Betriebsmittel	Sie werden über einen längeren Zeitraum genutzt.	Maschinen, Fahrzeuge, Werkzeuge oder das Firmengebäude
• **Werkstoffe** (bei Produktionsbetrieben) • **Material** (bei handwerklichen Dienstleistungsbetrieben)	Sie werden zur Herstellung der Produkte benötigt. • Rohstoffe (Hauptbestandteile von Produkten) • Hilfsstoffe (Nebenbestandteile von Produkten) • Betriebsstoffe (kein Bestandteil des Endproduktes) • Fremdbauteile	Herstellung eines Schreibtisches • Spanplatten, Stahlrohre • Schrauben, Farbe, Leim • Strom, Schleifpapier • Tischbeine

Eine sinnvolle und optimale Kombination der betrieblichen Produktionsfaktoren vollzieht sich nicht von selbst, sondern ist das Ergebnis **leitender, planender und organisierender Tätigkeiten** (dispositiver Tätigkeiten) von Menschen.

Leistungserstellungsprozesse in Produktionsbetrieben

Produktionsunternehmen entwickeln, produzieren und vertreiben Produkte für andere Unternehmen und Haushalte. Auch Unternehmen, die nur Halbfertigwaren (z. B. Bretter) herstellen, die erst in weiteren Produktionsstufen zu Endprodukten verarbeitet werden, zählen zu den Produktionsunternehmen. Die hergestellten Waren werden entweder von **Industrie-** oder **Handwerksunternehmen** produziert.

Beispiel:

Die Sommerfeld GmbH entwickelt und produziert Büromöbel und Büroeinrichtungssysteme, und vertreibt diese an Unternehmen und private Endverbraucher.

Die zentrale Funktion eines jeden Unternehmens ist die **Leistungserstellung**. Ein Produktionsunternehmen beschafft auf dem Beschaffungsmarkt Arbeitskräfte, Werkstoffe und Betriebsmittel, um neue Güter zu erstellen.

Leistungserstellungsprozess in einem Produktionsbetrieb

Beschaffungsmarkt → **Beschaffung** von Produktionsfaktoren / Roh-, Hilfs-, und Betriebsstoffe / Arbeitskräfte → **Produktion** von neuen Gütern durch die Kombination von Produktionsfaktoren → erstellte Güter / Produkte → Absatzmarkt z. B. Großhandel oder private Endverbraucher

Eingangslager — Ausgangslager

Fertigungsverfahren (Produktionstypen)

Betrachtet man das Produktionsergebnis nach der Menge der Erzeugnisse, unterscheidet man zwischen **Einzel- und Mehrfachfertigung**.

Wird ein einzelnes Produkt nur ein einziges Mal hergestellt, spricht man von **Einzelfertigung.**

Beispiel:

Die Schreinerei der Sommerfeld GmbH fertigt einen Büroschrank für einen Kunden nach dessen Maßvorgaben an, sodass sich der Schrank genau in eine Wandnische einfügt.

Bei der **Mehrfachfertigung** werden gleichartige Produkte zur selben Zeit oder unmittelbar hintereinander erstellt. Man unterscheidet zwischen **Serien- und Massenfertigung.**

Serienfertigung liegt vor, wenn gleichartige Produkte in begrenzter Stückzahl erzeugt werden.

Beispiel:

Die Sommerfeld GmbH produziert 1 000 Bürostühle von Typ „Kendo".

Massenfertigung ist durch eine unbegrenzte Anzahl von Produkten gekennzeichnet, die über lange Zeiträume erstellt werden.

Beispiel:

Die Sommerfeld GmbH produziert Schrauben und Winkel, die für die weitere Produktion von Büromöbeln verwendet werden.

Viele gleichartige Arbeitsschritte und die Möglichkeit, Spezialmaschinen einzusetzen, führen bei der Mehrfachfertigung im Vergleich zur Einzelfertigung zu geringeren Produktionskosten pro Stück. Nachteilig ist die Mehrfachfertigung, weil die aufwendige Fertigungsorganisation wenig flexibel ist und nur schwer auf Marktveränderungen umgestellt werden kann.

Organisationstypen der Fertigung

Bei der Fertigung in Produktionsbetrieben ist der organisatorische Ablauf der einzelnen Produktionsschritte zu planen und festzulegen. Dabei kommt es darauf an, dass der Einsatz der Betriebsmittel und der Durchlauf der herzustellenden Produkte durch die einzelnen Arbeitsplätze der Fertigung so organisiert ist, dass
- die Durchlaufzeiten so kurz wie möglich sind,
- die innerbetrieblichen Transporte möglichst gering sind,
- die Kapazitäten der Maschinen möglichst optimal ausgelastet werden,
- der Personaleinsatz flexibel gestaltet wird.

Unterschieden wird zwischen **Werkstattfertigung, Fließfertigung und Gruppenfertigung**.

Werkstattfertigung

Arbeitsplätze und Maschinen, mit denen ähnliche Arbeitsauf-
gaben erledigt werden, sind räumlich zusammengefasst. In der
Industrie bezeichnet man jeden dieser Orte als **Werkstatt**, während man im Handwerk die Werkstatt als einen Ort kennzeichnet,
in dem verschiedene Maschinen angeordnet sind, mit denen spezielle Arbeiten durchgeführt werden können.

Dieser Organisationstyp ist vor allem für die Einzelanfertigung
oder die Produktion kleiner Serien geeignet.

Beispiel:

In der Sommerfeld GmbH werden Einzelanfertigungen nach dem Organisationstyp der Werkstattfertigung produziert. Dazu werden bei der Produktion verschiedene Bereiche durchlaufen,
in denen gleichartige Arbeitsgänge zusammengefasst sind.

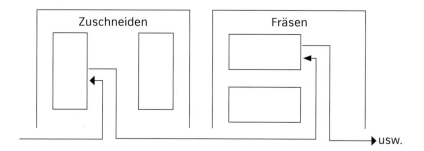

Vorteile:

- hohe Flexibilität, um auf Marktveränderungen zu reagieren
- einfache Umstellung auf die Herstellung anderer Produkte
- Maschinen sind universell einsetzbar
- Die Mitarbeiter erwerben durch breit gestreuten Arbeitseinsatz große Fachkenntnisse.

Nachteile:

- Der Transport der Werkstücke zu den verschiedenen Werkstätten ist zeitaufwendig.
- hohe Lohn- und Lagerkosten
- häufiges Umrüsten der Maschinen
- nicht für Großserien und Massenfertigung geeignet

Fließfertigung

Bei der **Fließfertigung** werden die herzustellenden Produkte auf einem Fließband an die einzelnen
Arbeitsstationen (Mitarbeiter) in bestimmten Zeittakten transportiert. Die Mitarbeiter vollziehen nur
wenige, stets gleichbleibende Handgriffe. Der Produktionsprozess ist somit in kleinste Arbeitstakte
zergliedert. Fließfertigung eignet sich besonders für die Mehrfachfertigung.

Beispiel:

Produktion des Bürostuhls Picto in der Sommerfeld GmbH

Vorteile:

- kurze Transportwege
- beschleunigte Produktion durch spezialisierte Mitarbeiter und Spezialmaschinen
- Durch die einfach auszuführenden Arbeiten kann auf teure Fachkräfte verzichtet werden.
- übersichtlicher Produktionsprozess

Nachteile:

- geringe Flexibilität bei der Umstellung auf andere Produkte
- Störungen gefährden den gesamten Fertigungsprozess
- monotone Arbeit, die zur Unzufriedenheit bei den Mitarbeitern führen kann

Gruppenfertigung

Mit diesem Organisationstyp versucht man, die Vorteile der Werkstattfertigung und der Fließfertigung miteinander zu kombinieren. Statt die Arbeitsvorgänge am Fließband in immer kleinere Abschnitte zu zerlegen, fasst man Arbeitsschritte zusammen, die einer Fertigungsgruppe zugeordnet werden. Die Gruppe von Mitarbeitern kann dabei neben der Montage des Produktes auch für die Qualitätssicherung, die Instandhaltung der Maschinen und die Materialbereitstellung zuständig sein.

Beispiel:

Schreibtische und Regalsysteme werden in der Sommerfeld GmbH in Gruppen gefertigt

Maschinen   Maschinen

Fertigungsgruppe Schreibtische   **Fertigungsgruppe Regalsysteme**

Vorteile:

- hohe Flexibilität durch Verzicht auf strenge Arbeitsteilung
- verbesserte Produktqualität und geringere Ausschussquote
- höhere Motivation der Mitarbeiter
- schnellere Anpassungsfähigkeit bei Produktionsumstellungen
- schnellerer Fertigungsdurchlauf im Vergleich zur Werkstattfertigung

Nachteile:

- niedrige Auslastung der Betriebsmittel
- hoher Bedarf an qualifiziertem und teamfähigem Personal
- eventuell Wartezeiten, wenn Arbeitsabläufe nicht abgestimmt sind
- langsamere Produktion im Vergleich zur Fließfertigung

Baustellenfertigung

Bei der Baustellenfertigung werden meist nur Einzelstücke hergestellt. Der Arbeitsbereich ist während der Fertigungszeit an einen bestimmten Ort gebunden – meist ist dies beim Kunden. Arbeitskräfte, Betriebsmittel und Rohstoffe müssen zum Fertigungsort gebracht werden.

Vorteile:

- Individuelle Fertigung vor Ort
- Arbeitsgegenstände, die schwer zu bewegen sind, befinden sich vor Ort

Nachteile:

- Transportkosten für Arbeitskräfte und Betriebsmittel
- keine schnelle und flexible Versorgung mit Betriebsmitteln und Ersatzteilen
- hoher Planungsaufwand – Planungsfehler können gravierende Folgen haben

Leistungserstellungsprozesse in Dienstleistungsunternehmen des Handwerks

Unternehmen, die keine Waren produzieren, werden **Dienstleistungsunternehmen** genannt. Typische Dienstleistungsunternehmen finden sich in den Bereichen Handel, Banken und Versicherungen. Die Kunden der Dienstleistungsunternehmen können Privatpersonen oder Unternehmen sein. Dienstleistungsunternehmen bieten Dienste an. Auch viele **Handwerksbetriebe** sind Dienstleistungsunternehmen.

Beispiel:

- Glasermeister Meyer setzt im Verkaufsraum der Sommerfeld GmbH eine neue Scheibe ein.
- Vom Maler und Lackiererbetrieb Hans Hahn e. K. lässt die Sommerfeld GmbH einen neuen Außenanstrich durchführen.

Ein Dienstleistungsunternehmen des Handwerks beschafft auf dem Beschaffungsmarkt Arbeitskräfte, Material und Betriebsmittel, um mit seinen Kunden in Form von **Werkverträgen** ins Geschäft zu kommen.

Werkverträge sind die häufigste Vertragsform im Handwerk. Sei es der Schneider, der Fliesenleger oder das Kfz-Reparatur-Unternehmen. Es handelt sich hierbei immer um Werkverträge. Bei einem Werkvertrag hat der Handwerker eine Tätigkeit nicht nur sorgfältig vorzunehmen, sonder er muss auch Erfolg haben, um den vollen Anspruch auf die vereinbarte Vergütung zu haben.

Beispiel:

Ein Elektroinstallateur hat die Elektroinstallation in einem Neubau der Sommerfeld GmbH übernommen. Seine Verpflichtung ist nicht schon dadurch erfüllt, dass er die Kabel und Anschlüsse fachgerecht verlegt hat. Erfüllt ist seine Verpflichtung erst, wenn als Ergebnis seiner Tätigkeit die Elektroinstallationen im Neubau an den dafür vorgesehenen Stellen hergestellt sind und einwandfrei funktionieren.

Leistungserstellungsprozess in einem handwerklichen Dienstleistungsbetrieb

Beschaffungsmarkt	**Beschaffung** von Produktionsfaktoren Material in Form von Roh-, Hilfs- und Betriebsstoffen sowie Arbeitskräften	Erbringung der Dienstleistung (Werkvertrag)	Absatzmarkt z. B. Unternehmen oder private Endverbraucher

Lager

Die Qualität bei der Leistungserstellung sichern (Qualitätsmanagement)

Grundsätzlich kann **Qualität** als Grad der Übereinstimmung zwischen den Ansprüchen und Erwartungen an ein Produkt oder eine Dienstleistung und den wahrgenommenen Eigenschaften verstanden werden. Besteht eine hohe Übereinstimmung, sind die Kunden in der Regel mit der Qualität zufrieden.

*Qualität nach **DIN EN ISO 8402**: „Qualität bezeichnet die Gesamtheit von Merkmalen einer Einheit bezüglich ihrer Eignung, festgelegte und vorausgesetzte Erfordernisse zu erfüllen."*

Neben den Erwartungen definieren auch gesetzliche Vorschriften, Regeln der Technik und vorgeschriebene Prüfverfahren die Qualität.

> **Beispiel:**
>
> Die Sommerfeld GmbH hat bei der Produktion ihrer Bürostühle die Norm *DIN EN 1335-3:2009-08* zu beachten. Diese Norm regelt Fragen zur Standardsicherheit von Bürostühlen und legt notwendige Prüfverfahren fest, die zur Einhaltung der Norm zu beachten sind.

Maßnahmen des Qualitätsmanagements

Qualitätsmanagement liegt in der Verantwortung der Unternehmensleitung. Diese hat dafür Sorge zu tragen, dass Maßnahmen zur **Qualitätsplanung**, **Qualitätskontrolle** und **Qualitätsverbesserung** verwirklicht werden.

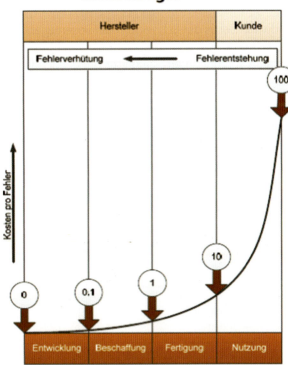

- **Qualitätsplanung**
  Für die Umsetzung der Qualitätsanforderungen der Kunden, des Gesetzgebers und verschiedener Normen ist **die Qualitätsplanung** verantwortlich.
  Wesentliche Aufgabe der Qualitätsplanung ist es, zunächst die verschiedenen Anforderungen an ein Produkt oder eine Dienstleistung festzulegen. Zudem gilt es, Fehler und Qualitätsmängel zu einem möglichst frühen Zeitpunkt zu entdecken und zu beheben. Die **Zehnerregel** besagt, dass sich die Kosten für qualitätssichernde Maßnahmen von der Planung, Beschaffung, Fertigung und Nutzung beim Kunden mit jeder Stufe jeweils ungefähr **mit dem Faktor 10 vervielfachen**.

Beispiel:

Die Sommerfeld GmbH achtet bereits bei der Konstruktion ihrer Bürostühle darauf, dass sowohl in der Fertigung als auch im alltäglichen Gebrauch der Bürostühle bei den Kunden möglichst keine Qualitätsmängel auftreten. Erfahrungen haben gezeigt, dass Nachbesserungen vor Ort beim Kunden etwa 10 mal so teuer sind, wie die Kosten für Nachbesserungen, die noch vor der Auslieferung an den Kunden entstehen, wenn Mängel im Rahmen der betrieblichen Qualitätskontrolle gefunden werden.

- **Qualitätskontrolle**

Durch eine gezielte Kontrolle kann die Qualität von Produkten und Dienstleistungen gesichert werden. Dabei sind die folgenden Maßnahmen zur Qualitätskontrolle zu unterscheiden:

- **Qualitätsverbesserung**

Ziel der Qualitätsverbesserung ist es, ständig dafür zu sorgen, dass die Qualität durch geeignete Maßnahmen im Unternehmen gesteigert wird. Wichtigster Bestandteil dabei ist der Aufbau eines betrieblichen Verbesserungswesens, um Produkt- und Prozessverbesserungen zu erreichen.

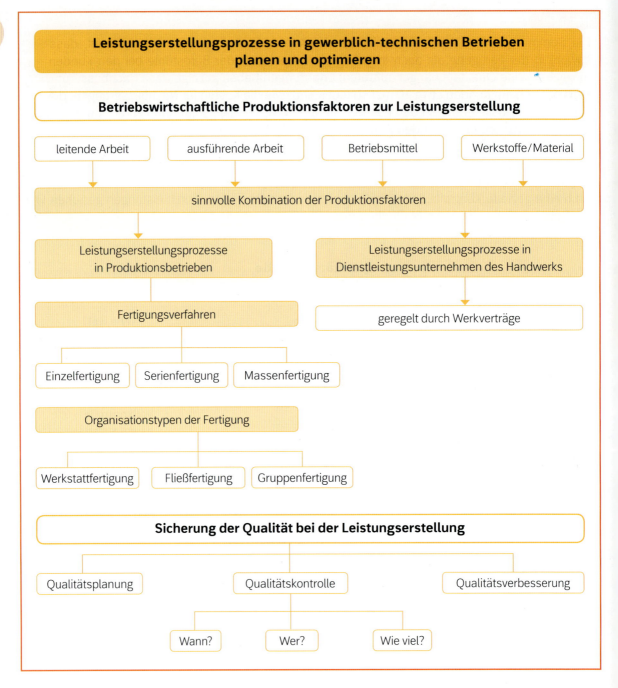

Leistungserstellungsprozesse in gewerblich-technischen Betrieben planen und optimieren

Betriebswirtschaftliche Produktionsfaktoren zur Leistungserstellung

- leitende Arbeit
- ausführende Arbeit
- Betriebsmittel
- Werkstoffe/Material

sinnvolle Kombination der Produktionsfaktoren

- Leistungserstellungsprozesse in Produktionsbetrieben
- Leistungserstellungsprozesse in Dienstleistungsunternehmen des Handwerks

Fertigungsverfahren

geregelt durch Werkverträge

- Einzelfertigung
- Serienfertigung
- Massenfertigung

Organisationstypen der Fertigung

- Werkstattfertigung
- Fließfertigung
- Gruppenfertigung

Sicherung der Qualität bei der Leistungserstellung

- Qualitätsplanung
- Qualitätskontrolle
- Qualitätsverbesserung

Qualitätskontrolle:
- Wann?
- Wer?
- Wie viel?

Übungsaufgaben

1. Zu welchem Produktionsfaktor zählen in der Sommerfeld GmbH
   a) Lagerregale,   b) Geschäftsführer,   c) Ersatzteile,   d) Heizöl,
   e) Produktionsarbeiter,   f) Gabelstapler,   g) Holzplatten,   h) Nägel.

2. Erläutern Sie anhand von zwei Beispielen, weshalb betriebliche Grundfunktionen sowohl in Produktions- als auch in Dienstleistungsbetrieben vorkommen.

3. Nennen Sie Betriebe mit ihren Produkten für
   a) Einzelfertigung,   b) Serienfertigung,   c) Massenfertigung.

4. Nehmen Sie Stellung zu der Aussage „Einzelfertigung ist nur als Werkstattfertigung möglich".

5. Bestimmen Sie, welcher Organisationstyp der Fertigung für die folgenden Fälle geeignet ist.
    a) Einbauschrank nach individuellen Vorgaben des Kunden
    b) Bau eines Kühlschranks

6. Erläutern Sie, welche Auswirkungen der zunehmende Einsatz von hochmodernen Fertigungsmaschinen auf die Tätigkeit der Arbeitskräfte in einem Betrieb haben kann.

7. Welche Fehler passieren in Ihrem Ausbildungsbetrieb, die die Qualität der betrieblichen Leistungen negativ beeinflussen? Stellen Sie in einer Übersicht nach dem folgenden Muster den Fehlern mögliche Maßnahmen zur Qualitätsverbesserung gegenüber.

Aufgetretene Fehler	Maßnahmen der Qualitätsverbesserung

8. Erläutern Sie, warum es sinnvoll ist, Fehler zu einem möglichst frühen Zeitpunkt der Entstehung zu finden.

9. Nennen Sie Voraussetzungen, unter denen eine „Vollkontrolle" notwendig ist.

2.2 Den Beschaffungsprozess planen und organisieren

Die Schreinerei der Sommerfeld GmbH ist in die roten Zahlen gerutscht. Auf der Suche nach den Ursachen brütet Herr Kunze, der kaufmännische Leiter der Schreinerei, über einem Berg von Zahlen und Belegen. Nach einiger Zeit kommt er zu folgendem Ergebnis, dass er auf einem Plakat notiert.

Verkäufe/Umsätze:	**224 500,00 €**
– Einkauf/Material:	**–140 000,00 €**
– sonstige Kosten:	**–88 500,00 €**
= Verlust:	**–4 000,00 €**

Arbeitsaufträge

1 Tauschen Sie sich mit Ihrer Sitznachbarin / Ihrem Sitznachbarn darüber aus, welche Bedeutung der Einkauf / die Beschaffung für den unternehmerischen Erfolg der Schreinerei hat. Notieren Sie Ihre Gedanken dazu in Stichworten.

2 Benennen Sie Maßnahmen im Rahmen der Materialbeschaffung, die dazu beitragen könnten, dass die Schreinerei der Sommerfeld GmbH wieder Gewinne erwirtschaftet?

3 Erläutern Sie, was die nächsten Arbeitsschritte von Herrn Kunze sein könnten, um den Einkauf/die Beschaffung in der Schreinerei neu auszurichten?

Aufgaben der Beschaffung

Unter den **Produktionsfaktoren** nehmen die Werkstoffe (Roh-, Hilfs-, Betriebsstoffe, Fremdbauteile, vgl. S. 82 f.) eine wesentliche Rolle ein. Die Beschaffung, Lagerung, Ausgabe und Verwaltung der Werkstoffe wird als **Materialwirtschaft** bezeichnet. Der Wert der beschafften Werkstoffe macht bei einem Produktionsbetrieb einen Großteil der Herstellungskosten aus, und bei einer ausgeführten Dienstleistung sind die Materialkosten oft ein erheblicher Bestandteil der Gesamtkosten.

Die Aufwendungen für Werkstoffe und Material wirken sich unmittelbar auf den Erfolg/Gewinn des Unternehmens aus. Deshalb haben viele Betriebe eine eigene Abteilung oder spezielle Mitarbeiter haben, die sich nur um die Materialwirtschaft kümmern. Die Materialwirtschaft hat die Aufgabe, dafür zu sorgen, dass die Werkstoffe und Materialien in der benötigten Qualität und Menge, zum richtigen Zeitpunkt, zu optimalen Kosten für die Produktion oder Weiterverarbeitung bereitgestellt werden. Für die Beschaffung ergeben sich folgenden Hauptaufgaben.

Hauptaufgaben der Beschaffung	
Bedarfsplanung	**Welche** Werkstoffe und Materialien sind in welcher Art und Qualität zu beschaffen?
Zeitplanung	**Wann** ist einzukaufen, damit die Werkstoffe vorhanden sind, wenn sie benötigt werden?
Mengenplanung	**Wie viel** ist einzukaufen, damit die Produktion und die angebotenen Dienstleistungen störungsfrei angeboten werden können?
Bezugsquellenermittlung	**Wo** kann ich einkaufen? Wer ist in der Lage, die benötigten Werkstoffe und Materialien zu liefern?
Angebotsvergleich	**Wer** ist der geeignetste Lieferant für die benötigten Werkstoffe und Materialien?

Beschaffungsplanung

Damit ein Unternehmen seinen Betriebszweck erfüllen kann, müssen Werkstoffe/Material beschafft werden. Dies bedarf einer genauen Planung und Vorbereitung.

Stücklisten und Beschaffungsplan

In Produktionsbetrieben sind **Stücklisten** der Ausgangspunkt für die Beschaffungsplanung. Für jedes Produkt ist aus der Stückliste zu entnehmen, aus welchen Einzelteilen es besteht.

Beispiel:

In der Sommerfeld GmbH sind 3 000 Drehstühle des Modells „Picto" herzustellen. Dazu müssen die notwendigen Werkstoffe rechtzeitig beschafft werden. Aus der Stücklist ist zu entnehmen, welche Werkstoffe für die Produktion eines Stuhles benötigt werden.

Picto

Stückliste Drehstuhl Picto	
Beschaffungsmaterial	für ein Produkt
Stahlrohr	0,6 m
Gasfeder	1
Schrauben	40 Stück
…	…

Auf Basis der Stückliste kann dann der **Beschaffungsplan** erstellt werden.

Beispiel:

Herr Lanzetti, Verantwortlicher für die Beschaffung in der Sommerfeld GmbH, erstellt einen Beschaffungsplan für die 3 000 Drehstühle vom Typ „Picto".

Beschaffungsplan für die Produktion von 3 000 Drehstühlen „Picto"						
Pos.	Beschaffungsmaterial	Menge	Lieferer	Lieferfrist	Bestellung am:	Liefertermin
1	Stahlrohr	1 800 m		eine Woche	09.02.	16.02.
2	Gasfeder	3 000 Stk.		vier Tage	12.02.	16.02.
3	Schrauben	120 000 Stk.		sofort	09.02.	10.02.
	...	...	...	...	...	16.02.

Beschaffungsstrategien

Grundsätzlich lassen sich folgende Beschaffungsstrategien unterscheiden.

Beschaffungsstrategien	Merkmale	Vorteile
Einzelbeschaffung	Typisch für Produktionsbetriebe mit Einzelfertigung im Kundenauftrag. Für viele Handwerksbetriebe ist diese Beschaffungsstrategie der Normalfall.	– geringe Lagerkosten – flexible Beschaffung – wenig Material auf Lager
Vorratsbeschaffung	Die beschafften Werkstoffe und Materialien werden erst einmal gelagert. Aus dem Lagervorrat werden diese dann für die Fertigung oder die Ausführung einer Dienstleistung entnommen.	– Ausnutzung von Preisvorteilen – Lagerbestand sichert die Fertigung – geringere Bestellkosten
Fertigungssynchrone Beschaffung (Just-in-time)	Die Beschaffung der Materialien erfolgt im gleichen Rhythmus wie die Fertigung. Dies setzt eine ständige Lieferbereitschaft des Lieferers voraus.	– niedrige Lagerkosten – flexible Beschaffung – geringere Kapitalbindung

Für die Festlegung des **Bestellzeitpunktes** gibt es im Rahmen der **Vorratsbeschaffung** zwei Verfahren.

- **Bestellpunktverfahren**

Bei diesem Verfahren wird der Lagerbestand nach jeder Entnahme überprüft. Erreicht er einen festgelegten **Meldebestand** (Bestellpunkt), gibt das Lager eine Bedarfsmeldung an den Einkauf, und diese ist so hoch anzusetzen, dass unter normalen Umständen nicht auf den **Mindestbestand** (eiserne Reserve) zurückgegriffen werden muss. Der Mindestbestand soll die Produktionsbereitschaft sichern, wenn durch unvorhergesehene Ereignisse der Vorrat nicht ausreicht, um die Produktion fortzuführen.

Meldebestand = (Tagesverbrauch · Beschaffungs- oder Lieferzeit) + Mindestbestand

Beispiel:

In der Sommerfeld GmbH werden täglich 200 Gasfedern für den Bau von Bürostühlen verbraucht. Die Beschaffungszeit beträgt acht Tage, der Mindestbestand 1 000 Stück. Der Höchstbestand beträgt 3 600 Stück. Wie hoch ist der Meldebestand?

Lösung:

Meldebestand = (Tagesverbrauch · Beschaffungszeit) + Mindestbestand
Meldebestand = (200 · 8) + 1 000 Meldebestand = 2 600 Stück

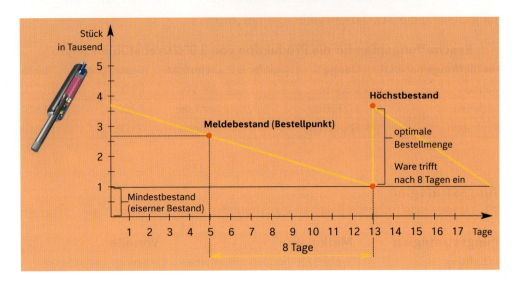

- **Bestellrhythmusverfahren**

Bei diesem Verfahren wird der Bestand nicht nach jeder Entnahme überprüft, sondern in festen Zeitabständen. Die Bestellung erfolgt zu vorher festgelegten Terminen und die Liefertermine wiederholen sich in gleichmäßigen Abständen.

Beispiel:

Für die Schrauben M8 bei der Sommerfeld GmbH beträgt der Jahresbedarf 120 000 Stück, der Mindestbestand 5 000 Stück und die optimale Bestellmenge 30 000 Stück. Somit ergeben sich pro Jahr vier Bestellungen (120 000 : 30 000 = 4), der zeitliche Abstand zwischen den Bestellungen beträgt für die Schrauben drei Monate.

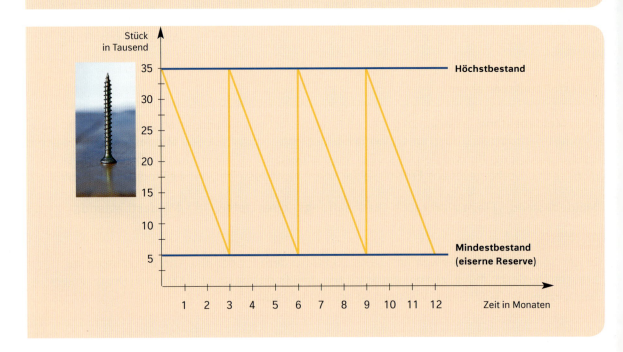

Optimale Bestellmenge

Bei jedem Beschaffungsprozess gilt es, die **optimale Bestellmenge** zu finden. **Größere Bestellmengen** binden viel Kapital und verursachen hohe Lagerkosten, **kleinere Bestellmengen** verursachen höhere Beschaffungskosten. Beschaffungskosten und Lagerkosten entwickeln sich gegenläufig. Die optimale Bestellmenge liegt dort, wo **die Summe aus Beschaffungs- und Lagerkosten** (Gesamtkosten) **minimal** ist.

Beispiel:

Bei der KFZ-Siebert KG liegen die Bestellkosten für ein häufig benötigtes Ersatzteil bei 50,00 €. Die Ermittelten Lagerkosten liegen bei 1,00 € pro Teil.

Anzahl der Bestellungen	Bestellmeng in Stück	Lagerkosten[1] in €	Bestellkosten in €	Gesamtkosten in €
1	800	400,00	60,00	460,00
2	400	200,00	120,00	330,00
3	**200**	**100,00**	**180,00**	**280,00**
4	100	50,00	240,00	290,00
5	50	25,00	360,00	385,00
6	25	12,50	480,00	492,50

Die optimale Bestellmenge liegt in diesem Beispiel bei drei Bestellungen.

Der Beschaffungsprozess

Jeder Beschaffungsvorgang von Werkstoffen und Material löst eine Reihe von Arbeitsschritten aus, von denen verschieden Bereiche des Unternehmens betroffen sind.

Produktion/ Entwicklung	Beschaffungs- abteilung/Einkauf	Lager	Rechnungs- wesen	Verwaltung
1. Materialanforderung bzw. Bedarfsermittlung	2. Ermittlung der Bezugsquellen + 3. Angebotsvergleich + 4. Lieferantenauswahl + 5. Bestellung	6. Warenannahme + 7. Wareneingangskontrolle	8. Rechnungsprüfung + 9. Buchhalterische Erfassung des Einkaufs	10. Zahlungsabwicklung

---

1 Bei den Lagerkosten wird immer unterstellt, dass durchschnittlich nur die Hälfte der Teile auf Lager liegt.

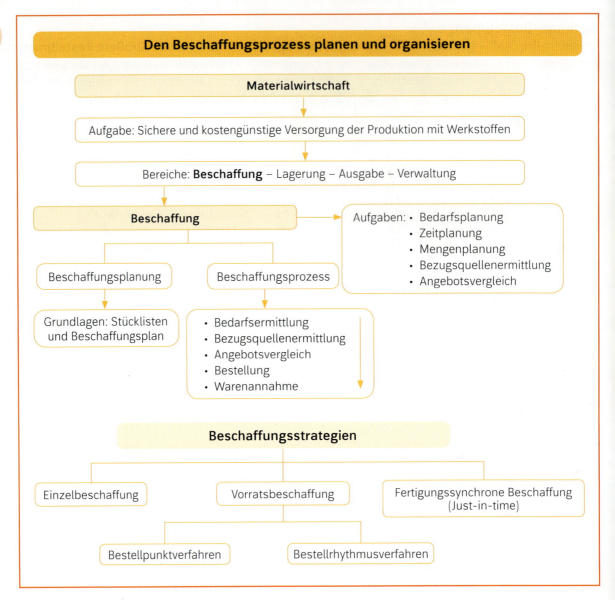

Den Beschaffungsprozess planen und organisieren

Materialwirtschaft

Aufgabe: Sichere und kostengünstige Versorgung der Produktion mit Werkstoffen

Bereiche: **Beschaffung** – Lagerung – Ausgabe – Verwaltung

Beschaffung

Aufgaben: • Bedarfsplanung
• Zeitplanung
• Mengenplanung
• Bezugsquellenermittlung
• Angebotsvergleich

Beschaffungsplanung

Beschaffungsprozess

Grundlagen: Stücklisten und Beschaffungsplan

• Bedarfsermittlung
• Bezugsquellenermittlung
• Angebotsvergleich
• Bestellung
• Warenannahme

Beschaffungsstrategien

Einzelbeschaffung

Vorratsbeschaffung

Fertigungssynchrone Beschaffung (Just-in-time)

Bestellpunktverfahren

Bestellrhythmusverfahren

Übungsaufgaben

1. Erläutern Sie, wie die Beschaffung in Ihrem Ausbildungsbetrieb organisiert ist.

2. Entscheiden und begründen Sie, ob Sie sich in den vorliegenden Fällen für eine Einzelbeschaffung oder eine Vorratsbeschaffung entscheiden.
   a) Eine Schreinerei bietet ihren Kunden 50 verschiedene Holzoberflächen für Schreibtische an.
   b) In der Sommerfeld GmbH werden jeden Tag viele Schrauben und Nägel in der Produktion benötigt.
   c) Für den Produktbereich „Warten und Empfang" bietet die Sommerfeld GmbH ihren Kunden drei verschiedene Kaffeevollautomaten an.
   d) Ein Dachdecker bietet seinen Kunden über 150 verschiedene Formen von Dachziegeln an.
   e) Die Sommerfeld GmbH verarbeitet in fast all ihren Produkten Spanplatten.

3. Ermitteln Sie bitte den Beschaffungsbedarf aller notwenigen Bauteile für die Herstellung von 2 000 Stühlen des Typs „Piano". Es liegt die nachfolgende Erzeugnisstruktur vor.

Erzeugnisstruktur für den Stapelstuhl „Piano"

Produkt-Nr. 30103

Gestell (1)   Rücken (1) Sitz (1) Stopfen (2)   Gleiter (4)

Seite (2) Vorderzarge (1) Hinterzarge (1)   Sitzschale (1) Vlies (1)   Bezug (1)

Vorderfuß (1)   Hinterfuß (1)   **(Zahlen in Klammern = Menge)**

4. Berechnen Sie den Meldebestand eines Lagerartikels der Sommerfeld GmbH. Es liegen folgende Angaben vor: Mindestbestand: 240 Stück; Tagesverbrauch 80 Stück; Lieferzeit: fünf Tage

5. In der Sommerfeld GmbH beträgt der Tagesverbrauch für einen Artikel 140 Stück, die Beschaffungszeit beträgt 14 Werktage und der Mindestbestand ist 420 Stück.
    a) Ermitteln Sie den Meldebestand.
    b) Begründen Sie die Notwendigkeit eines Mindestbestandes.
    c) Erläutern Sie die Vor- und Nachteile des Bestellpunktverfahrens.
    d) Begründen Sie die Veränderung des Meldebestandes, wenn
       (1) der Tagesverbrauch sich auf 200 Stück erhöht,
       (2) die Beschaffungszeit sich bei einem Tagesverbrauch von 140 Stück auf sieben Tage verkürzt.

6. Stellen Sie den Ablauf einer Just-in-time-Belieferung anhand eines Beispiels dar und erläutern Sie die Auswirkungen der Just-in-time-Belieferung für die Umwelt.

2.3 Eine Entscheidung zwischen Eigenfertigung und Fremdbezug treffen

Bertram Klein ist in der Schlosserei der Sommerfeld GmbH als Monteur beschäftigt. Sein Bruder arbeitet in einem großen Stahlwerk als Gießer, er hat im letzten Monat für einen Verbesserungsvorschlag 3 000,00 € erhalten. Bertram könnte ebenfalls eine kleine Finanzspritze gebrauchen und überlegt, ob er für die Sommerfeld GmbH auch einen Verbesserungsvorschlag austüfteln könnte. Dabei fällt ihm ein, dass er vor drei Wochen auf einem Materialzettel gelesen hat, dass ein Schubladengriff für die Schreibtische 3,80 € je Stück kostet. Dieser Betrag kam ihm enorm hoch vor. Er geht zu seinem Chef, Herrn Weselberg,

und erklärt ihm: *„Hören Sie mal, Herr Weselberg, ich glaube, wir könnten eine ganze Menge Geld sparen, wenn wir die Schubladengriffe selbst herstellen würden. Wir besorgen uns verchromtes Stahlrohr und biegen es so, wie wir es brauchen."* Herr Weselberg meint: *„Das muss erst einmal genau durchgerechnet werden, denn unsere eigene Arbeitszeit muss ja auch berücksichtigt werden. Außerdem ist das eine Frage der Kapazitätsauslastung."*

Bertram Klein ist erstaunt, er lässt sich aber nicht von seiner Idee abbringen.

Arbeitsaufträge

Stellen Sie in Gruppenarbeit fest, welche Informationen benötigt werden, um auszurechnen, ob die Herstellung der Schubladengriffe günstiger ist als der Bezug von Fertigteilen.

Eigenfertigung oder Fremdbezug

Eine Entscheidung, ob Produkte oder einzelne Teile selbst gefertigt (**Eigenfertigung**) oder aber zuge-kauft werden (**Fremdbezug**), stellt sich unter den folgenden Bedingungen:

- Sind im eigenen Unternehmen freie Kapazitäten, so ist zu prüfen, ob es sich lohnt, Teile für Produkte selbst herzustellen und sie nicht mehr zuzukaufen.
- Reicht die vorhandene Kapazität des eigenen Betriebes für bestimmte Aufträge nicht aus, so kann versucht werden, das Produkt oder Teile davon anderweitig zu beschaffen.

Beispiel:

Der Sommerfeld GmbH liegt ein größerer Auftrag vor, für den unter anderem 120 Beistelltische aus Acryl zu liefern sind. Die Sommerfeld GmbH hat weder die Kapazitäten noch die notwendigen Maschinen, um diese Tische selbst zu fertigen. Außerdem lohnt es sich nicht, wegen 120 Tischen neue Kapazitäten einzurichten. Daher werden diese Tische von einem auf die Herstellung von Acrylmöbeln spezialisierten Betrieb bezogen.

Zwischen diesen Produkten ist eine Entscheidung zwischen Eigenfertigung oder Fremdbezug zu treffen:

Fertigprodukte	Einbauteile	Hilfsstoffe und Handelswaren

Beispiele:

Die Sommerfeld GmbH lässt einen komplett aus Marmorelementen gefertigten Schreibtisch als Einzelstück von der Sachsenmarmor GmbH herstellen.	Die Sommerfeld GmbH bezieht Schrankschlösser und Scharniere von diversen Herstellern.	Die Sommerfeld GmbH bezieht Verpackungsmaterialien für ihre Büromöbel, sie bezieht für die Produktion Farben und Lacke sowie Schrauben.

Entscheidungskriterien

Diese **Make-or-buy-Entscheidung** (Herstellen oder Kaufen) hängt von folgenden Fragen ab:

- Sind **Produktionskapazitäten** für die Eigenfertigung frei?
- Ist das benötigte Teil auf dem Markt in der erforderlichen **Qualität, Zeit, Ausführung, Menge** beschaffbar?
- Ist Eigenfertigung oder Fremdbezug **kostengünstiger**?

Beispiel:

Ein Bauteil kann auf dem Markt für 5,00 € beschafft werden. Wenn das Teil selbst hergestellt wird, sind je Stück 0,80 € Materialkosten, 2,60 € Löhne und je Jahr zusätzliche fixe Maschinenkosten (Abschreibung, Wartung) in Höhe von 8 000,00 € aufzuwenden. Wenn mit x die Anzahl der Bauteile bezeichnet wird, ergeben sich folgende Kostenstrukturen:

Gesamtkosten des Fremdbezuges:

$K_{(Fremdb.)} = \text{Einkaufpreis} \cdot x \Rightarrow K_{(Fremdb.)} = 5,00 \cdot x$

Gesamtkosten der Eigenfertigung:

$K_{(Eigenf.)} = (\text{Materialkosten je Stück} + \text{Lohnkosten je Stück}) \cdot x + \text{fixe Kosten}$

$K_{(Eigenf.)} = 3,40 \cdot x + 8\,000,00$

Die Stückkosten ergeben sich, wenn die Gesamtkosten durch die Menge x dividiert werden. Beim Fremdbezug sind sie konstant 5,00 €, bei der Eigenfertigung sinken sie mit zunehmender Menge x.

Stückkosten des Fremdbezuges:
k(Fremdb.) = K(Fremdb.) : x

Stückkosten der Eigenfertigung:
k(Eigenf.) = K(Eigenf.) : x

Der Kostenvergleich kann tabellarisch oder grafisch erstellt werden:

Menge in Stück	K (Eig.) in €	k (Eig.) in €	K (Fre.) in €	k (Fre.) in €
0	8000,00	–	0,00	–
1 000	11400,00	11,40	5000,00	5,00
2 000	14800,00	7,40	10000,00	5,00
3 000	18200,00	6,07	15000,00	5,00
4 000	21600,00	5,40	20000,00	5,00
5 000	25 000,00	5,00	25 000,00	5,00
6 000	28400,00	4,73	30000,00	5,00
7 000	31800,00	4,54	35000,00	5,00
8 000	35200,00	4,40	40000,00	5,00
9 000	38600,00	4,29	45000,00	5,00
10 000	42000,00	4,20	50000,00	5,00

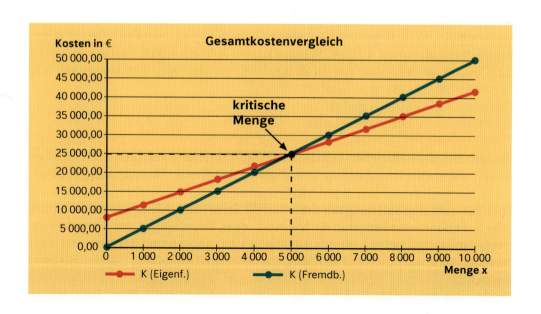

Für den Fremdbezug spricht, dass	Gegen den Fremdbezug spricht, dass
• der Fremdbezieher zwischen mehreren konkurrierenden Anbietern den qualitativ und preislich günstigeren auswählen kann, • der Fremdbezieher bei Qualitäts- und Preisänderungen den Zulieferer wechseln kann, • der Fremdbezieher das Produktionsrisiko (Absatz bei rückläufiger Nachfrage) auf den Zulieferer verlagert.	• auf den Beschaffungsmärkten häufig mit schwankenden Preisen gerechnet werden muss, • der Fremdbezieher auf die Qualität der bezogenen Teile weniger Einfluss hat als bei Eigenfertigung, • das bisher eigengefertigte Produkt ein bestimmtes Image und einen Qualitätsstand hatte, den das bezogene Produkt nicht erreicht.

Eine Entscheidung zwischen Eigenfertigung und Fremdbezug treffen

Eigenfertigung oder Fremdbezug
(Make-or-buy)

Mögliche Produkte:
• Fertigprodukte
• Einbauteile
• Hilfsstoffe und Handelswaren

Entscheidungskriterien:
• Sind **Produktionskapazitäten** für die Eigenfertigung frei?
• Ist das benötigte Teil in der erforderlichen **Qualität, Zeit, Ausführung, Menge** beschaffbar?
• Ist Eigenfertigung oder Fremdbezug **kostengünstiger**?

Übungsaufgaben

1. Berechnen Sie, ob für folgenden Sachverhalt Eigenfertigung oder Fremdbezug günstiger ist: Bezugs-/Einstandspreis 42,00 €, Materialkosten je Stück 8,50 €, Fertigungskosten je Stück 18,00 €, anteilige fixe Kosten 25 000,00 €. Benötigt wird eine Menge von 500 Stück.
   a) Erstellen Sie die Lösung in Tabellenform.
   b) Erstellen Sie die Lösung grafisch.
   c) Erstellen Sie die Lösung rechnerisch.

2. Erläutern Sie, weshalb neben dem Kostenvergleich weitere Faktoren untersucht werden müssen, wenn eine Entscheidung über Eigenfertigung oder Fremdbezug getroffen wird.

3. In der Beschaffungsabteilung der Sommerfeld GmbH ist ein Grundsatzstreit entstanden. Einige Sachbearbeiter vertreten die Meinung, dass Bestellungen aus Sicherheitsgründen stets bei möglichst vielen Lieferern zu tätigen sind. Andere sind der Meinung, dass es sinnvoller wäre, mit möglichst wenigen, am besten mit nur einem Lieferer zusammenzuarbeiten.
   Sammeln Sie Argumente für beide Standpunkte und stellen Sie diese der Klasse vor.

2.4 Angebote analysieren und vergleichen

2.4.1 Bezugsquellen ermitteln, eine Anfrage stellen und ein Angebot einholen

Rudolf Heller ist im Rahmen seiner Ausbildung zurzeit in der Einkaufsabteilung eingesetzt. Vom Abteilungsleiter, Herrn Lanzetti, erhält er den Auftrag, für einen neu entwickelten Büroschrank Lieferer für Plexiglas ausfindig zu machen. Dies fällt ihm nicht leicht. Schließlich stößt er bei seinen Recherchen auf die Plexiglas GmbH.

Herr Müller: *„Plexiglas GmbH, guten Tag. Sie sprechen mit Herrn Müller."*

Rudolf Heller: *„Guten Tag Herr Müller, mein Name ist Heller. Ich bin Mitarbeiter bei der Sommerfeld GmbH in Essen. Wir sind auf der Suche nach einem Lieferanten für Plexiglasscheiben 100 cm × 120 cm in einer Stärke von 6 mm – können Sie uns diese liefern?"*

Herr Müller: *„Selbstverständlich – wie viele benötigen Sie denn?"*

Rudolf Heller: *„Zunächst kämen wir mit 100 aus, wenn die Serie aber gut anläuft, dann könnten es natürlich mehr werden. Aber eigentlich wollte ich mich erst mal nach Ihren genauen Einkaufkonditionen erkundigen und Sie bitten, mir ein Angebot zukommen zu lassen, das ich meinem Chef vorlegen kann."*

Herr Müller: *„Das ist schnell gemacht* (tippt in seinen Rechner ein) *– eine solche Scheibe könnte ich Ihnen für 93,29 € liefern."*

Rudolf Heller: *„Das hört sich ja wirklich prima an …"*

Zwei Tage später kommt Herr Lanzetti aufgeregt in das Büro von Herrn Heller:

Herr Lanzetti: *„Herr Heller, was ist denn das? Vom Lager kam gerade ein Anruf, dass ein Lkw der Plexiglas GmbH 100 Plexiglasscheiben geliefert hat – und ich habe noch nicht mal ein Angebot vorliegen?"*

Arbeitsaufträge

1 Nennen Sie Möglichkeiten, wo Rudolf Heller neue Lieferanten finden kann.
2 Warum besteht Herr Lanzetti darauf, dass er zunächst ein Angebot vorliegen haben möchte, bevor er sich für einen Lieferanten entscheidet?
3 Erläutern Sie den rechtlichen Hintergrund. Wie sollte die Sommerfeld GmbH im Falle der 100 gelieferten Plexiglasscheiben verfahren?

Bezugsquellen für die Beschaffung

Die Suche nach geeigneten Lieferanten ist für alle Unternehmen von entscheidender Bedeutung.

! **Praxistipp:** Von der richtigen Wahl eines Lieferanten hängt nicht nur die Kostensituation des Unternehmens ab, sondern auch, ob die betrieblichen Abläufe ohne größere Störungen verlaufen. Qualität, Zuverlässigkeit und Flexibilität eines Lieferanten sind neben dem Preis wichtige Punkte, die für oder gegen einen Lieferanten sprechen können.

Deshalb ist es für alle Unternehmen wichtig, neben den bekannten Lieferanten auch neue Lieferer in den Blick zu nehmen und zu prüfen. Um die Kontaktdaten für mögliche Lieferanten zu finden, stehen **interne oder externe Informationsquellen** zur Verfügung.

Interne Informationsquellen

Die Informationen zu bekannten Lieferanten, mit **denen bereits eine Geschäftsbeziehung** besteht, befinden sich bereits im Unternehmen. Bei einer modernen Organisationsstruktur finden sich die zentralen Informationen zu den Lieferanten in einer **Datenbank**, die mit unterschiedlichen Computerprogrammen angelegt und verwaltet werden kann. Aber auch Rechnungen von vorherigen Lieferungen und das Erfahrungswissen von Mitarbeitern liefern oftmals die gewünschten Informationen.

Externe Informationsquellen

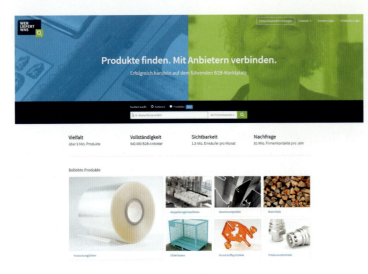

Das Internet bietet über verschiedene spezialisierte Suchmaschinen die einfachste Möglichkeit, neue Lieferanten zu finden:

Beispiele:

www.wlw.de (Wer liefert was?)
www.lieferanten.de
www.lieferantensuchmaschine.de

Weitere Möglichkeiten externer Informationsquellen sind:
- Auswertung von Anzeigen und Artikeln in Fachzeitschriften
- Besuche von Fachmessen
- Kataloge und Prospekte
- Vertreterbesuche
- Handwerkskammern und IHK

Die Anfrage

Mit einer Anfrage wird Kontakt zu einem Lieferanten aufgenommen. Sie dient dazu, **Informationen über Produkte, Dienstleistungen, Preise** und über die **Bedingungen der Lieferung und der Zahlung** zu beschaffen. Eine Anfrage ist stets **unverbindlich**, was bedeutet, dass eine Anfrage nicht zum Kauf verpflichtet.
Eine Anfrage ist formfrei. Die gewünschten Informationen können per E-Mail, telefonisch oder über einen Geschäftsbrief eingeholt werden. Anfragen können **allgemein oder bestimmt** erfolgen.

Beispiele:

Bestimmte Anfrage

... Bitte unterbreiten Sie uns ein schriftliches Angebot, zu welchen Konditionen Sie uns Plexiglasscheiben 100 cm x 120 cm in einer Stärke von 6 mm liefern können?

Allgemeine Anfragen

... Bitte senden Sie uns Ihre Kataloge und Preislisten zu.

Das Angebot

Ein **Angebot** ist eine an eine **bestimmte Person gerichtete Willenserklärung**, mit der der Anbietende zu erkennen gibt, dass er bestimmte Produkte, Werkstoffe oder bestimmtes Material zu bestimmten Bedingungen liefern will. Das Angebot unterliegt ebenso wie die Anfrage **keiner Formvorschrift** und kann mündlich, schriftlich oder telefonisch abgegeben werden. Zur Vermeidung von Irrtümern sollte die Schriftform gewählt werden.

Ein **Angebot** ist nur dann **rechtsverbindlich**, wenn es an **eine bestimmte Person gerichtet ist** (**§ 145 BGB**). Das **Ausstellen von Waren** in Verkaufsräumen, ebenso das Anpreisen von Produkten und Dienstleistungen in Prospekten, Katalogen, im Internet und in Zeitungsanzeigen sind im rechtlichen Sinne **kein Angebot**, sondern eine an die Allgemeinheit gerichtete **Anpreisung**. Interessenten können daher daraus keinen Rechtsanspruch auf Verkauf, Lieferung oder Dienstleistung ableiten.

Beispiel:

Ein an eine bestimmte Person gerichtetes Angebot kann folgende Inhalte umfassen.

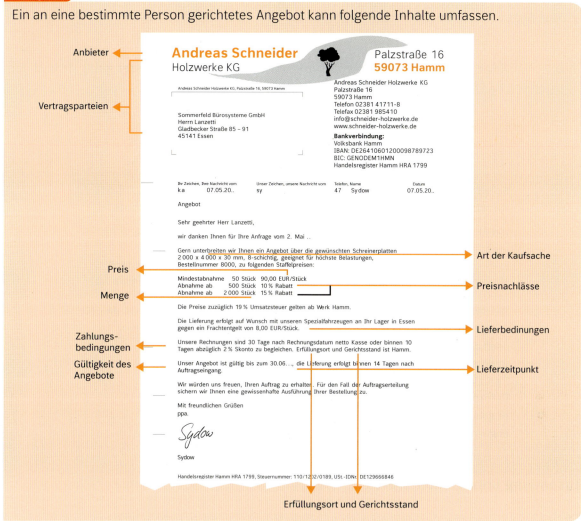

Bindung an das Angebot

Grundsätzlich sind Angebote verbindlich. Möchte der Verkäufer die Bindung an das Angebot jedoch einschränken, so kann der dies durch **Freizeichnungsklauseln** tun.

Formulierung	Bedeutung
„... solange der Vorrat reicht ...“	Die angebotene Menge ist unverbindlich. Sind die im Angebot genannten Kaufgegenstände ausverkauft, kann der Kunde nicht auf die Lieferung der angebotenen Menge bestehen.
„... Preise freibleibend ...“	Die im Angebot genannten Preise können sich jederzeit ändern.
„Angebot freibleibend“ oder „Angebot unverbindlich“	Das gesamte Angebot kann jederzeit abgeändert oder zurückgezogen werden.

Ein Angebot kann **zeitlich befristet oder unbefristet** sein. Ist es zeitlich befristet, so muss es innerhalb der angegebenen Frist angenommen werden.

Beispiel:

„... das Angebot für die Schreinerplatten gilt bis zum 31. März dieses Jahres ..."

Auch, wenn keine Frist gesetzt wurde, ist das Angebot zeitlich **nicht unbefristet gültig**. Je nachdem wie das Angebot übermittelt wurde, sind **bestimmte Fristen** zu beachten.

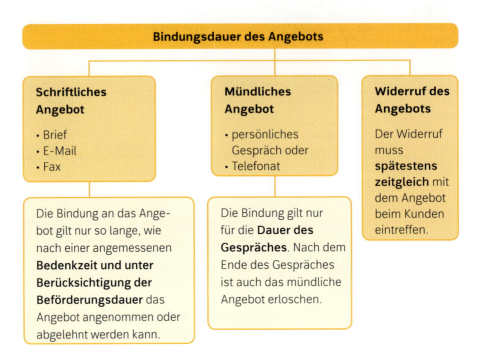

Bindungsdauer des Angebots

Schriftliches Angebot	Mündliches Angebot	Widerruf des Angebots
• Brief • E-Mail • Fax	• persönliches Gespräch oder • Telefonat	Der Widerruf muss **spätestens zeitgleich** mit dem Angebot beim Kunden eintreffen.
Die Bindung an das Angebot gilt nur so lange, wie nach einer angemessenen Bedenkzeit und unter **Berücksichtigung der Beförderungsdauer** das Angebot angenommen oder abgelehnt werden kann.	Die Bindung gilt nur für die **Dauer des Gespräches**. Nach dem Ende des Gespräches ist auch das mündliche Angebot erloschen.	

Zusendung unbestellter Ware

Bei der Zusendung unbestellter Ware sind folgende Möglichkeiten zu unterscheiden.

Ein Unternehmen (Kaufmann) erhält unbestellte Ware eines Lieferanten. Rechtlich ist dies ein Angebot des Lieferanten.		Eine Privatperson erhält unbestellte Ware.
a) es besteht **keine Geschäftsbeziehung**	b) es besteht bisher **eine Geschäftsbeziehung**	Wenn ein Verkäufer einer Privatperson unbestellte Ware zusendet, gilt das **Schweigen der Privatperson als Ablehnung**.
Schweigen gilt bei Zusendung unbestellter Ware als Ablehnung des Angebots.	In diesem Fall gilt Schweigen als Annahme des Angebots.	Die Privatperson ist weder zur Aufbewahrung der Waren, noch zu deren Rücksendung verpflichtet, und kann die Ware nutzen oder sogar wegwerfen.
Hier entsteht nur die Verpflichtung, die unbestellte Ware für eine angemessene Zeit aufzubewahren und zur Abholung bereitzuhalten. Sie muss aber nicht zurückgeschickt werden.	Wenn das Angebot nicht angenommen wird, so ist dies dem Lieferanten unverzüglich mitzuteilen (§ 362 HGB).	Wurde die unbestellte Ware angenommen und bezahlt, so kommt ein Kaufvertrag zustande.

Bezugsquellen ermitteln, eine Anfrage stellen und ein Angebot einholen

Suche nach neuen Lieferanten

interne Bezugsquellen

- Lieferantendatei
- weitere im Unternehmen vorhandene Informationen

externe Bezugsquellen

- spezielle Suchmaschinen
- Fachmessen
- Fachzeitungen

- **Anfrage** = rechtlich immer unverbindlich
- **Ein Angebot** ist eine verbindliche Willenserklärung, Produkte zu den angegebenen Bedingungen zu verkaufen.
- **Mündliche** Angebote sind nur für die Dauer des Gespräches verbindlich.
- **Schriftliche Angebote** sind so lange verbindlich, wie der Anbieter unter verkehrsüblichen Umständen mit einer Antwort rechnen kann.
- **Freizeichnungsklauseln** schränken Angebote ganz oder teilweise ein.
- **Ein Widerruf** des Angebots muss spätestens zeitgleich mit dem Angebot eintreffen.

Übungsaufgaben

1. Erläutern Sie, wie das Internet bei der Suche nach neuen Lieferanten helfen kann.

2. Die Sommerfeld GmbH erhält von einem Kunden eine Anfrage für den Bürostuhl „Picto", in welcher der Kunde auch einen konkreten Farbwunsch äußert. Außerdem bittet er um einen Besuch des Außendienstes.
   a) Erklären Sie, ob es sich um eine bestimmte oder um eine allgemeine Anfrage handelt.
   b) Erläutern Sie, welche rechtliche Verpflichtung sich daraus für den Kunden ergibt?
   c) Erklären Sie, welche rechtliche Verpflichtung sich aus dem dann folgenden Angebot für die Sommerfeld GmbH ergibt?

3. Die Sommerfeld GmbH sendet mit einem Geschäftsbrief ein schriftliches Angebot an einen Kunden. Nach drei Tagen bestellt dieser. Die Mitarbeiterin der Sommerfeld GmbH bedauert, dass sie nicht mehr liefern kann, und verweist darauf, dass die Bindung an das Angebot abgelaufen ist. Beurteilen Sie die rechtliche Situation.

4. Die Sommerfeld GmbH bewirbt in einer großen Werbeaktion den Stapelstuhl „Kendo" und lässt dazu Prospekte drucken, die sie an ihre Kunden verteilt.
   a) Beurteilen Sie die rechtliche Verbindlichkeit – können die Kunden auf die Lieferung des Stuhls zu dem angegebenen Preis bestehen?
   b) Wie könnte die Sommerfeld GmbH vorgehen, wenn sie in ihren Angeboten sicherstellen möchte, dass sie keine rechtlichen Probleme bekommt, wenn ein Artikel wider Erwarten schnell abverkauft wird?

5. Im Outletstore der Sommerfeld GmbH ist eine Schreibtischlampe mit 19,90 € ausgezeichnet. Als Sie an der Kasse bezahlen wollen, äußert die Verkäuferin ihr Bedauern und teilt Ihnen mit, dass die Ware versehentlich falsch ausgezeichnet ist und tatsächlich 24,90 € kostet. Haben Sie einen Anspruch darauf, die Ware für 19,90 € zu erhalten?

6. Ein Onlineversandhandel, bei dem Sie in der Vergangenheit bereits mehrfach bestellt haben, sendet Ihnen ohne Bestellung Ware nach Hause. Sie sind völlig überrascht.
   a) Beurteilen Sie die rechtliche Situation.
   b) Erläutern Sie, welches Verhalten Sie in dieser Situation für richtig und angemessen halten?

2.4.2   Einen quantitativen und qualitativen Angebotsvergleich durchführen

Rudolf Heller ist bei seiner Suche nach einem Lieferanten für die 100 Plexiglasscheiben (1,20 m × 1,00 m in einer Stärke von 6 mm) gut vorangekommen. Ihm liegen nun die konkreten Angebote der Plexiglas GmbH und der Acryl AG vor. Die Acryl AG wurde ihm von einem Kollegen empfohlen. Vor einigen Jahren gab es bereits einmal eine Zusammenarbeit mit der Acryl AG und dabei zeigte sich diese als eine sehr zuverlässige Lieferantin, die stets in guter Qualität lieferte und die zudem durch eine besonders umweltschonende Produktionstechnologie überzeugte.

Die wesentlichen Informationen aus beiden Angeboten hat Rudolf Heller in einer Tabelle zusammengefasst.

Kriterium	Angebot Plexiglas GmbH	Angebot Acryl AG
Listenpreis pro Scheibe	98,20 €	119,20 €
Rabatt in %	5 %	bis 50 Scheiben 10 %, ab 51 Scheiben 15 %
Zahlungsbedingungen	sofort	20 Tage 3 % Skonto, 30 Tage netto
Versandkosten	8,00 € für zehn Scheiben	frei Haus
Lieferzeit	innerhalb von zehn Tagen nach Bestellung	innerhalb von drei Tagen
Garantie	zwei Jahre	fünf Jahre
Erfüllungsort und Gerichtsstand	Köln	Münster

Arbeitsaufträge

1 Berechnen Sie den Bezugspreis für beide Angebote.
2 Entscheiden Sie sich begründet für eines der beiden Angebote.

Liegen verschiedene Angebote vor, so ist ein **Angebotsvergleich** durchzuführen. Dazu werden die Bestandteile der jeweiligen Angebote gegenübergestellt und miteinander verglichen. Für den Vergleich von Angeboten gibt es grundsätzlich zwei Möglichkeiten, die in der Praxis miteinander kombiniert werden. Den **quantitativen und den qualitativen Angebotsvergleich**.

!   **Praxistipp**: Nicht das günstigste Angebot ist immer das beste Angebot!

Quantitativer Angebotsvergleich

Beim **quantitativen Angebotsvergleich** ist der Bezugspreis das einzige Entscheidungskriterium. Ausgangspunkt der **Bezugspreiskalkulation** ist immer der **Listeneinkaufspreis** (Einkaufspreis laut Preisliste).

Beispiel:

Ermittlung des Bezugspreises

Listeneinkaufspreis	100 %		60,00	€
– Rabatt	– 5 %		–3,00	€
= Zieleinkaufspreis	95 %	100 %	57,00	€
– Skonto		– 2,0 %	–1,14	€
= Bareinkaufspreis		98,00 %	55,86	€
+ Bezugskosten (Verpackung und Transport)			+5,90	€
= Bezugspreis			61,76	€

Rabatte

Vom Listenverkaufspreis abgezogen werden Rabatte. Folgende **Rabatte** können gewährt werden:

- **Mengenrabatte**, wenn große Mengen abgenommen werden
- **Treuerabatte**, um Kunden zu binden
- **Wiederverkäuferrabatte** für Händler
- **Personalrabatte** für Mitarbeiterinnen und Mitarbeiter
- **Sonderrabatte** zu besonderen Anlässen, wie Messen oder Firmenjubiläen

Ergebnis ist der Zieleinkaufspreis. Davon abgezogen werden kann der **Skonto**.

Skonto

Vom Zielverkaufspreis kann Skonto abgezogen werden. **Skonto** ist ein **Preisnachlass für vorzeitige Zahlung**, z. B. räumt der Verkäufer 3 % Skonto auf den Rechnungsbetrag ein, wenn der Käufer innerhalb einer vereinbarten Frist zahlt und nicht das Zahlungsziel (letzter Termin der Zahlung) ausnutzt.

Beispiel:

> Die Sommerfeld GmbH bietet einem Kunden auf eine Rechnung von 1 000,00 € 3 % Skonto bei Zahlung innerhalb von zehn Tagen an. Wenn der Kunde innerhalb dieser Frist bezahlt, muss er nur 970,00 € überweisen.

Bezugskosten

Die **Verpackung** und der **Transport** von Gütern kosten Geld. Daher muss geklärt werden, wer diese Kosten übernimmt. Die gesetzliche Regelung lautet *„Warenschulden sind Holschulden"*. Aus diesem Grundsatz lässt sich ableiten, dass der Käufer alle Kosten für die Verpackung und den Transport übernimmt. Im Rahmen der Vertragsfreiheit können zwischen Käufer und Verkäufer jedoch auch andere Regelungen getroffen werden.

- **Verpackungskosten**

Das Gewicht der Verpackung wird als **Tara** bezeichnet. Das Bruttogewicht der Sendung setzt sich aus dem Warengewicht (netto), auch Reingewicht genannt, und der Verpackung (Tara) zusammen.
Bruttogewicht = Warengewicht + Verpackung (Tara)

Zu unterscheiden sind im Angebot folgende Formulierungen:

» **Reingewicht einschließlich Verpackung:** Die Verpackungskosten sind bereits im Preis enthalten, die Verpackung wird nicht berechnet.

» **Reingewicht ausschließlich Verpackung:** Die Verpackungskosten werden zusätzlich berechnet und sind vom Käufer zu tragen (gesetzliche Regelung).

» **Brutto für netto**: Der Preis versteht sich für das Gewicht der Ware einschließlich der Verpackung.

- **Transportkosten**

Je nach Beförderungsart und zu überbrückender Distanz sind die folgenden vertraglichen Regelungen möglich.

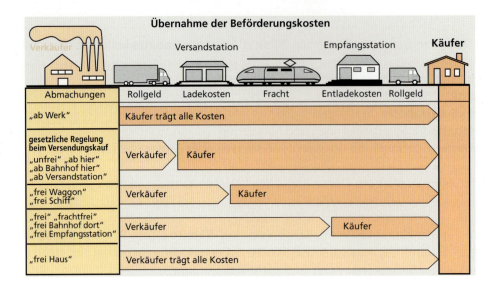

Abmachungen	Rollgeld	Ladekosten	Fracht	Entladekosten	Rollgeld	
„ab Werk"	Käufer trägt alle Kosten					
gesetzliche Regelung beim Versendungskauf „unfrei" „ab hier" „ab Bahnhof hier" „ab Versandstation"	Verkäufer	Käufer				
„frei Waggon" „frei Schiff"	Verkäufer		Käufer			
„frei" „frachtfrei" „frei Bahnhof dort" „frei Empfangsstation"	Verkäufer				Käufer	
„frei Haus"	Verkäufer trägt alle Kosten					

Qualitativer Angebotsvergleich

Beim **qualitativen Angebotsvergleich** spielen Entscheidungskriterien wie Qualität, Lieferzeit, Zahlungsbedingungen, Erfüllungsort und Gerichtsstand, Zuverlässigkeit, Flexibilität, ökologische Aspekte usw. eine Rolle.

Güte und Qualität
Die Güte (Qualität und Beschaffenheit) einer Ware wird bestimmt durch Muster und Proben, Güteklassen (I. Wahl, II. Wahl) und Standards (DIN-Normen).

Lieferzeit
In den meisten Fällen wird im Angebot eine Lieferzeit genannt und somit in der Folge zwischen Verkäufer und Käufer vereinbart. Ist dies nicht der Fall, so kann die Lieferung vom Käufer sofort verlangt werden (gesetzliche Regelung, § 271 Abs.1 BGB). Vertraglich können die folgenden Absprachen getroffen werden.
- **Terminkauf:** Lieferung innerhalb einer bestimmten Frist

Beispiel:
Lieferung innerhalb von 90 Tagen, Lieferung bis 30. Juni ...

- **Fixkauf:** Lieferung zu einem kalendermäßig festgelegten Zeitpunkt, wobei die Klauseln „fest", „fix", „genau", „exakt" angegeben werden müssen.

Beispiel:
Lieferung am 15. März ... fix

- **Kauf auf Abruf:** Bei diesem Kauf wird der Zeitpunkt der Lieferung bei Abschluss des Kaufvertrages nicht festgelegt, er ist in das Ermessen des Käufers gestellt. Bei Bedarf ruft der Käufer die Ware ab, die als Ganzes oder in Teilmengen geliefert werden kann.

Zahlungsbedingungen
Nach dem Gesetz (§ 270 f. BGB) gilt **_„Geldschulden sind Bringschulden"_** – d. h., der Käufer trägt die Kosten (z. B. Überweisungsentgelte) und die Gefahr der Geldübermittlung bis zum Verkäufer.

Außerdem sieht die gesetzliche Regelung die sofortige Bezahlung der Ware bei Lieferung vor (§ 433 Abs. 2 BGB).

Verkäufer und Käufer können davon abweichend folgende Vereinbarungen treffen:
- **Vorauszahlung**: Der Lieferer verlangt bei neuen oder schlecht zahlenden Kunden einen Teil des Rechnungsbetrages oder den gesamten Rechnungsbetrag im Voraus.

Beispiele:

- Lieferung gegen Vorkasse, Zahlung bei Bestellung

- **Zahlung mit Zahlungsziel** (Ziel- oder Kreditkauf): Der Lieferer gewährt dem Käufer einen kurzfristigen Kredit.

Beispiel:

Zahlung innerhalb von 14 Tagen mit 3 % Skonto oder in 30 Tagen netto Kasse

Erfüllungsort und Gerichtsstand

- **Erfüllungsort**

Der Erfüllungsort ist der Ort, an dem die **Leistungen, die sich aus einem Kaufvertrag ergeben, zu erbringen sind**. Käufer und Verkäufer können den Erfüllungsort frei vereinbaren. Besteht keine Vereinbarung, so gilt die gesetzliche Regelung: Danach ist der **Erfüllungsort für die Lieferung** der Geschäftssitz des Verkäufers und der **Erfüllungsort für die Zahlung** der Wohn- oder Geschäftssitz des Kunden.

- **Gerichtsstand**

Der Gerichtsstand regelt die **örtliche Zuständigkeit des Gerichts**, bei dem im Falle einer Streitigkeit verhandelt wird. Grundsätzlich ist der **Erfüllungsort auch der Gerichtsstand**. Sind beide Parteien Unternehmen (Kaufleute), kann ein Gerichtsstand vereinbart werden.

Beispiel:

Die Sommerfeld GmbH vereinbart mit allen gewerblichen Kunden, dass der Erfüllungsort und Gerichtsstand immer Essen ist. Dies ist im Falle einer gerichtlichen Auseinandersetzung mit einem Kunden eine wesentliche Erleichterung für die Sommerfeld GmbH.

Ohne eine besondere Vereinbarung sind **Warenschulden** immer am zuständigen Gericht des Verkäufers zu verhandeln und **Geldschulden** am Wohn- oder Geschäftssitz des Käufers. Zahlungsansprüche gegenüber privaten Endverbrauchern werden immer an deren Wohnsitz verhandelt.

Eigentumsvorbehalt

Durch den Eigentumsvorbehalt bleibt der Verkäufer bis zur vollständigen Bezahlung des Kaufpreises **Eigentümer**. Der Käufer ist solange nur **Besitzer** (vgl. Seite 119). Falls der Käufer seinen Zahlungsverpflichtungen nicht nachkommt, kann der Verkäufer die Rückgabe der Ware verlangen.

Beispiel:

In ihren Angeboten an den Großhandel weist die Sommerfeld GmbH bereits immer darauf hin, dass sie nur unter Eigentumsvorbehalt liefert. Verkauft ein Großhändler jedoch die unter Eigentumsvorbehalt stehende Ware an einen gutgläubigen Dritten, so erlischt der Eigentumsvorbehalt.

Zuverlässigkeit und Service

Wenn bestimmte Lieferer in der Vergangenheit unzuverlässig gearbeitet haben, sollte auch dieser Aspekt berücksichtigt werden. Umgekehrt kann besonders zuverlässigen Lieferern selbst bei höheren Preisen der Vorzug gegeben werden. Auch der Service kann ein entscheidendes Auswahlkriterium für die Wahl des Lieferers sein.

Beispiele:

Ersatzteilgarantie, Rücknahme von Verpackungsmaterial, Kulanz

Ökologische Aspekte der Nachhaltigkeit

Diese werden für viele Kunden und Unternehmen immer wichtiger. So sollten Transport-, Verpackungsgesichtspunkte und die sich aus der bei der Herstellung oder Verwendung von Produkten ergebenden Umweltbelastungen unter diesem Aspekt beachtet werden.

Beispiel:

Die Sommerfeld GmbH bezieht einen Großteil ihrer Waren per Bahntransport, um die umweltschädigenden Belastungen des Güterkraftverkehrs zu vermeiden. Ebenfalls vereinbart sie mit allen Lieferern eine recyclinggerechte Entsorgung der Verpackungen. Bei der Auswahl von Lieferern werden solche bevorzugt, die umweltverträgliche Produktionsverfahren einsetzen und schadstoffarme Materialien liefern.

Entscheidungsfindung mithilfe einer Nutzwertanalyse

Um zu einer sicheren und begründbaren Lieferantenauswahl zu gelangen eignet sich die **Nutzwertanalyse**. Dabei handelt es sich um eine Methode, die hilft, aus mehreren Alternativen die bestmögliche herauszufinden, wenn mehrere Entscheidungskriterien zu berücksichtigen sind.

In einem ersten Schritt **sind die Entscheidungskriterien zu sammeln**, die für die Lieferantenauswahl von Bedeutung sind. Anschließend werden alle Informationen zu den jeweiligen Entscheidungskriterien für die Lieferanten gesammelt und in einer Tabelle gegenübergestellt.

Beispiel:

Für die Auswahl eines neuen Lieferanten für 300 Hartholzplatten 2,00 m × 1,50 m stehen drei Lieferanten zur Auswahl. Die Entscheidungskriterien für die Sommerfeld GmbH sind: Preis, Qualität, Lieferzuverlässigkeit, Lieferzeit, Zahlungszeitpunkt und Umweltverträglichkeit.

Entscheidungskriterien	Entscheidungsalternativen		
	Holzwerke Olpe AG	Holz GmbH	Schneider Holzwerke
Preis	9 300,00 €	8 480,00 €	8 650,00 €
Qualität	sehr gute Qualität (hochwertig) und einwandfrei	Holz teilweise nur von mittlerer Qualität (Risse oder Unebenheiten)	gute Qualität; einmal jedoch nicht einwandfrei
Lieferzuverlässigkeit des Lieferanten	Liefertermine werden öfters nicht eingehalten	Laut Aussage eines Außendienstmitarbeiters meistens zuverlässig	voll zufriedenstellend
Lieferzeit	7 Tage	30 Tage	10 Tage
Zahlungszeitpunkt	Zahlungsziel 10 Tage	Zahlungsziel 15 Tage	Zahlungsziel 60 Tage
Umweltverträglichkeit	bietet nur heimische Hölzer an, die aus nachhaltiger Waldwirtschaft stammen	kauft weltweit sein Holz ein	verarbeitet überwiegend heimisches Holz

Nachdem die Entscheidungskriterien für die Auswahl festgelegt wurden und die Informationen diesbezüglich vorliegen, ist zu entscheiden, wie wichtig diese sind. Dafür stehen in der Summe **100 Gewichtungspunkte** zur Verfügung. Das wichtigste Kriterium erhält die meisten Gewichtungspunkte und das unwichtigste die wenigsten Gewichtungspunkte.

Außerdem ist eine Bewertungsskala für jedes Entscheidungskriterium festzulegen. Diesbezüglich gibt es verschiedene Lösungen. Häufig werden dazu, gemessen an der Anzahl der zur Verfügung stehenden Alternativen, entsprechende Punkte vergeben. Die beste Alternative erhält die meisten Bewertungspunkte und die schlechteste Alternative die wenigsten Punkte.

Beispiel:

Die Sommerfeld GmbH hat drei Lieferanten zur Auswahl. Folglich erhält die beste Alternative in einem Entscheidungskriterium drei Bewertungspunkte, die zweitbeste Alternative zwei Bewertungspunkte und die schlechteste Alternative nur einen Bewertungspunkt.

Anschließend wird jedes Angebot bewertet. Dazu werden die Bewertungspunkte mit den Gewichtungspunkten multipliziert. Die sich so ergebenden **Nutzwerte** werden addiert und die Alternative mit dem höchsten Nutzwert ausgewählt.

Beispiel:

Nach der Nutzwertanalyse wird das Angebot der Schneider Holzwerke ausgewählt.

Entscheidungs-kriterien	Gewichtungs-faktor (Punkte)	Entscheidungsalternativen					
		Holzwerke Olpe AG		Holz GmbH		Schneider Holzwerke	
		Bewertung	Summe	Bewertung	Summe	Bewertung	Summe
Preis	30	1	30	3	90	2	60
Qualität	25	3	75	1	25	2	50
Lieferzuver-lässigkeit des Lieferanten	15	1	15	2	30	3	45
Lieferzeit	10	3	30	1	10	2	20
Zahlungszeit-punkt	10	1	10	2	20	3	30
Umweltverträg-lichkeit	10	3	30	2	20	1	10
Summe	100	12	190	11	195	13	215

Einen quantitativen und qualitativen Angebotsvergleich durchführen

Quantitativer Angebotsvergleich	Qualitativer Angebotsvergleich
Listeneinkaufspreis – Rabatt = Zieleinkaufspreis – Skonto = Bareinkaufspreis + Bezugskosten (Verpackung und Transport) = Bezugspreis	Mögliche Entscheidungskriterien: • Güte und Qualität • Lieferzeit • Zahlungsbedingungen • Erfüllungsort und Gerichtsstand • Eigentumsvorbehalt • Zuverlässigkeit und Service • ökologische Aspekte • ...

Einen Beschaffungsprozess mithilfe der Nutzwertanalyse durchführen

1. Angebote einholen
2. Quantitativen Angebotsvergleich durchführen und Bezugspreis ermitteln
3. Entscheidungskriterien für die Nutzwertanalyse festlegen
4. Zusatzinformationen über Lieferanten einholen
5. Entscheidungskriterien entsprechend der Wichtigkeit gewichten
6. Angebote entsprechend der Entscheidungskriterien und Zusatzinformationen bewerten
7. Bewertung der einzelnen Lieferanten mit Gewichtung multiplizieren
8. Summen bilden
9. Den Lieferanten mit der höchsten Punktzahl unter Berücksichtigung sowohl der quantitativen als auch qualitativen Kriterien auswählen
10. Bestellung vornehmen

Übungsaufgaben

1. Erklären Sie die Klausel „Warenschulden sind Holschulden".

2. Die Lieferung einer Ware an einen Kunden erfolgt durch die Deutsche Bahn AG. An Kosten entstehen:
   - Hausfracht (Rollgeld) am Ort des Käufers 10,00 €
   - Hausfracht (Rollgeld) am Ort des Lieferers 10,00 €
   - Fracht 180,00 €
   - Entladekosten 10,00 €
   - Verladekosten 10,00 €

   Welchen Kostenanteil hat der Käufer bei Vereinbarung nachfolgender Lieferungsbedingungen jeweils zu übernehmen?

   a) frei Waggon   d) ab hier
   b) frachtfrei   e) frei Bahnhof dort
   c) frei Bahnhof hier

3. Erläutern Sie, welche Bedeutung der Erfüllungsort hat.

4. Geben Sie an, was man unter Gerichtsstand versteht und wo sich der Gerichtsstand für
   a) Warenschulden,
   b) Geldschulden befindet.

5. Ein Großhändler benötigt 1 200 Stück einer Ware. Es liegen drei Angebote verschiedener Lieferer vor. Ermitteln Sie den günstigsten Lieferer (mit Begründung).
   - **Angebot Lieferer Klein:** Karton mit 12 Stück zu 78,00 € einschließlich Verpackung, Mengenrabatt ab 5 Kartons 4 %, ab 10 Kartons 10 %, ab 20 Kartons 15 %, Beförderungskosten 2 % vom Warenwert, Lieferzeit 8 Tage, Zahlungsbedingung: 2 % Skonto bei Zahlung innerhalb von 8 Tagen oder 30 Tage netto Kasse.
   - **Angebot Lieferer Stefer:** Karton mit 6 Stück zu 36,00 €, Verpackung 0,20 € je Karton, Mengenrabatt 10 %, frei Haus, Lieferzeit 3 Tage, Zahlungsbedingung: 3 % Skonto bei Zahlung innerhalb von 10 Tagen oder 40 Tage netto Kasse.
   - **Angebot Lieferer Schmitt-Blass:** Stück 5,50 €, Verpackungskosten 0,40 € je Stück, ab Werk (Rollgeld für An- und Abfuhr je 30,00 €, Fracht 80,00 €), Lieferzeit: ein Tag, Zahlungsbedingung: 2 % Skonto bei Zahlung innerhalb von 8 Tagen oder 20 Tage netto Kasse.

6. Begründen Sie, warum unter Umständen ein Unternehmen einen Lieferer bevorzugt, der höhere Bezugs-/Einstandspreise als andere Lieferer hat.

7. Führen Sie eine Nutzwertanalyse auf Basis der vorliegenden Angebote aus Aufgabe 5 durch. Berücksichtigen Sie dabei die folgenden Zusatzinformationen:
   Der Preis ist das wichtigste Entscheidungskriterium gefolgt von der Qualität.
   - **Lieferer Klein:** In der Vergangenheit gab es öfters Qualitätsprobleme und vereinbarte Liefertermine wurden nicht eingehalten. Die Reklamationsabwicklung verlief schleppend.
   - **Lieferer Stefer:** Bietet eine sehr hohe Produktqualität und zeigte sich in der Vergangenheit als ein äußerst zuverlässiger Lieferant. Als es jedoch einmal zu einer Reklamation kam, dauerte deren Bearbeitung 14 Tage.
   - **Angebot Lieferer Schmitt-Blass:** Bietet Ware in guter Qualität an und hält sich meistens an die vereinbarten Liefertermine. Bei Reklamationen reagiert man sehr zügig und findet stets Lösungen, die im Interesse der Kunden liegen.

2.5 Rechtsgültige Kaufverträge abschließen

2.5.1 Die Rechts- und Geschäftsfähigkeit berücksichtigen

Heinrich Peters wird für zwei Wochen im Factory Outlet der Sommerfeld GmbH als zusätzliche Verkaufskraft eingesetzt. So soll er für seine Ausbildung als Tischler auch seine kommunikativen Fähigkeiten für Beratungsgespräche mit Kunden verbessern. Die Kundengespräche laufen gut und Heinrich entdeckt sein Verkaufstalent.

Heinrich freut sich, als er einer jungen Kundin einen hochwertigen Bürostuhl für 500,00 € verkauft hat. Am nächsten Morgen stehen unerwartet die Eltern der jungen Kundin in den Verkaufsräumen des Factory Outlet Stores. Sie wollen den Kaufvertrag mit der Sommerfeld GmbH rückgängig machen und erklären, dass ihre Tochter erst 15 Jahre alt sei und somit noch nicht voll geschäftsfähig. Heinrich ist erschrocken, zumal er sich doch schon auf die versprochene Verkaufsprovision gefreut hat.

Arbeitsaufträge

1 Erläutern Sie, in welcher Problemsituation sich Heinrich befindet.
2 Erstellen Sie in Gruppenarbeit ein Schaubild zur Rechts- und Geschäftsfähigkeit.
3 Entwickeln Sie auf Grundlage der rechtlichen Bestimmungen einen möglichen Lösungsvorschlag für Heinrichs Problemsituation.

Die Personen, die im Privat- und Geschäftsleben durch ihr Handeln Rechte ausüben und innehaben können, nennt man **Rechtssubjekte**. Unterschieden wird zwischen natürlichen und juristischen Personen.

Natürliche Personen

Alle *Menschen sind natürliche Personen* im Sinne des § 1 BGB. Alle natürlichen Personen sind mit Vollendung der Geburt bis zum Tod (§ 1 BGB) *rechtsfähig*.

Rechtsfähigkeit ist die *Fähigkeit von Personen, Träger von Rechten und Pflichten zu sein*.

Beispiel:
Recht, ein Vermögen zu erben; Pflicht, Steuern zu zahlen

Geschäftsfähigkeit ist die Fähigkeit von Personen, **Rechtsgeschäfte wirksam abschließen** zu können, somit **Rechte** zu erwerben **und Pflichten** einzugehen. Der Gesetzgeber hat drei Stufen der Geschäftsfähigkeit vorgesehen.

Stufen der Geschäftsfähigkeit		
Geschäftsunfähigkeit	beschränkte Geschäftsfähigkeit	unbeschränkte Geschäftsfähigkeit

Geschäftsunfähigkeit

Geschäftsunfähig (§ 104 BGB) sind
- alle natürlichen Personen **unter 7 Jahren,**
- Personen mit **andauernder, krankhafter Störung der Geistestätigkeit.**

Die Willenserklärungen geschäftsunfähiger Personen sind **unwirksam (nichtig),** folglich kann ein Geschäftsunfähiger auch keine rechtswirksamen Verpflichtungen eingehen. Für geschäftsunfähige Personen handelt ein gesetzlicher Vertreter (bei Kindern unter 7 Jahren meistens die Eltern, bei allen anderen **eine Betreuerin oder ein Betreuer**).

Beispiele:

- Ein 5-jähriges Mädchen „kauft" eine Tüte Bonbons.
- Der 20-jährige Edmund, der kognitiv beeinträchtigt ist, „kauft" eine CD.

In beiden Fällen ist **kein Vertrag** zustande gekommen.

Geschäftsunfähige können im Auftrag des gesetzlichen Vertreters für diesen Geschäfte als **Bote** rechtswirksam abschließen. Der Bote wird als Erfüllungsgehilfe des Auftraggebers angesehen.

Beispiel:

Der 6-jährige Jörn wird von seinem Vater zum Unternehmen KFZ-Siebert KG geschickt, um eine Glühlampe für sein Auto zu kaufen. Der Vater gibt Jörn abgezähltes Geld und einen Zettel mit der genauen Artikelbezeichnung mit. Da Jörn im Auftrag des Vaters als Bote handelt, kommt ein Kaufvertrag zwischen dem Vater und der Kfz-Werkstatt zustande.

Beschränkte Geschäftsfähigkeit

Beschränkt geschäftsfähig sind alle Personen vom vollendeten **7. bis zum vollendeten 18. Lebensjahr.**

Beschränkt Geschäftsfähige können Rechtsgeschäfte mit Einwilligung des gesetzlichen Vertreters abschließen. Ihre Rechtsgeschäfte sind bis zur Zustimmung des gesetzlichen Vertreters **schwebend unwirksam,** d. h., ein von einem beschränkt Geschäftsfähigen abgeschlossener Vertrag wird erst durch die nachträgliche **Genehmigung** des gesetzlichen Vertreters, die auch stillschweigend erfolgen kann, rechtskräftig. Wenn der gesetzliche Vertreter die ausdrückliche Zustimmung verweigert, ist der Vertrag nichtig (§ 108 BGB). Raten- und Kreditgeschäfte von Minderjährigen sind nicht zulässig.

Beispiel:

Die 16-jährige Angelika kauft einen Sportauspuff für ihren Motorroller, ohne dass sie ihre Eltern um Erlaubnis gefragt hat. Als die Eltern vom Kauf des Auspuffs erfahren, erheben sie keine Einwände. Somit ist der Kaufvertrag durch die stillschweigende Billigung der Eltern zustande gekommen.

Die **Zustimmung des gesetzlichen Vertreters** ist für folgende Fälle **nicht erforderlich**:
Der beschränkt Geschäftsfähige
- bestreitet den Kauf mit **Mitteln,** die ihm zu diesem Zweck oder **zur freien Verfügung** vom gesetzlichen Vertreter überlassen worden sind, wobei man von einem normalerweise üblichen, dem Alter entsprechenden Betrag auszugehen hat.

» Die 15-jährige Julia kauft von ihrem Taschengeld einen Hoodie mit dem Logo der Marke ihres Motorrollers für 39,90 €. Die Eltern sind von diesem Kauf nicht begeistert. Der Kaufvertrag kommt zustande, auch wenn die Eltern nicht einverstanden sind.

» Der 17-jährige Peter kauft von seinem gesparten Taschengeld einen Motorroller. Da sich aus dem Kauf des Rollers für Peter eine Reihe von Verpflichtungen ergeben (Versicherung, Kraftstoff usw.), ist die Zustimmung der Eltern für das Zustandekommen des Kaufvertrages erforderlich.

• erlangt durch das Rechtsgeschäft nur einen rechtlichen Vorteil.

Beispiel:

Der 13-jährige Frank erhält von seiner Tante ein Geldgeschenk über 3 000,00 €. Die Eltern von Frank lehnen dieses Geschenk der Tante ab, weil sie seit Jahren mit der Tante zerstritten sind. Frank kann das Geld auch gegen den Willen der Eltern annehmen.

• schließt Geschäfte im Rahmen eines Dienst- oder Arbeitsverhältnisses ab, die der gesetzlichen Vertreter genehmigt hat (§ 113 BGB).

Beispiel:

Die 17-jährige Diana Schmitz ist noch Schülerin und schließt mit Einwilligung der Eltern für die Sommerferien einen Arbeitsvertrag mit der Sommerfeld GmbH ab. Diana darf folglich ohne Zustimmung ihrer Eltern Arbeitskleidung kaufen oder ein Gehaltskonto bei einem Geldinstitut eröffnen, da sich dies aus den Verpflichtungen zur Erfüllung des Arbeitsverhältnisses ergibt.

Unbeschränkte Geschäftsfähigkeit
Unbeschränkt geschäftsfähig sind alle **natürlichen Personen ab 18 Jahren**, sofern sie nicht zum Personenkreis der Geschäftsunfähigen gehören.

Beispiel:

Der 51-jährige Karl Scheidemann kauft eine neue Büroeinrichtung im Factory Outlet der Sommerfeld GmbH zum Preis von 2 500,00 €, die er bar bezahlt und die zwei Tage später ausgeliefert wird. Ein Kaufvertrag ist folglich zustande gekommen und erfüllt worden.

Bei Vorliegen einer psychischen Krankheit oder einer körperlichen, geistigen oder seelischen Behinderung kann vom **Familiengericht** ein Betreuer bestellt werden. Der Betreuer wirkt dann als gesetzlicher Vertreter des Betreuten. Dieser bleibt aber im Regelfall weiter geschäftsfähig, d. h., er ist ohne Einwilligungsvorbehalt des Betreuers zur Abgabe rechtswirksamer Willenserklärungen berechtigt.

Juristische Personen

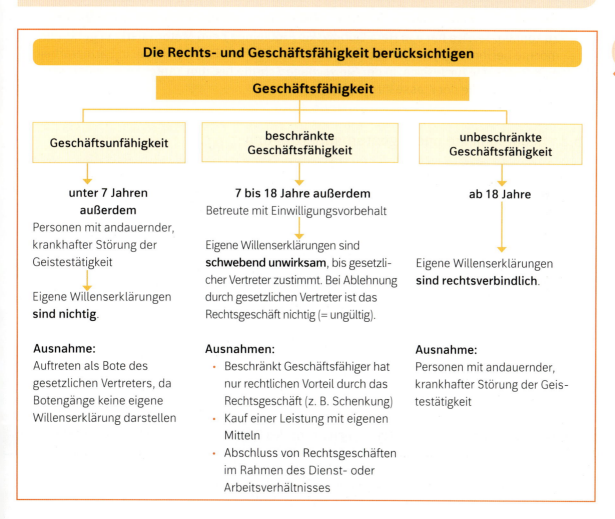

Juristische Personen

des Privatrechts	des öffentlichen Rechts
Beispiele: · *Gesellschaft mit beschränkter Haftung (GmbH)* · *eingetragene Vereine (e. V.)*	*Beispiele:* · Gemeinden · Bundesrepublik · Kreise Deutschland · Länder · Stiftungen

Juristische Personen (§ 21 ff. BGB) werden vom Gesetz wie natürliche Personen behandelt. Sie haben volle Handlungsfreiheit, d. h., sie sind rechts- und unbeschränkt geschäftsfähig.

Bei juristischen Personen beginnt die Rechtsfähigkeit mit der Eintragung in das jeweilige Register (z. B. Handels-, Vereinsregister) und endet mit Löschung in diesem Register.

Juristische Personen sind immer über ihre Organe (z. B. bei der GmbH durch Geschäftsführer) geschäftsfähig. Sie handeln durch die Organe, die in der Satzung oder in der jeweiligen Rechtsvorschrift festgelegt sind.

Beispiel:

Bei der Robert Blusch GmbH handelt der Geschäftsführer, Robert Blusch, für die GmbH.

Die Rechts- und Geschäftsfähigkeit berücksichtigen

Geschäftsfähigkeit

Geschäftsunfähigkeit	beschränkte Geschäftsfähigkeit	unbeschränkte Geschäftsfähigkeit
unter 7 Jahren **außerdem** Personen mit andauernder, krankhafter Störung der Geistestätigkeit Eigene Willenserklärungen **sind nichtig.**	**7 bis 18 Jahre außerdem** Betreute mit Einwilligungsvorbehalt Eigene Willenserklärungen sind **schwebend unwirksam**, bis gesetzlicher Vertreter zustimmt. Bei Ablehnung durch gesetzlichen Vertreter ist das Rechtsgeschäft nichtig (= ungültig).	**ab 18 Jahre** Eigene Willenserklärungen **sind rechtsverbindlich.**
Ausnahme: Auftreten als Bote des gesetzlichen Vertreters, da Botengänge keine eigene Willenserklärung darstellen	**Ausnahmen:** · Beschränkt Geschäftsfähiger hat nur rechtlichen Vorteil durch das Rechtsgeschäft (z. B. Schenkung) · Kauf einer Leistung mit eigenen Mitteln · Abschluss von Rechtsgeschäften im Rahmen des Dienst- oder Arbeitsverhältnisses	**Ausnahme:** Personen mit andauernder, krankhafter Störung der Geistestätigkeit

Übungsaufgaben

1. Der 17-jährige Auszubildende Jörg Albers der Sommerfeld GmbH kauft sich vom seinem gesparten Gehalt für 600,00 € einen gebrauchten Motorroller, um in Zukunft schneller zur Arbeit zu kommen. Jörg unterschreibt den Vertrag, ohne seine Eltern zu informieren. Beurteilen Sie folgende Rechtslagen:
   a) Die Eltern von Jörg Albers stimmen dem Kauf nicht zu.
   b) Torsten erhält von seinen Eltern nachträglich die Einwilligung zum Kauf des Motorrollers.
   c) Der Verkäufer des Motorrollers fordert nachträglich eine schriftliche Einverständniserklärung von Jörgs Eltern. Auf diese Aufforderung erfolgt keine Reaktion.

2. Als die 17-jährige Hera Dubowski vom Motorrollerkauf von Jörg Albers erfährt, entschließt sie sich, ebenfalls einen Motorroller für 600,00 € zu kaufen. Leider war sie nicht so sparsam wie Jörg und schließt einen Ratenvertrag mit zwölf Monaten Laufzeit beim Motorradhändler Drees ab.
   a) Überprüfen Sie, ob der Vertrag rechtsgültig ist.
   b) Stellen Sie fest, welche weiteren Möglichkeiten Hera hat, um den gewünschten Motorroller zu kaufen.

3. Erläutern Sie, warum unter Umständen auch Erwachsene beschränkt geschäftsfähig oder geschäftsunfähig sein können.

4. Die minderjährige Auszubildende Jessica Becker möchte sich gerne einen Laptop kaufen, um regelmäßig das E-Learning-Portal für Auszubildende der Sommerfeld GmbH nutzen zu können. Jessica hat von Hera Dubowskis Problemen beim Motorrollerkauf gehört und möchte bei ihrem geplanten Kauf keinen Fehler machen. Entwickeln Sie in Partnerarbeit eine Checkliste für Jessica, in der Sie wichtige Schritte bis zum Laptopkauf aufnehmen. Präsentieren Sie der Klasse ihre Ergebnisse.

2.5.2   Rechtsobjekte und Eigentumsübertragung

Der Auszubildende Heinrich Peters verleiht sein „privates" Werkzeug an seinen Klassenkameraden Nils Reuter aus der Berufsschule. Nach einer Woche verlangt Heinrich sein Werkzeug zurück, da er es selbst für eine Reparaturarbeit braucht. Nils lehnt die Herausgabe mit der Begründung ab, dass er noch nicht mit seinen Arbeiten fertig sei, die er erledigen wollte. Außerdem habe ihm Heinrich keinen Termin für die Rückgabe genannt.

Arbeitsaufträge

1 Stellen Sie fest, ob Heinrich die sofortige Herausgabe des Werkzeugs verlangen kann.
2 Erläutern Sie anhand von Beispielen die verschiedenen Arten von Rechtsobjekten.
3 Überprüfen Sie, worin der Unterschied zwischen Besitz und Eigentum besteht.

Sachen und Rechte

Als **Rechtsobjekte** bezeichnet man die Gegenstände des Rechtsverkehrs. Hierbei unterscheidet man körperliche Rechtsobjekte (**Sachen**) und nichtkörperliche Rechtsobjekte (**Rechte**). Sachen werden in unbewegliche (Immobilien) und bewegliche (vertretbare und nicht vertretbare Sachen) unterschieden. Vertretbare Sachen sind untereinander austauschbar, nicht vertretbare Sachen können nicht durch andere ersetzt werden (z. B. ein Originalbild von Picasso). Tiere sind keine Sachen, sie werden durch besondere Gesetze geschützt, z. B. das Tierschutzgesetz.

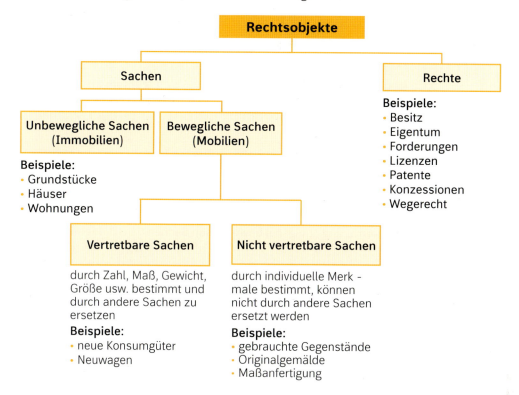

Besitz und Eigentum als Rechte

Besitz ist die **tatsächliche Herrschaft** über eine Sache. Jemand benutzt eine Sache, die ihm nicht gehören muss. Eigentum ist die **rechtliche Herrschaft** über eine Sache. Dem Eigentümer gehört die Sache, er kann damit nach Belieben verfahren.

Beispiele	Besitzer ist der	Eigentümer ist der
• Miete eines Pkw • Leihe eines Buches	Mieter Leiher	Vermieter Verleiher

Die **Eigentumsübertragung** ist bei beweglichen und unbeweglichen Sachen unterschiedlich geregelt.

! Praxistipp: An gestohlenen Gegenständen kann grundsätzlich kein Eigentum erworben werden, selbst wenn der Käufer den gestohlenen Gegenstand in gutem Glauben erworben hat.

Rechtsobjekte und Eigentumsübertragung

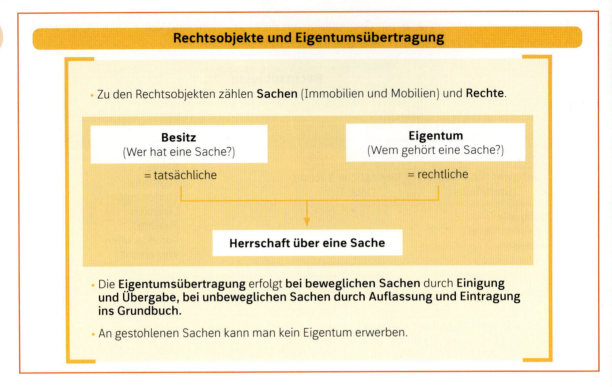

- Zu den Rechtsobjekten zählen **Sachen** (Immobilien und Mobilien) und **Rechte**.

Besitz (Wer hat eine Sache?)	**Eigentum** (Wem gehört eine Sache?)
= tatsächliche	= rechtliche

Herrschaft über eine Sache

- Die **Eigentumsübertragung** erfolgt **bei beweglichen Sachen** durch **Einigung und Übergabe, bei unbeweglichen Sachen durch Auflassung und Eintragung ins Grundbuch.**

- An gestohlenen Sachen kann man kein Eigentum erwerben.

Übungsaufgaben

1. Erläutern Sie den wesentlichen Unterschied zwischen Besitz und Eigentum.

2. Erläutern Sie die Eigentumsübertragung bei unbeweglichen Sachen.

3. Stellen Sie in den unten genannten Fällen fest, welche Person
   a) nur Eigentümer ist,   b) nur Besitzer ist,
   c) Eigentümer und Besitzer ist,   d) weder Eigentümer noch Besitzer ist.
   (1) Ein Kfz-Händler verkauft im Kundenauftrag einen Pkw an Otto Schaub.
   (2) Die Sommerfeld GmbH mietet für ein Jahr von einem Büromaschinenhersteller vier Fotokopierer.
   (3) Eine Mitarbeiterin aus der Verwaltung kauft in einem Textilfachgeschäft ein Halstuch. Auf dem Nachhauseweg verliert sie das Halstuch, ein Spaziergänger findet es.
   (4) Ein Kunde kauft in einer Kfz-Werkstatt ein Sportlenkrad, das der Hersteller der Werkstatt zu Vorführzwecken leihweise überlassen hatte.

4. Welcher rechtliche Tatbestand trifft auf Eigentum und Besitz zu?
   a) Eigentum und Besitz können nur in einer Hand sein.
   b) Eigentum ist die tatsächliche Verfügungsgewalt über Sachen und Rechte, Besitz ist die rechtliche Herrschaft.
   c) Eigentum und Besitz über Sachen werden nur durch Eintragung in das Grundbuch auf andere übertragen.
   d) Eigentum und Besitz müssen immer schriftlich übertragen werden.
   e) Eigentum ist die rechtliche Herrschaft über Sachen und Rechte, Besitz die tatsächliche Herrschaft.

2.5.3 Kaufverträge im Beschaffungsprozess überprüfen

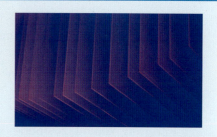

Bernd Sanders sitzt aufgeregt am Schreibtisch. Er hat einen weiteren potenziellen Lieferer für das gesuchte Plexiglas, die Acrylglas AG, ermittelt. Der Lieferant bietet das gesuchte Plexiglas (6 mm Stärke, 100 cm × 120 cm) zum Preis von 85,50 €/ Stück bei einer Mindestabnahme von 250 Scheiben an. Telefonisch vereinbart er mit dem zuständigen Mitarbeiter der Acrylglas AG die Lieferung von 250 Stück. *„Jetzt habe ich für die Sommerfeld GmbH ein tolles Geschäft gemacht",* sagt Bernd Sanders zu seinem Abteilungsleiter Emilio Lanzetti. *„Bisher mussten wir für das Plexiglas 94,70 €/ Stück im Einkauf bezahlen. Ich habe gerade 250 Plexiglasscheiben für 85,50 €/Stück telefonisch bestellt." „Das darf doch nicht wahr sein",* stöhnt Emilio Lanzetti. *„Wir haben doch bisher nur 100 Stück pro Jahr verarbeitet, was sollen wir denn mit den 150 überzähligen Plexiglasscheiben machen?" „Das ist doch kein Problem",* sagt Bernd Sanders, *„dann rufe ich schnell bei der Acrylglas AG an und sage denen, dass wir die Plexiglasscheiben nicht mehr brauchen. Es ist ja ohnehin kein Kaufvertrag zustande gekommen, da ich noch nicht schriftlich bestellt habe."*

Arbeitsaufträge

1 Überprüfen Sie, ob Bernd Sanders für die Sommerfeld GmbH einen Kaufvertrag abgeschlossen hat.
2 Stellen Sie fest, welche Pflichten sich aus einem Kaufvertrag für einen Käufer und einen Verkäufer ergeben und wie diese Pflichten erfüllt werden können.

Zustandekommen des Kaufvertrages

Ein Kaufvertrag wird dann abgeschlossen, wenn eine Person (**Verkäufer**) einer anderen Person (**Käufer**) Sachen oder Rechte gegen ein Entgelt veräußert. Der Kaufvertrag (§ 433 ff. BGB) des Verkäufers mit dem Käufer kommt durch **zwei übereinstimmende Willenserklärungen** zustande. Die Willenserklärung zum Abschluss eines Kaufvertrages kann schriftlich, fernschriftlich, mündlich oder fernmündlich abgegeben werden. Dabei kann die Initiative zum Abschluss des Kaufvertrages (**Antrag**) sowohl vom Verkäufer als auch vom Käufer ausgehen. Die **Zustimmung** zum Kaufvertrag erfolgt durch die **Annahme** des Käufers bzw. des Verkäufers. Folgende Möglichkeiten des Zustandekommens eines Kaufvertrages sind denkbar:

- **Der Verkäufer macht den Antrag:**

Der Kaufvertrag kommt zustande, wenn die **Bestellung (Annahme) des Käufers** inhaltlich mit dem **Angebot (Antrag) des Verkäufers** übereinstimmt.

• Der Käufer macht den Antrag:

1. Willenserklärung = Antrag	Bei Übereinstimmung = Kaufvertrag	2. Willenserklärung = Annahme
Käufer: Bestellung von Bürostühlen		**Verkäufer: Bestellungsannahmea**

Der Kaufvertrag kommt zustande, wenn der Verkäufer (**Annahme**) die Bestellung des Käufers (**Antrag**) annimmt.

Verpflichtungs- und Erfüllungsgeschäft

Aus dem Kaufvertrag entstehen für die Vertragsparteien Pflichten und Rechte. Mit dem Vertragsabschluss (**Verpflichtungsgeschäft**) verpflichten sich die Vertragsparteien, den Vertrag zu erfüllen (**Erfüllungsgeschäft**). Die Pflichten des Verkäufers entsprechen den Rechten des Käufers und umgekehrt.

Pflichten des Verkäufers	Pflichten des Käufers
• Übergabe und Übereignung des mangelfreien Materials bzw. der mangelfreien Ware • Annahme des Kaufpreises	• Annahme des ordnungsgemäß gelieferten Materials bzw. der Ware • rechtzeitige Zahlung des vereinbarten Kaufpreises

Die Vertragspartner können den Kaufvertrag erfüllen, indem sie ihren jeweiligen Verpflichtungen nachkommen. Zeitlich können zwischen dem Abschluss (Verpflichtungsgeschäft) und der Erfüllung (Erfüllungsgeschäft) des Kaufvertrages oft mehrere Wochen oder Monate liegen.

Beispiel:

Die Sommerfeld GmbH bestellt bei den Metallwerken Bauer & Söhne 100 Stahlrohrgestelle, die erst in acht Wochen lieferbar sind. Nach acht Wochen liefern die Metallwerke Bauer & Söhne die bestellten Stahlrohrgestelle, die Sommerfeld GmbH zahlt bei Lieferung. Die Verpflichtung beider Vertragspartner entstand beim Abschluss des Kaufvertrages. Der Vertrag wurde von den Metallwerken Bauer & Söhne durch die rechtzeitige und mangelfreie Lieferung und die Annahme des Kaufpreises, und von der Sommerfeld GmbH durch die Annahme der bestellten Stahlrohrgestelle und der rechtzeitigen Bezahlung erfüllt.

Unterscheidung nach der rechtlichen Stellung der Vertragspartner

Sobald zwei Privatpersonen einen Kaufvertrag abschließen, spricht man von einem **bürgerlichen Kauf.** Es gilt das Bürgerliche Gesetzbuch (BGB).

Beispiel:

Daniela Schaub verkauft ihrer Freundin Nadine einen gebrauchten MP3-Player.

Wenn ein **Vertragspartner als Kaufmann** handelt, liegt ein **einseitiger Handelskauf** vor. Es gelten das HGB (Handelsgesetzbuch) für den Kaufmann und das BGB für den Privatmann.

Beispiel:

Die Auszubildende Hera Dubowski kauft im Factory Outlet der Sommerfeld GmbH einen neuen Schreibtischstuhl (einseitiger Handelskauf).

Wenn beide Vertragspartner Kaufleute sind und im Rahmen ihres Handelsgewerbes Kaufverträge abschließen, liegt ein **zweiseitiger Handelskauf** vor. Es gelten die Bestimmungen des BGB und des HGB.

Beispiel:

Die Deutsche Versicherung AG bestellt bei der Sommerfeld GmbH für ihre Büros 50 Drehsessel Typ „Modus".

Kaufverträge im Beschaffungsprozess überprüfen

- Der Kaufvertrag kommt durch **übereinstimmende Willenserklärungen** von zwei oder mehr Personen zustande (Antrag und Annahme).

Der Verkäufer verpflichtet sich,	Der Käufer verpflichtet sich,
rechtzeitig und mangelfrei zu liefern und dem Käufer das Eigentum am Material/an der Ware zu verschaffen.	die ordnungsgemäß gelieferte Ware anzunehmen und den Kaufpreis rechtzeitig zu zahlen.

- Beide Vertragspartner müssen ihre Pflichten erfüllen.
- Nach der rechtlichen Stellung der Vertragspartner unterscheidet man bürgerlichen Kauf, einseitigen und zweiseitigen Handelskauf.

Übungsaufgaben

1. Erläutern Sie, wodurch sich Verpflichtungs- und Erfüllungsgeschäft unterscheiden.

2. Erklären Sie anhand von drei Beispielen, wie Verpflichtungs- und Erfüllungsgeschäft zeitlich auseinanderfallen können.

3. Welche der nachfolgenden Maßnahmen
    (1) führen zum Abschluss des Kaufvertrages,
    (2) gehören zur Erfüllung des Kaufvertrages?
    a) fristgemäße Bezahlung
    b) Bestellung
    c) Auftragsbestätigung
    d) Eigentumsübertragung
    e) fristgemäße Annahme der Ware
    f) ordnungsgemäße Lieferung

4. Beschreiben Sie, wie ein Kaufvertrag zustande kommt.

5. Erläutern Sie an je einem Beispiel, wodurch ein bürgerlicher Kauf, ein einseitiger und ein zweiseitiger Handelskauf gekennzeichnet sind.

2.6 Auf Kaufvertragsstörungen angemessen reagieren

Die Sommerfeld GmbH hat am 20. Januar bei der Metallwerke Bauer & Söhne OHG aus Dortmund 1 000 Metallbeschläge bestellt. Als Lieferfrist wurde der 22. Februar vereinbart. Am 28. Februar stellt die Sommerfeld GmbH fest, dass die bestellten Messingbeschläge noch nicht eingetroffen sind. Bei einer telefonischen Rückfrage bei der Metallwerke Bauer & Söhne OHG erfährt Herr Lanzetti, dass die Metallbeschläge aufgrund einer produktionsbedingten Störung erst in drei Wochen geliefert werden können. Herr Lanzetti besteht auf der sofortigen Lieferung, weil die Metallbeschläge für einen Kundenauftrag dringend benötigt werden.

Arbeitsaufträge

1 Stellen Sie die Voraussetzungen für einen Lieferungsverzug fest.
2 Begründen Sie, welches Recht die Sommerfeld GmbH im vorliegenden Fall in Anspruch nehmen sollte.

Nicht-rechtzeitig-Lieferung (der Lieferungsverzug)

Der Lieferer hat sich im Kaufvertrag dazu verpflichtet, bestelltes Material bzw. bestellte Ware termingerecht zu liefern. Sind folgende Voraussetzungen gegeben, befindet sich der Lieferer im Lieferungsverzug (§§ 241 ff., 280 ff. BGB, § 376 HGB).

Voraussetzungen für die Nicht-rechtzeitig-Lieferung

- **Fälligkeit der Lieferung**

Ist der Liefertermin **kalendermäßig nicht genau festgelegt**, muss die Lieferung beim Verkäufer durch den Käufer angemahnt werden.

Beispiele:

Lieferung ab Mitte Februar, Lieferung ab Anfang August, Lieferung frühestens 20. März. Erst durch die Mahnung des Käufers mit kalendermäßiger Bestimmung des Lieferungsverzuges gerät der Lieferer in Verzug.

Ist der Liefertermin **kalendermäßig genau vereinbart** worden (= **Terminkauf**), so ist keine Mahnung des Käufers erforderlich.

Beispiele:

Lieferung am 12. Juni …, Lieferung zwischen dem 5. und 8. Januar …, Lieferung 30. März fix.

Eine Mahnung ist auch nicht erforderlich

» bei Selbstinverzugsetzung, d. h., der Verkäufer erklärt ausdrücklich, dass er nicht liefern kann oder nicht liefern will;

» bei einem Zweckkauf, d. h., der Käufer hat kein Interesse mehr an der Lieferung, da der Zweck des Kaufs durch die verspätete Lieferung weggefallen ist;

Beispiel:

Lieferung von Weihnachtsartikeln nach Weihnachten

» bei eilbedürftigen Pflichten.

Beispiel:

Reparatur bei Wasserrohrbruch

• **Verschulden des Lieferers**

Ein Verschulden des Lieferers liegt vor, wenn der Lieferer oder sein Erfüllungsgehilfe vorsätzlich oder fahrlässig gehandelt haben.

Beispiel:

Die Farbenwerk Wilhelm Weil AG hat eine Bestellung der Sommerfeld GmbH erhalten. Der Sachbearbeiter des Farbenwerkes vergisst die Bestellung und dadurch versäumt der Lieferer den vereinbarten Liefertermin (Fahrlässigkeit).

Ist die Ursache für die verspätete Lieferung auf höhere Gewalt zurückzuführen, gerät der Lieferer nicht in Lieferungsverzug.

Beispiele:

Brand, Sturm, Krieg, Erdbeben, Hochwasser, Streik

 **Rechte des Käufers bei der Nicht-rechtzeitig-Lieferung**

Aus dem Lieferungsverzug ergeben sich für den Käufer unterschiedliche Rechte. Welches Recht der Käufer in Anspruch nehmen kann, hängt davon ab, ob er dem Lieferer eine **angemessene Nachfrist** setzt oder nicht. Eine Nachfrist ist dann angemessen, wenn der Lieferer die Möglichkeit hat, die Lieferung nachzuholen, ohne die Ware selbst beschaffen oder anfertigen zu müssen.

Ohne Nachfristsetzung hat der Käufer das Recht,

• **die Lieferung zu verlangen** oder

• **die Lieferung und Schadenersatz** wegen verspäteter Lieferung (= Verzögerungsschaden) zu verlangen.

Beispiel:

Durch die verspätete Lieferung der Farbenwerke Wilhelm Weil AG hat die Sommerfeld GmbH einen Produktionsausfall. Dadurch gerät die Sommerfeld GmbH selbst in Lieferungsverzug und muss für die verspätete Lieferung an einen Kunden eine Vertragsstrafe von 10 000,00 € zahlen. Die Sommerfeld GmbH verlangt von der Farbenwerk Wilhelm Weil AG neben der bestellten Ware auch Schadenersatz wegen verspäteter Lieferung.

Nach Ablauf einer Nachfristsetzung hat der Käufer das Recht,
- **die Lieferung abzulehnen und vom Vertrag zurückzutreten**

Die gleiche Ware ist bei einem anderen Lieferer inzwischen günstiger beschaffbar.

und/oder
- **Schadenersatz statt der Leistung (= Nichterfüllungsschaden) zu verlangen.** Für die Inanspruchnahme dieses Rechts ist ein Verschulden des Verkäufers erforderlich.

Die **Nachfristsetzung entfällt** beim
- Selbstinverzugsetzen des Lieferers,
- Zweckkauf,
- Fixkauf (zweiseitigen Handelskauf).

Anstelle des Schadenersatzes statt der Leistung kann der Käufer den **Ersatz vergeblicher Aufwendungen** verlangen. Hierzu zählen solche Aufwendungen, die der Käufer im Vertrauen darauf, die Kaufsache tatsächlich zu erhalten, gemacht hatte.

Beispiel:

Ein Käufer hat zur Finanzierung des beim Lieferer bestellten Kaufgegenstandes einen Kredit bei seiner Bank aufgenommen. Da er den bestellten Gegenstand vom Lieferer nicht erhält, sind die entstandenen Finanzierungskosten vergeblich gewesen. Der Käufer kann vom Verkäufer den Ersatz seiner vergeblichen Aufwendungen verlangen.

Beim **Fixkauf** gerät der Lieferer automatisch mit Überschreiten des Liefertermins in Verzug. In diesem Fall hat der Käufer **ohne Nachfristsetzung das Recht**,
- sofort vom Vertrag zurückzutreten oder
- auf der Lieferung zu bestehen (der Käufer muss dieses aber dem Lieferer unverzüglich mitteilen) oder
- Schadenersatz statt der Leistung zu verlangen (Verschulden des Verkäufers ist aber erforderlich).

 Im Falle des Schadenersatzes bereitet die Ermittlung des Schadens oft Schwierigkeiten. Verlangt ein Käufer von seinem Lieferer **Schadenersatz** statt der Leistung, so muss er dem Lieferer den Schaden durch eine **Schadensberechnung** nachweisen. Eine Möglichkeit ist, dass der Käufer für die nicht gelieferte Ware einen anderweitigen Einkauf (**Deckungskauf**) vornimmt, das heißt, er kauft bei einem anderen Lieferer. Hierbei kann sich ein Schaden aus dem Mehrpreis für die beim Deckungskauf gekauften Materialien bzw. Waren ergeben (**tatsächlicher Schaden**).

Schlechtleistung (mangelhafte Lieferung)

Der **Verkäufer** ist verpflichtet, die bestellten **Waren bzw. Materialien mangelfrei zu liefern**. Bei Feststellung von Mängeln muss der Käufer dem Lieferer eine Mängelrüge (§ 433 ff. BGB) mit genauer Beschreibung des Mangels zukommen lassen.

! **Praxistipp:** Für die Mängelrüge gibt es keine bestimmte Formvorschrift. Aus Gründen der Beweissicherung ist die Schriftform sinnvoll.

Prüf- und Rügepflicht des Käufers

Beim **zweiseitigen Handelskauf** müssen vom Käufer **offene Mängel** (sofort sichtbare Mängel) unverzüglich, **versteckte Mängel unverzüglich nach Entdeckung, spätestens nach zwei Jahren** gerügt werden, wobei die Frist am Ende des Jahres beginnt, in dem der Mangel entdeckt wurde. Kommt der Käufer seinen Rügepflichten nicht termingerecht nach, verliert er alle Rechte aus der mangelhaften Warenlieferung gegen den Lieferer. Beim **einseitigen Handelskauf** hat der Käufer bei Neuwaren bei offenen und versteckten Mängeln **zwei Jahre Zeit**, seine Mängelrüge zu erteilen. Für gebrauchte Ware beläuft sich die Sachmängelhaftungsfrist zwischen einem Kaufmann und einem Privatmann auf ein Jahr.

Mängelarten

Eine Warenlieferung kann **Sach- oder Rechtsmängel** aufweisen. Zu den Sachmängeln zählen:

- **Mangel in der Menge (Quantitätsmangel):** Es wird zu viel oder zu wenig Ware geliefert.

Beispiel:

Statt der bestellten 800 Kunststoffrollen liefert die Latex AG nur 400 Kunststoffrollen.

- **Mangel in der Art (Falschlieferung):** Es wird eine andere Ware als die bestellte geliefert.

Beispiel:

Statt verchromter Schrauben werden von der Metallwerke Bauer & Söhne OHG Edelstahlschrauben geliefert.

- **Mangel durch fehlerhafte Ware, Montagefehler oder mangelhafte Montageanleitungen:** Die Ware kann möglicherweise zwar verwendet werden, ihr fehlt aber eine bestimmte oder zugesicherte Eigenschaft, die vertraglich vereinbart war. Hierzu zählen auch fehlerhafte Bedienungsanleitungen (IKEA-Klausel) oder Mängel, weil die vereinbarte Montage vom Verkäufer unsachgemäß ausgeführt wurde (**Montagefehler**).

Beispiele:

» Gelieferte Glasplatten sind verkratzt, Stapelstühle sind auf der Sitzfläche verkratzt.
» Der Verkäufer liefert ein Holzregal, das beim Kunden aufgebaut wird. Der Monteur bohrt zusätzliche Löcher in das Regal mit dem Ergebnis, dass das Regal schief steht.

- **Mangel durch falsche Werbeversprechungen oder durch falsche Kennzeichnungen:** Es fehlen der Ware Eigenschaften, die in einer Werbeaussage oder durch Kennzeichnung versprochen wurden.

Beispiel:

Die Sommerfeld GmbH kauft aufgrund einer Werbemail eines Autoherstellers einen Geschäftswagen, der laut Prospekt nur fünf Liter Kraftstoff pro 100 km verbrauchen soll. In Wirklichkeit braucht der Pkw aber zehn Liter.

Hinsichtlich **der Erkennbarkeit der Mängel** kann folgende Einteilung vorgenommen werden:
- **Offener Mangel:** Er ist bei der Prüfung der Ware sofort erkennbar.

Beispiel:

Eine Tischplatte hat einen Kratzer, die Polster eines Drehsessels sind verfärbt.

- **Versteckter Mangel:** Er ist nicht gleich erkennbar, sondern zeigt sich erst später.

Beispiel:

Gelieferte Drehstühle haben defekte Gasdruckfedern.

- **Arglistig verschwiegener Mangel:** Er ist dem Verkäufer bekannt, wird aber bewusst von ihm verschwiegen.

Beispiel:

Verkauf eines als unfallfrei deklarierten Pkw, der aber bereits einen Unfall hatte.

Rechte des Käufers aus der Schlechtleistung

Vorrangiges Recht: Der Käufer kann **aus der Mängelrüge** zuerst nur das Recht auf **Nacherfüllung** geltend machen:

Wahlweise Ersatzlieferung oder Nachbesserung (= Nacherfüllung): Der Kaufvertrag bleibt bestehen, der Käufer besteht auf der Lieferung mangelfreier Ware. Das Recht der Ersatzlieferung ist nur beim Gattungskauf (vertretbare Ware) möglich. Der Käufer wird dieses Recht wählen, wenn der Kauf besonders günstig oder der Verkäufer bisher besonders zuverlässig war. Eine Nachbesserung gilt nach dem erfolglosen zweiten Versuch als fehlgeschlagen.

Nachrangiges Recht: Gelingt die Nacherfüllung nicht, hat der Käufer **wahlweise folgende Rechte**, wobei dem Verkäufer vorher eine angemessene Frist zur Leistung oder Nacherfüllung einzuräumen ist:

- **Minderung des Kaufpreises = Preisnachlass:** Der Kaufvertrag bleibt bestehen. Der Verkäufer mindert den ursprünglichen Verkaufspreis um einen angemessenen Betrag. Allerdings ist eine Vereinbarung zwischen Verkäufer und Käufer über die Minderung erforderlich. Der Käufer wird dieses Recht in Anspruch nehmen, wenn die Gebrauchsfähigkeit der Ware nicht wesentlich beeinträchtigt ist.
- **Rücktritt vom Kaufvertrag:** Der Kaufvertrag wird aufgelöst, d. h., der Käufer tritt vom Kaufvertrag zurück und bekommt sein Geld zurück. Der Käufer wird insbesondere dann vom Vertrag zurücktreten, wenn er die gleiche Ware bei einem anderen Lieferer preiswerter beschaffen kann.
- **Rücktritt vom Vertrag und Schadenersatz statt der Leistung:** Anspruch auf Schadenersatz besteht nur, wenn auch ein Schaden nachgewiesen werden kann und den Verkäufer ein Verschulden (grobe Fahrlässigkeit, Vorsatz) trifft.

Ein **Käufer hat keine Ansprüche** gegen den Lieferer, wenn
- der Käufer beim Abschluss des Kaufvertrages von dem Mangel gewusst hat,
- die Sache auf einer öffentlichen Versteigerung oder
- in Bausch und Bogen (Ramschkauf) gekauft wurde.

Der Unternehmer, der eine neu hergestellte mangelhafte Sache von einem Verbraucher zurücknehmen oder eine Preisminderung gewähren musste, kann die Rechte gegen seinen eigenen Lieferer geltend machen (**Unternehmerrückgriff**). Er muss allerdings eine Nachfrist setzen. Zudem kann er den Ersatz der Aufwendungen für eine Nichterfüllung verlangen. Entsprechendes gilt auch für die anderen Lieferer in der Lieferkette.

Garantie und Kulanz

Häufig wird die gesetzliche Sachmängelhaftungsfrist von zwei Jahren durch eine **Garantie** des Herstellers auf mehrere Jahre erweitert. Die Garantie des Herstellers muss ausdrücklich zwischen dem Verkäufer und dem Kunden im Kaufvertrag vereinbart werden, wobei Inhalt, Umfang und Garantiefrist geregelt werden. Wird eine Garantie angeboten, hat der Käufer innerhalb der zweijährigen gesetzlichen Sachmängelhaftungspflicht das Wahlrecht, ob er bei Auftreten eines Mangels seine Rechte aus der Garantie oder aus der gesetzlichen Sachmängelhaftung in Anspruch nimmt. Lieferanten bzw. Verkäufer gewähren häufig ihren Kunden, wenn die Sachmängelhaftungsfrist abgelaufen ist, aus **Kulanz** die Rechte aus der Mängelrüge, obwohl sie gesetzlich dazu nicht verpflichtet sind. Auf diese Weise erhofft sich das Unternehmen Wettbewerbsvorteile gegenüber der Konkurrenz und eine Bindung des Kunden an das eigene Unternehmen.

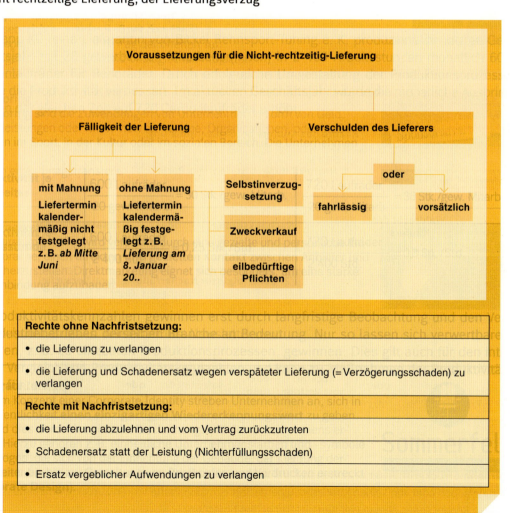

Auf Kaufvertragsstörungen angemessen reagieren

- Nicht rechtzeitige Lieferung, der Lieferungsverzug

Voraussetzungen für die Nicht-rechtzeitig-Lieferung

Fälligkeit der Lieferung

Verschulden des Lieferers

mit Mahnung
Liefertermin kalendermäßig nicht festgelegt z. B. *ab Mitte Juni*

ohne Mahnung
Liefertermin kalendermäßig festgelegt z. B. *Lieferung am 8. Januar 20..*

Selbstinverzugsetzung

Zweckverkauf

eilbedürftige Pflichten

oder

fahrlässig

vorsätzlich

Rechte ohne Nachfristsetzung:

- die Lieferung zu verlangen
- die Lieferung und Schadenersatz wegen verspäteter Lieferung (= Verzögerungsschaden) zu verlangen

Rechte mit Nachfristsetzung:

- die Lieferung abzulehnen und vom Vertrag zurückzutreten
- Schadenersatz statt der Leistung (Nichterfüllungsschaden)
- Ersatz vergeblicher Aufwendungen zu verlangen

- Schlechtleistung (mangelhafte Lieferung)

Pflichten des Käufers	zweiseitiger Handelskauf	einseitiger Handelskauf und bürgerlicher Kauf
• **Prüfpflicht**	unverzüglich	keine gesetzliche Regelung
• **Rügepflicht** Feststellung von		
»**offenen,**	unverzüglich	innerhalb von zwei Jahren
»**versteckten,**	unverzüglich nach Entdeckung innerhalb von zwei Jahren	innerhalb von zwei Jahren
»**arglistig verschwiegenen Mängeln**	unverzüglich innerhalb von drei Jahren	innerhalb von drei Jahren nach Entdeckung

Mängelarten

Mangel in der Menge	**Montagefehler**
Mangel in der Art	**mangelhafte Montageanleitung**
fehlerhafte Ware	**falsche Kennzeichnung**
falsche Werbeversprechen	**Rechtsmangel (Sache ist durch Rechte anderer belastet)**

Rechte des Käufers bei Schlechtleistung

1. Nacherfüllung => vorrangiges Recht

Wahlrecht des Käufers → **Nachbesserung** oder **Ersatzlieferung**

2. Bei erfolgloser Nacherfüllung (zwei Versuche) => nachrangiges Recht

Minderung (Preisnachlass) oder **Rücktritt vom Vertrag** oder/ und **Schadenersatz statt der Leistung** oder **Ersatz vergeblicher Aufwendungen**

- **Unternehmerrückgriff:** Jeder Unternehmer, der aufgrund einer Mängelrüge seinen Kunden eine Preisminderung geben oder von seinen Kunden neu hergestellte, mangelhafte Waren zurücknehmen musste, kann diese Rechte gegen seinen eigenen Lieferer geltend machen.

- Im Rahmen der **Kulanz** gewähren Verkäufer dem Käufer Rechte, ohne dazu gesetzlich verpflichtet zu sein.

Übungsaufgaben

1. Als Liefertermin wurde in einem Kaufvertrag über Gattungsware der 14. Juni vereinbart. Die Lieferung trifft aber zu diesem Termin nicht ein.
   a) Erläutern Sie, wann der Lieferungsverzug eingetreten ist.
   b) Beschreiben Sie, welche Rechte der Käufer in Anspruch nehmen kann.

2. Erläutern Sie
   a) Selbstinverzugsetzung,   b) Zweckkauf.

3. Geben Sie an, wann der Verkäufer bei folgenden Lieferterminen in Verzug gerät.
   a) bis 10. Januar …   b) 13. Juni … fix
   c) lieferbar ab Mai   d) am 16. Dezember …
   e) im Laufe des Dezembers ohne Obligo   f) heute in drei Wochen

4. Eine Schreinerei hat bei einem Lieferer fünf Paletten Tischlerplatten bestellt. Als Liefertermin wurde „ab Mitte Juni" zugesagt. Durch ein Versehen beim Lieferanten der Tischlerplatten ist die Bestellung abhandengekommen und bis zum 28. Juni erfolgte keine Lieferung.
   a) Prüfen Sie, ob sich der Lieferer im Verzug befindet.
   b) Welches Recht wird die Schreinerei bei einer Nicht-rechtzeitig-Lieferung geltend machen, wenn
   • die Preise inzwischen gefallen sind,
   • die Preise inzwischen gestiegen sind,
   • nachweisbar ein Schaden entstanden ist?

5. Bei der Überprüfung eingehender Lieferungen stellt die Sommerfeld GmbH folgende Mängel an der Ware fest:
   (1) 2 000 Stahlrohre wurden statt in der Länge von 55 cm in der Länge von 45 cm geliefert.
   (2) 50 m Bezugsstoffe für Bürostühle weisen Verschmutzungen auf.
   (3) Statt 10 m Bezugsstoffe wurden 12 m geliefert.
   (4) Statt mit Holzfurnier beschichteter Spanplatten wurden kunststoffbeschichtete geliefert.
   (5) 20 Schlösser für Schubladen haben defekte Schließzylinder.
       a) Geben Sie an, welche Mängelarten vorliegen.
       b) Erläutern Sie, welche Rechte die Sommerfeld GmbH in Anspruch nehmen sollte.

6. Markus Ens kauft beim Händler Büromöbel Berger in Leer einen Büroschrank aus dem Programm der Sommerfeld GmbH. Aufgrund einer fehlerhaften Montageanleitung des Herstellers beschädigt Markus Ens den Büroschrank beim Aufbau. Erläutern Sie, welche Rechte
   a) durch den Kunden,
   b) durch den Händler geltend gemacht werden können.

7. Das Einrichtungshaus Schoon aus Jever bestellt bei der Sommerfeld GmbH 50 Wartesessel „Cubis" mit Lederbezügen. Bei der Überprüfung der Sessel wird festgestellt, dass
   • zehn Wartesessel mit Stoffbezügen geliefert wurden,
   • bei fünf Sesseln das Leder eingerissen ist.
   Bearbeiten Sie dazu folgende Aufgaben in Partnerarbeit:
   a) Entscheiden und begründen Sie, welches Recht das Einrichtungshaus Schoon geltend machen sollte.
   b) Nennen Sie Prüf- und Rügefristen, die eingehalten werden müssen, um keine Rechtsansprüche zu verlieren.

8. Überlegen Sie sich beispielhaft drei Produkte und erläutern Sie anhand dieser Produkte offene, versteckte und arglistig verschwiegene Mängel.

2.7 Die Lagerhaltung organisieren

2.7.1 Lageraufgaben, -arten und -konzepte beschreiben

Claudia Farthmann, Abteilungsleiterin „Produktion und Beschaffung" der Sommerfeld GmbH, hat sich mit Herrn Feld, dem Abteilungsleiter „Verwaltung", und Herrn Sommer, dem Abteilungsleiter „Vertrieb und Marketing", zu einer Besprechung zusammengesetzt. Thema ist der Neubau einer Lagerhalle für Werkstoffe in der Produktion und für Fertigerzeugnisse, da der vorhandene Lagerraum sich als zu klein erwiesen hat. Herr Sommer plädiert dafür, kein neues Lager zu bauen, sondern die Materialien in kürzeren Abständen und in kleineren Mengen zu bestellen und die Vorräte an Fertigerzeugnissen zu senken. Somit wäre kein Neubau erforderlich. *„Wir brauchen ein größeres Lager. Was machen Sie denn, wenn ein Lieferer uns ein günstiges Angebot macht und wir können aufgrund fehlenden Lagerraums keine Materialien bestellen?",* erwidert Herr Feld.

„Oder stellen Sie sich vor, einer unserer Kunden benötigt dringend ein bestimmtes Produkt und wir können nicht liefern. Wenn wir dieses Produkt aber vorrätig hätten, dann ..." „Moment mal", fährt Claudia Farthmann dazwischen, *„statt uns Gedanken über den Bau der neuen Lagerhalle zu machen, streiten wir uns um Dinge, die wir längst entschieden haben."*

Arbeitsaufträge

1 Erläutern Sie die Aufgaben der Lagerhaltung.
2 Beschreiben Sie die verschiedenen Lagerarten.
3 Beschreiben Sie die Funktionen der zentralen und dezentralen Lagerung.

Aufgaben der Material- und Warenlagerung

Die Lagerhaltung ist eine wesentliche Aufgabe eines Industrie- oder auch Handwerksbetriebes. Das Hauptziel der Lagerhaltung besteht darin, **Unregelmäßigkeiten** bei der Beschaffung, der Produktion und im Absatzbereich **auszugleichen**. In den meisten Industrie- und Handwerksbetrieben können folgende Grundfunktionen der Lagerhaltung unterschieden werden:

- **Bereitstellungsfunktion:**

Das Lager soll eine reibungslose Durchführung der Fertigung und des Absatzes sicherstellen. Es sollte immer eine ausreichende Menge in der richtigen Zeit und am rechten Ort in der richtigen Güte zur Verfügung stehen.

- **Sicherungsfunktion:**

Durch die Vorratshaltung sollen Lieferschwierigkeiten auf der Beschaffungsseite, durch die Störungen in der Produktion auftreten können, und Nachfrageschwankungen auf der Absatzseite ausgeglichen werden.

Beispiel:

Die Sommerfeld GmbH hat für die Produktgruppe „Konferenz" einen Vorrat auf Lager, der der durchschnittlichen Produktion von einer Woche entspricht. Somit können unvorhergesehene Lieferungsausfälle ausgeglichen werden.

- **Ausgleichsfunktion:**

Häufig gewähren Lieferer einem Industrieunternehmen Mengenrabatte, wenn größere Mengen Materialien bestellt werden. Zwischen der Beschaffung und der anschließenden Verwendung der Materialien in der Produktion vergeht Zeit, die durch die Lagerung der Materialien überbrückt wird.

- **Veredelungsfunktion:**

Hierunter versteht man die gewollten Qualitätsveränderungen der gelagerten Materialien. In diesem Fall ist die Lagerung bereits ein Teil des Fertigungsprozesses.

> **Beispiel:**
> Die Sommerfeld GmbH lagert Holz zum Trocknen in einem speziellen Trockenraum.

- **Umweltschutzfunktion:**

Durch die Rücknahme von Mehrwegverpackungen, von Kartons und Folien und die Wiederverwertung von gebrauchten Produkten und deren Lagerung kommt ein Industrie- und Handwerksunternehmen seiner Verpflichtung zum Umweltschutz nach.

> **Beispiel:**
> Das Sommerfeld-Mehrweg-Verpackungssystem beinhaltet, dass die Produkte auf dem Weg zum Kunden mit Kartons und Staubfolien ausgeliefert werden. Die Folien werden nach der Rücknahme zu Ballen gepresst und zu neuen Folien recycelt. Mit den mehrfach verwendeten Kartons wird gleichermaßen verfahren.

Lagerarten

Die Lager können entsprechend den betrieblichen Funktionsbereichen in **Beschaffungs-, Fertigungs- und Absatzlager** eingeteilt werden.

Beschaffungslager

Hierzu zählt man Materialeingangs-, Rohstoff-, Hilfsstoff-, Betriebsstoff-, Teile- und Reservelager. Alle Materialien kommen nach der Anlieferung zunächst in das **Materialeingangslager**. Dort verbleiben sie, bis die Eingangsprüfung erfolgt ist. Danach erfolgt die Übernahme des Materials auf die entsprechenden Lagertypen. Im **Teilelager** werden alle Fertigteile, die von Fremdunternehmen bezogen worden sind, untergebracht.

> **Beispiel:**
> Die Sommerfeld GmbH bezieht für den Konferenzstuhl „Confair" Fußgestelle von der Metallwerke Bauer & Söhne OHG. Diese werden im Fertigteilelager untergebracht.

Werkzeuge und sonstige Vorrichtungen, die momentan nicht in der Produktion benötigt werden, warten im **Reservelager** auf ihren Einsatz.

Fertigungslager

Hierzu zählt man Hand-, Werkzeug- und Zwischenlager.

Das **Handlager** befindet sich in unmittelbarer Nähe der Arbeitsplätze in der Produktion. Hier werden die andauernd benötigten Kleinmaterialien bereitgehalten.

Alle Werkzeuge und sonstigen Vorrichtungen, die zur ablaufenden Werkstückbearbeitung erforderlich sind, befinden sich im **Werkzeuglager**, das diesem Arbeitsplatz zugeordnet ist. Im **Zwischenlager** werden halbfertige Erzeugnisse zwischen zwei Bearbeitungsstufen aufgenommen.

Das Zwischenlager übernimmt somit eine Ausgleichsfunktion zwischen den einzelnen Fertigungsstufen, vor allem bei unterschiedlichen Kapazitätsauslastungen oder Bearbeitungsgeschwindigkeiten.

Beispiel:

Lager der Sommerfeld GmbH

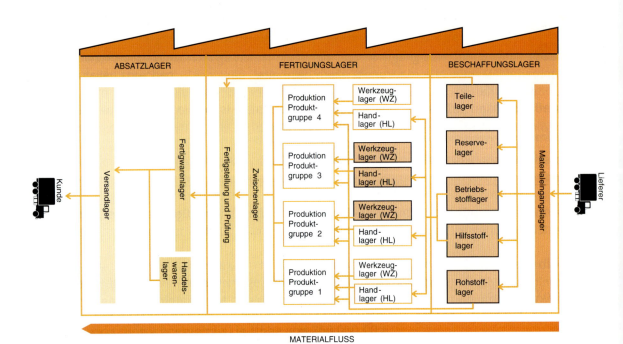

Absatzlager

Hierzu zählt man Fertigwaren-, Versand- und Handelswarenlager. Das **Fertigwarenlager** übernimmt vor allem für Serienprodukte eine Ausgleichsfunktion (Puffer) zwischen einer kontinuierlich arbeitenden Fertigung und einem schwankenden Produktverkauf. Die Fertigerzeugnisse werden bis zu ihrem Verkauf dort aufbewahrt.

Beispiel:

Die Sommerfeld GmbH hat für alle drei Produktgruppen im Fertigwarenlager einen Lagerraum vorgesehen.

Im **Versandlager** werden alle Produkte, die auftragsbezogen hergestellt wurden, und alle von den Kunden bestellten Produkte zum Versand bereitgestellt.

Ein **Handelswarenlager** wird von solchen Unternehmen eingerichtet, die neben ihren eigenproduzierten Produkten noch Waren anderer Hersteller vertreiben.

Lagerorganisation

Die Organisation eines Lagers, seine Größe und die Art der Lagerung sind von den Materialien abhängig. Bei der Einlagerung von Materialien ist Folgendes zu berücksichtigen:

Gesichtspunkte bei der materialgerechten Lagerung	Beispiele
Belüftung	*Holz, Bücher, Papierwaren, Textilien, Tabakwaren u. a. bedürfen gut durchlüfteter Lagerräume.*
Licht	*Bestimmte Nahrungsmittel und einige Textilien sind lichtempfindlich, sie dürfen keinen starken Lichtquellen ausgesetzt sein.*
Temperatur	*Einige Lebensmittel müssen kühl gelagert werden, bei Tiefkühlkost darf auf keinen Fall die Kühlkette unterbrochen werden; einige Materialien (z. B. Farben, Lacke, CD-ROMs) dürfen nicht zu kalt gelagert werden.*
Luftfeuchtigkeit	*Papier-, Metall-, Holz- und Lederwaren benötigen eine bestimmte Luftfeuchtigkeit.*
Staubschutz	*Unverpackte Materialien müssen vor Staub geschützt werden (Textilien, Lebensmittel).*
Schädlingsbefall	*Schutz der Materialien vor Schädlingen wie Motten bei Textilien, Schimmel bei Lebensmitteln, Holzwurm bei Möbeln.*

Lagerkonzepte

Zentrale und dezentrale Lagerung und ihre Funktionen

Zentrale Lagerung	Dezentrale Lagerung
Bei dieser Lagerung sind alle Materialien an einem Ort, der betriebszentral gelegen ist, untergebracht (typisch für Klein- und Mittelbetriebe).	Der gesamte Materialbedarf eines Industrieunternehmens wird in Fertigungsnähe auf mehrere Lager verteilt.
Vorteile:	**Vorteile:**
• gute Übersicht über alle Lagergüter • einfachere Verwaltung • geringere Raumkosten durch bessere Nutzung des Lagerraums • niedrigere Personalkosten • geringere Lagermengen, da Mindestbestand nur einmal vorhanden ist • bessere Kontrolle	• kürzere Transportwege zu den Fertigungsstellen • schnellere Materialausgabe • Sicherheit bei der Lagerung gefährlicher Stoffe (räumliche Trennung bzw. Höchstbestände per Gesetz vorgeschrieben) • Einsatz von besonders ausgebildetem Fachpersonal für gefährliche Materialien (Chemikalien, explosive Stoffe)

Dezentrale Lager entstehen bei stoff- und verbrauchsorientierter Lagerung. In stofforientierten Lagern werden nur bestimmte Materialien für den gesamten Betrieb aufbewahrt.

Beispiele:

Holz-, Metalllager

Aufgrund der Beschaffenheit der Materialien oder aufgrund gesetzlicher Vorschriften ist häufig eine Trennung der Materialien erforderlich.

Beispiele:

Lagerung von Bauholz, Sand usw. im Freien; Lagern von brennbaren oder explosiven Stoffen in Speziallagern

Verbrauchsorientierte Lager werden nach den Bedürfnissen der Fertigung ausgerichtet und räumlich unmittelbar in der Nähe der Fertigung entsprechend dem Fertigungsfluss angeordnet.

Beispiel:

Handlager für Kleinteile, Werkzeuglager

Eigen- und Fremdlager

Industrie- und Handwerksunternehmen unterhalten in der Regel eigene Lager, um stets lieferbereit und produktionsfähig zu sein. Aus verschiedenen Gründen können aber auch Fremdlager angemietet werden:
- eigene Lagerkapazität reicht nicht aus,
- der Standort des Unternehmens lässt keine Lagererweiterungsmöglichkeit zu,
- Anlage- oder Erweiterungsinvestitionen für Speziallager oder eine Lagererweiterung sollen vermieden werden, insbesondere wenn die volle Ausnutzung der Lagerkapazität nicht sichergestellt ist,
- Standortvorteile des Fremdlagers sollen genutzt werden,

Beispiel:

Die Sommerfeld GmbH hat in der unmittelbaren Nähe des Güterbahnhofs Köln einen Lagerraum angemietet.

- besserer Lieferservice durch Lagerung in unmittelbarer Kundennähe,

Beispiel:

Die Sommerfeld GmbH unterhält u. a. in Stuttgart ein angemietetes Lager, um die Kunden in Süddeutschland schneller beliefern zu können.

- Fremdlagerung, insbesondere bei kurzfristiger Benutzung, kann kostengünstiger als Eigenlagerung sein, da Verwaltungs-, Raum- und Transportkosten eingespart werden können.

Lageraufgaben, -arten und -konzepte beschreiben

- **Aufgaben der Lagerhaltung**: Bereitstellungs-, Sicherungs-, Ausgleichs-, Veredelungs- und Umweltschutzfunktion.
- Lager lassen sich in **Beschaffungslager** (Materialeingangs-, Rohstoff-, Hilfsstoff-, Betriebsstoff-, Teilelager) **Fertigungslager** (Hand-, Werkzeug-, Zwischenlager) und **Absatzlager** (Fertigwaren-, Versand-, Handelswarenlager) unterteilen.
- Zahl und Art der Lager sind abhängig von der Größe und der Organisationsform eines Unternehmens.
- **Materialgerechte Lagerung**: Berücksichtigung der Einwirkung von Licht, Wärme, Kälte, Feuchtigkeit, Staubbildung, Schädlingen usw. auf die Materialien.
- Werden alle Materialien an einem Ort untergebracht, spricht man von einem **zentralen Lager**. Werden die Materialien an verschiedenen Orten untergebracht, spricht man von einem **dezentralen Lager**.
- **Fremdlager** können z. B. aus Kosten-, Kapazitäts- oder Standortgründen angemietet werden.

Übungsaufgaben

1. Erläutern Sie die Aufgaben der Lagerhaltung in einer Schreinerei, in einem Weingut und bei einem Stoßdämpferhersteller für die Automobilindustrie.

2. Beschreiben Sie die Unterschiede zwischen einem Hand-, Werkzeug- und einem Zwischenlager.

3. Überprüfen Sie, welche Lagerarten sich in den einzelnen Funktionsbereichen unterscheiden lassen.

4. Unter Veredelung versteht man die gewollte Qualitätsveränderung der gelagerten Materialien. Suchen Sie zehn Beispiele, bei denen durch die Lagerung eine Qualitätsveränderung bewirkt wird.

5. Erläutern Sie die Aufgaben des Fertigwaren-, Versand- und Handelswarenlagers.

2.7.2 Einfache Lagerkennziffern interpretieren

Der Auszubildende Heinrich Peters liest einen Bericht von Herrn Kraus über die Lagerbestände der Produktgruppe „Am Schreibtisch" der Sommerfeld GmbH. Dort ist u. a. folgende Aufstellung enthalten:

Materialbestand				
Material-nummer	Materialbezeichnung		Meldebestand	Höchstbestand
0108	Schrauben Edelstahl 10 mm x 80 mm		4 000	12 000
0340	Gasfedersäule, verchromt, Länge 230 mm, Hub 130		150	350
0370	Kunststoffrollen, 50 mm, Gehäuse Stahlblech ver-chromt, Radkörper Kunststoff		600	1 400

Heinrich Peters überlegt, warum die Sommerfeld GmbH Melde- und Höchstbestände für einige Materialien festlegt.

Arbeitsaufträge

1 Erklären Sie die Bedeutung von Melde- und Höchstbestand.
2 Erläutern Sie die Möglichkeiten der Ermittlung des durchschnittlichen Lagerbestandes.

Lagerbestandsdaten

Die Lagervorräte in einem Industrie- oder Handwerksunternehmen müssen systematisch kontrolliert werden. Um die Lagerkosten zu senken, ist es notwendig,

- **die Lagerbestände so klein wie möglich zu halten**. Das führt zu geringeren Kapital-, Sach- und Personalkosten und zu einem geringeren Lagerrisiko;
- **die Lagerbestände möglichst schnell zu verarbeiten oder verkaufen**, damit gebundenes Kapital freigesetzt wird.

Die **Kontrolle des Lagerbestandes** kann durch Stichtagsinventur erfolgen oder durch Fortschreibung in Listen, Büchern usw. (**permanente Inventur**). In der Regel werden Computerprogramme eingesetzt, um die Lagerbestände zu überwachen (**Lagerbuchhaltung**).

Die Lagerkontrolle hat die Aufgabe, für jeden einzelnen Artikel den aktuellen Bestand festzustellen, um Nachbestellungen rechtzeitig durchzuführen, die Arbeit-. Produktions- und Verkaufsbereitschaft zu gewährleisten und Überbestände zu erkennen. Für Güter, die hohe Bestände aufweisen, müssen Maßnahmen ergriffen werden, um die Vorräte zu senken. Zur Bestandsüberwachung werden im Lagerwesen sogenannte **Lagerkennziffern (-zahlen)** verwendet.

Höchstbestand

Jedes Lager hat eine begrenzte Lagerkapazität, die nicht beliebig veränderbar ist. Somit kann in einem Lager nur eine beschränkte Anzahl von Gütern gelagert werden (technischer Höchstbestand). Ebenso beschränkt das Kapital, das zur Vorratshaltung zur Verfügung steht, die Menge der Lagergüter (**wirtschaftlicher Höchstbestand**).

Mindestbestand

Der Mindestbestand wird häufig auch **„eiserne Reserve"** oder **„eiserner Bestand"** genannt. Er soll die Verkaufs- und Betriebsbereitschaft sichern, wenn durch unvorhersehbare Ereignisse der Vorrat nicht ausreicht, um die Nachfrage der Kunden zu decken bzw. die Fertigung zu sichern. Dies ist z. B.

der Fall, wenn die Beschaffung und Lieferung der Ware länger dauert als geplant (Streiks, schlechte Witterungs- und Verkehrsverhältnisse usw.).

Beispiel:

Aufgrund eines Streiks bei einem Lieferer erhält die KFZ-Siebert KG sechs Tage keine Ersatzteile für einen bestimmten Fahrzeugtyp. Da die KFZ-Siebert KG für diese Artikel einen Mindestbestand von 20 Stück unterhält, ist sie trotzdem arbeitsfähig.

Meldebestand

Von der Bestellung eines Artikels bis zu seinem Eintreffen vergeht eine bestimmte Zeit (Lieferzeit, Transportweg usw.). Während dieser Zeit muss der Betrieb weiterarbeiten können. Daher wird bereits bestellt, wenn der Mindestbestand noch nicht erreicht ist. Der Lagerbestand, bei dem nachbestellt werden muss, um die Lieferzeit zu überbrücken, heißt **Meldebestand**.

Beispiele:

Die KFZ-Siebert KG verkauft täglich 20 Winterreifen „Klassiker". Die Lieferzeit beträgt zwei Tage. Der Mindestbestand wurde auf 80 Stück festgelegt.

In zwei Tagen verkauft die KFZ-Siebert KG 2 · 20 = 40 Winterreifen. Hierzu wird der Mindestbestand addiert: 80 + 40 = 120 Stück. Dies ist der Meldebestand für den Artikel. Wenn dieser Bestand erreicht ist, sollte sofort nachbestellt werden.

Meldebestand = (Tagesabsatz · Lieferzeit) + Mindestbestand

Durchschnittlicher Lagerbestand

Der durchschnittliche Lagerbestand wird einerseits benutzt, um die Höhe der durchschnittlichen Kapitalbindung während der Lagerdauer zu erfassen, und andererseits, um die Abdeckung notwendiger Risiken (Feuer, Diebstahl) durch Versicherungen festzulegen.

Beispiel:

Die KFZ-Siebert KG hat ihr Warenlager mit dem Wert des durchschnittlichen Lagerbestandes gegen Feuer versichert.

Der durchschnittliche Lagerbestand (DLB) eines Artikels gibt an, wie hoch der Vorratsbestand in Stück oder in Euro in einem bestimmten Zeitraum im Durchschnitt ist.

$$\text{Durchschnittlicher Lagerbestand bei Jahresinventur} = \frac{\text{Anfangsbestand} + \text{Endbestand}}{2}$$

Beispiel:

In der Werkstatt der KFZ-Siebert KG soll der DLB für die Bremsscheibe „ATZ" ermittelt werden. Herr Vogler ist mit dieser Aufgabe betraut. Der Jahresanfangsbestand an Bremsscheiben „ATZ" beträgt 10 Stück, der Jahresendbestand (lt. Inventur) beträgt 16 Stück.

$$DLB = \frac{10+16}{2} = 13$$

Der durchschnittliche Lagerbestand kann auch in Euro ausgerechnet werden, indem die Mengen mit ihren Bezugs- oder Einstandspreisen multipliziert werden. Die Genauigkeit der Kennziffer „DLB" hängt bei größeren Schwankungen der Bestände davon ab, wie viele Bestände in die Berechnung eingehen.

Durchschnittlicher Lagerbestand mit Quartalsendbeständen $= \dfrac{\text{Anfangsbestand} + 4\ \text{Quartalsendbestände}}{5}$

Beispiel:

Herr Vogler möchte den DLB genauer berechnen. Er nimmt zusätzlich zu dem Jahresanfangsbestand noch vier Quartalsbestände (Vierteljahreswerte) in die Berechnung auf.
Jahresanfangsbestand: 10 Stück
Bestand am Ende des 1. Quartals: 18 Stück
Bestand am Ende des 2. Quartals: 20 Stück
Bestand am Ende des 3. Quartals: 26 Stück
Bestand am Ende des 4. Quartals: 16 Stück (Jahresendbestand)

$$DLB = \frac{10+18+20+26+16}{5} = \frac{90}{5} = 18\ \text{Stück}$$

Die gleiche Berechnung kann ebenfalls mit Eurobeträgen gemacht werden. Einen noch genaueren DLB erhält man, wenn zusätzlich zu dem Jahresanfangsbestand noch die zwölf Monatsinventurwerte hinzugenommen werden. So stehen 13 Werte zur Verfügung.

Durchschnittlicher Lagerbestand mit Monatsbeständen $= \dfrac{\text{Anfangsbestand} + 12\ \text{Monatsbestände}}{13}$

Beispiel:

Herr Vogler ermittelt den DLB aufgrund der Monatsbestände. Jahresanfangsbestand: 10 Stück, Monatsendbestände:

Januar: 15	April: 30	Juli: 36	Oktober: 27
Februar: 26	Mai: 24	August: 28	November: 36
März: 18	Juni: 20	September: 26	Dezember: 16

$$DLB = \frac{10+15+26+18+30+24+20+36+28+26+27+36+16}{13} = \frac{312}{13} = 24\ \text{Stück}$$

Einfache Lagerkennziffern interpretieren

- Lagerbestandsdaten werden benötigt, um eine **wirtschaftliche Lagerführung** zu sichern.

- **Mindestbestand:** Reserve, um Verkaufsbereitschaft zu sichern

- **Höchstbestand:** Technischer HB = absolute Obergrenze, Lager ist vollständig gefüllt. Wirtschaftlicher HB = Bestand, bis zu dem ein Artikel unter wirtschaftlichen Gesichtspunkten höchstens gelagert wird

- **Meldebestand:** Bestand, bei dem Ware nachbestellt werden muss, um die Lieferzeit zu überbrücken. MB = (Tagesabsatz · Lieferzeit) + Mindestbestand

- **Durchschnittlicher Lagerbestand:**

  » **DLB bei Jahresinventur** $= \dfrac{\text{Anfangsbestand} + \text{Endbestand}}{2}$

  » **DLB mit Quartalsendbeständen** $= \dfrac{\text{Anfangsbestand} + 4\ \text{Quartalsendbestände}}{5}$

  » **DLB mit Monatsendbeständen** $= \dfrac{\text{Jahresanfangsbestand} + 12\ \text{Monatsendbestände}}{13}$

Übungsaufgaben

1. Erläutern Sie, welchen Zweck ein Mindestbestand (eiserne Reserve) in einem Unternehmen hat.

2. Von einem Ersatzteil werden in der KFZ-Siebert KG täglich 15 Stück verkauft. Die Lieferzeit beträgt sechs Verkaufstage, der Mindestbestand beträgt 85 Stück. Berechnen Sie den Meldebestand.

3. In einem Industrieunternehmen werden für ein Ersatzteil folgende Inventurbestände ausgewiesen.
   Anfangbestand 1. Januar: 200, Endbestand = EB

EB 31. Januar:	185	EB 31. Mai:	290	EB 30. September:	265
EB 28. Februar:	270	EB 30. Juni:	315	EB 31. Oktober:	295
EB 31. März:	315	EB 31. Juli:	275	EB 30. November:	310
EB 30. April:	295	EB 31. August:	281	EB 31. Dezember:	240

   a) Berechnen Sie den durchschnittlichen Lagerbestand mit Anfangs- und Endbestand.
   b) Berechnen Sie den durchschnittlichen Lagerbestand mit den Quartals- und Monatsendbeständen.
   c) Erläutern Sie, weshalb sich je nach benutzter Formel Unterschiede für den durchschnittlichen Lagerbestand ergeben.

4. Der durchschnittliche Tagesabsatz eines Ersatzteiles beträgt in einer Kfz-Werkstatt 60 Stück. Die Beschaffungszeit beträgt 14 Tage.
   a) Bei welchem Lagerbestand muss die Kfz-Werkstatt bestellen, damit sie bis zum Eintreffen der Ersatzteile arbeitsfähig ist?
   b) Nach der Bestellung erfährt die Kfz-Werkstatt, dass sich die Lieferung um acht Tage verzögert. Die Kfz-Werkstatt hält einen Mindestbestand von 360 Stück. Wie viele Tage wird sie nicht verkaufsbereit sein.
   c) Wie viel Stück muss der Mindestbestand betragen, wenn künftig die Lieferzeit immer 22 Tage beträgt?

2.7.3 Wirtschaftliche Kennziffern von Unternehmen interpretieren

Jan Siebert, der Geschäftsführer und Inhaber der KFZ-Siebert KG, sitzt mit seinen Abteilungsleitern zu einer Besprechung zusammen. Im Mittelpunkt steht die Frage, ob die Arbeit des Unternehmens in den ersten Monaten des Geschäftsjahres erfolgreich war.

Jan Siebert: *„Also meine Damen und Herren"*, beginnt er mit Blick auf die Auswertung für die ersten Monate, *„es scheint so, als hätte ich unser Geld besser zur Bank bringen sollen. Dort bringen ja selbst die 2,5 % Zinsen wesentlich mehr. Dabei hatten wir doch für dieses Geschäftsjahr eine wesentlich bessere Eigenkapitalrentabilität geplant."*

Tom Vogler (Werkstattleiter): *„Das sagt sich so einfach. Die Zeiten sind nicht besser geworden. Die Kunden fordern niedrige Preise und gleichzeitig steigen unsere Kosten. Wie soll das funktionieren?"*
Max Fischer (Personalleiter): *„Nach der letzten Auswertung unserer Arbeitsprozesse haben wir doch durch verschiedene Maßnahmen unsere Produktivität verbessert. Das gilt doch insbesondere für die Reparaturabläufe in der Werkstatt. Das scheint nicht das Problem zu sein."*

Jan Siebert: *„Jeder scheint hier seine eigenen Zahlen zu haben und diese für sich zu interpretieren. Für mich ist es jetzt wichtig, die richtigen Kennziffern zu analysieren, um unsere wirtschaftliche Lage richtig einschätzen zu können."*

Arbeitsaufträge

1 Erklären Sie die Aussage von Herrn Siebert, dasser sein Geld besser zur Bank hätte bringen sollen.
2 Stellen Sie die Begriffe Rentabilität, Wirtschaftlichkeit und Produktivität gegenüber und machen Sie Vorschläge zu ihrer Überprüfung.

Rentabilität

Legt man Kapital an, z. B. bei einer Bank oder in einem Unternehmen, dann erwartet man eine Rendite. Die Anlage von Kapital bei einer Bank bringt **Zinsen**, für die Bereitstellung als Eigenkapital im Unternehmen erhält man einen Anteil am Gewinn.

Beispiel:

Thorsten Bickel erzielt in seinem Unternehmen Bickel Rennsport-Tuning e. K. im aktuellen Geschäftsjahr einen Gewinn von 91 750,00 € bei einem Umsatz von 472 000,00 €. Der Anteil des Fremdkapitals im Unternehmen liegt bei 265 000,00 €. Thorsten Bickel hält in seinem Unternehmen einen Eigenkapitalanteil von 367 000,00 €. In den Aufwendungen sind Fremdkapitalzinsen in Höhe von 10 600,00 € verbucht worden.

Die Ertragskraft des Kapitals, das in einem Unternehmen eingesetzt wird, kann nur dann mit Erträgen möglicher anderer Anlageformen (z. B. Aktien etc.) verglichen werden, wenn man zuvor den Gewinn des Unternehmens denjenigen Größen gegenüberstellt, die diesen Gewinn hervorgebracht haben: Bei diesen Größen handelt es sich um das eingesetzte Eigenkapital oder das Gesamtkapital und um den erzielten Umsatz.

Zu unterscheiden sind also:

| Eigenkapitalrentabilität | Gesamtkapitalrentabilität | Umsatzrentabilität |

Eigenkapitalrentabilität

Die Eigenkapitalrentabilität ist ein Maßstab dafür, mit welchem Erfolg das Eigenkapital eingesetzt wurde. Sie wird durch das prozentuale Verhältnis des Gewinns zum Eigenkapital ausgedrückt. Bei der Berechnung wird in der Praxis vielfach das Anfangskapital zugrunde gelegt.

$$\text{Eigenkapitalrentabilit} = \frac{\text{Gewinn} \cdot 100}{\text{Eigenkapital am Jahresanfang}}$$

Beispiel:

$$\frac{91\,750,00 \cdot 1\,00}{367\,000,00} = 25\,\%$$

Die Eigenkapitalrentabilität von 25% besagt, dass sich das eingesetzte Kapital im Unternehmen Bickel Rennsport-Tuning e. K. mit diesem Zinssatz verzinst hat. Bei einer Anlage bei einem Kreditinstitut würde Thorsten Bickel aktuell nur eine Verzinsung von 2,5 % erzielen.

Es ist allerdings zu bedenken, dass der Gewinn neben der Verzinsung des Eigenkapitals, das Arbeitsentgelt für den Unternehmer (Unternehmerlohn) und eine Risikoprämie für das übernommene Unternehmerwagnis enthält.

Rentabilität des Gesamtkapitals

Zur Ermittlung der Rentabilität des **Gesamtkapitals (Eigenkapital + Fremdkapital)** wird der mit dem Gesamtkapital erzielte Reinertrag, bestehend aus
- dem Gewinn für das Eigenkapital und
- den Fremdkapitalzinsen für das Fremdkapital,

dem Gesamtkapital am Jahresanfang gegenübergestellt.

$$\text{Gesamtkapitalrentabilitat (Unternehmungsrentabilit)} = \frac{(\text{Gewinn} + \text{Fremdkapitalzinsen}) \cdot 100}{\text{Gesamtkapital}}$$

Beispiel:

$$\frac{(91\,750{,}00 + 10\,600{,}00) \cdot 100}{367\,000{,}00 + 265\,000{,}00} = \frac{102\,350{,}00 \cdot 100}{632\,000{,}00} = 16{,}19\,\%$$

Das Gesamtkapital hat also eine Rendite von 16,19 € pro 100,00 €.

Mit der Gesamtkapitalrentabilität kann nachgewiesen werden, ob sich der Einsatz des Fremdkapitals gelohnt hat. Liegt sie über dem landesüblichen Zinssatz, kann die Eigenkapitalrentabilität durch fremdfinanzierte Investitionen verbessert werden.

Umsatzrentabilität

Die Umsatzrentabilität gibt den prozentualen Anteil des Gewinns an den Umsatzerlösen an.

$$\text{Umsatzrentabilität} = \frac{\text{Gewinn} \cdot 100}{\text{Umsatzerlöse}}$$

Beispiel:

$$\frac{91\,750{,}00 \cdot 100}{472\,000{,}00} = 19{,}44\,\%$$

Mit 100,00 € Umsatz erwirtschaftet Bickel Rennsport-Tuning e. K. eine Rendite von 19,44 €.

Die Umsatzrentabilität drückt den Gewinnanteil je 100,00 € Umsatzerlöse aus, der für Investitionen oder Ausschüttungen verwendet werden kann. Diese Kennziffer ist nicht abhängig von den Finanzierungsformen. Sie ist ein Maßstab für Auswirkungen von Preisänderungen und konjunkturellen Änderungen.

Wirtschaftlichkeit

Da finanzielle Mittel knapp sind,
- konkurrieren alternative Anlagemöglichkeiten um das angebotene Kapital,
- versuchen Anleger ihr Kapital möglichst in Anlagemöglichkeiten mit dem höchsten Ertrag zu bringen.

Ob neue Mitarbeiter(innen) eingestellt, neue Produktionsflächen geschaffen, Lager- oder Verwaltungsräume dazugemietet werden: Immer muss sich das Unternehmen nach der Wirtschaftlichkeit fragen, d. h., ob der Ertrag den Aufwand deckt.

$$\text{Wirtschaftlichkeit} = \frac{\text{Umsatzerlöse (Leistungen)}}{\text{betrieblicher Aufwand (Kosten)}}$$

Beispiel:

$$\frac{472\,000{,}00}{380\,250{,}00} = 1{,}24\,\%$$

Mit einem Einsatz von 1,00 € erzielt Bickel Rennsport-Tuning e. K. einen Ertrag von 1,24 €.

Die Wirtschaftlichkeit gibt den Ertrag (im Beispiel 1,24 €) für 1,00 € Kosteneinsatz an. Sie gibt also Auskunft darüber, in welchem Maß das **ökonomische Prinzip** verwirklicht wurde,

- einen bestimmten Umsatz mit möglichst wenig Kosten zu erzielen
- oder mit vorgegebenem Aufwand einen möglichst hohen Umsatz zu erwirtschaften.

Einflussfaktoren der Wirtschaftlichkeit sind z. B. Absatzmenge, Materialeinsatz, Personalkosten.

Produktivität

Setzt man die Leistung (Umsatz) oder den Output bzw. den Absatz ins Verhältnis zu der Menge der eingesetzten Produktionsfaktoren (z. B. Arbeitsstunde je m2 Nutzfläche, je Maschinenstunde), so erhält man die Produktivität. Sie gibt Auskunft über die Ergiebigkeit (Effizienz) der eingesetzten Produktionsfaktoren. Die wichtigste Produktivitätskennzahl für den Vergleich von Unternehmen ist die Arbeitsproduktivität.

$$\text{Arbeitsproduktivität} = \frac{\text{Ausbringungsmenge (Output)}}{\text{Menge des Arbeitseinsatzes}}$$

Beispiel:

Die Zapp KG, eine Lieferantin von Bickel Rennsport-Tuning e. K. produzierte im letzten Geschäftsjahr mit 20 gewerblichen Mitarbeiter(innen) in 2 400 Arbeitsstunden monatlich 600 Carbonlaufräder für Rennräder. Durch erfolgreiche Umgestaltung der Produktionsprozesse wurde die Produktivität verbessert. Im aktuellen Geschäftsjahr wurde die monatliche Ausbringung in der gleichen Zeit auf 720 Carbonlaufräder erhöht.

	vorher	nachher
Produktivität je Mitarbeiter	$\frac{600 \text{ Laufräder}}{20 \text{ gew. Mitarb.}} = 30 \text{ Stk./gew. Mitarb.}$	$\frac{720 \text{ Laufräder}}{20 \text{ gew. Mitarb.}} = 36 \text{ Stk./gew. Mitarb.}$
Produktivität je Arbeitsstunde	$\frac{600 \text{ Laufräder}}{2\,400 \text{ Std.}} = 0,25 \text{ Stk./Std.}$	$\frac{720 \text{ Laufräder}}{2\,400 \text{ Std.}} = 0,3 \text{ Stk./Std.}$

Die Produktivitätskennzahlen gewinnen erst durch langfristige Beobachtung und den Vergleich mit Industriebetrieben derselben Branche an Bedeutung. Nur so lassen sich verwertbare Informationen, z. B. zu einzelnen Produktionsprozessen, gewinnen. Dies gilt auch für den internationalen Vergleich von Produktivitätskennzahlen und kann zu Maßnahmen der Produktivitätssteigerung führen.

Wirtschaftliche Kennziffern von Unternehmen interpretieren

- Rentabilität
  - Kapitalrentabilität: Ertrag für 100,00 € eingesetzten Kapitals

  a) $\text{Eigenkapitalrentabilit} = \dfrac{\text{Gewinn} \cdot 100}{\text{Eigenkapital}}$

  b) $\text{Gesamtkapitalrentabilit} = \dfrac{(\text{Gewinn} + \text{Fremdkapitalzinsen}) \cdot 100}{\text{Gesamtkapital}}$

  - Umsatzrentabilität:

  $$\text{Umsatzrentabilität} = \dfrac{\text{Gewinn} \cdot 100}{\text{Umsatzerlöse}}$$

  → Gewinn bei 100,00 € Umsatz

- $\text{Wirtschaftlichkeit} = \dfrac{\text{Umsatzerlöse (Leistungen)}}{\text{betrieblicher Aufwand (Kosten)}}$ => Ertrag für 1,00 € Kosteneinsatz

- Die **Produktivität** misst die Wirksamkeit einer Einheit einzelner eingesetzter Produktionsfaktoren. Die wichtigste Produktivitätskennzahl ist die Arbeitsproduktivität.

  $$\text{Arbeitsproduktivit} = \dfrac{\text{Ausbringungsmenge (Output)}}{\text{Menge des Arbeitseinsatzes}}$$

Übungsaufgaben

1. Die Tischlerei Jansssen OHG hat folgende Zahlen vorliegen:

   Eigenkapital: 2 720 000,00 €   Umsatzerlöse: 13 600 000,00 €
   Gesamtkapital: 5 200 000,00 €   Zinsaufwendungen: 204 000,00 €
   Reingewinn: 680 000,00 €

   Ermitteln Sie
   a) die Eigenkapitalrentabilität,   b) die Gesamtkapitalrentabilität,   c) die Umsatzrentabilität.

2. Der Jahresabschluss eines Industrieunternehmens weist folgende Angaben in Tsd. € aus:

   Eigenkapital: 4 000   Fremdkapitalzinsen: 600   Aufwendungen: 24 200
   Fremdkapital: 6 000   Umsatzerlöse: 25 000   Reingewinn: 800

   Ermitteln Sie
   a) die Eigenkapitalrentabilität,   c) die Umsatzrentabilität,
   b) die Gesamtkapitalrentabilität,   d) die Wirtschaftlichkeit.

3. Mit welcher der nachstehenden Formeln wird die Wirtschaftlichkeit einer Unternehmung errechnet?

a) $\dfrac{\text{Gewinn} \cdot 100}{\text{Eigenkapital}}$ b) $\dfrac{\text{Wareneinsatz}}{\text{Umschlagshäufigkeit}}$ c) $\dfrac{\text{Umsatz}}{\text{Anzahl der beschäftigten Personen}}$

d) $\dfrac{\text{Leistung}}{\text{Kosten}}$ e) $\dfrac{\text{Gewinn} \cdot 100}{\text{Umsatzerlöse}}$

4. In einem Handwerksunternehmen beträgt das Eigenkapital am Jahresanfang 60 000,00 €. Es wurde im Laufe des Jahres ein Umsatz von 673 200,00 € erzielt. Dabei entstanden 642 000,00 € Kosten.

Ermitteln Sie

a) den Gewinn,   c) die Umsatzrentabilität,

b) die Eigenkapitalrentabilität,   d) die Wirtschaftlichkeit.

5. Die Andreas Schneider Holzwerke KG, eine Lieferantin der Sommerfeld GmbH, beschäftigt 100 Mitarbeiter in der Produktion. Die Ausbringungsmenge beträgt pro Monat 200 000 Stück.

a) Ermitteln Sie, wie viel Stunden jeder Mitarbeiter pro Woche arbeitet.

b) Ermitteln Sie die Arbeitsproduktivität.

c) Das Ergebnis der Tarifverhandlungen im Holz verarbeitenden Bereich führt zur Einführung einer 36-Stunden-Woche. Berechnen Sie die Veränderung der Arbeitsproduktivität.

Prüfungsaufgaben

1. Zum Transport der Büromaschinen auf dem Gelände der Sommerfeld GmbH werden Gabelstapler eingesetzt. Zu welchem betrieblichen Produktionsfaktor gehören Gabelstapler?

a) Werkstoffe, da die Gabelstapler im Einsatz massiv verschleißen.

b) Betriebsmittel, da Gabelstapler für den Betriebsprozess notwendig sind.

c) Ausführende Arbeit, da ein Gabelstapler von angelernten Mitarbeitern gefahren werden darf.

d) Leitende (dispositive) Arbeit, da der Einsatz der Gabelstapler geplant werden muss.

e) Rohstoff – ohne den Einsatz der Gabelstapler ist die Produktion unmöglich.

2. Welche der folgenden Aussagen trifft nur auf die Gruppenfertigung zu?

a) Produkte können individuell direkt vor Ort beim Kunden gefertigt werden.

b) Arbeitsplätze und Maschinen mit ähnlichen Aufgaben werden räumlich zusammengefasst.

c) Wird überwiegend für die Einzelanfertigung angewendet.

d) Arbeitsschritte werden zusammengefasst. Die Mitarbeiter organisieren eigenständig den Arbeitsablauf.

e) Massenproduktion – die Mitarbeiter vollziehen nur wenige und stets die gleichen Handgriffe.

3. Bei einer modernen Lagerführung sind automatische Bestellungen für bestimmte Teile möglich. Prüfen Sie, bei welchem Vorgang es sich um eine automatische Bestellung handelt.

a) Für die Bestellung ist der Verkaufspreis erforderlich.

b) Der Computer druckt die eingegebenen Bestellungen aus.

c) Der Computer vergleicht alle eingegebenen Bestellungen und bestellt automatisch beim nächsten Hersteller.

d) Der Computer löst bei Erreichen des Mindestbestandes einen Warnhinweis für eine Bestellung aus.

e) Der Computer löst einen Bestellvorgang bei Erreichen des Meldebestandes aus.

4. Welche der folgenden Aussagen zur optimalen Bestellmenge ist richtig?

a) Die Bestellkosten steigen mit zunehmender Bestellmenge.

b) Die optimale Bestellmenge liegt dort, wo die Summe der Bestell- und Lagerkosten am geringsten ist.

c) Bei der Bestellmenge mit den niedrigsten Lagerkosten liegt die optimale Bestellmenge.

d) Die optimale Bestellmenge liegt dort, wo die Bestellkosten am niedrigsten sind.

e) Die Lagerkosten sinken mit zunehmender Stückzahl, die einzulagern ist.

5. Welche der folgenden Aussagen trifft nicht zu?

a) Eine Anfrage ist immer formfrei und kann mündlich oder schriftliche erfolgen.

b) Die Anfrage ist eine verbindliche Willenserklärung des Käufers an den Verkäufer, angefragte Produkte zu den benannten Bedingungen zu kaufen.

c) Die allgemeine Anfrage dient der Informationsbeschaffung.

d) Durch eine Anfrage ist der Käufer rechtlich nicht gebunden.

6. Ordnen Sie die folgenden Lieferungsbedingungen den jeweiligen Aussagen zu.

(1) = ab Werk   (3) = frachtfrei

(2) = frei Haus   (4) = unfrei   (9) = wenn eine Zuordnung nicht sinnvoll ist

a) Der Verkäufer trägt das Rollgeld bis zum Versandbahnhof, die restlichen Kosten trägt der Käufer.

b) Der Käufer trägt die Frachtkosten und Rollgeld 2.

c) Alle Kosten trägt der Käufer.

d) Der Käufer trägt nur Rollgeld 2.

e) Der Verkäufer trägt alle Kosten.

7. Von einem Lieferer in Essen wurden Teile im Wert von 4 000,00 € an einen Handwerksbetrieb in Bochum geliefert. Im Kaufvertrag fehlte eine Vereinbarung über Erfüllungsort und Gerichtsstand. Trotz wiederholter Mahnung zahlt der Handwerksbetrieb nicht. Bei welchem der nachfolgend genannten Gerichte muss der Lieferer gegen den Handwerksbetrieb auf Zahlung klagen?

a) Amtsgericht Essen   b) Amtsgericht Bochum   c) Verwaltungsgericht Essen

d) Landgericht Essen   e) Landgericht Bochum   f) Verwaltungsgericht Bochum

8. Ein Großhändler, mit dem ein Handwerksbetrieb keine Geschäftsbeziehung unterhält, sendet diesem unbestellt einen Artikel zu einem besonders günstigen Einführungspreis zu. Trotz der günstigen Konditionen beabsichtigt der Handwerker nach Prüfung der Sendung nicht, den Artikel zu benutzen. Welche Verpflichtung hat der Handwerker in dieser Situation?

a) Er muss die Ware sofort zurücksenden.

b) Er muss dem Lieferer sofort schriftlich mitteilen, dass er den Artikel nicht behalten will.

c) Er muss sich nicht äußern; er muss den Artikel des Großhändlers aber sorgfältig aufbewahren und zur Abholung durch den Großhändler bereithalten.

d) Er muss den Artikel behalten und bezahlen, weil durch die Warenannahme ein Kaufvertrag zustande gekommen ist.

e) Er kann den Artikel behalten und muss ihn nicht bezahlen.

9. Was versteht man unter dem Begriff „Geschäftsfähigkeit"?
   a) Ein Unternehmen leiten zu können.
   b) Träger von Rechten und Pflichten zu sein.
   c) Rechtsgeschäfte selbstständig und rechtswirksam abschließen zu können.
   d) Berechtigt zu sein, Geschäfte im In- und Ausland zu betreten.
   e) Vor Gericht zu klagen oder verklagt zu werden.

10. Entscheiden Sie, wodurch ein Kaufvertrag zustande kommt.
    a) Ein Angebot des Verkäufers liegt vor.
    b) Der Käufer und der Verkäufer formulieren übereinstimmende Willenserklärungen.
    c) Der Käufer stellt eine Anfrage.
    d) Eine schriftliche Bestätigung ist notwendig.

11. Beurteilen Sie, in welchem Fall ein Kaufvertrag vorliegt.
    a) Der Inhaber einer Kfz-Werkstatt vereinbart mit einer benachbarten Tischlerei die Nut-
        zung leerer Lagerräume.
    b) Die Industriemechanikerin Anita Groß schließt einen Leasingvertrag über ein Auto ab.
    c) Der Geschäftsführer der KFZ-Siebert KG möchte eine neue Hebebühne erwerben, prüft
        ein vorliegendes Angebot vom Hersteller und bestellt daraufhin.
    d) Ein Auszubildender verpflichtet sich zur Arbeitsleistung in seinem Ausbildungsbetrieb.

12. Stellen Sie fest, welche Aussage zu Besitz und Eigentum richtig ist.
    a) Die Eigentumsübertragung an beweglichen Sachen erfolgt in der Regel durch Einigung
        und Übergabe.
    b) Besitz ist die rechtliche Gewalt über eine Sache, Eigentum ist die tatsächliche Gewalt
        über eine Sache.
    c) Der Eigentumsvorbehalt ist eine Vereinbarung, durch die der Erwerber zunächst nur die
        rechtliche Gewalt über eine Sache erwirbt.
    d) Bei der Eigentumsübertragung an unbeweglichen Sachen sind in der Regel keine Form-
        vorschriften zu beachten.

13. Für die Werkstatt der KFZ Siebert KG wurde Ware geliefert. Welche Frist müssen Sie bei der
    Kontrolle der eingegangenen Ersatzteile beachten, um spätere Rechte in Anspruch nehmen
    zu können?
    a) Die gelieferten Ersatzteile sind spätestens bei der Auszeichnung zu überprüfen.
    b) Die gelieferten Ersatzteile sind ohne schuldhaftes Verzögern zu überprüfen.
    c) Die gelieferten Ersatzteile sind innerhalb von zwei Tagen zu überprüfen.
    d) Die gelieferten Ersatzteile sind innerhalb von drei Tagen zu überprüfen.
    e) Die gelieferten Ersatzteile sind immer im Beisein des Überbringers zu überprüfen.

14. In welchem der folgenden Fälle liegt kein Lieferungsverzug vor?
    Die bestellten Ersatzteile treffen in der Kfz-Werkstatt nicht rechtzeitig ein, weil der Lieferer
    a) ... vorsätzlich nicht lieferte.
    b) ... grob fahrlässig handelte.
    c) ... sich leicht fahrlässig verhalten hat.
    d) ... aufgrund eines Streiks nicht liefern konnte.
    e) ... aufgrund der Erkrankung mehrerer Mitarbeiter nicht rechtzeitig liefern konnte.

15. Die Sommerfeld GmbH plant mittelfristig eine Umstellung der Montage von der Werkstatt-fertigung auf die Gruppenfertigung.
    a) Erklären Sie, welche wesentlichen Veränderungen sich bei der Umstellung ergeben.
    b) Führen Sie zwei Vorteile der Gruppenfertigung an, die sich durch die Umstellung ergeben können.

16. Nennen Sie drei Grundsatzentscheidungen, die Betriebe beim Aufbau einer Qualitätskon-trolle zu treffen haben.

17. Erläutern Sie drei Hauptaufgaben der Beschaffung bzw. des Einkaufs.

18. Unterscheiden Sie Einzelbeschaffung, Vorratsbeschaffung und fertigungssynchrone Be-schaffung (Just-in-time-Belieferung) und stellen Sie deren Unterschiede dar.

19. In der Sommerfeld GmbH beträgt der Tagesverbrauch für ein Bauteil 80 Stück, die Beschaf-fungszeit beträgt zehn Werktage und der Mindestbestand 400 Stück.
    a) Ermitteln Sie den Meldebestand.
    b) Begründen Sie die Notwendigkeit eines Mindestbestands.

20. Nennen Sie jeweils zwei Argumente, die für die Eigenfertigung bzw. für den Fremdbezug von Bauteilen sprechen.

21. In Ihrem Betrieb ist ein neuer Lieferer zu ermitteln. Zeigen Sie drei Informations-/Bezugs-quellen auf, die Ihnen bei der Lieferantensuche helfen können.

22. Nennen Sie drei weitere Aspekte, die Sie neben dem Preis als Entscheidungshilfe bei der Lieferantenauswahl berücksichtigen könnten.

23. Aus dem Kaufvertrag entstehen Pflichten für den Käufer und für den Verkäufer. Nennen Sie je eine Pflicht auf der Verkäufer- und auf der Käuferseite.

24. Im Rahmen des Abschlusses von Kaufverträgen spielen die „Rechtsfähigkeit" und die „Geschäftsfähigkeit" eine wichtige Rolle. Erklären Sie die beiden Begriffe.

25. Vom Gesetzgeber sind drei Stufen der Geschäftsfähigkeit vorgesehen. Nennen Sie die jewei-lige Altersstufen mit der Form der Geschäftsfähigkeit.

26. Erläutern Sie den Begriff „Rentabilität".

27. Jan Siebert, der Geschäftsführer der KFZ-Siebert KG, berechnet für die Artikelgruppe „Win-terreifen" den durchschnittlichen Lagerbestand mit dem Jahresanfangs- und -endbestand und erhält als Ergebnis 16 600,00 €. Wenn er aber die Monatsbestände als Berechnungs-grundlage nimmt, erhält er 4 300,00 €. Erläutern Sie, wie diese Abweichung zu erklären ist.

28. Ein Kunde kauft bei der KFZ-Siebert KG an einem Freitag ein Navigationsgerät mit aktueller Software. Im Beratungsgespräch wird er auf die Garantie von drei Jahren hingewiesen. Am Wochenende will der Kunde das Gerät erstmalig benutzen und stellt dabei fest, dass das Navigationsgerät defekt ist. Aufgebracht reklamiert er das Gerät am folgenden Montag.
    a) Nennen Sie die Sachmangelhaftungsansprüche, die der Kunde unter Beachtung der gesetzlichen Bestimmungen geltend machen kann.
    b) Welche Lösung schlagen Sie in der oben geschilderten Situation vor? Begründen Sie Ihre Entscheidung.

3 Marktbedingungen verstehen und eine Marketingkonzeption entwerfen

In diesem Kapitel lernen Sie, wie der Wettbewerb der Unternehmen in unterschiedlichen Marktformen funktioniert. Davon ausgehend erkennen Sie die Notwendigkeit der Unternehmen, sich mit Fragen des Marketings auseinanderzusetzen.

Sie werden Methoden der Marktforschung kennenlernen und sich die verschiedenen Marketinginstrumente (Produkt- und Sortimentspolitik, Servicepolitik, Preispolitik, Vertriebspolitik und Kommunikationspolitik) erarbeiten. Dabei werden Sie erkennen, dass die einzelnen Marketinginstrumente nur dann wirksam sind, wenn sie gut aufeinander abgestimmt sind (Marketingmix).

Die Preispolitik ist für alle Unternehmen von ganz besonderer Bedeutung. Daher werden Sie lernen, wie gewerblich-technische Unternehmen ihre Preise kalkulieren.

Im weiteren Verlauf planen Sie für ein neues Produkt der Sommerfeld GmbH eine Werbemaßnahme unter Berücksichtigung des Verbraucherschutzes.

3.1 Marketing als zentrale Unternehmensaufgabe verstehen

In der Sommerfeld GmbH bemerkt man seit geraumer Zeit, dass die Umsätze in der Produktgruppe *„Am Schreibtisch"* rückläufig sind. Im vergangenen Jahr gingen die Umsätze um etwa 7 % zurück. Sowohl Herr Sommer, der Geschäftsführer der Sommerfeld GmbH, als auch Peter Kraus, Gruppenleiter für den Bereich „Vertrieb", beobachten diese Entwicklung mit großer Sorge.

Herr Kraus: *„...ich vermute, dass uns insbesondere die preisaggressiven Direktversender zusetzen und uns mehr und mehr Marktanteile abnehmen. Darauf müssen wir einfach reagieren und unsere Preis- und Servicestrategien entsprechend anpassen!"*

Herr Sommer: *„Das kann durchaus sein. Bedenken Sie aber, dass wir auch unser Werbekonzept umgestellt haben. Ihrem Bereich stand dieses Jahr ein deutlich geringeres Werbebudget zur Verfügung."*

Herr Kraus: *„Das stimmt natürlich. Dennoch spielt das Werbebudget meiner Meinung nach nur eine geringe Rolle. Durch die Umstellung auf unser direktes Kundenmailing konnten wir eine mindestens ebenso hohe Werbewirksamkeit wie vorher erreichen. Ich führe den Rückgang schon eher auf unsere Produktstruktur zurück, auch gab es die eine oder andere Klage von Kunden bezüglich unserer Serviceabteilung. Viele Kunden erwarten heutzutage auch Produkte im unteren und mittleren Preissegment verbunden mit einen guten Service."*

Herr Sommer: *„Hm, das ist durchaus möglich. Ich denke, so kommen wir in der Tat nicht weiter. Damit wir nicht noch mehr verlieren, verlangt dies ein entschlossenes und richtiges Handeln. Sowohl unsere Analyse als auch unsere Entscheidungen müssen auf handfesten Fakten beruhen."*

Arbeitsaufträge

1 Bilden Sie in Ihrer Klasse Arbeitsgruppen. Entwickeln Sie eine mögliche Strategie, wie Herr Sommer und Herr Kraus zu „handfesten" betriebswirtschaftlichen Fakten gelangen können, die ihnen in der Folge als Entscheidungsgrundlage dienen können.
2 Entwickeln Sie erste Ideen, wie die Sommerfeld GmbH reagieren könnte.

Marketing als Prinzip der Unternehmensführung

Marketing ist mehr als nur Werbung. Die meisten Unternehmen sind heutzutage einem hohen Konkurrenzdruck ausgesetzt und versuchen Kunden für ihre Produkte- und Dienstleistungen zu gewinnen und dauerhaft an das Unternehmen zu binden. Die Unternehmen handeln auf **Käufermärkten**, in denen die Nachfrager (Kunden) zwischen vielen alternativen Anbietern wählen können. Ist die Nachfrage der Käufer hingegen größer als das Angebot, wird von einem **Verkäufermarkt** gesprochen, auf dem sich die Anbieter keine Sorgen um den Absatz ihrer Produkte und Dienstleistungen machen müssen.

Merkmale	
Verkäufermarkt	**Käufermarkt**
• Nachfrage ist größer als das Angebot • geringe Konkurrenz • wenig Kundenorientierung erforderlich • geringe Werbeaufwendungen • niedrige Lagerbestände	• Nachfrage ist geringer als das Angebot • große Konkurrenz, Preiskämpfe • hohe Aufwendungen zur Kundengewinnung und -bindung • erhebliche Werbeaufwendungen

Um Kunden auf einem Käufermarkt für sich zu gewinnen, müssen Unternehmen zahlreiche Anstrengungen unternehmen, die alle zum Marketing gehören.

Unter **Marketing** versteht man das Prinzip einer Unternehmensführung, bei der alle Entscheidungen und Aktivitäten auf die gegenwärtigen und zukünftigen Anforderungen ausgerichtet sind, welche die Kunden an die Produkte und Dienstleistungen eines Unternehmens haben.

Damit das Marketing eines Unternehmens in ein schlüssiges und abgestimmtes **Marketingkonzept** mündet, müssen unterschiedliche **Marketinginstrumente** ausgestaltet und aufeinander abgestimmt werden. Man spricht von einem **Marketingmix**.

Beispiel:

Die Entscheidung der Sommerfeld GmbH, einen neuen Bürostuhl einzuführen, zieht direkt Entscheidungen in allen anderen Bereichen nach sich, z. B. Preisgestaltung, Wahl des Vertriebsweges, Werbung für das Produkt usw.

Marketinginstrumente	Entscheidungen
Produkt- und Sortimentspolitik	Welche Produkte sollen hergestellt, welche Dienstleistungen sollen angeboten werden?
Preis- und Konditionenpolitik	Zu welchem Preis sollen die Produkte und Dienstleistungen angeboten werden und welche weiteren Konditionen gibt es?
Vertriebspolitik (Distributionspolitik)	Über welche Vertriebswege sollen die Produkte und Dienstleistungen angeboten werden?
Kommunikationspolitik	Wie soll geworben werden, damit der Absatz unterstützt wird?

Der Wettbewerb in verschiedenen Marktformen

Der **Wettbewerb** auf einem Markt hängt entscheidend davon ab, wie viele Anbieter und Nachfrager es auf dem jeweiligen Markt gibt. Folgende **Marktformen** werden unterschieden:

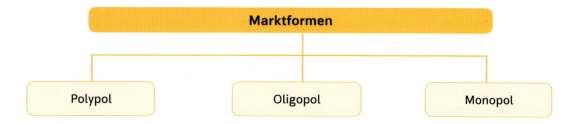

Polypol

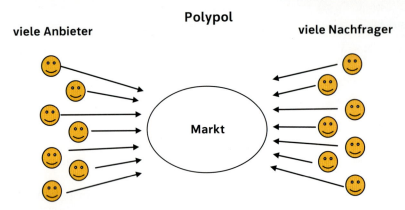

Polypol

viele Anbieter   viele Nachfrager

Markt

Treffen auf einem Markt **viele Anbieter** auf **viele Nachfrager** spricht man von einem **Polypol**. Da keiner der Marktteilnehmer groß genug ist, um die Bedingungen auf dieser Marktform zu beherrschen, ist ein Polypol durch einen **hohen Wettbewerb** geprägt – es besteht eine nahezu **vollständige Konkurrenz**.

Beispiel:

Erhöht ein Anbieter seine Preise, so wechselt eine große Zahl der Kunden zur Konkurrenz über. Die Unternehmen gestalten bei dieser Marktform **zahlreiche Marketingaktivitäten**, um Kunden zu gewinnen.

Angebotsoligopol

Angebotsoligopol

wenige Anbieter   viele Nachfrager

Markt

In der Marktform eines **Angebotsoligopols** stehen sich **wenige Anbieter und viele Nachfrager** gegenüber. Für unsere Industriegesellschaft ist dies eine typische Marktform, die wir häufig antreffen.

Beispiele:

Büromöbelhersteller, Autohersteller

In dieser Marktform beobachten sich die Anbieter intensiv und reagieren schnell auf Marketingaktionen der Mitbewerber. Oft führt dies zu einem **intensiven Wettbewerb**. Ändert ein Unternehmen seine Angebotspreise, so passen sich die Mitbewerber zügig an (z. B. Tankstellen).

Gleichwohl besteht in dieser Marktform auch die Gefahr, dass sich die Anbieter untereinander absprechen, ein **Kartell** bilden und z. B. Preisabsprachen treffen. Dies ist vom Gesetzgeber jedoch verboten und führt zu hohen Strafen für die beteiligten Unternehmen.

Angebotsmonopol

Bei einem **Angebotsmonopol** gibt es nur **einen Anbieter** für eine **große Anzahl von Nachfragern**. Dieser **Monopolist** hat folglich eine hohe Marktmacht und kann die Angebotsbedingungen nahezu ungehindert vorgeben. Er hat wenig Anreize, seine Produkte und Dienstleistungen zu verbessern. Er ist bestrebt, seine Gewinne zu maximieren.

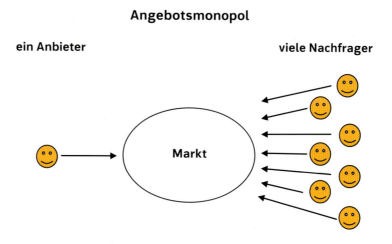

Angebotsmonopol

ein Anbieter

viele Nachfrager

Markt

Beispiel:

Bis 2008 hatte die Deutsche Post ein Angebotsmonopol zur Briefbeförderung.

Marktforschung

Damit ein Unternehmen seine Marketingmaßnahmen effektiv ausführen kann, werden verlässliche Informationen darüber benötigt, was auf dem jeweiligen Markt passiert und welche Wünsche und Erwartungen die Kunden haben. Die Beschaffung und Aufbereitung dieser Marktinformationen ist die zentrale Aufgabe der **Marktforschung**.
Die Marktforschung kann in folgende Teilbereiche gegliedert werden:

Bereiche der Marktforschung

Marktanalyse	Marktbeobachtung	Marktprognose
Einmalige Informationsgewinnung zu einem Zeitpunkt, z. B. durch einmalige Kundenbefragung	Fortlaufende Informationsgewinnung über einen Zeitraum	Stützt sich auf die Marktanalyse und Marktbeobachtung, um Aussagen über die zukünftige Marktentwicklung abzugeben

Bei allen Aktivitäten zur Marktforschung stellt sich die Frage, wie die Marktdaten beschafft werden können. In der Praxis wird zwischen den zwei Vorgehensweisen **Primärforschung** und **Sekundärforschung** unterschieden.

Primärforschung (Field Research)
Stehen die benötigten Informationen nicht zur Verfügung, so müssen die Daten erstmalig erhoben werden.

Man unterscheidet Voll- oder Teilerhebung:

Vollerhebung
Hier werden alle Personen in die Erhebung einbezogen.

Teilerhebung
Ist die Vollerhebung zu teuer oder zu aufwendig, so wird eine repräsentative Stichprobe genommen.

Sekundärforschung (Desk Research)
Diese Daten wurden ursprünglich für andere Zwecke erhoben und liegen als interne oder externe Quellen bereits vor. Für die Marktforschung müssen sie nur neu aufbereitet (sortiert, selektiert, verknüpft) werden.

Interne Quellen
Innerbetriebliches Rechnungswesen, Absatzstatistiken, Berichte des Außendienstes, Reklamationen

Externe Quellen
Behördliche Statistiken, Publikationen von Verbänden und Medien, Internetrecherchen

Typische Methoden zur Datenerhebung in der Marktforschung sind:

Befragung	Beobachtung	Markttest/Experiment
Bei der **Befragung** kann sich eine Person verbal oder schriftlich zum Erhebungsgegenstand äußern. Bei Befragungen kann ein Unternehmen • schriftlich, • mündlich, • telefonisch oder • online (computergestützt) Informationen einholen.	Bei einer **Beobachtung** kann das tatsächliche Verhalten von Personen in bestimmten Situationen beobachtet werden, ohne dass die Person befragt werden muss. Die Beobachtung hat den großen Vorteil, dass echtes und unverfälschtes Verhalten festgestellt werden kann.	Während eines **Markttests/Experiments** versucht man, für einen bestimmten Zusammenhang Ursache und Wirkung herauszufinden. Dabei wird jeweils ein Wesensmerkmal verändert, um die Auswirkungen untersuchen zu können.

Beispiele:

Die Sommerfeld GmbH führt eine Onlinebefragung bei ihren Kunden durch, um zu erfahren, wie zufrieden diese mit den Serviceleistungen der Monteure sind.	Die Sommerfeld GmbH testet, wie ihre Kunden während eines Messeauftrittes auf Produktneuheiten reagieren.	Die Sommerfeld GmbH bietet auf einer Messe den Prototyp eines neuen Regals in verschiedenen Farben an. So soll herausgefunden werden, auf welche Farbe die Kunden ganz besonders positiv reagieren.

Produkt- und Sortimentspolitik

Produktpolitik

Zum **Produktionsprogramm** zählen alle Produkte, die ein Handwerks- oder Industriebetrieb herstellt. Bei der **Produktpolitik** geht es um die **marktgerechte Gestaltung** der angebotenen Produkte. Davon ausgehend ergeben sich Konsequenzen für die anderen Marketinginstrumente. Unternehmen haben verschiedene Möglichkeiten, ihre Produktpolitik auszurichten.

• **Produktinnovation**
Von einer echten **Produktinnovation** spricht man, wenn ein Unternehmen ein völlig neuartiges Produkt entwickelt, das es auf dem Markt so bislang noch nicht gab.

Beispiel:

Die Sommerfeld GmbH entwickelt einen neuen Bürostuhl, der ergonomische Anforderungen ganz besonders berücksichtigt und überwiegend aus ökologisch unbedenklichen und natürlichen Rohstoffen hergestellt wurde – den Bürostuhl „Ergo-Design-Natur".

- **Produktmodifikation**

Produktmodifikationen sind Anpassungen und Veränderungen eines bestehenden Produktes an neue Trends, technische Entwicklungen oder Marktentwicklungen. Spätestens dann, wenn der Umsatz eines Produktes rückläufig ist, ist es an der Zeit darüber nachzudenken, ein Produkt so umzuwandeln, dass es noch einige Zeit am Markt bestehen kann.

Beispiel:

Die Sommerfeld GmbH hat ihren Konferenzstuhl „Confair" bisher nur in grau angeboten. Nun wird der Stuhl auch in bunten Farben angeboten.

- **Produktvariation**

Werden an bestehenden Produkten eines Unternehmens Veränderungen vorgenommen, um neue Kunden und Zielgruppen anzusprechen, so spricht man von einer **Produktvariation.**

Beispiel:

Die Sommerfeld GmbH modifiziert den schlichten Konferenzstuhles „Versal" ein wenig und bietet ihn künftig auch für Schulen an.

- **Produktelimination**

Unter **Produktelimination** versteht man das Streichen eines Produktes aus dem Produktionsprogramm. Es wird vom Markt genommen, weil die Technik veraltet ist oder die Marktbedingungen sich verändert haben.

Beispiel:

Die Sommerfeld GmbH hatte noch einen Bürostuhl ohne Rollen im Angebot. Da dieser Stuhl so gut wie nicht mehr nachgefragt wird, wird er vom Markt genommen.

Sortimentspolitik

Die meisten Produktionsunternehmen in Industrie und Handwerk bieten mehrere Produkte an. Die Gesamtheit aller Produkte wird als **Produktprogramm, Produktpalette, Leistungsprogramm** oder auch **Sortiment** bezeichnet. Der Begriff Sortiment gehört streng genommen in den Bereich des Handels. Im allgemeinen Sprachgebrauch hat sich jedoch auch in vielen Industrie- und Handwerksbetrieben der Begriff der **Sortimentspolitik** durchgesetzt.

Folgende Fragen stehen im Mittelpunkt der Sortimentspolitik:

- Was ist die **optimale Anzahl** der anzubietenden Produkte?
- Was ist die **optimale Produktprogrammtiefe/Sortimentstiefe**?
- Was ist die **optimale Programmbreite/Sortimentsbreite**?

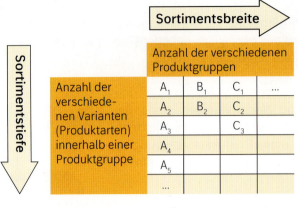

	breites Sortiment:	→	viele Produktgruppen
	schmales Sortiment:	→	wenig Produktgruppen
	tiefes Sortiment:	→	viele Varianten innerhalb einer Produktgruppe
	flaches Sortiment:	→	wenig Varianten innerhalb einer Produktgruppe

Mit der **Sortimentsbreite** differenziert das Unternehmen sein Angebot im Hinblick auf seine verschiedenen Produktgruppen.

Die **Sortimentstiefe** gibt an, wie viele Varianten (Typen, Sorten oder Modelle) ein Unternehmen innerhalb einer Produktgruppe anbietet.

Beispiel:

Die Sommerfeld GmbH hat mit ihren drei Produktgruppen ein Sortiment mittlerer Breite. Innerhalb der Produktgruppen listet das Unternehmen ungefähr zehn Artikel auf. Im Branchenvergleich ist dies eine mittlere Sortimentstiefe.

Servicepolitik

Die meisten Unternehmen haben sich auf die Bedingungen eines Käufermarktes eingestellt, indem sie sich nicht nur durch gute Produkte, sondern auch durch einen besonders guten **Service** von den Wettbewerbern abheben wollen. Unter Service werden mit dem Produkt verbundene **Dienstleistungen** verstanden, die vor, während oder nach dem Kauf erbracht werden.

Serviceleistungen

Vor dem Kauf (Pre-Sales)	Kaufphase	Nach dem Kauf (After-Sales)
• Beratung • Planung • Wirtschaftlichkeitsberechnung • Problemlösungen • Schulungen	• Lieferung • Aufbau und Installation • Einweisung • Verkauf von Zubhör	• Wartung und Service • Abwicklung von Reklamationen • Versorgung mit Ersatzteilen • Reparaturleistungen • Garantieleistungen

Insbesondere im Handwerk gibt es zahlreiche Betriebe, die ihr Unternehmensmodell ausschließlich auf Service- und Dienstleistungen ausgerichtet haben und selbst gar keine Produkte produzieren. Bei solchen Betrieben ist die Servicepolitik das Herzstück im Marketingmix.

Beispiel:

Die KFZ-Siebert KG produziert selber keine Fahrzeuge, sondern bietet ausschließlich Dienstleistungen rund um Autos an – Inspektionen, Reparaturen, Wartung etc.

Preis- und Konditionenpolitik

Preispolitik

Die **Preispolitik** nimmt im Zusammenspiel der Marketinginstrumente eine wichtige Rolle ein, denn oft ist der **Preis aus Sicht der Kunden kaufentscheidend**. Die Preispolitik beschäftigt sich damit, **angemessene Absatzpreise für angebotene Produkte und Dienstleistungen** festzulegen. Über den Preis können sich wichtige Vorteile im Vergleich zu den Mitbewerbern ergeben. Allerdings lassen sich über den Preis allein nur schwer dauerhafte Wettbewerbsvorteile schaffen, weil die Konkurrenz sehr schnell auf Preisstellungen und -änderungen reagiert. Eng verzahnt mit der Preispolitik sind daher die Produkt-, Distributions- und Servicepolitik.

Die Preisbildung wird durch mehrere Faktoren beeinflusst:

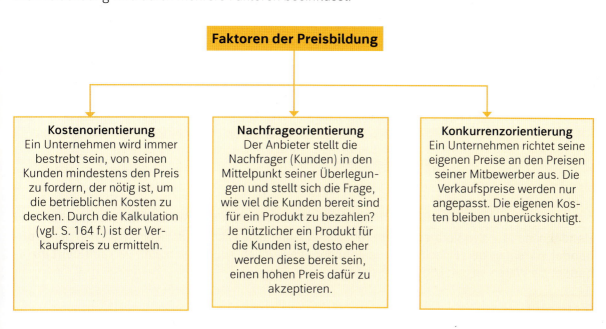

Faktoren der Preisbildung

Kostenorientierung	Nachfrageorientierung	Konkurrenzorientierung
Ein Unternehmen wird immer bestrebt sein, von seinen Kunden mindestens den Preis zu fordern, der nötig ist, um die betrieblichen Kosten zu decken. Durch die Kalkulation (vgl. S. 164 f.) ist der Verkaufspreis zu ermitteln.	Der Anbieter stellt die Nachfrager (Kunden) in den Mittelpunkt seiner Überlegungen und stellt sich die Frage, wie viel die Kunden bereit sind für ein Produkt zu bezahlen? Je nützlicher ein Produkt für die Kunden ist, desto eher werden diese bereit sein, einen hohen Preis dafür zu akzeptieren.	Ein Unternehmen richtet seine eigenen Preise an den Preisen seiner Mitbewerber aus. Die Verkaufspreise werden nur angepasst. Die eigenen Kosten bleiben unberücksichtigt.

Auch die grundsätzliche Preisstrategie eines Unternehmens hat eine Bedeutung für den Verkaufspreis.

- **Hochpreisstrategie:** Das Unternehmen versucht **möglichst hohe Preise** für seine Produkte zu erhalten.
- **Niedrigpreisstrategie:** Durch **besonders niedrige Preise** versucht sich das Unternehmen von seinen Mitbewerbern abzuheben.
- **Preisdifferenzierung:** Für ein und dasselbe Produkt werden **unterschiedliche Preise** verlangt. Differenziert wird z. B. nach Mengen, nach geografischen Räumen oder Personen.

Konditionenpolitik

Mit der Konditionenpolitik legt ein Unternehmen die Bedingungen fest, zu denen die Produkte und Dienstleistungen an den Kunden verkauft werden. Sie sollen die Preisgestaltung sinnvoll ergänzen und dem Kunden zusätzliche Kaufanreize bieten. Wichtige Konditionen sind:

- **Rabatte:** Mengenrabatt, Treuerabatt, Wiederverkäuferrabatt
- **Zahlungsbedingungen:** z. B. Skonto für Bezahlung innerhalb einer bestimmten Frist
- **Lieferbedingungen:** Lieferzeitpunkt und Kosten der Lieferung/Verpackung
- **Garantie:** Herstellergarantie, die über die gesetzlichen Fristen der Sachmängelhaftung (Gewährleistung – i. d. R. zwei Jahre) hinausgeht.

Vertriebspolitik

Mit der **Vertriebspolitik (Distributionspolitik)** steuert und gestaltet das Unternehmen den Weg seiner Produkte und Dienstleistungen vom Betrieb zum Endkunden. Im Rahmen der **Absatzwegeentscheidung** hat ein Unternehmen die Festlegung zu treffen, ob es mit seinen Kunden direkt in Kontakt treten möchte und seine Produkte selbst vertreibt (**direkter Absatz**), oder ob es auf die Unterstützung des Handels zurückgreifen möchte (**indirekter Absatz**).

Direkte Vertriebswege

	Erläuterung	Beispiele
Werksverkauf	Am Produktionsort richtet das Unternehmen eine Verkaufsstelle ein, in welcher es seine eigenen Produkte an die Endverbraucher verkauft.	Die Sommerfeld GmbH verkauft an ihrem Produktionsstandort in ihrer Verkaufsboutique ihre Produkte.
Versandhandel/Internethandel	Das Sortiment und die Dienstleistungen werden über Kataloge, Anzeigen, Prospekte oder Internetseiten angeboten. Die Zustellung erfolgt durch Paketdienste oder eigene Auslieferung.	Die Sommerfeld GmbH hat einen Katalog mit ihren Produkten. Kunden können daraus bestellen, die Artikel werden innerhalb von 48 Stunden geliefert.

Indirekte Vertriebswege

Der **indirekte Vertriebsweg** erfolgt in den meisten Fällen über den **Groß- und Einzelhandel.** Der **Handel** nimmt für den Vertrieb vieler produzierter Güter eine wichtige Rolle ein. Während der **Großhandel** Waren an den Einzelhandel oder andere gewerblich Kunden verkauft, verkauft der **Einzelhandel** die Waren an den Endverbraucher.

Beispiel:

In der Sommerfeld GmbH wird der Entschluss gefasst, den neuen Bürostuhl „Ergo-Design-Natur" nur über Fachgeschäfte zu vertreiben. Dort kann neben einer angemessen guten Kundenberatung auch ein guter Service sichergestellt werden, der für die individuelle Anpassung des Bürostuhls an seine Nutzer notwendig ist.

Kommunikationspolitik

Die **Kommunikationspolitik** umfasst jede bewusste und geplante Gestaltung von Informationen, die ein Unternehmen an den Markt richtet. Ein Unternehmen muss alle kommunikationspolitischen Maßnahmen **planen, koordinieren und kontrollieren**, denn diese Aktivitäten müssen mit den übrigen marketingpolitischen Instrumenten abgestimmt werden.

Beispiel:

Für den Konferenzstuhl „Confair" verfolgt die Sommerfeld GmbH eine Niedrigpreisstrategie. Folglich muss dies auch bei der Werbung berücksichtigt werden. Der niedrige Preis muss werbewirksam herausgestellt werden.

Elemente der Kommunikationspolitik

Ursprünglich war die **Werbung** das zentrale Element der Kommunikationspolitik. Mit der Zeit kamen weitere Elemente hinzu, die im Rahmen der Kommunikationspolitik eine Anwendung finden.

Klassische Absatzwerbung

Die **Absatzwerbung** informiert über Produkte und Dienstleistungen eines Unternehmens. Sie nimmt gezielt Einfluss auf Kaufentscheidungen von Abnehmern.
Ziele der Absatzwerbung sind:
*   Steigerung der Bekanntheit von Produkten und Dienstleistungen
*   Wecken neuer Bedürfnisse
*   Steigerung von Umsatz und Gewinn

Öffentlichkeitsarbeit
(Public Relations)

Die Maßnahmen der **Öffentlichkeitsarbeit (PR-Arbeit)** eines Unternehmens beziehen sich nicht auf ein bestimmtes Produkt oder eine Dienstleistung, sondern auf das Bild des Unternehmens, sein **Image** in der Öffentlichkeit.
Gängige Maßnahmen:
*   Presseberichte
*   Homepage
*   Engagement in sozialen und ökologischen Projekten
*   Spenden
*   Tag der offenen Tür

Sponsoring

Sponsoring sind die Zuwendungen von Unternehmen in Form von Geld, Dienstleistungen oder Know-how für Vereine, Organisationen, oder Maßnahmen im Sport, in der Kultur oder im sozialen Bereich. Die Unternehmen erwarten für das Sponsoring keine direkte Gegenleistung, profitieren jedoch in Form eines Imagetransfers.

Direktmarketing

Beim Direktmarketing wird versucht, durch eine gezielte und persönliche Einzelansprache, einen **direkten und gezielten Kontakt** zwischen Anbieter und Kunde herzustellen. Direktmarketing eignet sich besonders, um eine starke Kundenbindung aufzubauen.

Beispiel:

Werbebriefe, E-Mails, Telefonanrufe, Newsletter usw.

Corporate Identity

Mit dem Konzept einer Corporate Identity streben Unternehmen an, sich in der Öffentlichkeit **einen einzigartigen Wiedererkennungswert** zu geben. Oft wird dies durch das visuelle Erscheinungsbild des Unternehmens erreicht. Hierzu gehören z. B. einheitliche Unternehmensfarben und -symbole oder -logos, die sich von der Einrichtung der Gebäude, der Kleidung der Mitarbeiter bis hin zur Gestaltung von Briefköpfen und Vordrucken erstreckt (**Corporate Design**).

Marketing als zentrale Unternehmensaufgabe verstehen

- Unter **Marketing** versteht man das Prinzip einer Unternehmensführung, bei der alle Entscheidungen und Aktivitäten auf die gegenwärtigen und zukünftigen Anforderungen ausgerichtet sind, welche die Kunden an die Produkte und Dienstleistungen eines Unternehmens haben.
- Der **Wettbewerb** auf einem Markt hängt entscheidend davon ab, wie viele Anbieter und Nachfrager es auf dem jeweiligen Markt gibt.

  Polypol: Viele Anbieter treffen auf viele Nachfrager → hoher Wettbewerb

  Angebotsoligopol: Wenigen Anbietern stehen viele Nachfrager gegenüber → hoher Wettbewerb – aber auch Gefahr von Absprachen

  Angebotsmonopol: Ein Anbieter für alle Nachfrager → kein Wettbewerb

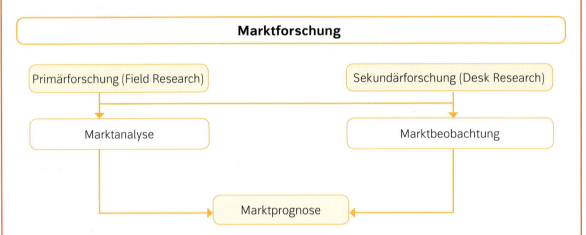

- Die **Produktpolitik** dient oft als Ausgangspunkt für die Koordination der anderen Marketinginstrumente.
- Maßnahmen im Rahmen der Produktpolitik sind: **Produktinnovation, Produktmodifikation und Produktelimination.**
- Zur **Servicepolitik** gehören alle **Service- und Dienstleistungen** eines Unternehmens.
- Die **Sortimentspolitik** legt das Produkt- und Leistungsprogramm eines Unternehmens fest.
- Die **Preispolitik** legt mit Blick auf den Absatzmarkt und die Konkurrenz angemessene Preise für die angebotenen Produkte und Dienstleistungen fest. Ergänzt wird die Preispolitik durch die Konditionenpolitik.
- Mit der **Vertriebspolitik (Distributionspolitik)** steuert und gestaltet das Unternehmen den Weg seiner Produkte und Dienstleistungen vom Betrieb zum Endkunden.
- Die **Kommunikationspolitik** umfasst jede bewusste und geplante Gestaltung von Informationen, die ein Unternehmen an den Markt richtet.
- **Elemente der Kommunikationspolitik** sind:
  Absatzwerbung, Öffentlichkeitsarbeit, Sponsoring, Direktmarketing und Corporate Identity.
- Im **Marketingmix** kombiniert ein Unternehmen seine marketingpolitischen Instrumente unter Berücksichtigung der jeweiligen Ausgangssituation. Als optimal wird der Marketingmix dann bezeichnet, wenn die Kombination der Instrumente harmonisch und zielgerecht ist.

Übungsaufgaben

1. Beschreiben Sie die Schwerpunkte der Marketingarbeit und erläutern Sie die Ziele, die damit erreicht werden sollen.

2. Ordnen Sie folgende Märkte der entsprechenden Marktform (Käufer- oder Verkäufermarkt) zu und begründen Sie Ihre Entscheidung:
   a) Europäischer Markt für Profi-Fußballspieler
   b) Mineralölmarkt
   c) Markt für Kinderzimmermöbel in einer Großstadt
   d) Markt für Internetprovider
   e) Markt für Kfz-Ersatzteile

3. Erläutern Sie, wie sich Anbieter in einem Angebotspolypol verhalten, wenn sie sich positiv von Mitbewerbern absetzen wollen.

4. Im Rahmen einer Marktforschung müssen Sie sich zwischen einer Primär- oder Sekundärerhebung entscheiden. Listen Sie als Entscheidungsgrundlage Vor- und Nachteile beider Möglichkeiten auf.

5. Finden Sie Beispiele für Produktinnovationen, Produktmodifikationen, Produktvariationen und Produkteliminationen aus ihrem Betrieb oder aus Situationen, die Sie als Konsument(in) beobachtet haben.

6. Geben Sie aus Ihrer persönlichen Erfahrung Beispiele für breite und schmale sowie flache und tiefe Produktionsprogramme/Sortimente an.

7. Herr Gerhards ist ein erfahrener Mitarbeiter der Sommerfeld GmbH. Er sagt: *„Wir müssen das Eisen schmieden, solange es heiß ist. Deshalb sollten wir den Markt abschöpfen, solange uns die Konkurrenz noch nicht im Nacken sitzt."* Sein Kollege, Herr Lauterbach, meint hingegen: *„Meine Erfahrung sagt mir, dass wir erst mal den Markt durchdringen sollten, danach können wir den Rahm abschöpfen."*
   a) Erläutern Sie, welche Preisstrategien die beiden Herren verfolgen möchten.
   b) Zu welcher Strategie raten Sie? Begründen Sie Ihre Entscheidung.

8. Für viele Hersteller von Konsumartikeln (Lebensmittel, Gegenstände des täglichen Gebrauchs) ist der Einzelhandel der bedeutendste Absatzweg. Begründen Sie, weshalb die Hersteller diesen Absatzweg bevorzugen.

9. Grenzen Sie die Begriffe Werbung, Öffentlichkeitsarbeit und Kommunikationspolitik voneinander ab und finden Sie zu jedem Begriff ein typisches Beispiel.

10. Erklären Sie, was unter einem Marketingmix verstanden wird.

11. a) Erläutern Sie Ihrer Sitznachbarin/Ihrem Sitznachbarn das Marketingmix Ihres Ausbildungsbetriebes.
    b) Welche möglichen Optimierungsvorschläge sehen Sie, um das Marketingmix noch stimmiger und effektiver zu gestalten?

12. In der KFZ-Siebert KG wird jedes Jahr im Frühjahr eine Aktion durchgeführt, welche der Neukundengewinnung dienen soll. Mit einem „Frühjahrs-Check" soll das Auto auf eventuelle Schäden geprüft werden und die Kunden auf notwendige Wartungsarbeiten und

Reparaturen hingewiesen werden. Skizzieren Sie einen darauf abgestimmten Marketing-mix indem Sie die Service-, Preis- und Kommunikationspolitik berücksichtigen.

13. Die Schreinerei der Sommerfeld GmbH bietet mit gut ausgebildeten Facharbeitern Dienstleistungen für Kunden an. Es wird überlegt, das Angebot, den Kunden maßange-fertigte Büroschränke anzubieten, aktiver als bisher zu bewerben. Legen Sie dar, welche Aussagen bezüglich der Produkt-, Preis- und Servicepolitik in der Werbung gemacht werden sollten.

3.2 Eine Preiskalkulation durchführen

3.2.1 Preise für Produkte kalkulieren

In der Sommerfeld GmbH findet eine Teamsitzung zum Thema „Um-satzrückgang im Bereich 'Am Schreibtisch' statt. An dieser nehmen die drei Geschäftsführer und die engagierte Praktikantin Monika teil.

Herr Sommer: *„Ich darf euch heute zur Teamsitzung begrüßen, in der wir uns noch einmal mit dem Umsatzrückgang im Bereich 'Am Schreibtisch' beschäftigen wollen. Heute möchte ich gerne unsere Preise ins Visier neh-men."*

Frau Farthmann: *„Was stimmt denn mit den Preisen nicht?"*

Herr Feld: *„Hartmut und ich finden, dass die Preise eventuell zu hoch sind."*

Frau Farthmann: *„Es kann sein, dass unsere Preise etwas höher als bei der Konkurrenz sind, aber wir müssen auch schauen, dass wir unsere Kosten gedeckt bekommen."*

Herr Sommer: *„Dann sollten wir uns neben unseren Preisen auch unsere Kosten einmal näher anschauen."*

Herr Feld: *„In Ordnung, dann halte ich fest, dass wir erst einmal eine Gruppe zur Kostenanalyse bilden und im zweiten Schritt dann die Verkaufspreise im Bereich 'Am Schreibtisch' neu kalkulieren."*

Frau Farthmann: *„Einverstanden. Dann schlage ich vor, dass wir uns nächste Woche mit neuen Ergebnissen wieder treffen."*

Monika, die überwiegend das Gespräch beobachtet und zugehört hat. Stellt sich nun folgende Fragen:

• Wie kalkuliert ein Unternehmen wie die Sommerfeld GmbH überhaupt einen Verkaufspreis?
• Wo entstehen eigentlich die Kosten?
• Was für Kosten fallen in einer Produktion an?

Arbeitsauftrag

Unterstützen Sie Monika bei ihren Fragen, indem Sie in einem ersten Schritt mögliche Kosten auf-stellen, die bei der Produktion eines Produktes entstehen.

Aufwendungen und Erträge

Das Hauptziel eines Unternehmens, sei es ein produzierendes Unternehmen oder ein Dienstleis-tungsunternehmen, ist es, einen möglichst hohen **Gewinn** zu erzielen. Um dies zu erreichen, setzt ein Unternehmen selbst Güter und Dienstleistungen ein, welches es im Rahmen der Produktion bzw. bei der Erstellung einer Dienstleistung verbraucht.

Hierzu zählen:

- **Rohstoffe** (Holz, Metall),
- **Löhne und Gehälter** für Mitarbeiterinnen und Mitarbeiter,
- **Energie** (Strom und Wasser),
- **Marketing** (Werbung),
- **Abschreibungen** (beschreibt den Wertverlust einer Anlage im Unternehmen in einer bestimmten Nutzungsdauer)

Beispiel:

Berechnung der Abschreibung eines Lkw:

Anschaffungspreis: 90 000,00 €; gewöhnliche Nutzungsdauer: neun Jahre

$$\frac{\text{Anschaffungspreis}}{\text{Nutzungsdauer}} = \frac{90\,000,00}{9} = 10\,000,00\ €$$

Der Werteverlust beträgt pro Jahr 10 000,00 €. Dieser Wert stellt die jährliche Abschreibung und somit einen jährlichen Aufwand dar.

Diese verbrauchten Güter und Dienstleistungen werden als **Aufwendungen** bezeichnet.

Den Aufwendungen stehen nun die **Erträge** gegenüber. Dies sind die Posten, die dem Unternehmen zufließen. Hierzu zählen:

- Umsatzerlöse für den Verkauf eigener Produkte, Waren und Dienstleistungen
- Mieterträge (ein Unternehmen vermietet Wohn- oder Lagerräume),
- Zinserträge (ein Unternehmen hat Teile des Vermögens auf dem Kapitalmarkt angelegt).

Formel zur Berechnung des Unternehmensergebnisses:

Wenn man nun die Erträge den Aufwendungen rechnerisch gegenüberstellt, ergibt sich folgende Formel:

> **Erträge − Aufwendungen = Unternehmensergebnis**
> **(Ergebnis größer 0 = Gewinn; Ergebnis kleiner 0 = Verlust)**

In der Betriebswirtschafslehre wird diese Gegenüberstellung auch als **Gewinn-und-Verlust-Rechnung** (kurz: GuV) bezeichnet.

Beispiel:

Soll	Gewinn-und-Verlust-Rechnung der Sommerfeld GmbH (Werte in €)		Haben
Rohstoffe	200 000,00	Umsatzerlöse	800 000,00
Hilfsstoffe	100 000,00	Mieterträge (Lager)	36 000,00
Energie	40 000,00		
Löhne/Gehälter	110 000,00		
Reparaturen (Mietgebäude)	20 000,00		
Gewinn	366 000,00		
	836 000,00		836 000,00

Die Summe der Erträge (836 000,00 €) wird der Summe der Aufwendungen (470 000,00 €) gegenübergestellt. Subtrahiert man die Aufwendungen von den Erträgen, erhält man einen **Gewinn in Höhe von 366 000,00 €.**

Kosten und Leistungen

Nicht alle **Aufwendungen und Erträge** entstehen im Rahmen der Herstellung, sondern auch in Bereichen, die nicht im direkten Kontakt mit der Herstellung stehen. Bei Betrachtung der Gewinn-und-Verlust-Rechnung fällt auf, dass die Aufwendungen für Reparaturen an Mietgebäuden und die Miet-erträge nichts mit dem Betriebszweck (Herstellung von Büromöbeln) zu tun haben. Nur die Aufwen-dungen, die im direkten Kontakt mit der Herstellung liegen (Rohstoffe wie z. B. Holz, Hilfsstoffe wie z. B. Schrauben, Fertigungslöhne), dürfen als entstandene **Kosten** bezeichnet werden. Den Kosten gegenüber stehen die **Leistungen**. Unter **Leistungen** fallen alle Erträge, die im Rahmen der Herstel-lung erzielt wurden (Umsatzerlöse für die Produktion eigener Produkte). Folglich gehören die Mieter-träge nicht zu den Leistungen. Bei der Gegenüberstellung von Kosten und Leistungen ergibt sich das **Betriebsergebnis**.

Formel zur Berechnung des Betriebsergebnisses:

> Kosten – Leistungen = Betriebsergebnis
> (Ergebnis größer 0 = Gewinn; Ergebnis kleiner 0 = Verlust)

Beispiel:

Auszug: Gegenüberstellung der Kosten und Leistungen der Sommerfeld GmbH (Werte in €) *vereinfachte Darstellung*			
Kosten		**Leistungen**	
Rohstoffe	200 000,00	Umsatzerlöse	800 000,00
Hilfsstoffe	100 000,00		
Energie	40 000,00		
Löhne/Gehälter	110 000,00		
Gewinn (Betriebsergebnis)	350 000,00		

Erläuterung: Die Summe der Leistungen (800 000,00 €) wird der Summe der Kosten (450 000,00 €) gegenübergestellt. Subtrahiert man die Kosten von den Leistungen, erhält man einen **Gewinn (Betriebsergebnis) in Höhe von 350 000,00 €.**

Einzel- und Gemeinkosten (Kostenartenrechnung)

In der Kostenartenrechnung wird der Frage nachgegangen, **welche Kosten entstanden sind**. Hierbei wird dann je nach Zurechenbarkeit zwischen Einzel- und Gemeinkosten unterschieden.
Alle Kosten, die **direkt einem einzelnen Produkt** zugeordnet werden können, werden als **Einzelkos-ten** bezeichnet.

Beispiel:

Zur Herstellung des Konferenztisches „Contas" benötigt die Sommerfeld GmbH eine Holzplat-te im Wert von 15,00 € und Stahl zur Erstellung der Tischbeine im Wert von 30,00 €. Die Kosten zur Produktion eines Tisches durch drei Mitarbeiter betragen 100,00 € und werden, weil sie dem Produkt direkt zugeordnet werden können als Einzelkosten bezeichnet.

Alle Kosten, die **nicht direkt einem einzelnen Produkt** zugeordnet werden können, werden als **Gemeinkosten** bezeichnet. Mithilfe eines **Betriebsabrechnungsbogens (BAB)** werden die Gemeinkosten mit einem Verteilungsschlüssel auf die einzelnen Kostenstellen (siehe unten) verteilt.

Beispiel:

In der Sommerfeld GmbH fallen im Jahr 20.. 3 200,00 € Energiekosten (Strom) an. Dieser Betrag lässt sich nun nicht direkt einem einzelnen Produkt wie z. B. dem Konferenztisch „Contas" zuordnen. Mithilfe eines BAB kann das Unternehmen jedoch herausfinden, dass auf die Kostenstellen folgende Werte entfallen:

Material	Fertigung	Verwaltung	Vertrieb	Gesamt
14 000 kWh	370 000 kWh	110 000 kWh	6 000 kWh	500 000 kWh
89,60 €	2 368,00 €	704,00 €	38,40 €	3 200,00 €

Kostenstellenrechnung

In der Kostenstellenrechnung wird die Frage beantwortet, **wo die Kosten entstanden sind.** Der Ort kann hierbei eine Abteilung eines Unternehmens sein (Fuhrpark, Produktion, Personalabteilung, Verkauf etc). In der Betriebswirtschaftslehre werden im Wesentlichen folgende Bereiche unterschieden:
- **Material** (Beschaffung, Annahme, Lagerung etc.)
- **Fertigung** (Herstellung, Reparatur etc.)
- **Verwaltung** (Personalabteilung, Buchführung etc.)
- **Vertrieb** (Verkauf, Werbung, Versand etc.)

Kostenträgerrechnung (Kalkulation der Selbstkosten)

In der Kostenträgerrechnung wird der Frage nachgegangen, **wofür die Kosten entstanden sind.** Kostenträger sind die hergestellten Produkte und Dienstleistungen (Kundenaufträge) eines Unternehmens. Durch den Verkauf von Produkten und Dienstleistungen werden die Kosten „getragen" (KostenTRÄGER).
Damit ein Unternehmen für ein hergestelltes Produkt den **Verkaufspreis** ermitteln kann, benötigt es Angaben über die Summe der eigenen Kosten. Diese Kosten werden als **Selbstkosten** bezeichnet. Hierbei werden auch Kosten erfasst, die auf den ersten Blick nichts mit der eigentlichen Produktion zu tun haben. Hierzu zählen z. B. Kosten, die in der Verwaltung oder im Vertrieb (Kosten für Werbung) angefallen sind. Diese müssen genauso wie die direkten Produktionskosten (Material und Fertigung) durch den Verkauf eines Produktes „erwirtschaftet" werden.

Zusammensetzung der Selbstkosten

Kostenart (Welche Kosten sind entstanden?)	Beispiel (Herstellung eines Stuhls)
Einzelkosten: (direkt einem Produkt zurechenbar) Materialkosten Fertigungskosten	Stahl, Holz, Schrauben, Lacke Fertigungslöhne
Gemeinkosten: (nur indirekt mithilfe von Zuschlagssätzen einem Produkt zurechenbar) **Material-, Fertigungs-, Verwaltungs-, Vertriebsgemeinkosten**	Strom, Miete, Versicherungen, Zinsen, Werbung etc.

Kalkulationsschema (Zuschlagskalkulation) zur Ermittlung der Selbstkosten

	Kalkulationsschema	Beispielwerte (Stuhlproduktion)
	1. Fertigungsmaterial	11,00 €
+	2. Materialgemeinkosten (15 %)	1,65 €
=	**3. Materialkosten (1. + 2.)**	**12,65 €**
+	4. Fertigungslöhne	30,00 €
+	5. Fertigungsgemeinkosten (85 %)	25,50 €
=	**6. Fertigungskosten (4. + 5.)**	**55,50 €**
=	**7. Herstellkosten (3. + 6.)**	**68,15 €**
+	8. Verwaltungsgemeinkosten (15 %)	10,22 €
+	9. Vertriebsgemeinkosten (10 %)	6,82 €
=	**10. Selbstkosten (7. + 8. + 9.)**	**85,19 €**

Ermittlung des Verkaufspreises

Nachdem nun das Unternehmen die Selbstkosten ermittelt hat muss abschließend noch ein Prozentsatz (**Gewinnzuschlag**) auf die Selbstkosten gerechnet werden. Dieser kann in der betrieblichen Praxis bei ca. 20 % liegen. Zudem verlangt der Staat die Einnahme einer **Mehrwertsteuer** (**Umsatzsteuer**). Diese nimmt ein Unternehmen jedoch nur stellvertretend für das Finanzamt ein und leitet sie an selbiges weiter.

	Kalkulationsschema	Beispielwerte (Stuhlproduktion)
=	Selbstkosten	85,19 €
+	Gewinnzuschlag (20 %)	17,04 €
=	Nettoverkaufspreis (ohne Umsatzsteuer)	102,23 €
+	**Umsatzsteuer (19 %)**	**19,42 €**
=	**Bruttoverkaufspreis (mit Umsatzsteuer)**	**121,65 €**

Übungsaufgaben

1. Unterscheiden Sie bei den folgenden Sachverhalten, ob es sich um (1) Aufwendungen, (2) Erträge, (3) Kosten oder (4) Leistungen handelt.
   a) Mieteinnahmen durch die Vermietung eines nicht mehr genutzten Lagergebäudes.
   b) Die Sommerfeld GmbH hatte im letzten Quartal einen Umsatz durch den Verkauf von Büromöbeln in Höhe von 100 000,00 €.
   c) Die KFZ-Siebert KG überweist die Löhne an ihre Mitarbeiter.
   d) Die Sommerfeld GmbH benötigt zur Produktion Holz im Wert von 50 000,00 €.
   e) Die vermietete Lagerhalle muss saniert werden. Hierbei fallen Kosten in Höhe von 70 000,00 € an.

2. In der Sommerfeld GmbH sind folgende Werte entstanden:
Aufwendungen:	250 000,00 €
Erträge:	500 000,00 €
Kosten:	175 000,00 €
Leistungen:	450 000,00 €

   a) Ermitteln Sie den Gewinn oder Verlust (Unternehmensergebnis).
   b) Ermitteln Sie den Gewinn oder Verlust (Betriebsergebnis).

3. Die Wollux GmbH hat im Rahmen der Kostenrechnung für die Produktion von Bezugspolstern (Produkt A & B) folgende Werte berechnet:

	Bezugspolster A	Bezugspolster B
Fertigungsmaterial	100 000,00 €	75 000,00 €
Materialgemeinkosten	15 %	10 %
Fertigungslöhne	200 000,00 €	175 000,00 €
Fertigungsgemeinkosten	120 %	150 %
Verwaltungsgemeinkosten	25 %	20 %
Vertriebsgemeinkosten	5 %	10 %
Gewinnzuschlag	15 %	15 %
Mehrwertsteuer	19 %	19 %
Produktions- und Absatzmenge	10 000 Stück	15 000 Stück

Ermitteln Sie mithilfe der Zuschlagskalkulation für das Unternehmen folgende Positionen:
   a) Selbstkosten (insgesamt und pro Stück)
   b) Verkaufspreis (netto) (insgesamt und pro Stück)
   c) Verkaufspreis (brutto) (insgesamt und pro Stück)

4. Ordnen Sie die folgenden Kosten den jeweiligen Bereichen
   (1) Kostenarten-, (2) Kostenstellen-, (3) Kostenträgerrechnung zu.
   a) Kosten, die im Verkauf entstehen
   b) Verwaltungsgemeinkosten
   c) Kosten für den Kundenauftrag „Kücheninstallation"
   d) auf den Bereich Fertigung entfallene 1 000,00 € Stromkosten
   e) Kosten für den Konferenztisch „Contas"
   f) Materialeinzelkosten

5. Nehmen Sie zu folgender Aussage Stellung: *„Es ist unnötig, die Kosten für die Werbung und die der Verwaltung in die Ermittlung des Verkaufspreises einzurechnen. Schließlich haben diese nichts mit der Herstellung zu tun."*

6. Erläutern Sie, warum eine Aufteilung in Aufwendungen und Kosten bzw. Erträge und Leistungen in Bezug auf die Ermittlung des Gewinns sinnvoll ist.

3.2.2 Preise für Dienstleistungen kalkulieren

Die junge Auszubildende Daniela Schaub lebt nun seit einem Jahr gemeinsam mit ihrem Freund in einer kleinen Wohnung am Stadtrand. Nun mussten sie in der letzten Woche zum wiederholten Mal kalt duschen. Daniela beauftragt deshalb einen Heizungsinstallateur zur Behebung des Problems. Am späten Montagnachmittag besucht sie ein junger Installateur der Firma Heizungsbau Meyer e. K. Er findet den Fehler am Heizkessel recht schnell und kann ihn direkt beheben.
Daniela ist wie immer sehr gesprächig und fragt den jungen Installateur, was er in der Stunde verdient. Dieser antwortet irritiert, aber ehrlich, dass er etwa 15,00 € pro Stunde verdient. Nach einer Stunde ist der Installateur fertig und verabschiedet sich von Daniela.
Einige Tage später öffnet Daniela die Rechnung der Firma Heizungsbau Meyer e. K.. Darin steht, dass sie 59,56 € für den Auftrag zahlen soll. Sie ist verärgert, denn schließlich muss sie gemäß Mietvertrag für diese Kosten selbst aufkommen. Zudem hat sie mit einer Rechnung in Höhe von 15,00 € gerechnet. Verärgert ruft Daniela bei der Firma Heizungsbau Meyer e. K. an.

Arbeitsaufträge

1 Erklären Sie, warum Daniela verärgert ist.
2 Formulieren Sie eine mögliche Antwort der Firma Heizungsbau Meyer e. K..

Zusammensetzung der Selbstkosten im Handwerk/Dienstleistungssektor

Häufig wird der **Stundenverrechnungssatz** (**Selbstkosten**) dem Stundenverdienst eines Handwerkers gleichgesetzt. Jedoch sind diese beiden Positionen völlig unterschiedlich zu bewerten.

Stundenverrechnungssatz

Der Stundenverrechnungssatz ist der Betrag, welcher den Kunden nach erfolgreicher Dienstleistung in Rechnung gestellt wird. Mithilfe dieses Satzes gelingt es dem Betrieb im Handwerk, seine direkten (Einzelkosten) und indirekten (Gemeinkosten) Kosten wieder zu erwirtschaften.

Übersicht zu den Lohnzusatzkosten:

Lohnnebenkosten	Sonderzahlungen
Hierunter fällt der prozentuale Anteil, den ein Arbeitgeber für die **Sozialversicherung** (Krankenversicherung, Rentenversicherung etc.) seiner Mitarbeiter bezahlen muss. Es besteht eine Pflicht für den Arbeitgeber zur Zahlung dieser Leistungen.	Hierunter fallen z. B. das **Weihnachtsgeld, das Urlaubsgeld, die Gewinnbeteiligung** eines Mitarbeiters etc. Der Arbeitgeber ist nicht verpflichtet, diese Sonderzahlungen zu leisten. Er macht dies freiwillig, um Mitarbeiter zu motivieren bzw. seine Anerkennung zu zeigen.

Übersicht zu weiteren anteiligen Kosten:

Gemeinkosten

Als typische Gemeinkosten können bei erbrachten Dienstleistungen anfallen:

- Abnutzung von eingesetzten Werkzeugen und Maschinen
- Anteilige Kosten, die im Bereich Verwaltung (Mitarbeiter, der die Lohnabrechnung erstellt) und Vertrieb (Kosten für Werbemaßnahmen) entstanden sind
- Versicherungen (Gebäudeversicherung, Autoversicherungen etc.)
- Energiekosten (Heizung, Strom etc.)
- Benzinkosten für eingesetzte Firmenfahrzeuge

Die Verrechnung der anteiligen Gemeinkosten erfolgt wie bereits bekannt mithilfe von prozentualen Zuschlagssätzen.

Übersicht: Zusammensetzung einer Handwerkerstunde

- Stundenlohn
- Lohnnebenkosten/ Sonderzahlungen
- Gemeinkosten
- Gewinn

Anmerkungen zur Übersicht:
- Die Werte sind auftragsabhängig und können somit schwanken.
- In der Verteilung ist die Umsatzsteuer in Höhe von 19 % noch nicht einkalkuliert.
- In der Berechnung sind noch keine eventuellen Materialkosten (z. B. Ersatzteile) einkalkuliert.

Kalkulation der Selbstkosten

	1. Bruttostundenlohn	15,00 €
+	2. Lohnzusatzkosten	13,00 €
=	**3. Lohnkosten (1. + 2.)**	**28,00 €**
+	4. Gemeinkosten (gemäß Zuschlagssatz; z. B. 62,5 %)	17,00 €
=	**5. Selbstkosten (3. + 4.)**	**45,00 €**

Kalkulation des Preises für eine Handwerkerstunde

	Selbstkosten	45,50 €
+	Gewinnzuschlag (z. B. 10 %)	4,55 €
=	**Stundenverrechnungssatz (netto)**	**50,05 €**
+	Mehrwertsteuer (19 %)	9,51 €
=	**Stundenverrechnungssatz (brutto)**	**59,56 €**

Preise für Dienstleistungen kalkulieren

Selbstkosten im Handwerk/Dienstleistungssektor

- **Stundenlohn** (Bruttolohn)
- **Lohnzusatzkosten**
  - Lohnnebenkosten (Krankenversicherung, Rentenversicherung etc.)
  - Sonderzahlungen (Weihnachtsgeld)
- **Gemeinkosten**
  - anteilige Kosten an einem Auftrag
  - Berechnung über Zuschlagssätze
  - Beispiele: Versicherungen, Energiekosten, Abnutzungen

Übungsaufgaben

1. Ein Kunde wirft Ihnen vor, dass das Handwerk viel zu teuer sei. Laut dem Kunden verdient ein Monteur etwa 15,00 € pro Stunde. Auf der Rechnung, die der Kunde erhalten hat, steht ein Betrag in Höhe von 65,00 €. Somit ergibt sich, laut Meinung des Kunden, ein Gewinn in Höhe von 50,00 € für den Betrieb. Simulieren Sie ein Telefonat mit dem Kunden, in welchem Sie diesem den richtigen Sachverhalt erläutern.

2. Nennen Sie jeweils Beispiele für Lohnzusatzkosten.

3. Stanislav und Maria möchten einen eigenen Friseursalon „Bader Cut" eröffnen. Sie sind sich allerdings bei der Berechnung der Preise für die verschiedenen Haarschnitte sehr unsicher. Unterstützen Sie die beiden, indem Sie ihnen helfen, den Preis für einen einfachen Männerhaarschnitt (inkl. Waschen und Styling) zu berechnen.

Folgende Werte haben Ihnen Stanislav und Maria bereitgestellt:

Stundenlohn	9,00 €
Lohnzusatzkosten	5,00 €
Zuschlagssatz für die Gemeinkosten	20 %
Gewinnzuschlag	15 %
Mehrwertsteuer	19 %

4. Die Firma Hansenhof KG (Gebäudereinigung) erhält von einer Wohnungsverwaltung eine Anfrage über die wöchentliche Treppenhausreinigung ihrer drei zu verwaltenden Gebäude. Die Wohnungsverwaltung teilt der Firma Hansenhof KG direkt mit, dass sie bereits ein Angebot der Firma Limpia AG in Höhe von monatlich 480,00 € (inklusive Mehrwertsteuer) erhalten hat und folglich ein niedrigeres Angebot erwartet. Soll die Firma Hansenhof KG den Auftrag annehmen? Folgende Werte stehen Ihnen zur Verfügung:

Benötigte Stunden zur Reinigung der Gebäude (pro Hausflur)	eine Stunde
Stundenlohn	8,50 €
Lohnzusatzkosten	5,00 €
Zuschlagssatz für die Gemeinkosten (Anfahrt, Reinigungsmittel etc. enthalten)	30 %
Gewinnzuschlag	20 %
Mehrwertsteuer	19 %

3.3 Eine Werbemaßnahme unter Beachtung des Verbraucherschutzes planen und gestalten

Die Sommerfeld GmbH hat in den vergangenen Monaten den „Ergo-Design-Natur" Bürostuhl entwickelt. Ein neuartiger Bürostuhl, der den Nutzer zu einer gesunden Sitzhaltung führt und welcher mit besonders ökologischen Materialien gefertigt wird.

Die Markteinführung des „Ergo-Design-Natur" Bürostuhls steht an. Viele Entscheidungen, wie die Preisfestlegung und spezielle Serviceangebote, wurden bereits getroffen. Herr Kunze, der Produktentwickler, hat einen Prototyp erstellt, den er heute der Geschäftsleitung präsentiert. Stolz sagt er: *„Dies ist der beste Stuhl, den wir je entworfen haben!"* Er schwärmt: *„Dieser Stuhl verkauft sich von selbst, jeder, der ihn sehen wird, will ihn sofort haben! Einfach absolute Spitzenklasse, super!"*

Herr Sommer, als Chef des Vertriebs, bremst ihn in seiner Schwärmerei: *„Nun mal halblang! Kein Produkt verkauft sich von selbst, mag es noch so toll sein. Bisher weiß doch noch niemand, dass es dieses neue Modell überhaupt gibt. Damit auch der letzte mögliche Kunde vom 'Ergo-Design-Natur' erfährt, liegt noch eine Menge Arbeit vor uns."*

Arbeitsauftrag

Gehen Sie in Arbeitsgruppen und sammeln Sie konkrete Ideen, wie es der Sommerfeld GmbH gelingen kann, dass viele potentielle Kunden von dem neuen Bürostuhl „Ergo-Design-Natur" erfahren.

Eine Werbemaßnahme planen

Werbung zielt darauf ab, möglichst viele Endverbraucher anzusprechen, und umfasst alle Werbemaßnahmen, die absichtlich an mögliche Kunden gerichtet sind und auf die **Produkte und/oder die Dienstleistung** eines Unternehmens aufmerksam machen sollen.

Das übergeordnete **Ziel der Werbung** liegt darin, einen gezielten Einfluss auf die Kaufentscheidungen möglicher Kunden zu nehmen, um so den Umsatz und Gewinn eines Unternehmens zu steigern. Weitere allgemeine Ziele von Werbung sind:

Werbung soll ...
- ... informieren (Sortiment, Dienstleistungen technische Neuerungen usw.).
- ... neue Kunden gewinnen.
- ... unterhalten und ein Image aufbauen.

Bei der Gestaltung von Werbung hat sich die **AIDA-Formel** bewährt:

A = **Attention** = Aufmerksamkeit erregen
I = **Interest** = Interesse wecken
D = **Desire** = Wünsche nach Produkten schaffen
A = **Action** = Kauf der Produkte/Dienstleistung

Grundsätze der Werbung

Bei jeglicher Planung von Werbung sind die Werbegrundsätze zu beachten:

Werbegrundsätze

Wahrheit

Werbung dient auch der **sachlichen Information** der Kunden. Zwar wird mit einer Werbebotschaft häufig versucht, bestimmte Emotionen beim Kunden anzusprechen oder eine Scheinwelt mit Sachinhalten zu vermischen, um ihn zu einem Kauf zu **bewegen**. Jedoch darf dies niemals so weit gehen, dass die Werbung mit Unwahrheiten arbeitet.

Beispiel:

Die Sommerfeld GmbH wirbt: „Alle unsere Stühle sind von der Stiftung Warentest mit ‚sehr gut' bewertet worden", obwohl nie ein Test durchgeführt wurde. Hier liegt ein grober Verstoß gegen das Gebot der Wahrheit in der Werbung vor.

Klarheit

Die Werbeaussage muss für den Kunden **klar und leicht verständlich sein.**

Beispiel:

Die Sommerfeld GmbH bewirbt den neuen Bürostuhl „Ergo-Design-Natur" mit der Aussage: „Wir bieten Ihnen einen interessanten neuen Bürostuhl". Diese Aussage ist unklar und wird ihr beabsichtigtes Ziel nicht erreichen, denn es werden weder die ergonomischen Neuheiten noch die ökologischen Aspekte dieses neuen Bürostuhls deutlich.

Wirksamkeit

Die Werbeaussage und die eingesetzten Werbemittel müssen so gewählt werden, dass sie die Verbraucher in Übereinstimmung mit den angestrebten Zielen positiv beeinflussen.

Beispiel:

Die Sommerfeld GmbH lässt Handzettel mit Werbung für den neuen Bürostuhl „Ergo-Design-Natur" drucken und verteilt diese in der Stadt. Diese Werbemaßnahme ist unwirksam, da sie die Zielgruppe der Umworbenen nicht anspricht.

Wirtschaftlichkeit

Die finanziellen Aufwendungen für die Werbemaßnahmen müssen in einem angemessenen Verhältnis zu ihrem möglichen Erfolg stehen.

Beispiel:

Die Sommerfeld GmbH setzt auf einen Fernsehspot. Dieser ist insgesamt so teuer, dass er bei dem zur Verfügung stehenden Budget nur einmal ausgestrahlt werden kann. Das ist unwirtschaftlich und wird zu keinem Erfolg führen.

Werbebotschaft, Werbemittel und Werbeträger

Zur Gestaltung der Werbung steht eine Vielzahl von Möglichkeiten zur Verfügung. Meist werden mehrere Möglichkeiten kombiniert, um die gewünschten Ziele zu erreichen.

• Werbebotschaft

Die **Werbebotschaft** legt den Inhalt der Werbung fest und soll beim Kunden das gewünschte Verhalten auslösen. Meist ist dies der Kauf eines Produkts oder einer Dienstleistung. Die Werbebotschaft muss bildlich, grafisch, textlich oder in einem Wort- bzw. Filmbeitrag gestaltet werden.

• Webemittel

Durch ein Werbemittel erreicht die Werbebotschaft die möglichen Kunden. Typische Werbemittel sind:

Werbemittel	Gestaltungsmöglichkeiten
• Anzeige • Prospekt • Plakat • Katalog • Flugblatt • Visitenkarte	Texte, Bilder, Farben, Schriftart, Informationen, Logos, Grafiken, Format und Größe, Slogan
Beschriftung von • Firmenwagen, • Öffentlichen Verkehrsmitteln.	Bilder, Worte, Schriftart, Slogan, Größe, Farbe, Logos
• Internetseite • Soziale Medien	Texte, Bilder, Filmsequenzen, Hintergrundmusik, Links und Vernetzung, Fotos, Farben, Logos, Struktur und Aufbau der Seite, Häufigkeit der Aktualisierung
• E-Mail • Newsletter • Werbebrief	Sprachstil, Links, Informationen, Bilder, Worte, Schriftart, Slogan, Logos, Kundenansprache (persönlich oder allgemein), Häufigkeit der Zusendung
• Radiospot • Fernsehspot • Kinospot	Bilder, Worte, Musik, Jingle, Personen, Story, Text, Länge, Schnitt und Abfolge der Bilder, Einblendungen

• Webeträger

Werbeträger sind Medien, die geeignet sind, werbliche Informationen zu tragen. Unterschieden werden kann nach **Printmedien** (Zeitungen, Anzeigenblätter etc.), **elektronischen Medien** (Radio, TV, Internet etc.), **Medien der** Außenwerbung (Plakatanschlagstellen, Firmenwagen etc.).

Die Wahl eines geeigneten Werbeträgers hängt entscheidend von der **Zielgruppe** – (Wen möchte ich mit der Werbung ansprechen?) – und dem zur Verfügung stehenden **Werbebudget** ab.
Jedes Werbemittel hängt mit einem passenden Werbeträger zusammen.

Beispiele:

» Zeitungsanzeige   → Tageszeitung
» beschriftete Folie   → Fahrzeug
» Newsletter   → Internet

Einen Werbeplan erstellen

Damit die Werbung ihre Ziele erreicht, muss sie genau geplant werden. Dies geschieht durch einen **Werbeplan**. Dabei sind folgende Fragen zu beachten.

Erstellung eines Werbeplans		
1. Wozu soll geworben werden?	→	Festlegung des **Werbeziels**
2. Wofür soll geworben werden?	→	Festlegung des **Werbeobjekts**
3. Wie viel soll für die Werbung ausgegeben werden?	→	Festlegung des **Werbeetats** (Höhe der Werbeausgaben)
4. Wer soll umworben werden?	→	Festlegung der **Zielgruppe**
5. Was soll der Zielgruppe mitgeteilt werden?	→	Festlegung der **Werbebotschaft**
6. Wo soll geworben werden?	→	Festlegung des **Streugebietes** (geografischer Raum)
7. Wie soll geworben werden	→	Festlegung der **Werbemittel und Werbeträger**
8. Wann soll geworben werden?	→	Festlegung der **Streuzeit**

! **Praxistipp:** Viele Unternehmen überlassen die Planung und Durchführung einer Werbemaßnahme einer **Werbeagentur**. Dies sind Spezialisten für die Gestaltung von Werbemitteln und die Auswahl geeigneter Werbeträger. Sie beraten und unterstützen Unternehmen in allen Fragen der Werbung gegen ein vereinbartes Honorar.

Den Erfolg einer Werbemaßnahme kontrollieren

Der Erfolg einer Werbemaßnahme lässt sich in den meisten Fällen nicht eindeutig überprüfen, weil nur selten ein direkter Bezug zwischen Werbung und z. B. Umsatz eines Unternehmens hergestellt werden kann. Dennoch sind sich alle Marketingexperten einig: Werbung ist ein wesentlicher Bestandteil unternehmerischen Handelns. **Wer nicht wirbt – wird vergessen.**
Eine **Werbeerfolgskontrolle** kann folgende Aspekte überprüfen:

- Umsatzentwicklung
- Entwicklung der Auftragseingänge
- Entwicklung der Kundenanfragen
- Durchschnittliche Höhe eines Auftrages

Aspekte des Verbraucherschutzes beachten

Um sicherzugehen, dass es im Kampf um Marktanteile fair zugeht, hat der Gesetzgeber eine Reihe von Gesetzen erlassen, um Verbraucher und Mitbewerber vor unlauteren (unfairen) Maßnahmen zu schützen.

Preisangabenverordnung

Im Rahmen des Verbraucherschutzes spielt die **Preisangabenverordnung** für Handwerks-, Handels- und Dienstleistungsbetriebe eine wichtige Rolle. Sie verpflichtet die Betriebe zur **Preiswahrheit** und **Preisklarheit**. Die Verbraucher sollen vor Beauftragung und Kauf wissen, was eine Leistung oder Ware kostet. Die Unternehmen sind verpflichtet, bei ihren Preisen immer die sogenannten **Endpreise** anzugeben. Dies gilt auch für die Werbung, wenn dort Preise genannt werden. Der Endpreis enthält die Umsatzsteuer und sonstige Preisbestandteile (wie etwa Transportkosten, An- und Abfahrt etc.). Angaben wie *„Preise zzgl. Mehrwertsteuer"* sind nicht zulässig.

Bei Ware, die nach Gewicht, Volumen, Länge oder Fläche angeboten wird, ist der **Grundpreis** pro Mengeneinheit (Stück, Stunde, kg, km etc.) anzugeben. Handwerks- und Dienstleistungsbetriebe sind verpflichtet, in ihren Geschäftsräumen ein Preisverzeichnis auszuhängen, das die Preise für ihre wichtigsten Dienstleistungsangebote und/oder ihre **Verrechnungssätze** (Stundensätze, km-Sätze etc.) enthält.

Beispiel:

Die KFZ-Siebert KG hat an der Theke der Kundenannahme eine Preistafel aufgestellt. Darauf ist die Werkstattstunde mit 84,00 € angegeben. Zudem ist der Preis für eine Reifenwechsel-aktion mit 19,90 € für vier Reifen angegeben.

Gesetz gegen den unlauteren Wettbewerb (UWG)

Zum weiteren Schutz der Verbraucher und um eine fairen Wettbewerb zwischen den Unternehmen zu regeln, dient das **Gesetz gegen den unlauteren Wettbewerb (UWG).**
Beispiele für „unlauteren" Wettbewerb führt der § 4 UWG auf. Verboten sind demnach beispielswei-se Handlungen oder Aussagen, die

- Druck auf die Kunden ausüben und diese in ihrer Entscheidungsfreiheit beeinträchtigen;
- die geschäftliche Unerfahrenheit oder bestehende Zwangslagen von Kunden ausnutzen;
- den Werbecharakter einer Maßnahme in der Art verschleiern, dass die Verbraucher nicht erken-nen, dass es sich um Werbung handelt;
- die Produkte, Dienstleistungen, Tätigkeiten eines Mitbewerbers oder dessen persönliche bzw. geschäftliche Verhältnisse verunglimpfen;
- über die Person, die Waren oder Dienstleistungen eines Mitbewerbers Tatsachen behaupten, die dem Ruf des Mitbewerbers schaden oder nicht der Wahrheit entsprechen;
- Mitbewerber gezielt behindern;
- einer gesetzlichen Vorschrift zuwiderhandeln.

Als unlautere Werbung gilt ebenso jede Werbung, die irreführend ist (§ 5 UWG) und **unwahre Anga-ben** oder zur **Täuschung** geeignet Angaben enthält.

Beispiel:

Ein Handwerksbetrieb wirbt mit hervorragenden Kundenbewertungen, obwohl er bisher über-haupt keine Bewertungen erhalten hat.

Vergleichende Werbung ist grundsätzlich zulässig (§ 6 UWG). Sie liegt vor, wenn der Wettbewerber unmittelbar erkennbar ist.
Der **Vergleich** ist nur zulässig

- bei Leistungen gleicher Art;
- für wesentliche, objektiv nachprüfbare Merkmale;
- wenn dies nicht zu einer Verwechslung mit anderen Mitbewerbern führt;
- wenn dieser zu keiner Beeinträchtigung des Rufes des Wettbewerbers führt;
- wenn Leistungen des Wettbewerbers nicht herabgesetzt werden.

Beispiel:

Die KFZ-Siebert KG bewirbt eine Aktion zum Ölwechsel mit dem folgenden, zulässigen Slogan:
„Autohaus Meyer, Werkstatt Kadinski, überall bekommen Sie einen Ölwechsel. Bei uns zahlen Sie den niedrigsten Preis."

Außerdem verbietet das UWG **unzumutbare Belästigung** von Verbrauchern (§ 7 UWG). Dies gilt insbesondere für Direktwerbung durch Telefonautomaten oder E-Mail-Spam.

Rechtsfolgen

Bei Verstößen gegen die Preisangabenverordnung oder gegen das UWG können Unternehmen eine **Abmahnung** erhalten. Mit Unterzeichnung der Abmahnung verpflichten sie sich in einer Unterlassungserklärung, die Rechtsverstöße zukünftig zu unterlassen und einen eventuell entstandenen Schaden zu ersetzen. Für weitere Verstöße in derselben Angelegenheit drohen in der Zukunft empfindliche **Vertragsstrafen**. Auch für eine Abmahnung fallen bereits Anwaltskosten an, die schnell mehrere Hundert Euro ausmachen können.

Eine Werbemaßnahme unter Beachtung des Verbraucherschutzes planen und gestalten

- Mögliche **Ziele einer Werbemaßnahme**: Umsatz- und Gewinnsteigerung, Information, neue Kunden gewinnen, Imageaufbau

Eine Werbemaßnahme planen

Werbegrundsätze beachten:

- Wahrheit
- Klarheit
- Wirksamkeit
- Wirtschaftlichkeit

Einen Werbeplan erstellen:

1. Werbeziel
2. Werbeobjekt
3. Werbeetat
4. Zielgruppe
5. Werbebotschaft
6. Streugebiet
7. Werbemittel und Werbeträger
8. Streuzeit

Regelungen des Verbraucherschutzes beachten: Insbesondere die **Preisangabenverordnung** und das Gesetz gegen unlauteren Wettbewerb (**UWG**)

- **Werbeerfolgskontrolle:** Umsatzvergleich, Entwicklung der Auftragseingänge, Anzahl der Kundenanfragen, durchschnittliche Höhe eines Auftrages
- Bei Verstößen gegen die Preisangabenverordnung oder gegen das UWG können Unternehmen eine **Abmahnung** erhalten.

Übungsaufgaben

1. Nennen Sie fünf mögliche Ziele einer Werbemaßnahme.

2. Nehmen Sie Stellung zu dem Ausspruch eines Werbeexperten: *„Wer nicht wirbt – wird vergessen"*.

3. Wofür steht die AIDA-Formel?

4. Welche Werbegrundsätze sind zu beachten? Erklären Sie diese.

5. Was unterscheidet Werbemittel und Werbeträger?

6. Erläutern Sie, was bei einem Werbeplan alles zu beachten ist.

7. Wie und mit welchen Werbemitteln und Werbeträgern wird in Ihrem Ausbildungsbetrieb geworben?

8. Nennen Sie drei Regelungen der Preisangabenverordnung, welche Unternehmen zu beachten haben.

9. Nennen Sie fünf Beispiele, die im Rahmen einer Werbung laut UWG verboten wären.

10. Entwerfen Sie für ein Produkt oder eine Dienstleistung eine Werbeanzeige für eine Tageszeitung. Legen Sie bei der Gestaltung die AIDA-Formel zugrunde. Erläutern Sie anschließend in Ihrer Klasse Ihr Vorgehen.

11. Prüfen Sie, welche der nachfolgenden Sachverhalte gegen das UWG verstoßen. Begründen Sie Ihre Entscheidung.

    a) Zur Neueröffnung der Werkstatt Braun KG gibt es ein kaltes Buffet. Im Anschluss daran werden die Kunden aufgefordert, die Eröffnungsangebote wahrzunehmen. Als der Kunde Klein ohne Auftrag die Werkstatt verlassen will, nötigt Braun ihn mit dem Hinweis auf das kostenlose Essen zum Unterschreiben eines Wartungsvertrages.
    b) Zu einer Werbeveranstaltung für Werkzeuge werden die Kunden mit der Ankündigung angelockt, dass jeder Besucher kostenlos einen Akkuschrauber erhält.

12. Die Sommerfeld GmbH benötigt für die Vermarktung des neuen Bürostuhls „Ergo-Design-Natur" einen Werbeplan. Sie sollen dabei behilflich sein. Als Werbebudget stehen 500 000,00 € zur Verfügung. Finden Sie sich in Kleingruppen zusammen, dokumentieren Sie Ihre Arbeit und erstellen Sie auf einem Plakat einen Werbeplan. Präsentieren Sie ihr Ergebnis mit der Methode „Marktplatz".

13. Sammeln Sie gemeinsam mit Ihrem Tischnachbarn/Ihrer Tischnachbarin in einer Liste wenigstens fünf Vor- und Nachteile, die sich für die Sommerfeld GmbH ergeben würden, wenn Sie für die Koordination und Umsetzung eines Werbeplans eine Werbeagentur beauftragen würde. Leiten Sie aus Ihren Argumenten eine Empfehlung für die Sommerfeld GmbH ab und diskutieren Sie Ihre Position innerhalb der Klasse.

14. Erstellen Sie ein Ranking zu Kriterien, die Ihrer Meinung nach geeignet sind, um die Effizienz von Werbung bewerten zu können.

15. Herr Kunze überlegt, welche Werbeträger er für die Vermarktung der Produktlinie „Ergo-Design-Natur" nutzen soll. Sie sollen folgende Möglichkeiten für ihn prüfen:
    Anzeigen in der Fachzeitschrift „Büro und Konferenz":
    Mit einer ganzseitigen Anzeige und einer Auflage von 42 000 Stück können 18 000 potenzielle Käufer erreicht werden. Die Kosten für ein Inserat würden 5 600,00 € betragen.
    Direktmarketing:
    Von einigen Kunden liegen vollständige Adressen vor, 18 000 Kunden könnten somit auch direkt angeschrieben werden. In diesem Fall würden für einen Begleitbrief, ein Prospekt

und eine frankierte Antwortkarte 55 620,00 € Produktionskosten und 13 140,00 € Versandkosten anfallen.

a) Wie viele Interessenten haben bei den drei Werbeträgern eine Kontaktchance?

b) Wie hoch sind die Kosten je Kontaktchance?

c) Würden Sie die „Kontakte" alle gleich bewerten? Erläutern Sie Ihre Meinung.

Prüfungsaufgaben

1. Ordnen Sie die nachfolgenden Begriffe den jeweiligen Marktformen zu.
    (1) Polypol   (2) Angebotsoligopol   (3) Angebotsmonopol
    - a) keine Konkurrenz
    - b) hohe Gewinne
    - c) wenige Anbieter
    - d) kein Wettbewerb
    - e) viele Konkurrenten
    - f) Preiskampf
    - g) bestmöglicher Preis aus Kundensicht
    - h) ein Anbieter
    - i) Kartellbildungsgefahr
    - j) Marktmacht
    - k) bestmöglicher Preis für Anbieter
    - l) viele bieten dasselbe Gut an

2. Der Markt für Büromöbel ist ein „Käufermarkt". Welche der folgenden Bedeutungen hat diese Aussage?
    - a) Am Käufermarkt ist das Angebot kleiner als die Nachfrage.
    - b) Am Käufermarkt ist der Anbieter in der wirtschaftlich stärkeren Position.
    - c) Am Käufermarkt gleichen sich Angebot und Nachfrage aus.
    - d) Am Käufermarkt steigen die Preise besonders stark an.
    - e) Am Käufermarkt ist das Angebot größer als die Nachfrage.

3. Welche der folgenden Aussagen über die Kommunikationspolitik sind richtig?
    - a) Werbung soll die Aufmerksamkeit der Kunden auf die Waren und Dienstleistungen lenken, Bedürfnisse wecken sowie neue Kunden gewinnen und den Kundenstamm erhalten.
    - b) Grundsätze bei der Werbung sind: Klarheit, Wahrheit, Wirksamkeit und Wirtschaftlichkeit.
    - c) Der Werbeplan gibt Auskunft über den Streukreis der Werbung, die Streuzeit, das Streugebiet.
    - d) Die Öffentlichkeitsarbeit (Public Relations) ist Bestandteil der Corporate Identity.
    - e) Ein Druck des Firmenlogos auf den Trikots des örtlichen Fußballvereins ist eine Maßnahme des Direktmarketings.

4. Stellen Sie fest, ob die unten stehenden Angaben auf (1) Werbeplanung oder (2) Werbeerfolgsanalyse oder (3) Marktforschung bzw. -erkundung zutreffen:
    - a) Befragung von Kunden per Interview
    - b) Auswahl und Bestimmung der Werbeträger
    - c) Entscheidung über Werbezeitpunkt
    - d) Festlegung des Werbeetats
    - e) Umsatzanalyse

5. Verbraucherschutzgesetze schreiben bestimmte Maßnahmen vor. Welches ist ein Beispiel hierfür?
    a) die Berichterstattungspflicht über Warenprüfungen in Testzeitschriften
    b) die allgemeine Informationspflicht der Handwerksverbände
    c) die Preisfestlegung für Produkte der Produzenten
    d) die Aufklärungspflicht für private Verbraucherverbände
    e) die Preisauszeichnungspflicht für Unternehmen, die Waren und Dienstleistungen anbieten.

6. Welche Maßnahme verstößt gegen das UWG?
    a) Die Sommerfeld GmbH gewährt jedem Kunden bei Sofortzahlung einen Rabatt in Höhe von 5 %.
    b) Die Sommerfeld GmbH möchte sich von Überproduktionen trennen und wirbt deshalb mit einem Sonderverkauf.
    c) Die Sommerfeld GmbH veranstaltet ein Preisausschreiben mit Preisen im Wert von 50 000,00 €. Damit Kunden daran teilnehmen können, müssen sie vorher bei der Sommerfeld GmbH für 5 000,00 € eingekauft haben.
    d) Die Sommerfeld GmbH verteilt in der Fußgängerzone Prospekte mit dem Aufdruck: „Unser Sortiment ist größer als das der Büro AG."
    e) Die Sommerfeld GmbH preist in einem Werbeflyer ihr umfassendes Sortiment an.

7. Artikel, die nach Mengeneinheit (Gewicht, Stück, Meter, Fläche etc.) verkauft werden, müssen aufgrund der gesetzlichen Vorschriften neben dem Bruttoverkaufspreis auch mit dem Preis je Mengeneinheit (Grundpreis) ausgezeichnet werden. Prüfen Sie, ob diese Vorschriften einen Vorteil für den Verbraucher bringen. Welches ist die richtige Lösung?
    a) Nein, da die Grundpreisangaben den Kunden zusätzlich verunsichern.
    b) Ja, da kleine Haushalte so auch kleine Mengen einkaufen können.
    c) Ja, ein Preisvergleich wird durch die einheitliche Basis erleichtert.
    d) Nein, da der Kunde durch die vielen Preisangaben verwirrt wird.
    e) Ja, denn der Kunde erkennt durch den Grundpreis schneller Mengenrabatte.

8. Die KFZ-Siebert KG plant eine Werbemaßnahme. Was ist bei der Planung einer solchen Maßnahme für eine bestimmte Zielgruppe zu beachten?
    a) Die Zielgruppe besteht aus einer größeren Anzahl von Menschen. Daher wird eine Werbeagentur beauftragt.
    b) Die Werbebotschaft soll auf die Zielgruppe abgestimmt sein.
    c) Die zeitliche Durchführung einer Werbemaßnahme ist völlig unabhängig von einer Zielgruppe.
    d) Der Umfang des Werbeetats bestimmt, welche Zielgruppe angesprochen wird.
    e) Bei einer Gemeinschaftswerbung muss keine Entscheidung über die Zielgruppe getroffen werden.

9. Im Rechnungswesen werden zur Erfassung von Kosten drei Bereiche unterschieden:
    (1) Kostenartenrechnung   (2) Kostenstellenrechnung   (3) Kostenträgerrechnung
    Ordnen Sie die folgenden Sachverhalte den jeweiligen Bereichen zu.
    a) Kosten für den Kundenauftrag „Wartung Heizungskessel"
    b) Kosten, die im Fuhrpark entstehen
    c) Gemeinkosten
    d) Kosten des Kundenauftrags „Öl- und Reifenwechsel"
    e) Kosten, die bei der Herstellung entstehen
    f) Einzelkosten

10. Ein Kunde eines Möbelherstellers bittet Sie um die Erstellung eines Angebots für die Herstellung eines Konferenztisches.
    a) Ermitteln Sie die Selbstkosten.

	Kalkulationsschema	Werte
	1. Fertigungsmaterial	100,00 €
+	2. Materialgemeinkosten (15 %)	
=	3. Materialkosten	
+	4. Fertigungslöhne	180,00 €
+	5. Fertigungsgemeinkosten (115 %)	
=	6. Fertigungskosten	
=	7. Herstellkosten	
+	8. Verwaltungsgemeinkosten (20 %)	
=	9. Selbstkosten	

b) Ermitteln Sie auf Basis der ermittelten Selbstkosten den Bruttoangebotspreis.

Kalkulationsschema		Werte
=	Selbstkosten	
+	Gewinnzuschlag (20 %)	
=	Nettoangebotspreis	
+	Mehrwertsteuer (19 %)	
=	Bruttoangebotspreis	

11. Wann wirtschaftet ein Unternehmen „unrentabel"?
    a) Wenn in einem Unternehmen Steuern gezahlt werden müssen.
    b) Wenn der Gewinn maximal ist.
    c) Wenn die Lohnkosten niedrig sind.
    d) Wenn das eingesetzte Kapital größer als der Gewinn ist (geringe Verzinsung des Kapitals).

12. Welche Aussage erklärt den Satz „Ein Betrieb hat schwarze Zahlen erwirtschaftet"?
    a) Kosten sind größer als die Leistungen
    b) Erträge entsprechen den Aufwendungen
    c) Kosten entsprechen den Aufwendungen
    d) Erträge sind kleiner als Aufwendungen

13. Der Zuschlagssatz für die Vertriebs- und Gemeinkosten bezieht sich in der Berechnung auf …
    a) … die Materialkosten.
    b) … die Fertigungslöhne.
    c) … die Herstellkosten.
    d) … die Selbstkosten.

14. Der Bruttoangebotspreis beschreibt …
    a) … den Preis ohne Rabatte.
    b) … den Preis ohne Mehrwertsteuer.
    c) … den Preis mit Mehrwertsteuer.
    d) … den Preis ohne Gewinnzuschlag.

15. Erläutern Sie, wie sich Unternehmen und Kunden auf einem Käufermarkt verhalten.

16. In der Marktforschung unterscheidet man die Primär- und die Sekundärforschung. Kennzeichnen Sie diese beiden Marktforschungsmethoden und nennen Sie jeweils zwei Beispiele.

17. Die KFZ-Siebert KG will die Zufriedenheit seiner Kunden mit einer schriftlichen Befragung ermitteln. Erläutern Sie je zwei Vor- und Nachteile einer schriftlichen Befragung.

18. Im Rahmen Ihrer Tätigkeit als Kraftfahrzeugmechatroniker führen Sie bei der KFZ-Siebert KG den Reifenwechsel sowie kleinere Checks (Flüssigkeiten, Licht etc.) durch. Herr Schumacher, der Ihnen als kritischer Kunde bekannt ist, fragt Sie, was Sie in der Stunde verdienen. Sie teilen ihm mit, dass Sie 13,00 € die Stunde bekommen. Herr Schumacher antwortet Ihnen, dass dies der beste Beweis dafür sei, wie sich die Werkstatt reich rechnet, denn ihm würden für diesen Auftrag, der nachweislich eine halbe Stunde dauert, 30,00 € berechnet.
Bitte notieren Sie Argumente, die belegen, dass die Werkstatt keinen Gewinn in Höhe von 23,50 € macht.

19. Bei einem Installationsbetrieb, der sich unter anderem auf die Montage von Erdwärmepumpen spezialisiert hat, sind im letzten Geschäftsjahr folgende Zahlen erwirtschaftet worden:
Umsatz bzw. Leistungen: 1 200 000,00 €; Kosten: 900 000,00 €
Ermitteln Sie den Gewinn.

20. Welche vier Bereiche werden gemäß Kostenstellenrechnung in einem Unternehmen unterschieden?

21. Unterscheiden Sie die Begriffe Einzel- und Gemeinkosten.

22. Im Anschluss an eine Werbeaktion sollen Sie einen Vergleich mit Aktionen aus den beiden Vorjahren vornehmen. Dazu liegen Ihnen folgende Informationen vor:
Aktion laufendes Jahr (Berichtsjahr) = Umsatz in €: 3 750,00
Berichtsjahr minus 1 = Umsatz in €: 4 800,00
Berichtsjahr minus 2 = Umsatz in €: 4 750,00
a) Beschreiben Sie die Entwicklung der Umsatzzahlen der Aktion in den drei Jahren.
b) Nennen Sie drei mögliche Gründe für die Umsatzentwicklung der letzten Aktion.

23. Ein Handwerksbetrieb wendet 60 % seines Werbeetats für Prospekte und 25 % für Zeitungsanzeigen auf. Wie viel Euro bleiben für weitere Werbemaßnahmen übrig, wenn der Jahreswerbeetat 24 000,00 € beträgt?

4 Die Rolle in der Arbeitswelt reflektieren und die Notwendigkeit des lebenslangen Lernens erkennen

In diesem Kapitel werden Sie sich aktiv mit Ihrer Rolle in der Arbeitswelt auseinandersetzen. Zunächst lernen Sie die **gesetzlichen Grundlagen und Rahmenbedingungen Ihrer Ausbildung** kennen. Dazu informieren Sie sich über die Regelungen des Rahmenlehrplans, der Ausbildungsordnung, die Inhalte des Ausbildungsvertrages, ihre Rechte und Pflichte in der Ausbildung, sowie die gesetzlichen Bestimmungen im Berufsbildungsgesetz und im Jugendarbeitsschutzgesetz.
Am Beispiel der Sommerfeld GmbH und der KFZ-Siebert KG lernen Sie den **Aufbau von Unternehmen** kennen und vollziehen **Arbeits- und Geschäftsprozesse** nach.
Um auf Konflikte sowohl im Betrieb als auch mit Kunden besser reagieren zu können, analysieren Sie Strukturen und **Methoden der Konfliktbewältigung**.
Sie vollziehen eine **Entgeltabrechnung** nach und setzen sich hierzu mit den unterschiedlichen Lohnformen, den Formen der gesetzlichen und privaten Vorsorge und mit den Abzügen der Einkommen- und Kirchensteuer und des Solidaritätszuschlags auseinander.

4.1 Die eigene Rolle und die Verantwortungsbereiche im Betrieb klären

4.1.1 Das System der dualen Berufsausbildung untersuchen

Robin berichtet seinem Onkel Karl begeistert über den abgeschlossenen Ausbildungsvertrag bei der KFZ-Siebert KG. Auch sein Onkel hat vor 20 Jahren den Beruf des Kfz-Mechanikers gelernt. Danach hat er in der Fachoberschule sein Fachabitur gemacht und BWL studiert. Heute arbeitet er als Personalmanager bei einem Automobilzulieferer. Nachdem Robin ihm ganz stolz von seiner Ausbildung erzählt hat, sagt Karl: *„Super, dann kannst du gleich mal nach der Elektronik in meinem Wagen sehen, die spinnt nämlich."* Robin ist

verdutzt, *„Das kannst du doch allein. Du hast doch auch mal KFZ gelernt"*, sagt er. Karl fängt an zu lachen. *„Ja, das habe ich"*, antwortet er amüsiert. *„Ich habe aber Kfz-Mechaniker gelernt und nicht Kfz-Elektriker, das waren damals noch zwei verschiedene Berufe. Mit dem ganzen Computer- und Elektronikkram im Wagen hatten wir damals kaum etwas zu tun. Einen Auspuff kann ich dir immer noch schweißen, aber von dem neuen Kram habe ich keine Ahnung."* Robin guckt betreten. *„Gilt das etwa auch für mich? Reicht das, was ich jetzt lerne, vielleicht gar nicht für die Zukunft?"*, fragt er. Karl lacht noch einmal und kramt eine Grafik aus einem Managermagazin heraus. Die Grafik hat die Überschrift „Halbwertzeit des Wissens". Die x-Achse ist mit „Wissen" überschrieben, die y-Achse mit „Zeit". *„Nach Auskunft von Wissenschaftlern sinkt die Halbwertzeit des Wissens ständig"*, erläutert Karl *„So liegt die Halbwertzeit des beruflichen Fachwissens bei drei bis fünf Jahren. Das heißt, dass die Hälfte des Wissens, das du am ersten Tag deiner Ausbildung erlernst, in drei bis fünf Jahren bereits veraltet ist. Beim IT- und Technologiewissen ist die Halbwertzeit sogar noch kürzer."* Karl ergänzt: *„Im Bereich des Technologie-Wissens geht man mittlerweile davon aus, dass die Halbwertzeit unter drei Jahren liegt. Was heute noch neu ist, kann morgen schon veraltet sein."* Aber dann lohnt doch alles Lernen nichts, denkt sich Robin, sagt aber nichts, weil er sich nicht blamieren will.

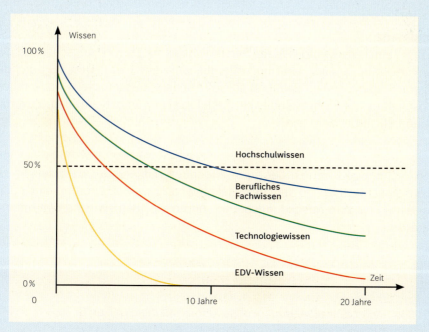

Arbeitsaufträge

1 Diskutieren Sie die Bedeutung der Grafik für Ihren Ausbildungsberuf.
2 Erörtern Sie, welche Folgen die dargestellte Entwicklung für Ihre betriebliche und schulische Ausbildung hat.

Schlüsselqualifikationen und berufliche Handlungskompetenz

Die Welt, in der wir leben, unterliegt einem immer schneller werdenden **Wandel**. Insbesondere im Bereich der technischen und informationsverarbeitenden Berufe haben sich in den letzten Jahren Veränderungen ergeben, die eine Anpassung der schulischen und betrieblichen Ausbildung erforderlich machen.

Um die Auszubildenden zu befähigen, heute und in Zukunft auf neue Entwicklungen flexibel reagieren zu können, steht neben der fachlichen Qualifikation die Vermittlung sogenannter **Schlüsselqua- lifikationen** im Vordergrund. Schlüsselqualifikationen sind fachübergreifende Qualifikationen, die den Auszubildenden befähigen, auch in Zukunft in veränderten Situationen sachgerecht, persönlich durchdacht und verantwortlich zu handeln.

! Schlüsselqualifikationen sind somit der Schlüssel zur Lösung der Aufgaben von morgen.

Wer über Schlüsselqualifikationen verfügen will, muss folgende **Kompetenzen** erwerben:

- **Fachkompetenz**
„Bereitschaft und Fähigkeit, auf der Grundlage fachlichen Wissens und Könnens Aufgaben und Probleme zielorientiert, sachgerecht, methodengeleitet und selbstständig zu lösen und das Ergebnis zu beurteilen."[1]

Beispiel:

Im nächsten Kapitel werden Sie die Rechtsgrundlagen der Berufsausbildung kennenlernen. Wesentliche Paragrafen, z. B. aus dem Berufsbildungsgesetz (BBiG), müssen Sie kennen. Sie gehören zum Fachwissen eines Gesellen bzw. eines Facharbeiters.

- **Selbstkompetenz**
„Bereitschaft und Fähigkeit, als individuelle Persönlichkeit die Entwicklungschancen, Anforderungen und Einschränkungen in Familie, Beruf und öffentlichem Leben zu klären, zu durchdenken und zu beurteilen, eigene Begabungen zu entfalten sowie Lebenspläne zu fassen und fortzuentwickeln. Sie umfasst Eigenschaften wie Selbstständigkeit, Kritikfähigkeit, Selbstvertrauen, Zuverlässigkeit, Verantwortungs- und Pflichtbewusstsein."[1]

Beispiel:

Im BBiG sind Rechte und Pflichten der Auszubildenden aufgeführt. Das Abwägen zwischen dem Einfordern dieser Rechte und dem bewussten Verzicht darauf, erfordert eine positive Einstellung zum Beruf und zum Ausbildungsbetrieb und die selbstbewusste Wahrnehmung der eigenen Interessen.

---

1 *MSW-NRW: Vorläufiger Lehrplan: Holzmechanikerin/Holzmechaniker, S. 20*

- **Sozialkompetenz**

„Bereitschaft und Fähigkeit, soziale Beziehungen zu leben und zu gestalten, Zuwendungen und Spannungen zu erfassen und zu verstehen sowie sich mit anderen rational und verantwortungsbewusst auseinanderzusetzen und zu verständigen."[1]

Beispiel:

Kaum eine der Aufgaben, die Sie im Rahmen Ihrer Ausbildung lösen müssen, werden Sie allein bewältigen können. Sie müssen mit Ihren Kolleginnen und Kollegen partnerschaftlich in der Gruppe zusammenarbeiten. Nur so können z. B. Rechte der Auszubildenden aus dem BBiG im Rahmen einer Jugend- und Auszubildendenvertretung (JAV) durchgesetzt werden.

- **Methodenkompetenz**

„Bereitschaft und Fähigkeit zu zielgerichtetem, planmäßigem Vorgehen bei der Bearbeitung von Aufgaben und Problemen (zum Beispiel bei der Planung der Arbeitsschritte)".[1]

Beispiel:

Einige Paragrafen des BBiG werden Ihnen im Buch vorgestellt. Andere müssen Sie sich selbstständig erarbeiten und anhand von Fällen diskutieren. Die hierzu erforderlichen Methoden lernen Sie im Rahmen Ihrer Ausbildung kennen. Ändern sich Teile des Gesetzes oder werden neue Verordnungen eingeführt, sind Sie so in der Lage, sich neues Wissen selbstständig anzueignen.

- **Kommunikative Kompetenz**

„Bereitschaft und Fähigkeit, kommunikative Situationen zu verstehen und zu gestalten. Hierzu gehört es, eigene Absichten und Bedürfnisse sowie die der Partner wahrzunehmen, zu verstehen und darzustellen."[1]

Beispiel:

Im Unterrichtsfach Deutsch/Kommunikation werden Sie Mitarbeitergespräche führen und etwas über Strategien der Konfliktbewältigung erfahren.

- **Lernkompetenz**

„Bereitschaft und Fähigkeit, Informationen über Sachverhalte und Zusammenhänge selbstständig und gemeinsam mit anderen zu verstehen, auszuwerten und in gedankliche Strukturen einzuordnen. Zur Lernkompetenz gehört insbesondere auch die Fähigkeit und Bereitschaft, im Beruf und über den Berufsbereich hinaus Lerntechniken und Lernstrategien zu entwickeln und diese für lebenslanges Lernen zu nutzen."[1]

Beispiel:

Im Kapitel 1.1.1 "Kooperativ und konstruktiv in einem Team Prozesse gestalten" wurden Ihnen die Vorteile und Regeln der Arbeit im Team erläutert. In der Gruppe wird es Ihnen auch leichter fallen, Lerntechniken und Lernstrategien zu entwickeln.

Nur der Erwerb aller Kompetenzbereiche sichert **berufliche Handlungskompetenz**. Ist der Auszubildende/die Auszubildende dazu bereit, kann er/sie kreativ und selbstbewusst im Team Aufgaben lösen. Er/Sie hat Freude am Beruf und als gute(r) Mitarbeiter(in) einen sicheren Arbeitsplatz in einem zukunftsträchtigen Bereich der Wirtschaft.

---

1 *MSW-NRW: Vorläufiger Lehrplan: Holzmechanikerin/Holzmechaniker, S. 20*

Das System der dualen Berufsausbildung

Auszubildende werden in der Bundesrepublik Deutschland an zwei Lernorten ausgebildet: im Ausbildungsbetrieb und in der Berufsschule. Da zwei Einrichtungen bei der Berufsausbildung zusammenwirken, bezeichnet man diese Art der Ausbildung als **„duales Berufsausbildungssystem".**
Im **Ausbildungsbetrieb** findet die fachpraktische Ausbildung statt. Hier gelten folgende bundesein-

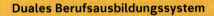

Duales Berufsausbildungssystem

Ausbildungsbetrieb

Berufsschule

heitliche Rechtsvorschriften:
- Die jeweiligen Verordnungen über die Berufsausbildungen (**Ausbildungsordnung**)
- **Handwerksordnung** (bei Handwerksberufen) (HWO)
- **Berufsbildungsgesetz** (BBiG)

In der **Berufsschule** werden den Auszubildenden berufsübergreifende und berufsbezogene Inhalte vermittelt. Rechtsgrundlage sind hier der **Rahmenlehrplan** und die **Richtlinien und Lehrpläne der Kultusminister** der Länder.

Beispiel:

Übersicht über die Lernfelder für den Ausbildungsberuf Holzmechaniker und Holzmechanikerin Fachrichtung „Herstellen von Möbeln und Innenausbauteilen" (HMI) aus dem Rahmenlehrplan zur Erprobung von 2015[1]				
Lernfelder		**Zeitrichtwert in Unterrichtsstunden**		
Nr.	Inhalt	1. Jahr	2. Jahr	3. Jahr
1	Einfache Produkte aus Holz herstellen	80		
2	Zusammengesetzte Produkte aus Holz und Holzwerkstoffen herstellen	80		
3	Zusammengesetzte Produkte aus Holz und Holzwerkstoffen herstellen	80		
4	Kleinmöbel herstellen	80		
5	Einzelmöbel herstellen		80	
6	Systemmöbel herstellen		60	
7	Einbaumöbel herstellen und montieren		60	

---

1 *MSW-NRW: Vorläufiger Lehrplan: Holzmechanikerin/Holzmechaniker, S. 24*

Lernfelder		Zeitrichtwert in Unterrichtsstunden		
8	Raumbegrenzende Elemente des Innenausbaus herstellen und montieren		80	
9	Bauelemente des Innenausbaus herstellen			80
10	Baukörper abschließende Bauelemente herstellen			80
11	Möbel industriell fertigen			60
12	Einen Arbeitsauftrag aus dem eigenen betrieblichen Tätigkeitsfeld ausführen			60
	Summe Unterrichtsstunden	320	280	280

In Nordrhein-Westfalen werden die Lernfelder zu den **berufsbezogenen Bündelungsfächern** zusammengefasst und auf dem Zeugnis ausgewiesen. Die Zuordnung der Lernfelder zu den Fächern sieht z. B. für den Holzmechaniker/die Holzmechanikerin wie folgt aus:[1]

Beispiel:

Fächer	1. Lehrjahr	2. Lehrjahr	3. Lehrjahr
Entwicklungs- und Planungsprozesse	LF 1, LF 3	LF 5	LF 12
Fertigungsprozesse	LF 2, LF 4	LF 6	LF 11
Auftragsabwicklung/Prozessoptimierung		LF 7, LF 8	LF 9, LF 10

Die **Fächer des berufsübergreifenden Lernbereichs** in Nordrhein-Westfalen sind Deutsch/Kommunikation, Religionslehre, Sport/Gesundheitsförderung und Politik/Gesellschaftslehre.

Die **Fächer des berufsbezogenen Lernbereichs** sind
- die Bündelungsfächer auf Grundlage der Lernfelder
- Wirtschafts- und Betriebslehre,
- fremdsprachige Kommunikation.

Im **Differenzierungsbereich** kann z. B. Englisch für den Erwerb der Fachoberschulreife angeboten werden.

Der Berufsschulunterricht kann in Teilzeitform oder als Blockunterricht erteilt werden.

Beim **Teilzeitunterricht** besuchen die Auszubildenden an einem Tag bzw. an zwei Tagen in der Woche die Berufsschule. An den anderen Arbeitstagen werden sie im Betrieb ausgebildet.

Beispiel:

Der Kfz-Auszubildende Robin Strasek der KFZ-Siebert KG besucht die Berufsschule montags von 07:45 Uhr bis 13:05 Uhr und donnerstags von 07:45 Uhr bis 13:05 Uhr.

Beim **Blockunterricht** besuchen die Auszubildenden z. B. drei Monate hintereinander die Berufsschule und arbeiten anschließend z. B. neun Monate im Betrieb, ohne in dieser Zeit die Berufsschule zu besuchen. Es können auch mehrere Wochenblöcke über das Jahr verteilt werden.

---

1 *MSW-NRW: Vorläufiger Lehrplan: Holzmechanikerin/Holzmechaniker, S. 44*

Schülerinnen und Schüler, die die Berufsschule erfolgreich besucht haben, erhalten das **Abschluss-zeugnis der Berufsschule**. Voraussetzung hierfür sind mindestens ausreichende Leistungen in allen Fächern bzw. eine mangelhafte Leistung in nur einem Fach. Die Noten der Fächer werden zu einer **Berufsschulabschlussnote** zusammengefasst.

Die **Berufsschulpflicht** regeln die Kultusminister der Länder.

> **Beispiel:**
>
> In Nordrhein-Westfalen ist ein Auszubildender/eine Auszubildende für die gesamte Dauer der Berufsausbildung berufsschulpflichtig, wenn er/sie vor Vollendung des 21. Lebensjahres einen Ausbildungsvertrag unterschreibt.

Finanziert wird die betriebliche Ausbildung durch die Ausbildungsbetriebe. Die Kosten der schuli-schen Ausbildung tragen die Schulträger und die Länder.

Gemeinsames Ziel von Ausbildungsbetrieb und Berufsschule ist es, den Auszubildenden die Fertig-keiten und Kenntnisse zu vermitteln, die zum Erreichen des Ausbildungszieles erforderlich sind. Die betriebliche Ausbildung wird von den Kammern, die schulische Ausbildung von der Schulaufsicht der Kultusminister der Länder **überwacht**.

Das System der dualen Berufsausbildung untersuchen

- **Berufliche Handlungskompetenz** ist die Fähigkeit und Bereitschaft, in beruflichen Situationen sach- und fachgerecht, persönlich durchdacht und in gesellschaftlicher Verantwortung zu handeln. Sie umfasst die Dimensionen:

  - » Fachkompetenz:
  - » Selbstkompetenz:
  - » Sozialkompetenz:
  - » Methodenkompetenz:
  - » Kommunikative Kompetenz:
  - » Lernkompetenz:

- Das System der dualen Berufsausbildung
  - » Auszubildende werden an zwei Lernorten ausgebildet, im Ausbildungsbetrieb und in der Berufsschule

Berufsausbildung im dualen System

Übungsaufgaben

1. Die Arbeitswelt befindet sich in einem raschen Wandel. Befragen Sie Ihre Eltern, Meister, Kollegen welche Veränderungen in den letzten Jahren an deren Arbeitsplatz stattgefunden haben.

2. Ordnen Sie die folgenden Qualifikationen den Kompetenzbereichen zu: Logisches Denken, Entscheidungsfähigkeit, Kritikfähigkeit, Kommunikationsfähigkeit, Fairness, wirtschaftliches Denken, Identifikation mit der Arbeit, Sprachkenntnisse, Planungsfähigkeit, Toleranz, Mobilität.

3. Erläutern Sie, unter welchen Voraussetzungen der Berufsschulabschluss erworben werden kann.

4. Die Rechtsgrundlagen der Berufsausbildung sind für die gesamte Dauer Ihrer Ausbildung wichtige Nachschlagewerke. Beschaffen Sie für Ihre Klasse die Ausbildungsordnung, das Berufsbildungsgesetz, das Jugendarbeitsschutzgesetz und den Lehrplan und legen Sie einen Ordner mit diesen Unterlagen an.

5. Der Berufsschulunterricht kann als Teilzeitunterricht oder als Blockunterricht stattfinden. Diskutieren Sie Vor- und Nachteile der unterschiedlichen Regelungen aus der Sicht der Auszubildenden und aus der Sicht der Betriebe.

4.1.2 Die Ausbildungsordnung und das Berufsbildungsgesetz beachten und nutzen und die Regelungen des Berufsausbildungsvertrages nachvollziehen

Robin ist den ersten Tag in der Berufsschule und redet mit seinen Klassenkameraden über ihre jeweiligen Ausbildungsbetriebe. Cem erzählt, dass er während der Arbeitszeit immer Brötchen und Bier holen muss und eigentlich nichts anderes macht, als die Werkstatt zu fegen. Damir lacht und meint, das wäre nicht so schlimm. Er müsse jeden Sonntag den Rasen vom Chef mähen. Marvin guckt ganz betrübt und fragt in die Runde: *„Sagt mal, wie ist das denn bei euch mit dem Ausbildungsvertrag? Mein Chef sagt, ich bekomme den erst nach der Probezeit und vorher bekomme ich auch kein Geld. Schließlich muss er erst einmal gucken ob ich auch etwas tauge."* Cem lacht Marvin aus. *„Bist du sein Sklave, oder was? Der veräppelt dich aber ganz schön. Das verstößt gegen das Gesetz."* Robin schweigt, denn bei ihm läuft alles gut. Aber er ist sich unsicher. *„Gibt es wirklich Gesetze gegen so was?"*

Arbeitsaufträge

1 Klären Sie, welche Gesetze und Verordnungen in Ihrer Ausbildung für Sie wichtig sind.
2 Erstellen Sie ein Flipchart mit den wesentlichen Inhalten des Berufsbildungsgesetzes. Hängen Sie das Flipchart in der Klasse auf.

Die Ausbildungsordnung

Die Verordnung über die jeweilige Berufsausbildung (**Ausbildungsordnung**) enthält Regelungen über die Ausbildungsdauer, das Ausbildungsberufsbild, den Ausbildungsrahmenplan, den betrieblichen Ausbildungsplan und den Ausbildungsnachweis.

Ausbildungsordnung				
Ausbildungs-dauer	Ausbildungs-berufsbild	Ausbildungs-rahmenlehrplan	betrieblicher Ausbildungsplan	Ausbildungs-nachweis

Ausbildungsdauer

Die Ausbildungsdauer im Bereich Naturwissenschaften/Technik kann **zwei, drei oder dreieinhalb Jahre** betragen. Bei überdurchschnittlichen Leistungen oder aufgrund vorausgegangener Schul- und Ausbildungszeiten kann der Ausbildende oder der Auszubildende bei der Industrie- und Handelskammer bzw. bei der Handwerkskammer einen Antrag auf **Verkürzung** der Ausbildungszeit stellen.

Beispiel:

Die Auszubildende Nicole Ganser ist die beste Schülerin der Klasse. Auch ihr Ausbildungsbetrieb ist mit ihr zufrieden. Aus diesem Grund beantragt der Ausbildende nach Rücksprache mit Nicole bei der Industrie- und Handelskammer eine Verkürzung der Ausbildung zur Industriemechanikerin auf 2,5 Jahre.

Grundsätzlich ist auch eine **Verlängerung** der Ausbildung möglich, wenn diese erforderlich ist, um das Ziel der Ausbildung zu erreichen. Der Antrag auf Verlängerung kann nur vom Auszubildenden selbst gestellt werden.

Beispiel:

Eine Auszubildende versäumt wegen einer langen Krankheit ein halbes Jahr ihrer Ausbildung. Sie stellt bei der zuständigen Kammer den Antrag, die Ausbildung um diesen Zeitraum zu verlängern.

Eine Verlängerung findet auch **bei nicht bestandener Abschlussprüfung** statt. Der oder die Auszubildende muss hierzu innerhalb von zwei Wochen nach Bekanntgabe des negativen Prüfungsergebnisses bei seinem/ihrem Ausbildungsbetrieb schriftlich darum bitten.

§ 21 Abs. 3 BBIG:

Bestehen Auszubildende die Abschlussprüfung nicht, so verlängert sich das Berufsausbildungsverhältnis auf ihr Verlangen bis zur nächstmöglichen Wiederholungsprüfung, höchstens um ein Jahr.

Ausbildungsberufsbild

Die in der Ausbildung im jeweiligen Beruf zu vermittelnden Fertigkeiten, Kenntnisse und Fähigkeiten werden im Ausbildungsberufsbild dargestellt.

§ 4 Verordnung über die Berufsausbildung zum Holzmechaniker und zur Holzmechanikerin (Holzmechanikerausbildungsverordnung – HolzmechAusbV):

(1) Die Berufsausbildung gliedert sich in:
1. fachrichtungsübergreifende berufsprofilgebende Fertigkeiten, Kenntnisse und Fähigkeiten,
2. berufsprofilgebende Fertigkeiten, Kenntnisse und Fähigkeiten in der Fachrichtung
a) Herstellen von Möbeln und Innenausbauteilen,
b) Herstellen von Bauelementen, Holzpackmitteln und Rahmen oder
c) Montieren von Innenausbauten und Bauelementen,
[…]

Ausbildungsrahmenplan und betrieblicher Ausbildungsplan

Die sachliche Gliederung der Berufsausbildung erfolgt im Ausbildungsrahmenplan, dem eine **zeitliche Gliederung** beigefügt ist. Hier ist das Ausbildungsberufsbild konkretisiert und es ist genau aufgeführt, in welchem Ausbildungsabschnitt den Auszubildenden welche Fertigkeiten, Kenntnisse und Fähigkeiten zu vermitteln sind.

Auszug aus dem Ausbildungsrahmenplan für die Berufsausbildung zum Holzmechaniker und zur Holzmechanikerin[1]

Lfd. Nr.	Teil des Ausbildungsberufsbildes	Zu vermittelnde Fertigkeiten, Kenntnisse und Fähigkeiten
4	Be- und Verarbeiten von Holz, Holzwerk- und sonstigen Werkstoffen (§ 4 Abs. 2 Nr. 4)	a) Arten und Eigenschaften von Holz und Holzwerkstoffen unterscheiden b) Holzfeuchte bestimmen und Ergebnisse berücksichtigen c) Holz und Holzwerkstoffe auftragsbezogen auswählen, transportieren und lagern …
5	Herstellen, Vormontieren, Zusammenbauen und Demontieren von Teilen (§ 4 Abs. 2 Nr. 5)	a) Holz, Holzwerk- und sonstige Werkstoffe zurichten b) Teile nach Vorgaben formatieren c) Teile unter Einsatz maschineller Bearbeitungstechniken, insbesondere durch Sägen, Hobeln, Bohren, Fräsen und Schleifen, herstellen …

Auf der Grundlage des Ausbildungsrahmenplans erstellt der Ausbildungsbetrieb für jede(n) Auszubildende(n) einen **betrieblichen Ausbildungsplan**. Er hat so die Möglichkeit, die gesetzlichen Vorgaben auf die konkreten betrieblichen Bedingungen zu übertragen. Der betriebliche Ausbildungsplan ist dem/der Auszubildenden zu Beginn der Ausbildung auszuhändigen. Er beinhaltet

- einen in zeitlicher und sachlicher Hinsicht vollständigen **Überblick über den Ablauf der Ausbildung**
und
- einen **Umsetzungs- und Schulungsterminplan**, der die Abfolge der Ausbildung in den einzelnen Abteilungen festlegt.

---

1 BMWE: HolzmechAusbV, S. 2

Ausbildungsnachweis (Berichtsheft)

Um den ordnungsgemäßen Ablauf der Ausbildung belegen zu können, führt der/die Auszubildende einen **Ausbildungsnachweis** (**Berichtsheft**). Das Berichtsheft ist vom Ausbildenden regelmäßig durchzusehen und vom Ausbildenden sowie vom Auszubildenden zu unterschreiben. Dem/der Auszubildenden ist Gelegenheit zu geben, das Berichtsheft während der Ausbildungszeit zu führen.

Prüfungen

Die Ausbildungsordnung enthält die für den jeweiligen Beruf geltenden Prüfungsbestimmungen.

So wird die Bedeutung der **Zwischenprüfung** beschrieben. Je nach Beruf fließt diese anteilig in die Abschlussprüfung als sogenannte „gestreckte Prüfung" ein oder gilt als Momentaufnahme der theoretischen und praktischen beruflichen Fähigkeiten und Fertigkeiten.

Des Weiteren werden die Bestimmungen der **Abschlussprüfung** dargestellt. Darunter fallen die Prüfungsbereiche, die jeweiligen Gewichtungen dieser Bereiche und die Bestimmungen zum Bestehen der Prüfung.

Das Berufsbildungsgesetz (BBiG)

Die berufliche Ausbildung, Fortbildung und Umschulung sind im **Berufsbildungsgesetz** (BBiG) geregelt.

 Praxistipp: Das Berufsbildungsgesetz finden Sie im Internet unter www.gesetze-im-internet. de/bbig_2005/.

Der Ausbildungsvertrag

Vor Beginn der Ausbildung muss zwischen Ausbildendem und Auszubildendem ein Ausbildungsvertrag abgeschlossen werden.

Auszubildender ist derjenige, der ausgebildet wird. Minderjährige Auszubildende benötigen zum Abschluss des Ausbildungsvertrages die Zustimmung des gesetzlichen Vertreters.

Beispiel:

Daniela Schaub hat vor vier Wochen einen Ausbildungsvertrag zur Elektronikerin mit der Sommerfeld GmbH abgeschlossen. Da sie bei Vertragsunterschrift noch nicht volljährig war, haben auch ihre Eltern als Erziehungsberechtigte unterschrieben.

Ausbildender ist derjenige, der einen anderen zur Berufsausbildung einstellt.

Beispiel:

Daniela wird von der Sommerfeld GmbH ausgebildet. Die Sommerfeld GmbH ist Ausbildender.

Ausbilder ist derjenige, der vom Ausbildenden mit der Durchführung der Ausbildung betraut ist.

Beispiel:

Daniela wird zunächst in der Produktion eingesetzt. Hier wird sie von Herrn Weselberg betreut. Herr Weselberg ist ihr Ausbilder.

Der Ausbildungsvertrag muss **vor Beginn der Ausbildung schriftlich** niedergelegt werden.

Hierfür wird in der Praxis meist ein Vordruck der Industrie- und Handelskammer (IHK) oder der Handwerkskammer (HWK) verwendet. Der Vertrag muss folgende **Mindestangaben** enthalten:

1. Art, sachliche und zeitliche Gliederung sowie Ziel der Berufsausbildung
2. Beginn und Dauer der Berufsausbildung
3. Ausbildungsmaßnahmen außerhalb der Ausbildungsstätte
4. Dauer der täglichen Ausbildungszeit
5. Dauer der Probezeit
6. Zahlung und Höhe der Vergütung
7. Dauer des Urlaubs
8. Voraussetzungen, unter denen der Vertrag gekündigt werden kann

Der Ausbildungsvertrag muss der Industrie- und Handelskammer bzw. der Handwerkskammer zur **Eintragung in das Verzeichnis der Berufsausbildungsverhältnisse** vorgelegt werden.
Mit Abschluss des Ausbildungsvertrages übernehmen Ausbildender und Auszubildender Pflichten, die gleichzeitig die Rechte der anderen Vertragspartei sind.

Pflichten des Ausbildenden

- Der Ausbildende hat dafür zu sorgen, dass dem Auszubildenden die **Fertigkeiten und Kenntnisse** vermittelt werden, die zum Erreichen des Ausbildungszieles erforderlich sind.

Beispiel:

Der Ausbildungsrahmenplan für den Kfz-Mechatroniker sieht vor, Umweltmanagement im Betrieb zu vermitteln. Im Betrieb lernt der Auszubildende den Umgang und das Recyceln von Altöl und anderen Gefahrenstoffen.

- Die Ausbildung muss entweder **vom Ausbildenden selbst** oder von **persönlich und fachlich geeigneten Ausbildern** durchgeführt werden.

Beispiel:

Als Ausbilder setzt der Ausbildende den zuständigen Abteilungsleiter ein. Alle Abteilungsleiter haben vor der Industrie- und Handelskammer bzw. der Handwerkskammer eine Prüfung als Ausbilder nach der Ausbilder-Eignungsverordnung abgelegt.

- Dem Auszubildenden müssen die **Ausbildungsmittel kostenlos** zur Verfügung gestellt werden. Dabei handelt es sich um die Ausbildungsmittel, deren Anschaffung der Betrieb anordnet.

Beispiel:

Berichtshefte, Fachbücher und Schreibmaterial für die Ausbildung im Betrieb (nicht in der Schule); vorgeschriebene Berufskleidung, z. B. Blaumann oder Kittel, Sicherheitsschuhe

- Der Auszubildende ist zum **Besuch der Berufsschule** und zum **Führen des Berichtsheftes** (Ausbildungsnachweis) anzuhalten. Das ordnungsgemäß geführte Berichtsheft ist Voraussetzung für die Zulassung zur Abschlussprüfung.

Beispiel:

Daniela Schaub muss ihr Berichtsheft einmal im Monat dem jeweiligen Abteilungsleiter vorlegen. Dieser sieht es durch und zeichnet es ab.

- Der Ausbildende muss dafür sorgen, dass dem Auszubildenden **nur Tätigkeiten** übertragen werden, **die dem Ausbildungszweck** dienen und seinen **körperlichen Kräften angemessen** sind.

Beispiel:

Daniela Schaub ist als Auszubildende der Sommerfeld GmbH in der Produktion eingesetzt. Alle hier anfallenden Arbeiten hat sie auszuführen. Als der Lagerarbeiter Herr Ganser sie auffordert, für ihn private Besorgungen zu erledigen, schreitet Herr Weselberg ein und teilt Herrn Ganser mit, dass Daniela nur Tätigkeiten übertragen werden dürfen, die dem Ausbildungszweck dienen.

- Der Auszubildende muss für die **Teilnahme am Berufsschulunterricht** und an **Prüfungen freigestellt werden**. Dies gilt auch für andere schulische Veranstaltungen.

Beispiel:

Die Berufsschule führt einmal im Jahr einen Wandertag durch. Herr Weselberg ist der Meinung, dies habe nichts mit der Ausbildung zu tun. Herr Weselberg ist im Irrtum; der Wandertag ist eine schulische Veranstaltung, für die er seine Auszubildende freistellen muss.

- Dem Auszubildenden muss bei Beendigung des Ausbildungsverhältnisses ein **Zeugnis** ausgestellt werden. Der Auszubildende kann dabei zwischen dem **einfachen Arbeitszeugnis** und dem **qualifizierten Arbeitszeugnis** wählen (vgl. S. 254).

Beispiel:

Das einfache Arbeitszeugnis enthält Angaben über Art, Dauer und Ziel der Berufsausbildung sowie die erworbenen Fertigkeiten und Kenntnisse. Das qualifizierte Arbeitszeugnis enthält zusätzlich Angaben über Führung, Leistung und besondere fachliche Fähigkeiten.

- Dem Auszubildenden ist eine **angemessene Vergütung** zu zahlen.

Beispiel:

Ein Auszubildender zum Kfz-Mechatroniker erhält folgende Ausbildungsvergütung (2016).

Ausbildungsjahr	Ausbildungsvergütung im Monat
1.	595,00 €
2.	645,00 €
3.	725,00 €
4.	795,00 €

- Die Vergütung muss spätestens **am letzten Arbeitstag des Monats** gezahlt werden. Eine über die regelmäßige Ausbildungszeit hinausgehende Beschäftigung ist besonders zu vergüten.
- Erkrankt der Auszubildende, wird die Vergütung bis zur Dauer von sechs Wochen durch den Ausbildenden weitergezahlt, danach erhält er von der zuständigen Krankenversicherung **Krankengeld**.

Pflichten des Auszubildenden

- Der Auszubildende hat sich zu bemühen, die **Fertigkeiten und Kenntnisse** zu erwerben, die zur Erreichung des Ausbildungsziels erforderlich sind.

Beispiel:

Die Auszubildende Kirsten Schorn, eine Mitschülerin von Daniela Schaub, besucht regelmäßig die Berufsschule, macht die Hausaufgaben und arbeitet im Unterricht mit. Trotzdem ist das Ergebnis in der Zwischenprüfung mangelhaft. Ihr Ausbilder droht daraufhin mit Kündigung. Eine Kündigung ist in diesem Fall nicht zulässig, da die Auszubildende sich bemüht hat, das Ziel der Ausbildung zu erreichen.

- Der Auszubildende muss alle ihm im Rahmen der Ausbildung **aufgetragenen Tätigkeiten sorgfältig ausführen (Sorgfaltspflicht).**

Beispiel:

Kirsten Schorn lässt den Werkzeugkoffer, der ihr vom Betrieb zur Verfügung gestellt wurde, auf der Fahrt nach Hause im Bus liegen. Sie ist zum Ersatz des Schadens verpflichtet, da sie gegen die Sorgfaltspflicht verstoßen hat.

- Der Auszubildende muss an **Ausbildungsmaßnahmen,** für die er freigestellt ist, **teilnehmen.**

Beispiel:

Eine Auszubildende schwänzt mehrfach die Berufsschule. Hierbei handelt es sich um eine grobe Pflichtverletzung der Auszubildenden, die zu einer Kündigung führen kann.

- **Weisungen**, die ihm im Rahmen der Berufsausbildung erteilt werden, muss der Auszubildende **befolgen (Gehorsamspflicht)**.

Beispiel:

Robin Strasek soll im Rahmen seiner Ausbildung zum Kfz-Mechatroniker die Werkstatt aufräumen. Robin hat keine Lust die „Putze vom Dienst" zu spielen, setzt sich auf einen Stapel Reifen und spielt mit seinem Smartphone. Der Meister Tom Vogler erteilt ihm daraufhin die Weisung, die Werkstatt gründlich zu putzen. Robin muss der Anordnung folgen.

- Die für die **Ausbildungsstätte geltende Ordnung ist zu beachten.**

Beispiel:

In allen Räumen des Ausbildungsbetriebes gilt striktes Rauchverbot. Hieran muss sich jeder Auszubildende halten.

- Arbeitsmittel und Einrichtungen sind **pfleglich zu behandeln.**

Beispiel:

Daniela benutzt eine vom Betrieb überlassene Schere zum Öffnen einer Getränkeflasche. Die Schere bricht ab. Daniela muss das Werkzeug ersetzen.

- Über Betriebs- und Geschäftsgeheimnisse ist **Stillschweigen** zu wahren (**Schweigepflicht**).

Beispiel:

Robins Kumpel ist Auszubildender in einem Konkurrenzbetrieb. Robin berichtet ihm von einem Telefongespräch des Chefs mit der Bank, das er mitgehört hat. Herr Siebert hat keinen weiteren Kredit erhalten und steht vor großen finanziellen Problemen. Robin verstößt gegen die ihm auferlegte Schweigepflicht, da er betriebsinterne Geheimnisse ausplaudert.

Beginn und Beendigung der Ausbildung

Das Berufsausbildungsverhältnis beginnt mit der **Probezeit.** Sie muss **mindestens einen Monat und darf höchstens vier Monate betragen**. In der Probezeit prüft der Auszubildende, ob ihm der Beruf gefällt, und der Ausbildende, ob der Auszubildende für den Beruf geeignet ist.

Das Ausbildungsverhältnis endet **mit Ablauf der Ausbildungszeit**. Besteht der Auszubildende die Prüfung zu einem früheren Zeitpunkt, so endet das Ausbildungsverhältnis **mit Bestehen der Abschlussprüfung**.

Beispiel:

Danielas Ausbildungsvertrag endet am 31. August. Am 15. Juni schließt sie vor dem Prüfungsausschuss der Industrie- und Handelskammer erfolgreich die Abschlussprüfung ab. Mit diesem Tag endet das Ausbildungsverhältnis und ihr steht im Falle der Übernahme das entsprechende Tarifgehalt zu.

Eine **Kündigung** des Ausbildungsverhältnisses ist in folgenden Fällen möglich:
- **Während der Probezeit:** Jederzeit ohne Einhaltung einer Frist und Angabe von Gründen. Die Kündigung muss schriftlich erfolgen.

Beispiel:

Silke stellt während der Probezeit fest, dass ihr die Ausbildung zur Anlagenmechanikerin SHK nicht zusagt. Sie teilt dies ihrem Chef mit und kündigt das Ausbildungsverhältnis schriftlich.

- **Nach der Probezeit:**
  - » **Aus einem wichtigen Grund** ohne Einhaltung einer Kündigungsfrist. Die **fristlose Kündigung** muss spätestens zwei Wochen nach Bekanntwerden des Grundes erfolgen,

Beispiel:

Ein Auszubildender wird bei einem Diebstahl ertappt. Der Chef kündigt ihm unverzüglich fristlos.

  - » vom Auszubildenden **mit einer Frist von vier Wochen,**
    - – wenn der Auszubildende **die Berufsausbildung aufgeben** will,

Beispiel:

Silke findet den Mann fürs Leben. Sie möchte heiraten und Hausfrau und Mutter sein. Mit einer Frist von vier Wochen kann sie ihren Ausbildungsvertrag kündigen.

    - – wenn er sich **für einen anderen Beruf ausbilden** lassen will.

Beispiel:

Ein Jahr nach Beginn der Ausbildung zur Anlagenmechanikerin SHK kann Silke eine Ausbildung in ihrem Traumberuf als Goldschmiedin antreten. Sie kündigt mit einer Frist von vier Wochen.

Die Kündigung muss **schriftlich** und unter Angabe der Kündigungsgründe erfolgen. Kündigt ein Vertragspartner nach Ablauf der Probezeit das Ausbildungsverhältnis ohne wichtigen Grund, ist er dem anderen zum Schadenersatz verpflichtet.

Einhaltung des Berufsbildungsgesetzes

Die Einhaltung des Berufsbildungsgesetzes wird durch die **zuständigen Stellen** (Industrie- und Handelskammer, Handwerkskammer) überwacht. Hier stehen **Ausbildungsberater** zur Verfügung, die Auskünfte erteilen und den Auszubildenden bei allen die Berufsausbildung betreffenden Fragen beraten. Darüber hinaus kann er sich an seinen Betriebsrat oder Jugendvertreter, die zuständigen Gewerkschaften, Arbeitgeberverbände und Lehrer und Schülervertreter der Berufsschule wenden.

Zur Beilegung von Streitigkeiten, die sich aus dem Ausbildungsverhältnis ergeben, haben die Kammern paritätisch besetzte **Schlichtungsstellen** eingerichtet. Diese können jederzeit von den Auszubildenden bzw. ihren Erziehungsberechtigten sowie den Ausbildenden angerufen werden. Die Schlichtung ist einem Arbeitsgerichtsverfahren vorgeschaltet.

Die Ausbildungsordnung und das Berufsbildungsgesetz beachten und nutzen und die Regelungen des Berufsausbildungsvertrages nachvollziehen

- Die **Ausbildungsordnung** enthält Regelungen über:
  - » **Ausbildungsdauer**
  - » **Ausbildungsberufsbild**: Fertigkeiten und Kenntnisse, die Gegenstand der Berufsausbildung sind
  - » **Ausbildungsrahmenplan**: sachliche und zeitliche Gliederung der Berufsausbildung
  - » **betrieblicher Ausbildungsplan**: zeitlicher und sachlicher Überblick über den Ablauf der Ausbildung
  - » **Berichtsheft**: Nachweis über den ordnungsgemäßen Ablauf der Ausbildung
  - » **Prüfungsanforderungen**

- Der **Berufsausbildungsvertrag** muss vor Beginn der Berufsausbildung schriftlich abgeschlossen werden.
  - » **Auszubildender** ist derjenige, der ausgebildet wird.
  - » **Ausbildender** ist derjenige, der einen anderen zur Berufsausbildung einstellt.
  - » **Ausbilder** ist derjenige, der vom Ausbildenden mit der Durchführung der Ausbildung betraut ist.
  - » Der Berufsausbildungsvertrag muss bestimmte **Mindestangaben** enthalten.

Pflichten des Ausbildenden	Pflichten des Auszubildenden
• Ausbildungspflicht • Freistellung des Auszubildenden zum Besuch der Berufsschule • Bereitstellung von Arbeitsmitteln • Zeugnispflicht • Vergütung	• Lernpflicht • Besuch der Berufsschule • Gehorsamspflicht • Sorgfaltspflicht • Einhaltung der Betriebsordnung • Schweigepflicht

  » Die **Probezeit** muss mindestens einen Monat und darf höchstens vier Monate betragen.

Übungsaufgaben

1. Während einer Grippewelle fällt die Hälfte der Mitarbeiter der KFZ-Siebert KG aus. Herr Vogler, der Meister der Werkstatt, verbietet dem Auszubildenden Robin daraufhin den Besuch der Berufsschule und fordert ihn stattdessen auf, im Betrieb auszuhelfen. Ist dieses Verhalten zulässig? Begründen Sie Ihre Entscheidung.

2. Robin Strasek beginnt seine Ausbildung in der KFZ-Siebert KG. Nachdem ihn der Ausbildungsmeister durch die Werkstatt geführt hat, erklärt er ihm, dass er als jüngster Auszubildender in der Frühstückspause für alle Kaffee zu kochen habe. Robin ist empört. Er ist der Meinung, dass er zum Kfz-Mechatroniker und nicht zum Kaffee kochen ausgebildet wird. Führen Sie das Gespräch des Ausbildungsleiters mit dem Auszubildenden in Form eines Rollenspiels.
    a) Teilen Sie dazu die Klasse in zwei Gruppen die jeweils in Partnerarbeit Argumente für das Gespräch sammeln.
    b) Führen Sie das Gespräch simuliert in verschiedenen Konstellationen durch.
    c) Sammeln Sie auf einem Flip-Chart Argumente der jeweiligen Seite.

3. a) Erstellen Sie eine Übersicht mit den Rechten und Pflichten des Auszubildenden. Schlagen Sie dazu im Berufsbildungsgesetz nach. Fertigen Sie die Übersicht auf einem großen Bogen Papier an und hängen Sie diesen in der Klasse auf.

    b) In § 14 Abs. 2 Berufsbildungsgesetz heißt es: *„Auszubildenden dürfen nur Aufgaben übertragen werden, die dem Ausbildungszweck dienen und ihren körperlichen Kräften angemessen sind."* Befragen Sie Ihre Mitschüler, welche Tätigkeiten sie in der vergangenen Woche ausgeführt haben, die dem Ausbildungszweck dienen, und welche Tätigkeiten nicht im Sinne der Ausbildung waren. Diskutieren Sie, warum es sinnvoll sein könnte, auch die eine oder andere Tätigkeit auszuführen, die nicht im Sinne der Regelung des Berufsbildungsgesetzes ist.

4. Danielas Freund Jan ist seit einem Jahr als Auszubildender im Beruf Kaufmann für Büromanagement in der Papiergroßhandlung Schneider OHG. Als er eine Lehrstelle in seinem Traumberuf als Fotograf angeboten bekommt, will er das Ausbildungsverhältnis beenden.

    a) Erarbeiten Sie die Möglichkeiten der Kündigung eines Ausbildungsverhältnisses.

    b) Stellen Sie fest, unter welchen Bedingungen Jan seinen Ausbildungsvertrag kündigen kann.

5. Erläutern Sie folgende Begriffe:

    a) Ausbildungsberufsbild,

    b) Ausbildungsrahmenplan,

    c) betrieblicher Ausbildungsplan.

4.1.3   Das Jugendarbeitsschutzgesetz (JArbSchG) erkunden

Daniela Schaub, die gerade 18 Jahre alt geworden ist, hat an zwei Tagen in der Woche Berufsschule. Im Gespräch mit der 17-jährigen Mitschülerin Fatima erfährt sie, dass diese am langen Berufsschultag nach der Schule arbeitsfrei hat und dass dieser Tag mit acht Stunden auf die Wochenarbeitszeit angerechnet wird. Als Daniela ihren Ausbilder darauf anspricht und die gleiche Regelung für sich fordert, lehnt dieser brüsk ab. Der freie Nachmittag sei eine Regelung des Jugendarbeitsschutzgesetzes und das gelte für sie nicht.

Arbeitsaufträge

1 Stellen Sie fest, welche Regelungen das JArbSchG zum Berufsschulbesuch enthält.

2 Prüfen Sie, ob Daniela der freie Nachmittag am langen Berufsschultag zusteht, und begründen Sie Ihre Entscheidung.

Das Jugendarbeitsschutzgesetz soll jugendliche Arbeitnehmer und Auszubildende **vor Überforderung im Berufsleben schützen**. Es enthält neben allgemeinen Vorschriften Regelungen zu den Themen Beschäftigung von Kindern und Jugendlichen, Beschäftigungsverbote und -beschränkungen, Berufsschulbesuch und Prüfungen und Aussagen über die gesundheitliche Betreuung der Auszubildenden.

Jugendarbeitsschutzgesetz

allgemeine Vorschriften	Beschäftigung von Kindern und Jugendlichen	Beschäftigungs-verbote und -be-schränkungen	Berufsschul-besuch und Prüfungen	gesundheit-liche Betreu-ung

Allgemeine Vorschriften

Das Jugendarbeitsschutzgesetz (JArbSchG) gilt für die Beschäftigung von **Personen, die noch nicht 18 Jahre alt sind**. Von 15 bis 18 Jahren ist man Jugendlicher, unter 15 Jahren ist man Kind.

! Praxistipp: Das Jugendarbeitsschutzgesetz finden Sie im Internet unter www.gesetze-im-internet.de/jarbschg/.

Beschäftigung von Kindern und Jugendlichen

- **Die Beschäftigung von Kindern ist grundsätzlich verboten.** Jugendliche unter 15 Jahren dürfen nur in einem Ausbildungsverhältnis oder mit leichten Tätigkeiten (ab 13 Jahren max. zwei Stunden täglich oder zehn Stunden wöchentlich) beschäftigt werden.

Beispiel:

Danielas Cousin Marvin ist 14 Jahre alt. Er möchte sich sein Taschengeld selbst verdienen. Deshalb verteilt er für den Supermarkt an der Ecke jeden Mittwoch Handzettel. Da es sich hierbei um eine leichte Tätigkeit handelt, verstößt diese nicht gegen das JArbSchG.

- Jugendliche dürfen **nicht mehr als acht Stunden täglich und nicht mehr als 40 Stunden wöchentlich** beschäftigt werden. Die tägliche Arbeitszeit ist die Zeit vom Beginn bis zum Ende der Beschäftigung ohne Pausen.

Beispiel:

Fatima arbeitet von 08:00 bis 12:00 Uhr, von 12:30 Uhr bis 15:00 Uhr und von 15:30 bis 17:00 Uhr. Die Arbeitszeit beträgt acht Stunden.

- Die Arbeitszeit, die an einem Werktag infolge eines **gesetzlichen Feiertages ausfällt,** wird auf die wöchentliche Arbeitszeit **angerechnet.**

Beispiel:

Der Tag der Arbeit am 1. Mai fällt auf einen Mittwoch. An diesem Tag hätte Fatima acht Stunden arbeiten müssen. Da der Arbeitstag ausfällt, muss sie in der restlichen Woche nur noch ihre regelmäßige Wochenarbeitszeit abzüglich acht Stunden arbeiten (z. B. 40 Std. – 8 Std. = 32 Std.).

- Wenn an einzelnen Werktagen die Arbeitszeit auf weniger als acht Stunden verkürzt ist, können Jugendliche an den übrigen Tagen der Woche **8,5 Stunden** arbeiten.

Beispiel:

Fatima arbeitet an drei Tagen in der Woche 8,5 Stunden, da sie am Freitag bereits um 14:00 Uhr frei hat.

- Jugendlichen müssen im Voraus feststehende **Ruhepausen** von mindestens 15 Minuten Dauer gewährt werden. Die Pausen betragen
  » bei einer Arbeitszeit von 4,5 bis sechs Stunden 30 Minuten,
  » bei einer Arbeitszeit von mehr als sechs Stunden 60 Minuten.

- Nach Beendigung der täglichen Arbeitszeit dürfen Jugendliche **nicht vor Ablauf von mindestens zwölf Stunden wieder beschäftigt** werden.

Beispiel:

Die 17-jährige Auszubildende Fatima arbeitet an einem Auftrag bis 20:00 Uhr. Sie darf am nächsten Tag frühestens um 08:00 Uhr zur Arbeit eingesetzt werden.

- **Jugendliche dürfen nur in der Zeit von 06:00 Uhr bis 20:00 Uhr beschäftigt werden.** Von dieser Regelung gibt es jedoch Ausnahmen, so z. B. für Bäckereien und Konditoreien, die Gastronomie und die Landwirtschaft.
- **Jugendliche dürfen nur an fünf Tagen in der Woche beschäftigt werden.** Als Arbeitstage gelten auch die Berufsschultage. Die beiden beschäftigungsfreien Tage (Ruhetage) sollten nach Möglichkeit aufeinander folgen.

Beispiel:

Fatima hat Montag ihren langen Berufsschultag. Dienstag und Mittwoch arbeitet sie im Betrieb. Donnerstag hat sie wieder Berufsschule und anschließend geht sie in den Betrieb. Soll sie am Samstag im Betrieb eingesetzt werden, muss der Freitag arbeitsfrei bleiben, da sonst gegen das Gebot der Fünf-Tage-Woche verstoßen werden würde.

- An **Sonntagen** und am **24. und 31. Dezember nach 14:00 Uhr** dürfen Jugendliche nicht beschäftigt werden.

- Der **gesetzliche Urlaubsanspruch** für Jugendliche beträgt
  » 30 Werktage, wenn der Jugendliche noch nicht 16 Jahre alt ist;
  » 27 Werktage, wenn der Jugendliche noch nicht 17 Jahre alt ist;
  » 25 Werktage, wenn der Jugendliche noch nicht 18 Jahre alt ist.

Es gilt jeweils das Alter des Jugendlichen zu Beginn des Kalenderjahres.

Beispiel:

Fatima wird am 19. März 18 Jahre alt. Da sie zu Beginn des Kalenderjahres noch nicht 18 Jahre alt ist, hat sie einen Urlaubsanspruch von 25 Werktagen.

Der **Urlaub** soll den Auszubildenden **während der Berufsschulferien** gewährt werden. Ist dies nicht der Fall, ist für jeden Berufsschultag, an dem die Schule während des Urlaubs besucht wird, ein weiterer Urlaubstag zu gewähren.

Beispiel:

Eine Auszubildende möchte eine Woche Urlaub vor der Abschlussprüfung nehmen. Sie besucht in dieser Woche an zwei Tagen die Berufsschule. Diese beiden Tage werden nicht auf den Urlaub angerechnet.

Berufsschulbesuch und Prüfungen

§ 9 JArbSchG:

(1) Der Arbeitgeber hat den Jugendlichen für die Teilnahme am Berufsschulunterricht freizustellen. Er darf den Jugendlichen nicht beschäftigen
1. vor einem vor 9 Uhr beginnenden Unterricht […],
2. an einem Berufsschultag mit mehr als fünf Unterrichtsstunden von mindestens je 45 Minuten, einmal in der Woche,
3. in Berufsschulwochen mit einem planmäßigen Blockunterricht von mindestens 25 Stunden an mindestens fünf Tagen; zusätzliche betriebliche Ausbildungsveranstaltungen bis zu zwei Stunden wöchentlich sind zulässig.
(2) Auf die Arbeitszeit werden angerechnet
1. Berufsschultage nach Abs. 1 Nr. 2 mit acht Stunden,
2. Berufsschulwochen nach Abs. 1 Nr. 3 mit 40 Stunden,
3. im Übrigen die Unterrichtszeit einschließlich der Pausen.

Beispiel:

Die 17-jährige Fatima hat am Montag ihren langen Berufsschultag mit sechs Unterrichtsstunden. Dieser Tag wird mit acht Stunden auf die wöchentliche Arbeitszeit angerechnet. Am Mittwoch dauert der Unterricht von 08:00 Uhr bis 09:30 Uhr und von 09:50 Uhr bis 11:20 Uhr. Dieser Berufsschultag wird mit drei Stunden und 20 Minuten auf die Arbeitszeit angerechnet.

§ 9 Abs. 3 JarbSchG:

Ein Entgeltausfall darf durch den Besuch der Berufsschule nicht eintreten.

Der Arbeitgeber hat den Jugendlichen **für Prüfungen freizustellen**. Dies gilt auch für den Arbeitstag unmittelbar vor der schriftlichen Abschlussprüfung.

Beispiel:

Die schriftliche Abschlussprüfung beginnt am Montag. Hier entfällt der Freistellungsanspruch, da dem Prüfungstag kein Arbeitstag unmittelbar vorangeht.

Beschäftigungsverbote und -beschränkungen

Jugendliche dürfen nicht beschäftigt werden
- mit Arbeiten, die ihre Leistungsfähigkeiten übersteigen,
- mit Arbeiten, bei denen sie sittlichen Gefahren ausgesetzt sind,
- mit Arbeiten, die mit Unfallgefahren verbunden sind und
- mit Arbeiten, die ihre Gesundheit gefährden.

Gesundheitliche Betreuung

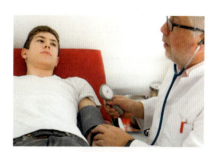

Vor Beginn der Ausbildung müssen alle Jugendlichen **von einem Arzt untersucht** worden sein**.** Die Untersuchung darf nicht mehr als 14 Monate zurückliegen. Ein Jahr nach Aufnahme der Beschäftigung müssen sich alle Jugendlichen einer ärztlichen **Nachuntersuchung** unterziehen. Die Untersuchungen sind kostenlos. Die Einhaltung des Jugendarbeitsschutzgesetzes wird durch die **staatlichen Ämter für Gewerbeschutz und Sicherheitstechnik** überwacht (vgl. S. 207).

Das Jugendarbeitsschutzgesetz erkunden

- Das Jugendarbeitsschutzgesetz soll jugendliche Arbeitnehmer und Auszubildende **vor Überforderung im Berufsleben schützen**.
- Es enthält
  » allgemeinen Vorschriften,
  » Regelungen zur Beschäftigung von Kindern und Jugendlichen,
  » Beschäftigungsverbote und -beschränkungen,
  » Regelungen zu Berufsschulbesuch und Prüfungen und
  » Aussagen über die gesundheitliche Betreuung der Auszubildenden.

Übungsaufgaben

1. Diana Feld (17 Jahre) ist seit einer Woche als Auszubildende in der Produktion eingesetzt. Als erste selbstständige Aufgabe soll sie ihren Wocheneinsatzplan erstellen. Helfen Sie Nicole bei der Lösung dieser Aufgabe. Berücksichtigen Sie dabei folgende Bedingungen:
   a) Die Geschäftszeiten der Sommerfeld GmbH sind werktags von 08:00 Uhr bis 12:00 Uhr und 13:00 Uhr bis 17:00 Uhr.
   b) Nicole hat am Dienstag von 08:00 Uhr bis 14:00 Uhr und am Donnerstag von 08:00 Uhr bis 12:30 Uhr Berufsschule.
   c) Am Montag soll Nicole ganztägig in der Produktion sein.
   d) Die tarifvertragliche Arbeitszeit ist zu berücksichtigen. Erfragen Sie die für Sie geltende tarifvertragliche Wochenarbeitszeit in der Personalabteilung, bei Ihrem Jugendvertreter oder Betriebsrat.
   e) Berücksichtigen Sie die Regelungen des Jugendarbeitsschutzgesetzes zur täglichen und wöchentlichen Arbeitszeit, zur Festlegung der Pausen und zum Berufsschulbesuch.

2. Erstellen Sie Ihren eigenen Wocheneinsatzplan und vergleichen Sie diesen mit den Einsatzplänen Ihrer Mitschüler. Diskutieren Sie Unterschiede, Gemeinsamkeiten und klären Sie Abweichungen von den gesetzlichen Regelungen.

3. Das Jugendarbeitsschutzgesetz enthält Regelungen über die Beschäftigung von Kindern und Jugendlichen, Beschäftigungsverbote und -beschränkungen, Berufsschulbesuch, Prüfungen und Aussagen über die gesundheitliche Betreuung der Auszubildenden. Erläutern Sie jede dieser Regelungen an je einem Beispiel, das Sie persönlich betreffen könnte.

4.1.4 Sich über Institutionen zur Durchsetzung ausbildungsrechtlicher Ansprüche informieren

Als Daniela Schaub im Pausenraum der Sommerfeld GmbH sitzt, spricht sie Frau Ute Stefer an. *„Schön, dass ich Sie auch einmal kennenlerne“*, sagt sie. *„Wenns Ärger in der Ausbildung gibt, können Sie sich jederzeit an mich wenden.“*

Zurück an der Werkbank fragt sie ihren Kollegen Jan Fledder, warum sie sich ausgerechnet an Frau Stefer wenden solle. *„Die ist doch die Betriebsratsvorsitzende der Sommerfeld GmbH“*, antwortet Jan. *„Und was hat die mit meiner Ausbildung zu tun?“*, fragt Daniela.

Arbeitsaufträge

1 Erläutern Sie, welche Institutionen es zum Schutz der Auszubildenden gibt, und stellen Sie deren Aufgaben dar.
2 Stellen Sie fest, welche Rechte der Betriebsrat und die Jugend- und Auszubildendenvertretung haben.

Institutionen, an die sich der Auszubildende bei ausbildungsrechtlichen Fragen wenden kann, sind der Betriebsrat, die Jugend- und Auszubildendenvertretung, die Kammern, die Gewerkschaften und die Arbeitsschutzbehörden.

Institutionen zur Durchsetzung arbeitsrechtlicher Ansprüche

Betriebsrat	Jugend- und Auszubildendenvertretung	Kammern (IHK, HWK)	Gewerkschaften	Arbeitsschutzbehörden

Der Betriebsrat

Zur Wahrnehmung seiner Aufgaben hat der Betriebsrat Rechte, die im **Betriebsverfassungsgesetz** (BetrVG) geregelt sind (vgl. S. 260).

! **Praxistipp:** Das Betriebsverfassungsgesetz finden Sie im Internet unter www.gesetze-im-internet.de/betrvg/.

Die Jugend- und Auszubildendenvertretung (JAV)

In Betrieben mit mindestens fünf Arbeitnehmern bis zu 18 Jahren oder Auszubildenden bis zu 25 Jahren kann eine **Jugend- und Auszubildendenvertretung** (JAV) gewählt werden. Sie nimmt die besonderen Belange der Jugendlichen und Auszubildenden im Betriebsrat wahr (vgl. S. 260 ff.).

Die Kammern als zuständige Stellen

Die Kammern (**Industrie- und Handelskammer, Handwerkskammer, Rechtsanwaltskammer, Landwirtschaftskammer usw.**) überwachen als sogenannte zuständige Stellen den betrieblichen Teil der Berufsausbildung und nehmen die Abschlussprüfung ab.

Zur Überwachung der Ausbildung und Beratung der an der Ausbildung Beteiligten stehen bei den Kammern **Ausbildungsberater** zur Verfügung. Bei Streitigkeiten können sich die Auszubildenden an die **Schlichtungsstellen** (vgl. S. 199) wenden.

> **Beispiel:**
> Ein Auszubildender der KFZ-Siebert KG plant die Verkürzung seiner Ausbildung. Er besucht den Ausbildungsberater der HWK in seiner Sprechstunde und lässt sich über die Vor- und Nachteile dieses Schrittes beraten.

Die Gewerkschaften

> **Artikel 9 Abs. 3 Grundgesetz:**
> Das Recht, zur Wahrung und Förderung der Arbeits- und Wirtschaftsbedingungen Vereinigungen zu bilden, ist für jedermann und für alle Berufe gewährleistet. [...]

! **Praxistipp:** Das Grundgesetz finden Sie im Internet unter www.gesetze-im-internet.de/gg/

Dieses im Grundgesetz garantierte Recht der Arbeitnehmer und Arbeitgeber zur Gründung von Gewerkschaften oder Arbeitgeberverbänden wird auch als **Koalitionsfreiheit** bezeichnet.

> **Beispiel:**
> - Die Sommerfeld GmbH ist Mitglied in der Tarifgemeinschaft des Landesverbandes Holzindustrie und Kunststoffverarbeitung Nordrhein e. V.
> - Die Arbeitnehmer der Sommerfeld GmbH, die sich einer Gewerkschaft angeschlossen haben, sind in der IG-Metall, Holz- und kunststoffverarbeitende Industrie Nordrhein, organisiert.

Arbeitsschutzbehörden

Für die Einhaltung aller Schutzvorschriften ist der Arbeitgeber verantwortlich. Neben den **Berufsgenossenschaften** und dem **TÜV** als außerbetriebliche Überwachungsorgane überwachen der **Betriebsrat, Betriebsärzte** und **Sicherheitsbeauftragte** als innerbetriebliche Überwachungsorgane die Durchführung der Unfallverhütung. Die **staatlichen Ämter für Gewerbeschutz und Sicherheitstechnik** sind staatliche Organe, die die Einhaltung der Arbeitsschutzvorschriften garantieren sollen.

Sich über Institutionen zur Durchsetzung ausbildungsrechtlicher Ansprüche informieren

- **Der Betriebsrat** vertritt die Belange der Arbeitnehmer eines Unternehmens.
- **Die Jugend- und Auszubildendenvertretung** vertritt die Belange der Jugendlichen und Auszubildenden eines Unternehmens.
- **Die Kammern** überwachen als zuständige Stellen den betrieblichen Teil der Berufsausbildung und nehmen die Prüfungen ab.
- **Die Gewerkschaften** vertreten die Belange der Arbeitnehmer aller Unternehmen.
- **Arbeitsschutzbehörden** sind die Berufsgenossenschaft, der TÜV und die Ämter für Gewerbeschutz und Sicherheitstechnik (= außerbetriebliche Überwachungsorgane). Innerbetriebliche Überwachungsorgane sind der Sicherheitsbeauftragte, der Betriebsarzt und der Betriebsrat.

Übungsaufgaben

1. Stellen Sie fest, ob es in Ihrem Ausbildungsbetrieb einen Betriebsrat oder eine Jugend- und Auszubildendenvertretung gibt, und nehmen Sie Kontakt zu Ihrer Vertretung auf. Lassen Sie sich von Ihrem Arbeitnehmervertreter erläutern, welche Aufgaben er wahrnimmt.

2. Nehmen Sie im Rahmen einer Internetrecherche Kontakt zu der für Sie zuständigen Stelle auf. Stellen Sie fest, welche Dienstleistungen die Kammer erbringt und welche Funktionen sie im Rahmen der Berufsbildung wahrnimmt.

3. Erläutern Sie die Aufgaben des Ausbildungsberaters und der Schlichtungsstelle der zuständigen Stelle.

4. Bilden Sie in der Klasse zwei Gruppen. Die eine Gruppe sammelt Gründe, die für die Mitgliedschaft in einer Gewerkschaft sprechen, die andere Gruppe sammelt Gründe gegen eine Mitgliedschaft. Wählen Sie einen Diskussionsleiter und führen Sie ein Streitgespräch.

5. Stellen Sie fest, wer in Ihrem Ausbildungsbetrieb die Funktion des Sicherheitsbeauftragten ausübt und welches die für Sie zuständige Berufsgenossenschaft ist.
   a) Befragen Sie Ihren Sicherheitsbeauftragten nach seinen Aufgaben.
   b) Ermitteln Sie die Leistungen der Berufsgenossenschaft im Rahmen einer Internetrecherche.

4.1.5 Den Aufbau eines Betriebes und die Arbeits- und Geschäftsprozesse nachvollziehen

Daniela Schaub hat ihren betrieblichen Ausbildungsplan bekommen. Danach ist sie in den nächsten Wochen in der Lehrwerkstatt der Sommerfeld GmbH eingesetzt. Der Abteilungsleiter der Personalabteilung, Franz Krämer, hat sie zu einem Gespräch gebeten. *„Darf ich Ihnen Heinz Oelkers vorstellen"*, sagt Franz Krämer freundlich. *„Herr Oelkers ist unser Elektromeister;*

bei ihm werden Sie die nächste Zeit verbringen. Er wird Ihnen bei der Orientierung im Unternehmen helfen und Ihnen Ihren Verantwortungsbereich erläutern." „Herzlich willkommen!", ergänzt Herr Oelkers. „Wir kennen uns ja aus dem Einstellungstest. Ich habe Ihnen hier das Organigramm der Sommerfeld GmbH mitgebracht, damit Sie wissen, wer hier was zu sagen hat." Herr Oelkers übergibt Daniela eine Mappe mit Papieren.

Arbeitsaufträge

1 Erläutern Sie das Organigramm der Sommerfeld GmbH (vgl. S. 12 f.) und vergleichen Sie dieses mit anderen Formen der Aufbauorganisation.
2 Erstellen Sie das Organigramm Ihres Ausbildungsbetriebes. Stellen Sie die Organigramme in der Klasse vor und diskutieren Sie Unterschiede und Gemeinsamkeiten.

Die **Organisation** ist ein wesentliches Instrument zur Zielerreichung eines Unternehmens. Sie soll gewährleisten, dass alle anfallenden Arbeiten reibungslos und mit dem geringsten Aufwand zielorientiert erledigt werden. Dabei ist zu klären, wie das Unternehmen aufgebaut wird (**Aufbauorganisation**) und wie die Arbeitsabläufe organisiert werden (**Ablauforganisation**).

Aufbauorganisation

Um ein Unternehmen zu organisieren, muss zuerst im Rahmen einer **Aufgabenanalyse** festgestellt werden, welche Aufgaben, Tätigkeiten und Arbeiten zu erledigen sind. Diese ergeben sich aus den betrieblichen Zielen. Jede **Hauptaufgabe** wird in **Teilaufgaben** – und diese wiederum in **Einzelaufgaben** – zerlegt. Die Einzelaufgaben können weiter in **Aufgabenelemente** gegliedert werden.

Nachdem die Ebene der Einzelaufgaben und Aufgabenelemente erreicht ist, müssen diese im nächsten Schritt zu sinnvollen Aufgabenbereichen zusammengefügt werden (**Aufgabensynthese**). Hierdurch werden **Stellen** und **Abteilungen** gebildet.

Alle Aufgaben eines Betriebes werden von den Mitarbeitern erfüllt. Daher müssen die Aufgaben so zusammengefasst werden, dass sie von einem einzelnen Mitarbeiter bewältigt werden können. Der Aufgabenbereich eines Mitarbeiters wird als **Stelle** bezeichnet. Die Stelle gibt somit den Wirkungsbereich des Mitarbeiters an. Seine Aufgaben werden in einer **Stellenbeschreibung** festgeschrieben und in einem **Stellenplan** dargestellt. Übernimmt der Inhaber einer Stelle Leitungsaufgaben oder hat er Entscheidungskompetenzen anderen Stellen gegenüber, so spricht man von einer **Instanz**.

Beispiel:

Alle Aufgaben der Wartung und des Einsatzes des Fuhrparks der Sommerfeld GmbH sind zu einer Stelle zusammengefasst. Diese Stelle ist der Arbeitsplatz von Michael Schumacher.

Je nach Anordnung der Stellen **mit Entscheidungs- und Weisungsbefugnis** lassen sich die folgenden **Grundformen der Aufbauorganisation** bilden.

Einliniensystem

Bekommt jede Stelle nur von einer einzigen übergeordneten Stelle Anweisungen, liegt ein **Einliniensystem** vor.

Beispiel:

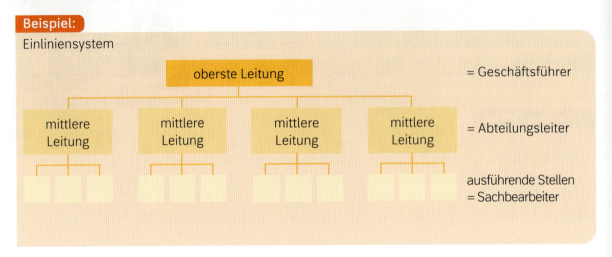

Mehrliniensystem

Erhält eine Stelle von mehreren übergeordneten Instanzen Anweisungen, spricht man von einem **Mehrliniensystem**.

Beispiel:

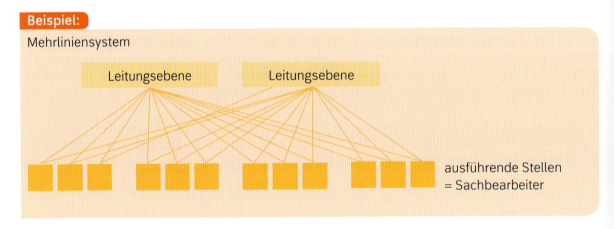

Stabliniensystem

Instanzen können sogenannten **Stabsstellen** zugeordnet werden. Diese verfügen über keinerlei Entscheidungs- oder Weisungskompetenz. Die Inhaber der Stabsstellen unterstützen ihre jeweilige Instanz bei der Wahrnehmung ihrer Aufgaben. Die Entscheidung trifft immer der Inhaber der Instanz.

Petra Lauer ist Umweltbeauftragte der Sommerfeld GmbH. Bei ihrer Stelle handelt es sich um eine Stabsstelle.

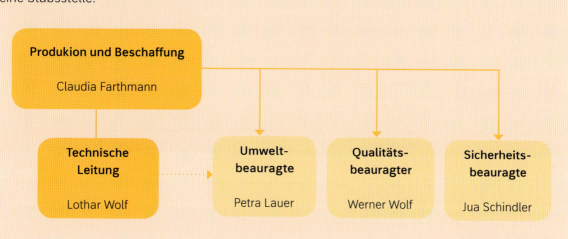

Ablauforganisation

Im Rahmen der Ablauforganisation wird festgelegt, wie die Arbeitsabläufe organisiert werden. Es wird bestimmt, **wie** eine Tätigkeit ausgeführt werden muss und **welche Sachmittel** dabei eingesetzt werden.

- Welche Maschine produziert welches Bauteil?
- Welche Bauteile werden wann benötigt?
- Wer baut wann welche Bauteile zusammen?

Zusätzlich wird festgelegt, **welche** betrieblichen **Organisationseinheiten** bei der Aufgabenerfüllung zusammenarbeiten und **in welcher Reihenfolge** die Arbeitsprozesse ablaufen. Diese Festlegung kann als schriftliche Regelung oder in Form einer grafischen Darstellung erfolgen.

Schriftliche Regelung der Sommerfeld GmbH für die Wareneingangskontrolle:
„Der Mitarbeiter in der Warenannahme übernimmt vom Spediteur (Fahrer) die Waren und prüft die richtige Empfangsadresse auf den Begleitpapieren. Ist der Empfänger nicht korrekt (Irrläufer, falsche Lagerstätte o. Ä.), so wird der Leiter der Warenannahme eingeschaltet, der dann zu entscheiden hat. Die Angaben auf den Warenbegleitpapieren (Lieferschein, Frachtbrief) werden mit der Sendung verglichen (Stückzahl usw.) ...“

Beispiel:

Grafische Darstellung der KFZ-Siebert KG für die Auftragsbearbeitung einer Kfz-Panne

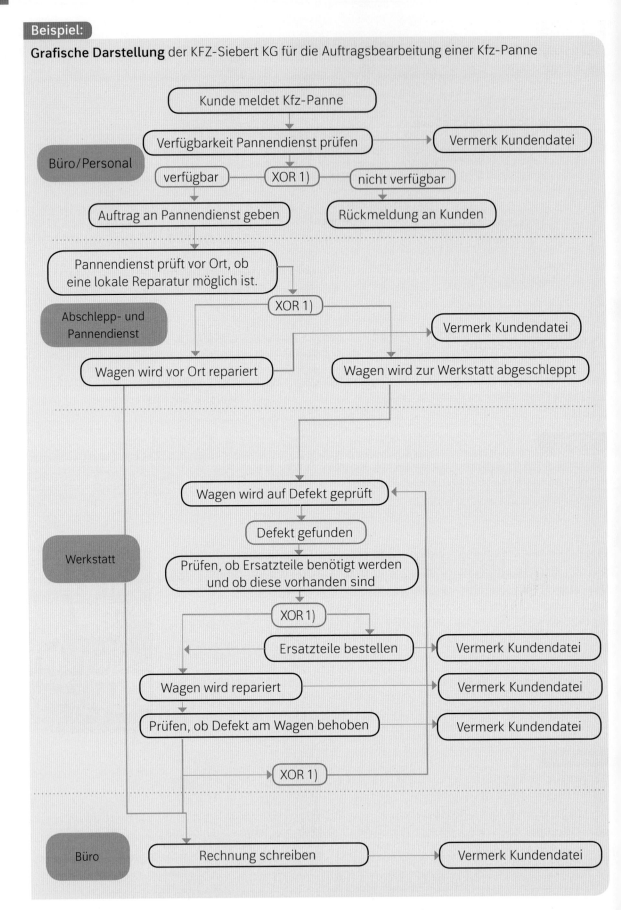

1) XOR = es kann nur eine Möglichkeit eintreffen

Den Aufbau eines Betriebes und die Arbeits- und Geschäftsprozesse nachvollziehen

- **Organisation** ist die planmäßige dauerhafte Zuordnung von Menschen und Sachmitteln zur Erreichung betrieblicher Ziele.
- Die **Aufbauorganisation** setzt eine **Aufgabenanalyse** voraus, bei der alle anfallenden Aufgaben zur Zielerreichung erfasst werden. Eine **Aufgabensynthese** ergibt Stellen und Abteilungen.
  - » **Stellen** sind Aufgabengruppen, die von einem Mitarbeiter bewältigt werden können. Hierzu wird eine **Stellenbeschreibung** angefertigt. Alle Stellen sind in einem **Stellenplan** verzeichnet.
  - » Gleichartige Stellen werden zu **Abteilungen** zusammengefasst.
  - » Grundformen der **Aufbauorganisation** sind das **Einlinien-** und das **Mehrliniensystem**.
- Die **Ablauforganisation** klärt, wie eine Aufgabe bearbeitet werden muss, welche Organisationseinheiten beteiligt sind und welche Sachmittel dabei einzusetzen sind. Ihr Hauptziel ist die optimale Gestaltung von Arbeitsabläufen.

Übungsaufgaben

1. Geben Sie aus Ihrer beruflichen Erfahrung Situationen an, bei denen Improvisation erforderlich ist und dauerhafte organisatorische Regelungen nicht formuliert werden können.
2. Ordnen Sie die Organigramme Ihrer Ausbildungsbetriebe den Grundformen der Aufbauorganisation zu.
3. Erstellen Sie für Ihre jetzige Tätigkeit in Ihrem Ausbildungsbetrieb eine Stellenbeschreibung.
4. Erstellen Sie ein Ablaufdiagramm für die Bearbeitung eines Auftrages in Ihrem Ausbildungsbetrieb.

4.1.6 Die Möglichkeiten der Weiterbildung erkunden und die Notwendigkeit des lebenslangen Lernens kennenlernen

Robin Strasek trifft Herrn Siebert im Pausenraum. *„Ich habe über ein Gespräch mit meinem Onkel nachgedacht"*, sagt Robin. *„In einem Artikel, den er mir gezeigt hat, stand, dass nach zwei Jahren mein erlerntes Wissen bereits nichts mehr wert sein soll; dann ist das Lernen ja ein nie endender Prozess!" „Und du hattest gedacht, nach der Ausbildung ist mit dem Lernen Schluss, was?"*, erwidert Herr Siebert lachend. *„Im Lernen hast du lebenslänglich! Aber im Ernst. Weiterbildung ist gerade bei uns sehr wichtig. Nicht nur die Seminare der Automobilindustrie über neue Modelle und Techniken, auch die persönliche Weiterbildung ist wichtig.*

Wenn du in der Ausbildung gut bist und bleiben möchtest, können wir nach der Gesellenprüfung gucken, wie wir dich bei einer Weiterbildung zum Meister oder Techniker unterstützen können."

Arbeitsaufträge

1 Erläutern Sie Maßnahmen der Ausbildung, der Weiterbildung und der Umschulung und der Karriereplanung an einem Beispiel Ihrer Wahl.
2 Informieren Sie sich über Weiterbildungsmöglichkeiten in Ihrem Beruf und stellen Sie ausgewählte Maßnahmen der Weiterbildung in der Klasse vor.

Berufliche Ausbildung

Die berufliche Ausbildung findet in der Bundesrepublik Deutschland im **dualen System** (vgl. S. 185) statt, im Ausbildungsbetrieb und in der Berufsschule.

Berufliche Weiterbildung

Die berufliche Weiterbildung dient der Verbesserung der fachlichen Qualifikation der Mitarbeiterinnen und Mitarbeiter am Arbeitsplatz. Sie kann im Rahmen einer betriebsinternen oder einer unabhängigen Weiterbildung durchgeführt werden. Da die Halbwertszeit des Wissens immer kürzer wird, ist die berufliche Weiterbildung für die gesamte Dauer der Berufstätigkeit **(lebenslanges Lernen)** erforderlich.

Betriebsinterne Weiterbildung kann regelmäßig oder zu bestimmten Anlässen durchgeführt werden.

Beispiel:

Auszug aus dem Weiterbildungskonzept der Sommerfeld GmbH:

Zielgruppe	Maßnahmen
Auszubildende	• Betriebsunterricht • Prüfungsvorbereitungskurse • Exkursionen in Betriebe von Kunden und Zulieferern • Entsendung zu überbetrieblichen Seminaren
Facharbeiter	• berufsspezifische Weiterbildungen zur Auffrischung oder Einarbeitung in neue Themen oder Technologien **Beispiel:** Kurse für die Benutzung der Holz-CNC-Maschine • Weiterbildung zum Ausbilder • Weiterbildung zum Techniker oder Meister
Abteilungs- und Gruppenleiter	• Führungsverhalten • Techniken des Personalgesprächs • Motivation von Mitarbeitern am Arbeitsplatz

Unabhängige Weiterbildung wird von den Mitarbeitern selbstständig durchgeführt. Um dies zu unterstützen, kann der Arbeitgeber z. B. Kosten übernehmen oder den Arbeitnehmer für die Teilnahme freistellen.

Beispiel:

Ein Facharbeiter der Produktion meldet sich zum Studium an einer Fachschule für Technik an. Der Unterricht findet zweimal wöchentlich abends und am Samstag statt. Nach Rücksprache mit der Personalabteilung kann der Arbeitnehmer an den Wochentagen der Weiterbildung jeweils eine Stunde früher gehen.

Umschulung

Kann ein Mitarbeiter, z. B. durch **Einsatz neuer Techniken**, aus **krankheitsbedingten Gründen** oder durch **Aufgabe einer Ware oder einer Waren- oder Produktgruppe**, nicht mehr am alten Arbeitsplatz eingesetzt werden, ist die Möglichkeit einer Umschulung zu prüfen.

Förderung von Mitarbeitern durch Karriereplanung

Mithilfe von Karriereplänen können **Wege der beruflichen Entwicklung** von Mitarbeitern aufgezeigt werden. Den Mitarbeitern wird verdeutlicht, welche Positionen sie mit ihren bisherigen oder noch zu erwerbenden Qualifikationen erreichen können. Karrierepläne wirken motivierend auf Mitarbeiter und stellen sicher, dass ein Teil des Führungskräftenachwuchses intern gedeckt werden kann.

Beispiel:

Planungen der Karriere eines Anlagenmechanikers SHK

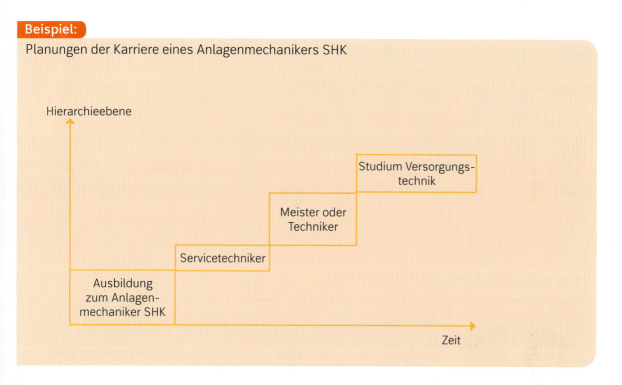

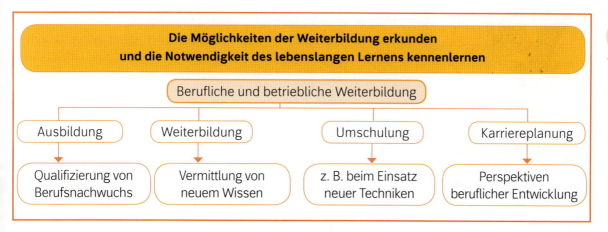

Übungsaufgabe

Auszug aus der Unternehmensphilosophie der Abels, Wirtz & Co. KG, eines Lieferers der Sommerfeld GmbH, zum Thema Aus- und Weiterbildung:

„Insgesamt 15 Auszubildende und zwei Umschüler absolvieren derzeit bei der Abels, Wirtz & Co. KG ihre Ausbildung zum Polsterer, Holzmechaniker, Kaufmann/Kauffrau für Büromanagement, Industriekaufmann/-kauffrau sowie zum Wirtschaftsinformatiker. Die Qualität der Ausbildung zeigt sich in den Prüfungsergebnissen, bei denen unsere Auszubildenden regelmäßig vordere Plätze erreichen. Im Moment arbeitet die Abels, Wirtz & Co. KG an einem Konzept, um Auszubildenden die Chance zu bieten, zeitweise in den internationalen Tochtergesellschaften zu arbeiten, damit sie frühzeitig ihren Horizont für eine internationale Wirtschaftswelt erweitern. Neue Fertigungsmethoden und Werkstoffe, neue Computersoftware und neue Arbeitsformen machen eine ständige Weiterbildung der Mitarbeiter im fachlichen wie auch im persönlichen Bereich erforderlich.
Der jährliche Schulungsbedarf wird von den Vorgesetzten in Abstimmung mit den Mitarbeitern ermittelt, der Schulungsplan mit entsprechendem Budget von Geschäftsführung, Betriebsrat und Schulungsbeauftragtem verabschiedet. Neben CNC- und Englischkursen, Vertriebsschulungen sowie individuellen fachlichen und persönlichen Schulungsmaßnahmen lag ein Schwerpunkt der Weiterbildung in den letzten Jahren auf der Einführung neuer Arbeitsformen (NAF). Das Budget für den Bereich beläuft sich im Jahr 2016 auf 300 000,00 €.“

1. Nehmen Sie zum obigen Konzept der Aus- und Weiterbildung Stellung.
2. Befragen Sie die in Ihrem Betrieb für die Aus- und Weiterbildung Verantwortlichen zu konkreten Maßnahmen Ihres Ausbildungsbetriebes.
3. Stellen Sie das Konzept der Aus- und Weiterbildung Ihres Betriebes in der Klasse vor. Setzen Sie dabei Präsentationstechniken wie Folien, Flipcharts, Plakate oder eine Präsentationssoftware ein.

4.2 Konflikte erkennen und lösen

Herr Siebert kann seinen Ärger über die zwar leichten, aber dennoch permanenten Verspätungen von Max Kaiser, einem seiner Kfz-Mechatroniker in der Abschlepp- und Pannendienstabteilung, nicht mehr bändigen, zumal er sich schon heute Morgen über seinen Sohn aufgeregt hat, der häufig verschläft und deshalb zu spät zur Berufsschule kommt. Herr Siebert hat seinen Sohn zur Schule gefahren und musste deshalb heute Morgen einen großen Umweg in Kauf nehmen.

Als er um 08:25 Uhr auf den Hof der Firma fährt, ist er wutentbrannt. Kaum im Büro, klingelt unaufhörlich das Telefon. Herr Siebert nimmt das Gespräch entgegen und erfährt von einem Kunden, dass dieser bereits seit einer halben Stunde auf den Abschleppdienst wartet. Auf Nachfrage erfährt Herr Siebert von der Mitarbeiterin im Büro, dass Max Kaiser für den Auftrag benachrichtigt wurde, sich jedoch verspätet, da es zu Hause Ärger mit den neugeborenen Zwillingen gibt. *„Das geht doch nicht!“*, denkt er sich. *„Gibt es denn keine Mutter zu den Kindern!“*. Kaum in seinem Büro angelangt, fährt Max Kaiser auf den Parkplatz. Herr Siebert öffnet das Fenster und brüllt Max an: *„Ich will dich sprechen – sofort!“*

„Was macht der Chef für einen Wind wegen der paar Minuten? Und was ist das überhaupt für ein Ton, in dem er mit mir spricht. Unverschämtheit!", denkt sich Max und geht mit einem mulmigen Gefühl zu Herrn Siebert.

Arbeitsaufträge

1 Analysieren Sie die Situation, indem Sie die möglichen Bedürfnisse und Interessen von Herrn Kaiser und Herrn Siebert gegenüberstellen.
2 Herr Siebert möchte ein Konfliktgespräch mit Herrn Kaiser führen. Beschreiben Sie die Fehler, die Herr Siebert im Vorfeld des Gespräches macht.
3 Nutzen Sie Ihre eigenen Erfahrungen mit Konfliktgesprächen und formulieren Sie Grundsätze, damit ein solches Gespräch gelingt.

Bedeutung von Konflikten

Wo Menschen miteinander kommunizieren, kommt es auch zu Konflikten. Einstellungen, Bedürfnisse, Interessen, Einschätzungen und Ansichten sind so individuell und vielfältig, dass sie oftmals als nicht vereinbar wahrgenommen werden und es zu Spannungen kommt. Diese **Spannungen**, die zwischen den Menschen entstehen, werden häufig als unangenehm und damit als **Belastung** oder gar als **Bedrohung** wahrgenommen. Dabei birgt jede **Konfliktbearbeitung** zumindest die Chance der **Klärung** von Unterschieden. Wenn es gelingt, einen Konflikt in einer für alle Beteiligten zufriedenstellenden Weise und mit einem für alle gewinnbringenden Ergebnis (**Win-win-Prinzip**) zu lösen, hat dies sehr positive Auswirkungen auf die Beziehung zwischen den ehemaligen Konfliktparteien.

Konfliktarten

Grundsätzlich kann man zwischen persönlichen und sachlichen Konflikten unterscheiden. **Persönliche Konflikte** beziehen sich zumeist auf menschliche Eigenschaften oder Verhaltensweisen, die dem Gegenüber missfallen. Bei **sachlichen Konflikten** gibt es eine Meinungsverschiedenheit über einen Sachverhalt bzw. ein bestimmtes Thema. So kann bei einem guten Betriebsklima zu einem Thema heftig gestritten werden, ohne dass es zu einem persönlichen Konflikt kommt.

Konflikte zwischen Vertragspartnern

Bei der Erfüllung von Verträgen kann es zu Störungen kommen, **wenn eine der Vertragsparteien ihren Verpflichtungen nicht oder nur unzureichend nachkommt**. Aus Sicht des Technikers können so Konflikte mit Kunden entstehen. Die Besonderheit besteht darin, dass aufgrund des Vertrages und der Rechtsgrundlagen für Verträge (BGB, HGB, VOB) eine Partei häufig im juristischen Sinne eindeutig „im Recht" ist. Dennoch ist es für das Fortbestehen der Geschäftsbeziehung in der Regel sinnvoll, zunächst eine Konfliktlösung zu suchen, die an den Interessen der einzelnen Parteien und nicht an deren juristischen Position orientiert ist.

Beispiel:

Eine Kundin der KFZ-Siebert KG schickt ein Fax, in dem sie in sehr aggressivem Ton eine nicht erfolgreiche Reparatur beklagt.

Konflikte zwischen Vorgesetztem und Mitarbeiter

Diese in der Praxis häufigen Konflikte zeichnen sich durch ein **ungleiches Machtverhältnis** aus. Der Vorgesetzte ist meist in einer Position, in der er Druck auf den Mitarbeiter ausüben und so den Konflikt

für sich „entscheiden" kann. Dieses Vorgehen ist jedoch mit Blick auf die Mitarbeitermotivation und das Betriebsklima nicht geeignet und bei einer modernen Personalführung nur in Ausnahmefällen denkbar. Auslöser für solche Konflikte sind häufig aus Sicht des Vorgesetzten unzureichendes Arbeitsverhalten eines Mitarbeiters und aus Sicht des Mitarbeiters eine ungerechte Behandlung durch den Vorgesetzten.

Beispiel:

Max Kaiser, Mitarbeiter in der Abteilung „Abschlepp- und Pannendienst" der KFZ-Siebert KG, erhält eine Beurteilung, in der sein Arbeitseinsatz kritisiert wird. Max findet das ungerecht, da er aufgrund der neugeborenen Zwillinge viel Zeit zu Hause benötigt.

Konflikte zwischen Mitarbeitern

Diese Art von Konflikten entsteht auf der **gleichen Hierarchieebene**. Die Gründe dafür sind überaus vielfältig. Sie können im allgemeinen **Arbeitsverhalten** eines Einzelnen, in der mangelnden **Kooperation** (z. B. zwischen Mitgliedern eines Projektteams) oder auch schlicht im **zwischenmenschlichen Bereich begründet** sein. Unzureichend bearbeitete Konflikte zwischen Mitarbeitern können im Extremfall zum sogenannten **„Mobbing"** führen.

Beispiel:

Jaqueline Korsten und Kathy Harms, beide Mitarbeiterinnen im Büro der KFZ-Siebert KG, haben zurzeit kein gutes Verhältnis. Jaqueline fühlt sich von Kathy „rumkommandiert" und nicht respektiert. Dabei ist Kathy nur drei Jahre länger in der Unternehmung und die Leistungen von Jaqueline können sich sehen lassen.

Strategien zum Umgang mit Konflikten

Flucht 	Wenn Sie vor einem Konflikt davonlaufen oder versuchen, ihn zu ignorieren, ist er vordergründig beseitigt und das ohne großen Aufwand. Hintergründig schwelt der Konflikt aber weiter und kann irgendwann zu einem aggressiven Ausbruch kommen. **Beispiel:** Alexander Schiffer versucht, die ständigen Hänseleien durch seinen Kollegen Besmir Dzidara zu ignorieren, was auch eine ganze Weile gut geht. Eines Tages platzt ihm aber wegen einer Kleinigkeit der Kragen und er beschimpft Herrn Dzidara mit peinlicher Heftigkeit.
Unterwerfung 	Diese Art der Konfliktbearbeitung ist bei Über-/Unterordnungsverhältnissen besonders einfach. Derjenige mit mehr Macht unterwirft den anderen. Aber auch Überredung, Manipulation und Drohungen gehören zur Unterwerfung, da einer dem anderen seinen Willen aufzwingt. **Beispiel:** Die sehr selbstbewusste Kathy Harms redet so lange auf Jaqueline Korsten ein, bis diese schließlich einwilligt, dass ein schwerer Arbeitsfehler bei der Gruppenleiterin verschwiegen wird.

Früher wurden Konflikte häufig dadurch beendet, dass eine der Konfliktparteien getötet wurde, wie zum Beispiel bei einem Duell. In zivilisierten Gesellschaften und im Berufsleben gibt es diese Art der „Konfliktlösung" auch noch; allerdings hat sich die Form geändert.

Vernichtung

Beispiel:

Ein sehr autoritärer Chef eines Kleinbetriebes entlässt einen Mitarbeiter, weil der ihm zu häufig eine andere Meinung vertritt.

Wenn sich die Konfliktparteien nicht einig werden können bzw. eine Einigung von vornherein ausgeschlossen scheint, bemühen sie jemanden, der den Konflikt an ihrer Stelle entscheidet.

Delegation

Beispiel:

Jürgen Bauer und Mike Rösner haben eine Meinungsverschiedenheit wegen der Ordnung in der Kfz-Werkstatt und streiten deswegen. Sie bitten den Werkstattmeister Tom Vogler, den Konflikt zu entscheiden.

Bei einem Kompromiss wird eine Teileinigung erreicht. Jede der Konfliktparteien rückt ein wenig von ihrer Position ab und nähert sich der anderen an. Kompromisse kommen in der Praxis häufig vor und stellen zumeist eine zufriedenstellende Lösung dar. Allerdings ist ein Kompromiss als Teilerfolg auch immer ein Teilverlust.

Kompromiss

Beispiel:

Der Auszubildende bei der KFZ-Siebert KG, Robin Strasek, ärgert sich, weil er in den Osterferien keinen Urlaub bekommt. *„Die anderen Mitarbeiter haben alle Familie, die gehen vor"*, heißt es. Es kommt zu einem Gespräch mit Herrn Siebert, der ihm zusichert, dass er im Sommer seinen Urlaub frei wählen kann. Mit diesem Kompromiss kann Robin leben.

Wenn Sie bei Konflikten einen Konsens anstreben, zielen Sie – gemäß dem Win-win-Prinzip – auf die beste und tragfähigste Lösung. Hierbei wird versucht, die (scheinbar) gegenläufigen Positionen oder Interessen zu einer gemeinsamen Lösung zu verbinden, mit der beide Seiten uneingeschränkt einverstanden sind.

Konsens

Beispiel:

Die Büroleiterin der KFZ-Siebert KG, Christine Schmidt, vereinbart mit der Mitarbeiterin Jaqueline Korsten, dass diese einen Teil Ihrer Arbeit am heimischen PC verrichten kann. So kann sich diese besser um ihre kranke Mutter kümmern und schafft dennoch ihr Arbeitspensum.

Neun Schritte zur Vorbereitung und Durchführung eines auf Konsens zielenden Konfliktgespräches

Wut und Ärger sind schlechte Berater. Lassen Sie Ihre ersten Emotionen zunächst abklingen, bevor Sie in ein Konfliktgespräch gehen. Vieles hat sich schon erledigt, wenn Sie eine Nacht darüber geschlafen haben.

1

Bereiten Sie sich sorgfältig – am besten schriftlich – auf das Konfliktgespräch **vor**. Notieren Sie sich genau Ihre eigene Interessen und versetzen Sie sich in die möglichen Interessen des Gesprächspartners.

2

Sprechen Sie mit Ihrem Gesprächspartner einen **Termin** und einen **Ort** ab, wo Sie das Gespräch **ungestört und ohne Zeitdruck** führen können. Stellen Sie sich darauf ein, dass Sie eine Lösung finden und keine Position „verteidigen" oder „durchsetzen" wollen.

3

Eröffnen Sie das Gespräch, indem Sie den **Grund für Ihren Gesprächswunsch** kurz erklären. **Beispiel:** *„Danke, dass Sie Zeit für mich haben. Ich möchte mit Ihnen über ... (Konfliktanlass) ... sprechen, um mit Ihnen eine Lösung zu finden, mit der wir beide zufrieden sind."*

4

Hören Sie sehr aufmerksam und aktiv (z. B. *„Ich habe Sie so verstanden, dass Sie ... meinen")* **zu**. Fragen Sie nach, fassen Sie zusammen. Kurz: Zeigen Sie, dass Sie Ihr Gegenüber verstehen möchten.

5

Wenn Sie Ihre Interessen und Meinungen darstellen, **formulieren Sie in der „Ich-Form"** – also nicht *„Alle denken ..."* oder *„Es ist doch so, dass man ..."*, sondern Formulierungen nutzen, wie: *„Ich denke ..."* und *„Für mich stellt sich die Sache so dar, dass ..."*.

6

Sammeln Sie mit Ihrem Gesprächspartner in Form eines **Brainstormings** mögliche Lösungen, ohne diese gleich zu bewerten und zu diskutieren.

7

Gehen Sie gemeinsam die Lösungsalternativen durch und versuchen Sie eine zu finden, die beide Seiten zufriedenstellt. Halten Sie diese Lösung gegebenenfalls auch schriftlich (zum Beispiel bei Gesprächen mit Kunden und Lieferanten) fest und geben Sie Ihrem Partner eine Kopie.

8

Bringen Sie zum Abschluss Ihre **Freude über das Gelingen des Gespräches** und die gefundene Lösung zum Ausdruck. Aber Vorsicht: Diese Freude darf nicht so wirken, als hätten Sie einen Sieg davongetragen.

9

In manchen Fällen ist es sinnvoll, eine weitere Person bei der Konfliktbearbeitung hinzuzuziehen. Dies ist z. B. dann der Fall, wenn die Beziehung zwischen den Konfliktparteien stark belastet ist oder wenn ein starkes hierarchisches Gefälle besteht. Diese dritte Person (**Mediator**) soll in dem Konflikt vermitteln, ohne für eine Seite Partei zu ergreifen. Der Mediator sorgt vielmehr für einen förderlichen Ablauf des Gespräches und die Einhaltung von Gesprächsregeln.

> ### Konflikte erkennen und lösen
>
> - **Konflikte** sind natürlich und stellen immer eine Belastung dar. Sie sind aber immer auch eine **Chance zur Klärung von Interessen** und letztlich zur Verbesserung von Beziehungen.
> - In der beruflichen Praxis können **Konflikte mit Geschäftspartnern, Vorgesetzen und Mitarbeitern** entstehen. In allen Fällen ist eine konstruktive Bearbeitung zwingend.
> - Es gibt viele Strategien zur Konfliktbearbeitung. Langfristig sind jedoch stets Kompromisse bzw. auf Konsens zielende Strategien (**Win-win-Strategien**) ratsam.
> - Ein gut vorbereitetes und professionell geführtes **Konfliktgespräch** führt sehr häufig zu einer für alle Seiten zufriedenstellenden Lösung.

Übungsaufgaben

1. Rollenspiel: Der Lack ist ab

Sie sind Auszubildender in der KFZ-Siebert KG. Sie ärgern sich im Moment sehr. Ein guter Kunde der Firma hat sich über Sie beschwert. Der Kunde hat in der letzten Woche seinen Porsche 911 aus der Werkstatt abgeholt. Sie hatten den Auftrag, den Wagen zu reinigen und zu polieren. Da Sie noch nicht fertig waren, als der Kunde ankam, haben Sie ihn freundlich um Entschuldigung gebeten und haben dann Ihre Arbeit fortgesetzt. Der Kunde schaute Ihnen grimmig zu und beschwerte sich, dass Sie einige Stellen vergessen hätten. Das Gezeter hatte erst ein Ende, als die Büroleiterin Frau Schmidt zufällig vorbeikommt und den Kunden freundlich zu einem Kaffee mitnimmt. Leider hörte der Ärger damit nicht auf. Der Kunde hat sich im Nachhinein bei Ihrem Chef beschwert. Sie sollen den Lack zerkratzt und das Kleingeld aus dem Aschenbecher gestohlen haben. Ihr Chef bittet Sie daraufhin zum Gespräch.

a) Bereiten Sie sich auf das Gespräch vor, indem Sie überlegen, was der Chef für Fragen haben könnte und was Sie darauf antworten.

b) Führen Sie das Gespräch mit dem Chef als Rollenspiel durch.

2. Rollenspiel: Der Brötchenkauf

Sie sind seit vier Monaten Auszubildender bei der KFZ-Siebert KG. Die Ausbildung macht Ihnen große Freude und Sie hatten auch schon einige Erfolgserlebnisse. Ärgerlich ist nur, dass Sie seit zwei Wochen von Ihrem Werkstattmeister nahezu täglich zum Kauf frischer Brötchen für die Pause geschickt werden. Als er Sie von einer spannenden Reparatur an einem Porsche Cayenne abzieht und Sie wieder zum Bäcker schickt, platzt Ihnen der Kragen. Heute wollen Sie mit ihrem Werkstattmeister ein klärendes Gespräch führen.

a) Teilen Sie die Klasse in Kleingruppen auf. Die Gruppe bereitet das Rollenspiel gemeinsam vor und wählt für die Durchführung je einen Spieler.

b) Jeweils die Hälfte der Gruppen bereitet eine der nachstehenden Rollen vor.

Rollenbeschreibung Auszubildender

Sie sind sehr zufrieden mit dem bisherigen Verlauf Ihrer Ausbildung. Das Verhältnis zu den Kollegen ist prima und den Werkstattmeister schätzen Sie im Grunde auch, da er sich für Sie Zeit nimmt und umfangreiches Wissen über Kfz-Technik hat. Allerdings ist er manchmal etwas schroff, und dass er sie ständig zum Laufburschen macht, wollen Sie nicht mehr hinnehmen.

Rollenbeschreibung Werkstattmeister

Sie sind mit Ihrem Auszubildenden sehr zufrieden, da er beachtliches technisches Geschick beweist und im Kollegenkreis beliebt ist. Er ist allgemein sehr eifrig – nur bei Botengängen macht er ein verärgertes Gesicht. Das können sie gar nicht verstehen – der letzte Auszubildende, der vor vier Monaten das Unternehmen verlassen hat, war immer ganz froh, mal an die frische Luft zu kommen.

c) Führen Sie zwei bis drei Rollenspiele durch. Die Rollenspiele sollten ca. fünf Minuten dauern und nach Möglichkeit mit Video aufgezeichnet werden.

d) Werten Sie die Rollenspiele aus.

4.3   Eine Entgeltabrechnung analysieren

4.3.1   Sich über Lohnformen und Lohnnebenkosten informieren

Am Ende des Monats erhält Siegfried Holl, Auszubildender Industriemechaniker der Sommerfeld GmbH, die Abrechnung seiner Ausbildungsvergütung. In dem Briefumschlag befindet sich versehentlich auch die Lohnabrechnung von Heiner Holler. Holler ist ein 56-jähriger Hilfsarbeiter, der bei der Montage der Möbelstücke eingesetzt wird. Siegfried ist erstaunt, als er in der Abrechnung liest, dass Holler über die Anzahl der erstellten Werkstücke bezahlt wird. Siegfried fängt an zu grübeln. Als Auszubildender schafft er natürlich nicht so viele Werkstücke in der Stunde. Auf der anderen Seite könnte er bei einer Bezahlung per Werkstück die Höhe seines Entgelts beeinflussen. Aber ob er im Alter dann immer noch die hohen Stückzahlen schafft, steht auf einem anderen Blatt. Siegfried überlegt, ob Holler von der Sommerfeld GmbH ausgenutzt wird und ob es gerecht ist, jemanden so zu bezahlen.

Arbeitsaufträge

1 Diskutieren Sie in Gruppen die Frage „Was ist eine gerechte Entlohnung" und versuchen Sie Indikatoren für den gerechten Lohn zu finden.

2 Stellen Sie verschiedene Formen der Entlohnung mit den jeweiligen Vor- und Nachteilen gegenüber.

Arbeitszeitmodelle

Um den individuellen Wünschen und den verschiedenen Lebensgewohnheiten der Mitarbeiter(innen) entgegenzukommen oder aus betrieblichen Erfordernissen, ist die feste Arbeitszeit in vielen Unternehmen aufgegeben worden. Stattdessen werden **flexible Arbeitszeitmodelle** praktiziert.

Flexible Arbeitszeitmodelle					
gleitende Arbeitszeit	Teilzeit-arbeit	Job-sharing	Home-office	Vorruhe-stand	Schicht-arbeit

- Bei der **gleitenden Arbeitszeit** wird die Arbeitszeit in die Gleitzeit und in die Kernarbeitszeit aufgeteilt. In der Kernarbeitszeit besteht Anwesenheitspflicht. Hier sind alle Mitarbeiter(innen) in Werkstatt oder Büro. Während der Gleitzeit können die Mitarbeiter(innen) Arbeitsbeginn und -ende innerhalb bestimmter Grenzen selbst festlegen und früher kommen und/oder später gehen.

07:00	09:00		15:00	17:00
Gleitzeit für Arbeitsbeginn	**Kernarbeitszeit für alle Mitarbeiter**		Gleitzeit für Arbeitsende	

- Bei **Teilzeitarbeit** arbeitet die betroffene Person weniger als die im Unternehmen oder der Abteilung herrschende Stundenzahl. Teilzeitarbeit ist oft **Halbtagsarbeit**.

Beispiel:

Sonja Nolden ist alleinerziehende Mutter. Vormittags ist ihr Kind im Kindergarten. In dieser Zeit arbeitet sie als Buchhalterin in der Sommerfeld GmbH.

- Beim **Jobsharing** teilen sich zwei oder mehrere Arbeitnehmer einen Arbeitsplatz.

Beispiel:

Die Stelle einer Sachbearbeiterin/eines Sachbearbeiters ist auf zwei Personen aufgeteilt. Vormittags sitzt Herr Schneider, nachmittags Frau Rost am Schreibtisch.

- Einen noch höheren Grad an Flexibilisierung erreicht man durch das sogenannte **Homeoffice**, bei dem ein Mitarbeiter/eine Mitarbeiterin selbst entscheiden kann, ob er/sie einzelne Tage zu Hause arbeitet. Dies ist immer dann möglich, wenn die Arbeit digital erledigt werden kann. In diesem Fall steht das **Arbeitsergebnis** und nicht die im Unternehmen verbrachte Zeit im Vordergrund. Die Mitarbeiter entscheiden eigenverantwortlich, wann sie ihre Aufgaben erfüllen, und erhalten volle Zeitsouveränität –  allerdings im Rahmen der arbeits- und tarifvertraglichen Vereinbarung. Dieses Modell wird auch als **Vertrauensarbeitszeit** bezeichnet.

> **Beispiel:**
>
> Die Sommerfeld GmbH hat Teile der Erstellung des Schriftverkehrs in das Homeoffice von Mitarbeitern verlegt. Die PCs der Homeoffice-Mitarbeiter sind mit den Rechnern des Unternehmens vernetzt. Die Mitarbeiter loggen sich von zu Hause aus in das Intranet ein und bearbeiten ihre Aufgaben.

- Zur flexibleren Gestaltung der Lebensarbeitszeit bieten größere Unternehmen für ältere Mitarbeiter oft **Vorruhestandsregelungen** an. Die Arbeitnehmer haben hier die Möglichkeit, ab einem bestimmten Alter den Übergang in den Ruhestand flexibel zu gestalten.

> **Beispiel:**
>
> Im Rahmen einer Betriebsvereinbarung haben Betriebsrat und Geschäftsleitung der Sommerfeld GmbH ein Lebensarbeitszeitkonto für die Mitarbeiter(innen) vereinbart. Danach können die Mitarbeiter(innen) Arbeitszeiten „ansparen" und ihre Wochenstundenzahl dadurch ab dem 60. Lebensjahr um bis zu zehn Stunden reduzieren.

- Wenn es betrieblich erforderlich ist, dass Maschinen länger oder rund um die Uhr laufen, geht man zur **Schichtarbeit** über. Es wird zwischen Zweischichtbetrieb (Früh- und Spätschicht) und Dreischichtbetrieb (Früh-, Spät- und Nachtschicht) unterschieden.

> **Beispiel:**
>
> Bei einem Zulieferer der Sommerfeld GmbH beträgt die Betriebszeit in der Produktion 16 Stunden täglich. Die Arbeitsplätze werden jeweils von zwei Mitarbeitern in Wechselschicht zu je acht Stunden besetzt.

Arbeitsentgelt

Die Arbeitnehmer(innen) stellen dem Unternehmen ihre Arbeitskraft zur Verfügung. Als Vergütung (Arbeitsentgelt) dafür erhalten die Arbeitnehmer(innen) **Lohn**, die Angestellten **Gehalt**.

Löhne und Gehälter sind für den Arbeitnehmer Einkommen, für das Unternehmen (Arbeitgeber) **Aufwand**. Die Höhe des Einkommens bestimmt den Lebensstandard der Lohn- oder Gehaltsempfänger. Die Forderung nach steigendem Einkommen hat hier und in der Kaufkraftentwertung **(Inflation)** ihren Ursprung.

In Handwerk und Industrie zählen die Arbeitsentgelte zu den **bedeutendsten Aufwendungen**. Die Höhe der Arbeitsentgelte beeinflusst somit
- die Höhe der Selbstkosten und Verkaufspreise,
- die Wettbewerbsfähigkeit und
- die Höhe des Gewinns.

Grundlage für die Bemessung der Arbeitsentgelte sind die in den **Tarifverträgen** festgelegten Löhne und Gehälter. Bei Mitgliedern der **Tarifvertragsparteien** (vgl. S. 277 ff.) dürfen die tariflichen Gehälter nicht unterschritten, wohl aber überschritten werden.

> **Beispiel:**
>
> Beszmir Dzidara hat vor Kurzem seine Ausbildung zum Kfz-Mechatroniker in der KFZ-Siebert KG abgeschlossen und wurde als Geselle übernommen. Laut Tarifvertrag beträgt das Gehalt für Herrn Dzidara 2 029,00 €. Die KFZ-Siebert KG zahlt ihm 10 % mehr, also 2 231,90 €.

Nichtmitglieder des Tarifverbandes sind nicht tarifgebunden. Sie können die Tarifgehälter so **unterschreiten**.

Entgeltformen

Das Entgelt für die Arbeitnehmer kann
- nach der Zeit der Anwesenheit im Unternehmen (= **Zeitlohn**) oder
- nach der tatsächlich erbrachten Leistung (= **Leistungslohn**)

bemessen werden. Zusätzlich können **besondere Leistungen** einzelner Arbeitnehmer(innen) oder der gesamten Belegschaft entgolten werden.

In allen Fällen ergibt sich der Bruttolohn oder das Bruttogehalt aus dem Grundlohn oder Grundgehalt und möglichen **Zuschlägen**.

Je nach Maßstab für die Bemessung des Entgelts werden verschiedene **Entgeltformen** unterschieden:

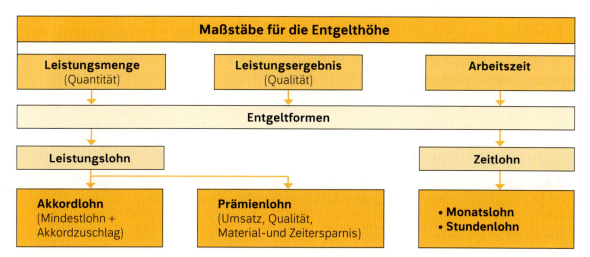

Zeitlohn

Das Entgelt richtet sich nach der Eingruppierung in eine Lohngruppe laut Tarifvertrag und nach der **Dauer der Arbeitszeit**.

Arbeiter(innen) erhalten für jede geleistete Arbeitsstunde einen festen **Lohnsatz** (Monatslohn). Ihr Grundlohn lässt sich somit folgendermaßen berechnen:

Grundlohn = Stundensatz · geleistete Arbeitsstunden

Beispiel:

Der Arbeiter Alexander Schiffer arbeitete im Monat März 164 Stunden zum Grundlohn von 10,25 €/Stunde.
Grundlohn: 10,25 €/Stunde · 164 Stunden = 1 681,00 €

Angestellte erhalten für die monatlich vereinbarte Arbeitszeit nach Tarifvertrag ein vereinbartes **festes Gehalt** (Monatslohn). Für den Arbeitgeber entstehen so bei gleichbleibender Arbeitszeit der Arbeitnehmer(innen) gleich hohe Gesamtkosen (**fixe Kosten**).

Die Anwendung des Zeitlohns empfiehlt sich bei Arbeiten, bei der die Leistung nur schwer messbar ist oder bei der es auf Sorgfalt und nicht auf Schnelligkeit ankommt.

Beispiel:

Der KFZ-Mechatroniker Bezmir Dzidara erhält ein Monatsgehalt in Höhe von 2 232,00 EUR.

Wesentlicher **Nachteil des Zeitlohns ist,** dass überdurchschnittliche Leistung nicht honoriert wird und damit die materiellen Leistungsanreize entfallen.

Leistungslohn

Bei dieser Entgeltform wird das **Ergebnis der Arbeit** (Produktionsmenge in Stück, kg, m, l) entlohnt. Grundlage für die Berechnung ist ein tariflich garantierter Mindestlohn, der dem Zeitlohn bei Normal- leistung entspricht, und ein **Akkordzuschlag**, weil man davon ausgeht, dass ein(e) Akkordarbeiter(in) leistungsbereiter ist.

Mindestlohn + Akkordzuschlag = Akkordrichtsatz

Beispiel:

Mindestlohn 14,50 €/Std.
20 % Akkordzuschlag 2,90 €/Std.
Akkordrichtsatz 17,40 €/Std.
bei einer Normalleistung von z.B. 10 Stück/Stunde.

Bei der Berechnung des Akkordlohns wird zwischen **Geld- oder Zeitakkord** unterschieden.

- **Geldakkord**
  Pro Stück der erbrachten Leistung wird ein fester Geldsatz (Stückgeld) vergütet.

$$\textbf{Stückgeld} = \frac{\text{Akkordrichtsatz}}{\text{Normalleistung je Stunde}} = \frac{17,40}{10} = \underline{1,74}$$

Pro Stück erhält der Arbeitnehmer $\underline{1,74\ €}$.

Der Gesamtlohn wird dann errechnet durch Multiplikation der Istleistung (produzierte Stückzahl) mit dem Stückgeld.

Gesamtlohn = Istleistung · Stückgeld

Bei einer Istleistung von 2 092 Stück erhält der Arbeitnehmer:
2 092 · 1,74 = $\underline{3\ 640,08\ €}$

- **Zeitakkord**
  Pro Stück der erbrachten Leistung wird eine feste Arbeitszeit vorgegeben (Vorgabezeit).

$$\textbf{Zeitakkordsatz (Vorgabezeit)} = \frac{60\ \text{Minuten}}{\text{Stuckzahl pro Std.}} = \frac{60}{10} = \underline{6}$$

Pro Stück werden dem Arbeiter sechs Minuten entgolten. Mithilfe des Minutenfaktors (Akkordsatz je Minute) wird der Gesamtlohn berechnet.

Vor- und Nachteile des Leistungslohns

Vorteile aus Sicht des Arbeitgebers sind die gleichbleibenden variablen Lohnkosten je Produktionseinheit. Für den Arbeitnehmer bietet der Leistungslohn Anreiz zu höherer Leistung und – damit verbunden – zur Verbesserung des Einkommens.

Nachteile aus der Sicht des Arbeitgebers sind der hohe Verschleiß der Anlagen durch überhöhtes Arbeitstempo, größerer Energieverbrauch, ggf. schlechtere Qualität und die Notwendigkeit verstärkter Kontrolle. Aus Sicht der Arbeitnehmer können durch das erhöhte Arbeitstempo und die einseitige Beanspruchung Gefahren für die Gesundheit und die Motivation entstehen.

Leistungsgrad

Mit dieser Kennzahl kann die **individuelle Leistung eines Mitarbeiters** gemessen und bewertet werden. Der Leistungsgrad wird durch den prozentualen Vergleich der Ist-Leistung (Produktionsergebnis) mit der Normalleistung (Vorgabe) errechnet.

$$\text{Leistungsgrad} = \frac{\text{Istleistung} \cdot 100}{\text{Normalleistung}}$$

Beispiel:

Im Beispiel von S. 226 wird das Produktionsergebnis in 180 Stunden Monatsarbeitszeit erzielt, die Normalleistung beträgt somit 1 800 Stück.

$$\text{Leistungsgrad} = \frac{2\,092 \cdot 100}{1800} = \underline{\underline{116,2}}$$

Der Leistungslohn eignet sich besonders **bei sich wiederholenden Arbeitsprozessen**. Weil diese aber zunehmend von computergesteuerten Fertigungsmaschinen und Robotern übernommen werden, tritt an die Stelle des Akkordlohns zunehmend der Prämienlohn.

Prämienlohn

Der Prämienlohn eignet sich besonders, um qualitative Leistungen mit positivem wirtschaftlichen Erfolg zu honorieren.

Beispiel:

Kriterien für die Gewährung von Prämien aus Produktion und Vertrieb der Sommerfeld GmbH

Produktion	Vertrieb
• Einsparung von Werkstoffen und Energie • Reduzierung des Ausschusses • Unterschreitung der Vorgabezeiten • wirtschaftliche Optimierung der Produktionsprozesse	• Überschreiten vereinbarter Ergebnisse (Umsatz, Absatz) • Kundenzufriedenheit, Akquisition von Neukunden • Betriebsklima, Mitarbeiterwerbung

Der Prämienlohn ist eine Kombination aus Zeit- und Leistungslohn. Hier wird neben dem zeitabhängigen **Grundlohn** eine leistungsabhängige **Prämie** gezahlt.

Beispiel:

Firmenvertreter Georg Petersen erhält ein monatliches Grundgehalt (Fixum) von 2 000,00 €, außerdem eine umsatzabhängige Provision von 3 %. Im Dezember erzielt er einen Umsatz von 105 000,00 €.

Grundgehalt (Fixum)		2 000,00 €
+ leistungsabhängige Prämie	(3 % von 105 000,00 €)	3 150,00 €
= Bruttogehalt		5 150,00 €

Beteiligungslohn/Investivlohn

Arbeitnehmer können durch **vermögenswirksame Leistungen** des Arbeitgebers und den **Erwerb von Kapitalanlagen** (Aktien, GmbH-Anteilen) oder über die **Kapitalerträge oder Gewinnbeteiligung** (Bonuszahlungen) langfristig an der Ertrags- und Vermögensentwicklung des Unternehmens beteiligt werden. Diese Entgeltform eignet sich besonders zur

- Bindung qualifizierter Arbeiter(innen) an das Unternehmen,
- Förderung der Motivation, Leistungs- und Verantwortungsbereitschaft,
- Vermögensbildung und Altersvorsorge.

Der Mitarbeiter „**investiert**" sozusagen in „sein" Unternehmen.

Beispiel:

Die Sommerfeld GmbH beteiligt die Mitarbeiter(innen) jährlich vermögensbildend mit 25 % am Gewinn nach Steuern. Momentan halten die Mitarbeiter(innen) fast 20 % der GmbH-Anteile.

Die Entgeltformen im Überblick

Entgeltform	Entgeltanteile
Zeitlohn	**Fixes Grundentgelt** • zeitabhängiges Fixum • zeitabhängige Zulagen, Zuschläge
Leistungslohn	**Variables leistungsabhängiges Grundentgelt** • mengenabhängiger Stückgeldakkord • vorgabezeitabhängiger Zeitakkord
Prämienlohn	**Individuelle mengenabhängige Leistungszulagen für Mehrleistungen** • für Unterschreitung der durchschnittlichen Ausschussquote • für besondere Material- und Energieausnutzung • für besondere Umsatzleistungen (Provisionen) • für Unterschreitung der Durchlaufzeit • für Termintreue
Beteiligungslohn/Investivlohn	**Kapitalbeteiligung/Anteil am Wert der Unternehmung** • am Fremdkapital: Darlehen, Gläubigerpapiere • am Eigenkapital: Aktien, Anteile **Gewinnbeteiligung** Ausschüttung eines Gewinnteils an die Belegschaft

Mindestlohn

Der im Einzelvertrag festgelegte Lohn bzw. das Gehalt hängt in erster Linie von den branchengültigen Tarifverträgen ab. Einen Rechtsanspruch auf diesen Tariflohn hat jedoch nur ein Arbeitnehmer, der Mitglied in der Gewerkschaft und dessen Arbeitgeber Mitglied des entsprechenden Arbeitgeberverbandes ist. Sollte eines dieser beiden Kriterien nicht erfüllt sein, ist der Arbeitslohn bzw. das Gehalt Verhandlungssache. Da der einzelne Arbeitnehmer hier oft in einer schwächeren Position ist, wurde mit Wirkung zum 1. Januar 2015 das **Gesetz zum Mindestlohn** (**MiLoG**) beschlossen. Der allgemeine Mindestlohn beträgt 8,50 € brutto pro Stunde (bis Dezember 2016). Für bestimmte Branchen und Berufsgruppen gibt es Ausnahmen (siehe Abbildung).

Tipp: Weitere Infos über Branchenspezifische Mindestlöhne unter: http://www.boeckler.de/wsi-tarifarchiv_50804.htm

Ausnahmen vom Mindestlohn

Rund 3,7 Millionen Arbeitnehmerinnen und Arbeitnehmer erhalten in Deutschland ab 2015 den gesetzlichen Mindestlohn von 8,50 Euro brutto pro Stunde.

KEINEN MINDESTLOHN BEKOMMEN:

 Langzeitarbeitslose in den ersten sechs Monaten einer neuen Beschäftigung

 Menschen im Ehrenamt

 Auszubildende und Jugendliche unter 18 Jahren ohne Berufsabschluss

 Zeitungszusteller Der Mindestlohn steigt stufenweise von 6,38 € (2015) über 7,22 € (2016) auf 8,50 € ab 2017.

 Praktikanten generell bei Pflichtpraktika, bei freiwilligen Praktika bis zu drei Monaten

 Erwerbstätige in Branchen mit länger laufenden Tarifverträgen: Die hier vereinbarten Löhne dürfen bis Ende 2016 nach unten abweichen (z. B. im Friseurhandwerk und in der Fleischindustrie).

 Sonderfall: Saisonarbeiter in Landwirtschaft und Gastronomie. Hier gilt der Mindestlohn, allerdings wird die Befreiung von der Sozialversicherungspflicht bis Ende 2018 von 50 auf 70 Tage ausgeweitet.

Stand Januar 2015   Quelle: Bundesarbeitsministerium, DGB   © Globus 10043

Die Gesamtkosten des Produktionsfaktors Arbeit unter Berücksichtigung von Entgeltzuschlägen und Personalnebenkosten

Die Gesamtkosten des Produktionsfaktors Arbeit setzen sich aus dem **Bruttolohn/-gehalt**, den **Entgeltzuschlägen** und den **Personalnebenkosten** zusammen.

Bruttolöhne und -gehälter

Neben den Bruttolöhnen und -gehältern umfassen die Personalkosten, Entgeltzuschläge und -zulagen und die Personalnebenkosten. Bruttolöhne und Personalnebenkosten ergeben zusammen die **Personalkosten des Betriebes.**

Entgeltzuschläge

Sie werden bei **besonderen Arbeitsbedingungen** oder bei **außergewöhnlichen Arbeitszeiten** gewährt.

Zuschläge	Begründung
• Mehrarbeitszuschläge	• Überstunden
	• Nacht-, Sonn- und Feiertagsarbeiten
• Zuschläge für besondere Arbeitszeiten	• Heiligabend, Silvester
• Gefahren- und Erschwerniszuschläge	• niedrige Temperaturen in Kühlräumen
	• besonders schwere körperliche Arbeit

Personalnebenkosten

Jeder Arbeitnehmer erhält neben dem Entgelt, das er für die geleistete Arbeit bezieht, einen „**zweiten Lohn**". Er besteht aus gesetzlichen, tariflichen und freiwilligen Sozialleistungen des Unternehmens.

Beispiel: Personalnebenkosten

gesetzlich	tariflich	freiwillig
• Arbeitgeberbeiträge zur gesetzlichen Kranken-, Renten-, Arbeitslosen- und Pflegeversicherung • gesetzliche Unfallversicherung • Entgeltfortzahlung während Krankheit, Mutterschutz, Urlaub, Feiertagen	• tariflich festgelegter Urlaubsanspruch von z. B. 30 Werktagen • zusätzliches Urlaubsgeld • vermögenswirksame Leistungen	• Kosten im Rahmen der Personalentwicklung • Fahrtkostenzuschüsse, wie z. B. Jobticket • Einrichtung einer Kantine • Personalrabatte • Angebot von Sport- und Erholungseinrichtungen

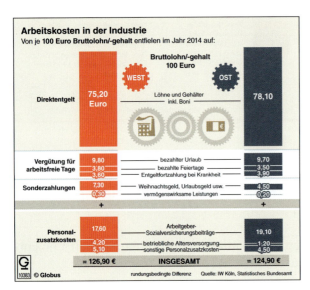

Arbeitskosten in der Industrie
Von je 100 Euro Bruttolohn/-gehalt entfielen im Jahr 2014 auf:

© Globus 10383 — rundungsbedingte Differenz — Quelle: IW Köln, Statistisches Bundesamt

Für den Arbeitnehmer ist der **„zweite Lohn"** eine angenehme Zusatzleistung. Für den Arbeitgeber sind die Personalnebenkosten Ursache für die hohen Lohnstückkosten. Entsprechend hoch sind dann auch die Preise, zu denen deutsche Unternehmen ihre Produkte am Weltmarkt verkaufen müssen.

Da die Unternehmen die gesamten Personalkosten in die Preise ihrer Produkte einkalkulieren, kann das gegenüber Ländern mit geringeren Lohnkosten und Sozialleistungen zu Wettbewerbsnachteilen führen.

Dies ist einer der Gründe für die Diskussion über den **Produktionsstandort Deutschland**, bei der viele Betriebe für eine Verlagerung der Produktion ins Ausland plädieren, weil hier die Personalkosten oft deutlich niedriger sind. Die Gewerkschaften reagieren auf diese Entwicklung mit maßvollen Tarifabschlüsse und der Vereinbarung von Beschäftigungsgarantien. Die Unternehmen versuchen, durch Zuverlässigkeit und Qualität ihre Wettbewerbsfähigkeit im globalen Wettbewerb zu halten.

Beispiel:

Die Sommerfeld GmbH muss für je 75,20 € Direktentgelt an eine(n) Mitarbeiter(in) zusätzlich 51,70 € für Personalnebenkosten kalkulieren. Die Personalnebenkosten erhöhen demnach die Lohnstückkosten erheblich.

Sich über Lohnformen und Lohnnebenkosten informieren

• Neben der festen Arbeitszeit existieren **flexible Arbeitszeitmodelle** wie z. B. Gleitzeit, Teilzeitarbeit, Jobsharing, Homeoffice, Vorruhestand, Schichtarbeit.
• Lohn und Gehalt sind das **Entgelt für den Produktionsfaktor Arbeit**. Gehalt erhalten die Angestellten, Lohn die gewerblichen Mitarbeiter(innen).
• Ausschlaggebend für die Bemessung des Entgelts ist die tatsächliche Leistung des Arbeitnehmers. Ausdruck hierfür ist der **Leistungsgrad**.

Entgeltformen			
Zeitlohn	**Leistungslohn**		**Beteiligungs-/Investivlohn**
	Akkordlohn	**Prämienlohn**	
Maßstab für die Entlohnung ist die Dauer der Arbeitszeit	die Leistungsmenge wird berücksichtigt	genau definierte Leistungsergebnisse werden berücksichtigt	• Kapitalbeteiligung • Gewinnbeteiligung

- Alle Entgeltformen sind für den Betrieb Bestandteil der Personalkosten. Neben den Bruttolöhnen und -gehältern gehören zu den Personalkosten auch die **Personalnebenkosten**.

Übungsaufgaben

1. Erläutern Sie
   a) Zeitlohn,   b) Leistungslohn,   c) Prämienlohn.

2. Ein Akkordarbeiter stellt in 158 Stunden 2 400 Stück eines Werkstücks im Akkord her. Er erhält auf den Mindestlohn von 10,00 € einen Akkordzuschlag von 25 %. Die Normalleistung beträgt zwölf Stück je Stunde.
   Ermitteln Sie
   a) den Akkordrichtsatz,   b) den Stückakkordsatz,   c) den Grundlohn als Stückakkord,
   d) den Zeitakkordsatz (die Vorgabezeit),   e) den Minutenfaktor,
   f) den Grundlohn als Zeitakkord.

3. Ein Außendienstvertreter erhält zu einem Fixum von 1 800,00 € je Monat eine Umsatzprovision von 1,5 %. Sein Umsatz betrug im abgelaufenen Monat 240 000,00 €. Errechnen Sie sein Bruttogehalt.

4. Der Elektriker Anton Bernhofer arbeitet im Monat April insgesamt 165 Stunden. Von dieser Gesamtzeit werden ihm 115 Stunden nach dem Zeitlohnverfahren und die restlichen Stunden nach dem Akkordlohnverfahren vergütet. Der Normallohnsatz beträgt 13,00 €; für Akkordarbeit wird ein Akkordzuschlag von 25 % gezahlt. Herr Bernhofer lieferte nach Akkordzettel folgende Mengen ab:

Auftrag	Abgelieferte Menge	Vorgabezeit je Stück
A) Installieren von Steckdosen	83 Stück	5 min
B) Verdrahten von Schaltschränken	15 Stück	30 min

   a) Berechnen Sie den Bruttolohn für Herrn Bernhofer.
   b) Berechnen Sie die Stückkosten für Position A und B.

5. Der Lagerarbeiter Otto Eberl arbeitete im Abrechnungsmonat 165 Stunden im Akkordlohnsystem. Er lieferte in dieser Zeit 6 600 Einheiten ab. Die Normalleistung eines Lagerarbeiters bei der Durchführung dieser Tätigkeit beträgt 30 Einheiten in einer Stunde. Der Stundenlohn beträgt 10,00 €. Außerdem soll für die Akkordarbeit ein Akkordzuschlag von 25 % berücksichtigt werden.
   Berechnen Sie
   a) den Minutenfaktor,   b) den Stückgeldakkord,   c) den Akkordlohn mithilfe des
      Stückgeldakkords und   d) den Akkordlohn mithilfe des Stückzeitakkords.

4.3.2 Individualversicherungen und die Sozialversicherung kennenlernen und Möglichkeiten der privaten Vorsorge erkunden

Daniela Schaub ist gespannt. Der erste Monat als Auszubildende bei der Sommerfeld GmbH ist vorbei und sie wartet auf ihre Ausbildungsvergütung. Ihr Konto ist nicht nur leer, sondern überzogen. Schulden sind nicht schön, denkt sie, als sie am 1. des Monats den Kontoauszug zieht, aber zum Glück gibt es ja heute die Ausbildungsvergütung. Daniela starrt verwundert auf den Kontoauszug. Im Ausbildungsvertrag ist eine Ausbildungsvergütung von 896,00 € festgelegt. Der Kontoauszug weist jedoch nur einen Betrag von 723,28 € aus.

Als sie zu Hause ihrer Mutter Antje Schaub davon erzählt, fängt diese an zu lachen. *„Ja Schatz, das sind die Sozialversicherungen“*, sagt sie, *„die musst auch du zahlen. Da fällt mir ein, Herr Akcingöz von der Bank hat mir heute Infomaterial zur Riester-Rente für dich mitgegeben. Er meint, das sollst du unbedingt machen, damit du im Alter versorgt bist.“*

Daniela ist total verwirrt. Was ist denn das nun wieder und wozu braucht sie eine Sozialversicherung oder eine Riester-Rente? Am wichtigsten aber ist für sie die Frage, warum man ihr das einfach von der Ausbildungsvergütung abziehen kann. Sie hat einen Monat gearbeitet und keinen gebeten, sie zu versichern.

Arbeitsaufträge

1 Erarbeiten Sie sich den Unterschied zwischen Sozialversicherungen und Individualversicherungen. Erstellen Sie hierzu eine Tabelle, in der Sie die Pflichtversicherungen von den freiwilligen Versicherungen trennen.
2 Erklären Sie Daniela Schaub, warum die Sozialversicherung für sie wichtig ist und warum sie die Beiträge entrichten muss.
3 Überprüfen Sie, ob die Abzüge zur Sozialversicherung bei Daniela Schaub korrekt erhoben wurden.

Die Sozialversicherung

Neben den Individualversicherungen, wie z. B. einer Lebensversicherung, stellt die Sozialversicherung die zweite Säule der Absicherung von Arbeitnehmerinnen und Arbeitnehmern gegen die Risiken im Alter, das Risiko von Krankheit, Arbeitslosigkeit, Unfällen am Arbeitsplatz und Pflegebedürftigkeit dar.

Der Ursprung der Sozialversicherung liegt im 19. Jahrhundert. Als Folge der fortschreitenden Industrialisierung und der damit einhergehenden Verelendung der Arbeiter in den Städten kam es zu Unzufriedenheit und Unruhe. Als Reaktion darauf formulierte **Otto von Bismarck** 1881 den Rechtsanspruch der Arbeiter auf Leistungen bei Krankheit, Invalidität und materieller Not im Alter. Per Gesetz entstanden daraufhin 1883 die Krankenversicherung, 1884 die Unfallversicherung und 1889 die Invaliditäts- und Alterssicherung. 1927 folgte die Arbeitslosenversicherung und 1995 die Pflegeversicherung. Die Bestimmungen über die Sozialversicherung der Gegenwart sind im **Sozialgesetzbuch (SGB)** geregelt.

In der Sozialversicherung sind **alle Arbeiter(innen) und Angestellten** pflichtversichert, die mehr als „geringfügig" beschäftigt sind.

Beispiel:

Geringfügig beschäftigt sind Arbeitnehmer(innen), deren monatliche Entlohnung 450,00 € (2016) nicht übersteigt. Diese Arbeitsverhältnisse werden auch als **Minijobs** bezeichnet.

Zur Berechnung der Beiträge zur Sozialversicherung legt der Gesetzgeber jährlich **Beitragsbemessungsgrenzen** fest. Oberhalb dieser Grenzen werden Löhne und Gehälter nicht mit Beiträgen belastet. Die Beitragsbemessungsgrenzen erhöhen sich entsprechend der Lohn- und Gehaltsentwicklung von Jahr zu Jahr.

Beispiel:

Herr Sommer erhält als Geschäftsführer der Sommerfeld GmbH ein Gehalt von 8 000,00 € (brutto). Die Beitragsbemessungsgrenze zur Krankenversicherung beträgt (2016) 4 237,50 €. Die Beiträge zu seiner Krankenversicherung werden auf der Basis von 4 237,50 € berechnet, das Einkommen oberhalb der Grenze bleibt beitragsfrei.

Die Versicherungsleistungen der Sozialversicherungen werden grundsätzlich aus den Beitragseinnahmen des jeweiligen Versicherungsjahres im **Umlageverfahren** finanziert. Eine Kapitalbildung wie bei den Individualversicherungen findet nicht statt.

Für die **Rentenversicherung** bedeutet dies, dass die im Beruf stehenden Arbeitnehmer(innen) mit ihren Beiträgen die Renten der aktuellen Rentnergeneration zahlen. Diese Vereinbarung wird auch als **Generationenvertrag** bezeichnet. Probleme bei dieser Art der Finanzierung ergeben sich, wenn die Zahl der Rentner gegenüber den Beitragszahlern schneller steigt.

Vor dem Hintergrund der demografischen Entwicklung wird es immer wichtiger, die gesetzliche Rente durch private Zusatzversicherungen (**Riester-Rente** vgl. S. 237) zu ergänzen.

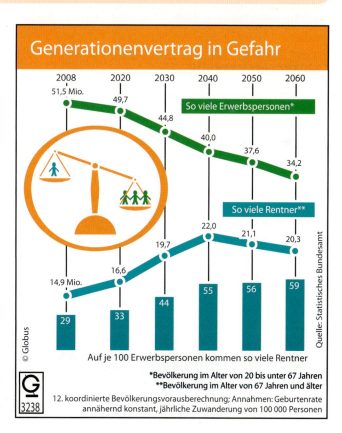

Durch jährliche Rentenanpassungsgesetze wird die Rente der allgemeinen Entwicklung der Nettolöhne angepasst. Durch diese **Dynamisierung der Rente** wird sichergestellt, dass die Rentenempfänger an der Erhöhung des Lebensstandards teilnehmen.

Rentenversicherung

Aufgabe	• Zahlung von Renten im Alter(Altersruhegeld) ab 67 Jahre, flexibles Altersruhegeld ab 65 Jahre • Erhalt (Erwerbsunfähigkeitsrente), Verbesserung und Wiederherstellung der Erwerbsfähigkeit • Renten für Hinterbliebene
Träger	Deutsche Rentenversicherung
Versicherungspflicht	• alle gegen Entgelt beschäftigten Arbeiter, Angestellte, Auszubildende • Personen im freiwilligen Wehrdienst sowie im Bundesfreiwilligendienst • Selbstständige auf Antrag • Mütter oder Väter während der Zeit der Kindererziehung • Bezieher von Unterhaltsersatzleistungen
Leistungen	• Altersruhegeld, Witwen-, Waisenrente • Zwischen 2012 und 2029 steigt das gesetzliche Renteneintrittsalter von 65 auf 67 Jahre. • Erwerbsminderungsrente • abschlagsfreie Rente nach 45 Beitragsjahren ab dem 63. Lebensjahr möglich
Beitrag	18,7 % (2016) • AG 9,35 % • AN 9,35 %
Beitragsbemessungsgrenze	6 200,00 € (5 400,00 € neue Bundesländer) monatlich (2016)

Krankenversicherung

Aufgabe	Übernahme von Risiken, die aufgrund von Krankheiten entstehen
Träger	AOK, Ersatzkassen, Betriebs- und Innungskassen
Versicherungspflicht	• Arbeiter(innen) und Angestellte, wenn ihr regelmäßiges Arbeitsentgelt die Jahresarbeitsentgeltgrenze nicht übersteigt (2016: 56 250,00 €) • Auszubildende; Arbeitslose, wenn sie Leistungen von der Bundesagentur für Arbeit beziehen; Rentner
Leistungen	• Vorsorgeuntersuchungen, Heil- und Hilfsmittel • ärztliche und zahnärztliche Beratung, Untersuchung und Behandlung • verordnungsfähige Arznei- und Verbandmittel • Krankenhausbehandlung • Krankengeld (ab der 7. Woche)
Beitrag	14,6 % (2016) • AG 7,3 % fix • AN 7,3 % + Zusatzbeitrag. Der Zusatzbeitrag wird individuell von der Krankenkasse festgelegt.
Beitragsbemessungsgrenze	4 237,50 € monatlich (2016)

Pflegeversicherung

Aufgabe	soziale Absicherung des Risikos der Pflegebedürftigkeit
Träger	Pflegekassen bei den gesetzlichen Krankenkassen
Versicherungspflicht	• alle pflichtversicherten und freiwillig versicherten Mitglieder der gesetzlichen Krankenkassen • privat Versicherte müssen eine private Pflegeversicherung abschließen
Leistungen	• nach fünf Pflegegraden gestaffelt • häusliche und stationäre Pflege, Pflegegeld, Sachleistungen
Beitrag	2,35 % (2016) • AG 1,175 % • AN 1,175 % + 0,25 % für Kinderlose ab dem 23. Lebensjahr
Beitragsbemessungsgrenze	4 237,50 € monatlich (2016)

Arbeitslosenversicherung

Aufgabe	• Erreichung und Erhalt eines hohen Beschäftigungsstandes • Hilfe bei Arbeitslosigkeit
Träger	Bundesagentur für Arbeit in Nürnberg und Arbeitsagenturen
Versicherungs-pflicht **Leistungen**	alle gegen Entgelt beschäftigte Arbeitnehmer, Auszubildende, Personen im freiwilligen Wehrdienst sowie im Bundesfreiwilligendienst • Förderung der beruflichen Bildung durch Ausbildung, Fortbildung, Umschulung • Förderung der Arbeitsaufnahme, berufliche Rehabilitation • Kurzarbeitergeld • Arbeitslosengeld I (60 % ohne Kind, 67 % mit Kind des durchschnittlichen Nettoentgelts) und Arbeitslosengeld II (abhängig von den Regelsätzen der Sozialhilfe) • Berufsberatung und Arbeitsvermittlung
Beitrag	3 % (2016) • AG 1,5 % • AN 1,5 %
Beitragsbemes-sungsgrenze	• gleiche Grenze wie bei der Rentenversicherung • 6 200,00 € (5 400,00 € neue Bundesländer) monatlich (2016)

Unfallversicherung

Aufgabe	• Übernahme von Risiken, die aufgrund von Arbeitsunfällen, Wegeunfällen oder Berufskrankheiten entstehen • Erlass und Überwachung von Unfallverhütungsvorschriften
Träger	Berufsgenossenschaften
Versicherungspflicht	alle Beschäftigten
Leistungen	• Heilbehandlung nach einem Unfall • Maßnahmen der Rehabilitation • Übergangsgeld während der Rehabilitation • Verletztenrente und Hinterbliebenenrente • Berufsberatung und Arbeitsvermittlung
Beitrag	• Beitragshöhe ist abhängig von der Gefahrenklasse • Arbeitgeber zahlt allein

Die Individualversicherungen

Die Sozialversicherung als Pflichtversicherung wird durch die freiwillige Individualversicherung ergänzt. Hier hat der Arbeitnehmer die Möglichkeit, Risiken, die seine Person, seine Sachen oder sein Vermögen betreffen, zusätzlich (individuell) abzusichern.

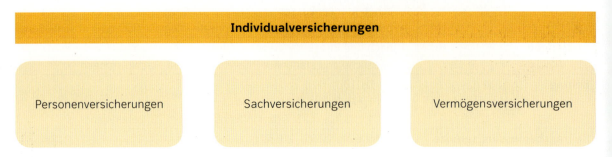

Personenversicherungen

Für jeden Arbeitnehmer gibt es Unsicherheiten, wie die Frage der Sicherheit des Arbeitsplatzes, der Absicherung im Alter oder der Gesundheit. Wer nicht sozialversicherungspflichtig ist oder wem der Schutz der Sozialversicherung nicht ausreicht, hat die Möglichkeit, sich gegen die Folgen von Krankheit, Unfall, Arbeitsunfähigkeit, Alter und Tod **privat zu versichern**.

Private Krankenversicherung: Bei Vertragsabschluss ist i. d. R. eine ärztliche Untersuchung erforderlich. Die Leistungen sind denen der gesetzlichen Krankenversicherung ähnlich, jedoch zumeist umfangreicher.

Private Unfallversicherung: Die gesetzliche Unfallversicherung (Berufsgenossenschaft) tritt nur bei Unfällen am Arbeitsplatz, Wegeunfällen und Berufskrankheiten ein. Der Schutz einer privaten Unfallversicherung umfasst hingegen alle Unfälle des täglichen Lebens, deckt also das Berufs- und das Freizeitrisiko ab.

Lebensversicherung: Durch eine Lebensversicherung kann der/die Arbeitnehmer(in) seine/ihre Familie gegen den Tod des/der Hauptverdienenden versichern. Darüber hinaus kann die Lebensversicherung als **Erlebensversicherung** bei Eintritt des Versicherungsfalls dem/der Arbeitnehmer(in) durch Auszahlung der Versicherungssumme oder Zahlung einer Rente Sicherheit gewähren.

Private Rentenversicherung: Im sogenannten „Generationenvertrag" ist festgelegt, dass die Renten der Rentner durch die Beiträge der arbeitenden Bevölkerung aufgebracht werden. Da immer weniger Beitragszahler immer mehr Rentner finanzieren müssen, ist der Generationenvertrag in Gefahr.

Vor dem Hintergrund der demografischen Entwicklung (vgl. Abbildung Seite 237) wird es immer wichtiger, die gesetzliche Rente durch private Zusatzversicherungen zu ergänzen. Unter bestimmten Bedingungen werden diese privaten Zusatzversicherungen staatlich gefördert. Die so erworbene Zusatzrente wird nach dem Arbeitsminister, in dessen Amtszeit diese Förderung eingeführt wurde, auch **„Riester-Rente"** genannt.

In der **gesetzlichen Rentenversicherung** wird das sogenannte **Umlageverfahren** angewandt, d. h., die Renten der jeweiligen Rentnergeneration werden auf die Beiträge der jeweiligen Arbeitnehmer „umgelegt".

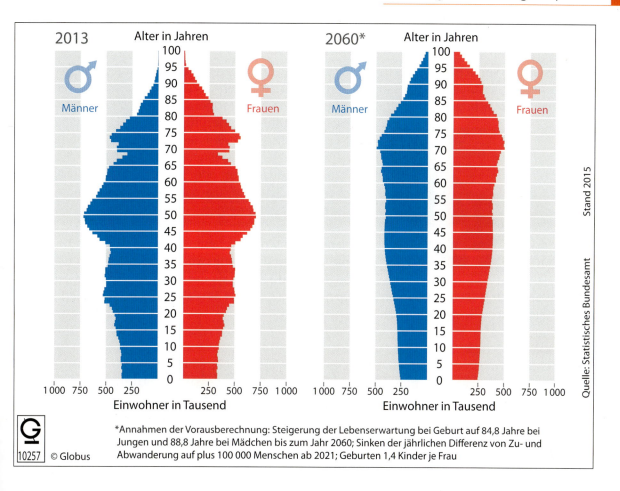

2013   Alter in Jahren   2060*   Alter in Jahren

Männer   Frauen   Männer   Frauen

Einwohner in Tausend   Einwohner in Tausend

Stand 2015

Quelle: Statistisches Bundesamt

*Annahmen der Vorausberechnung: Steigerung der Lebenserwartung bei Geburt auf 84,8 Jahre bei Jungen und 88,8 Jahre bei Mädchen bis zum Jahr 2060; Sinken der jährlichen Differenz von Zu- und Abwanderung auf plus 100 000 Menschen ab 2021; Geburten 1,4 Kinder je Frau

10257   © Globus

Anders bei der **privaten Rentenversicherung**. Hier werden die Beiträge angespart und es wird ein **Kapitalstock** aufgebaut, aus dem, wie bei einer Kapital- oder Lebensversicherung, im Rentenfall die jeweilige Rente ausgezahlt wird.

Der Staat unterstützt Arbeitnehmer(innen), die eine private Rentenversicherung abschließen. So können alle Ausgaben für die private Zusatzversicherung als **Sonderausgaben** von der Steuer abgesetzt werden. Da die Beiträge steuerlich begünstigt werden, muss die spätere Rente jedoch versteuert werden.

Die „**Riester-Rente**" wird in der Praxis in Form von Altersvorsorgeversicherungen, Banksparplänen und Aktienfondssparplänen angeboten. Auch der Betrieb kann für seine Arbeitnehmer(innen) Versicherungen im Rahmen der „Riester-Rente" abschließen. Dies ist z. B. in Form von Direktversicherungen möglich, bei denen der Betrieb Lebensversicherungen für seine Mitarbeiter(innen) abschließt und die Prämien übernimmt, oder in Form von Pensionskassen, bei denen der Betrieb die Beiträge für seine Mitarbeiter(innen) in eine Altersvorsorgeversicherung einzahlt.

Sachversicherungen

Sachversicherungen decken Schäden, die der Versicherungsnehmer durch Verlust oder Beschädigung einer Sache infolge von Feuer, Wasser, Einbruch o. Ä. erleiden kann.

Feuerversicherung: Sie deckt Schäden, die durch Brand, Blitzschlag oder Explosion verursacht werden. Auch die unmittelbaren Folgeschäden, wie Rettungskosten, Schäden durch Löschen, Rauch, Ruß usw., sind abgedeckt. Ein

Versengen, bei dem keine Flamme sichtbar wird, ist kein Brand und fällt nicht unter den Schutz der Feuerversicherung.

Leitungswasserversicherung: Sie deckt Schäden, die „durch den bestimmungswidrigen Austritt von Leitungswasser" verursacht werden. Schäden, die durch Regen-, Grund- oder Hochwasser verursacht sind, fallen nicht unter den Schutz der Leitungswasserversicherung.

Einbruchdiebstahlversicherung: Sie deckt Schäden, die durch Einbruchdiebstahl verursacht werden. Ein Einbruch liegt vor, wenn ein Dieb in ein Gebäude gewaltsam einbricht, es mit falschen Schlüsseln öffnet oder sich einschließen lässt. Nicht versichert sind Schäden, die durch Angestellte während der Arbeitszeit verursacht werden.

Bei allen genannten Versicherungen muss die **Versicherungssumme** dem **Versicherungswert** entsprechen. Ist die Versicherungssumme kleiner als der Versicherungswert, liegt eine **Unterversicherung** vor und Schäden werden nur anteilig ersetzt. Im Fall einer Überversicherung wird nur der tatsächliche Schaden ersetzt.

Beispiel:

Die KFZ-Siebert KG versichert ihr Warenlager im Rahmen einer Einbruchdiebstahlversicherung. Der Wert des Lagers beträgt 100 000,00 €, die Versicherungssumme 50 000,00 €. Eines Nachts wird eingebrochen und es werden Werkzeuge im Wert von 20 000,00 € entwendet. Herr Siebert ruft seinen Versicherungsvertreter an und dieser macht ihm zu seiner Überraschung folgende Rechnung auf: Da die Versicherungssumme nur die Hälfte des Versicherungswertes ausmacht, ist die KFZ-Siebert KG zu 50 % unterversichert und bekommt Schäden bis zu dieser Höhe auch nur zur Hälfte vergütet. Die Versicherung zahlt im vorliegenden Fall demnach 50 % des Schadens, d. h. 10 000,00 €.

Vermögensversicherungen

Die Vermögensversicherung deckt Schäden, die der private Versicherungsnehmer durch Schadenersatzforderungen Dritter an seinem Vermögen erleiden kann.

Haftpflichtversicherung: Die Haftpflichtversicherung deckt alle Schadenersatzansprüche ab, die gegen den Versicherungsnehmer geltend gemacht werden.

Beispiel:

Sabine Freund stößt bei einem Einkaufsbummel in einem Fachgeschäft eine wertvolle Vase um. Sabine ist schadenersatzpflichtig. Den entstandenen Schaden übernimmt ihre Haftpflichtversicherung.

Eine Besondere Art der Haftpflicht ist die **Kfz-Haftpflichtversicherung**. Diese ist für alle Kfz-Halter Pflicht.

Vermögensbildung

Für vermögenswirksame Leistungen erhalten Arbeitnehmer nach dem 5. Vermögensbildungsgesetz eine Sparzulage.

Vermögenswirksame Leistungen: Vermögenswirksame Leistungen werden häufig im Rahmen einzelvertraglicher, tariflicher oder betrieblicher Vereinbarungen zusätzlich zum Arbeitsentgelt gewährt. In diesem Falle sind sie zusätzlich zum Gehalt steuer- und sozialversicherungspflichtig. Soweit dies noch nicht der Fall ist, kann jeder Arbeitnehmer bei seinem Arbeitgeber beantragen, dass Teile seines Arbeitslohnes einbehalten und vermögenswirksam angelegt werden.

Aus folgender Übersicht gehen die wichtigsten **Anlageformen** hervor:

Vermögens-beteiligungen	Wertpapiersparvertrag (Aktien, Anteilscheine) oder Sparvertrag über andere Vermögensbeteiligungen (GmbH-Anteil, stille Beteiligung) mit einem Kreditinstitut
Anlagen nach dem Wohnungsbau-Prämiengesetz	• Bausparverträge mit einer Bausparkasse • Verträge über den Erwerb von Anteilen an einer Baugenossenschaft
Anlagen zum Wohnungsbau	• Erwerb eines Grundstücks • Erwerb, Bau, Ausbau und Erweiterung von Wohngebäuden und Eigentumswohnungen

Der Arbeitgeber hat die Sparbeiträge vom Nettogehalt **einzubehalten** und entweder an die entsprechenden Institute (Kreditinstitut, Bausparkasse, Versicherungs- oder Beteiligungsunternehmen) oder direkt an den Arbeitnehmer zu leisten.

Sparzulagen: Für vermögenswirksame Leistungen zahlt der Staat eine Sparzulage, wenn das zu versteuernde Einkommen 17 900,00 € (bzw. 35 800,00 € bei Zusammenveranlagung von Ehegatten) (2016) nicht übersteigt.

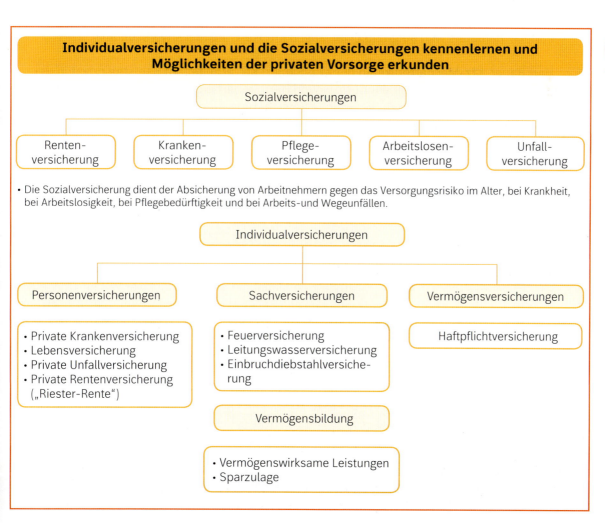

Übungsaufgaben

1. Diskutieren Sie, warum in Deutschland die Sozialversicherung eine Pflichtversicherung ist.

2. Erläutern Sie den Begriff „Generationenvertrag".

3. Murat Öger, Abteilungsleiter Kundendienst, verheiratet, zwei Kinder, verdient 6 500,00 € monatlich. Er möchte aus der gesetzlichen Rentenversicherung austreten und eine private Lebensversicherung abschließen.
   a) Entscheiden Sie begründet, ob dies zulässig ist.
   b) Wie hoch ist der Beitrag, den Herr Öger monatlich an die Rentenversicherung zahlen muss?
   c) Berechnen Sie die Beiträge zur Sozialversicherung, die Herr Öger insgesamt zahlen muss (seine Krankenkasse erhebt keinen Zusatzbeitrag).

4. Erklären Sie, welche Sozialversicherung in den folgenden Fällen zuständig ist.
   a) Jan Fedder schließt demnächst seine Ausbildung ab. Die Sommerfeld GmbH hat ihm noch kein Angebot für eine Übernahme gemacht und ein anderer Job ist auch nicht in Sicht.
   b) Beim privaten Fußballspielen am Abend bricht sich der Auszubildende Siegfried Holl das Bein.
   c) Jan Fedder entwickelt als Anlagenmechaniker SHK eine Allergie gegen Kupfer. Er kann in seinem bisherigen Beruf nicht mehr arbeiten und muss einen neuen Beruf erlernen.
   d) Nach einer schweren Herzattacke muss der Großvater von Diana Feld in ein Pflegeheim.
   e) Heinz Remmers wird aufgrund einer langen Krebserkrankung erwerbsunfähig.

5. Herr Bauer, Kfz-Mechatroniker in der KFZ-Siebert KG, arbeitet am Samstag privat in der Werkstatt der Firma an seinem Auto, wovon Herr Siebert nichts weiß. Hierbei verletzt sich Herr Bauer schwer. Erläutern Sie, welche Versicherung für die Heilbehandlung seiner Verletzungen aufkommt.

4.3.3 Den Weg einer Gehalts-/Lohnabrechnung nachvollziehen

Nicole Ganser, 21 Jahre, katholisch und kinderlos, hat ihre Abschlussprüfung bestanden und freut sich auf ihren ersten Lohn als Facharbeiterin. Die Sommerfeld GmbH zahlt ihr einen tariflichen Einstiegslohn von 12,68 € pro Stunde. Im letzten Monat hat sie nach Tarif vier Wochen mit je 35 Stunden gearbeitet. Hinzu kommen zehn Überstunden, für die die Sommerfeld GmbH einen Überstundenzuschlag von 15 % zahlt, sowie fünf Stunden Wochenendarbeit, für die es einen Wochenend- und Feiertagszuschlag von 20 % gibt.

Von den 50,00 € vermögenswirksamen Leistungen, die sie mit ihrem Bankberater besprochen hat, übernimmt die Sommerfeld GmbH einen Arbeitgeberanteil von 26,60 €. *„Ungefähr 2 100,00 € müssten das sein"*, überschlägt Nicole und freut sich. Als sie den Kontoauszug in den Händen hält, kippt sie fast vom Stuhl. Nur 1 319,38 € sind ihr überwiesen worden.

Arbeitsaufträge

1 Erläutern Sie, wie es zu der Differenz zwischen den erwarteten 2 100,00 € und den gezahlten 1 319,38 € kommen kann.
2 Führen Sie die Gehaltsabrechnung mithilfe der Abzugstabelle auf S. 246 ff. durch und überprüfen Sie den überwiesenen Nettobetrag.

Bruttoentgelt

*Das gesamte **Einkommen vor Abzug von Steuern und Sozialversicherungsbeiträgen**, das einem Arbeitnehmer aufgrund seines Arbeitsvertrages zusteht, wird als **Bruttoentgelt** bezeichnet. Angestellte erhalten Bruttogehalt, Arbeiter(innen) Bruttolohn.*

Unter Berücksichtigung des gesetzlichen **Mindestlohnes** kann das Bruttoentgelt zwischen Arbeitnehmer und Arbeitgeber **frei vereinbart** werden. Wenn das Arbeitsverhältnis im Anwendungsbereich eines Tarifvertrages liegt, gelten die im Tarifvertrag ausgehandelten Vergütungen. Diese bilden das Mindestentgelt, das von Mitgliedern des Tarifverbands nicht unterschritten, wohl aber überschritten werden darf.

Steuerpflichtiger oder steuerfreier Arbeitslohn

Steuerpflichtige Einkünfte

Mit dem Bezug von Lohn bzw. Gehalt wird der Arbeitnehmer lohnsteuerpflichtig.
Gegenstand des Lohnsteuerabzugs ist der Arbeitslohn. Dazu zählen grundsätzlich **alle Einnahmen, die dem Arbeitnehmer aus seinem Dienstverhältnis zufließen**. Es ist gleichgültig,
- ob es sich um einmalige oder regelmäßige Einnahmen oder
- ob es sich um Geld/Sachbezüge oder geldwerte Vorteile handelt.

Laufende und einmalige Geldzahlungen	Sachbezüge und andere geldwerte Vorteile
• Löhne und Gehälter zuzüglich etwaiger Zulagen und Zuschläge, vermögenswirksame Leistungen • Provisionen • 13. Monatsgehalt • einmalige Abfindungen und Entschädigungen • Urlaubsgeld, Weihnachtsgeld	• verbilligte oder freie Wohnung • verbilligte oder freie Verpflegung • kostenlose oder verbilligte Überlassung von Waren • kostenlose oder verbilligte Überlassung von Kraftfahrzeugen für Privatzwecke • Fahrtkostenzuschüsse

Zulagen/Zuschläge

Zulagen oder Zuschläge werden aufgrund von **Besonderheiten der Arbeit** regelmäßig gewährt.

Zulagen/ Zuschläge	Begründung
• Mehrarbeitszuschläge • Zuschläge für besondere Arbeitszeiten • Gefahren- und Erschwerniszuschläge	• Überstunden • Nacht-, Sonn- und Feiertagsarbeit, Wechselschicht • Schmutz, Hitze, Explosionsgefahr, Staub, Giftdämpfe, starke Geräusche, hohe Feuchtigkeit am Arbeitsplatz

Steuerfreie Einkünfte

Für bestimmte Einkünfte, die der Arbeitnehmer aus besonderen Anlässen erhält, hat der Gesetzgeber bis zu einer Höchstgrenze **Steuerfreiheit** vorgesehen.

Beispiel:

Leistungen nach dem Mutterschutzgesetz, Arbeitslosengeld I, Insolvenzgeld oder Kurzarbeitergeld

Vom Brutto- zum Nettoentgelt

Lohnsteuer

Die Lohnsteuer ist eine besondere Erhebungsform der Einkommensteuer. **Bei Einkünften aus nichtselbstständiger Arbeit** wird die Einkommensteuer als sogenannte Lohnsteuer von den Einkünften erhoben.

§ 38 Abs. 3 EStG:

Der Arbeitgeber hat die Lohnsteuer für Rechnung des Arbeitnehmers bei jeder Lohnzahlung vom Arbeitslohn einzubehalten.

Die **Höhe der einbehaltenen Lohnsteuer** richtet sich nach
- der Höhe des **Arbeitslohnes,**

Beispiel:

Daniela Schaub erhält eine Ausbildungsvergütung in Höhe von 896,00 €.

- der **Steuerklasse** (Familienstand, Kinder des Arbeitnehmers, Zahl der Arbeitsverträge),

Beispiel:

Daniela Schaub ist ledig und hat keine Kinder. Sie ist der Steuerklasse I zugeordnet.

- dem **Einkommensteuertarif,**

Beispiel:

Laut Einkommensteuertarif zahlt Daniela Schaub Einkommensteuer in Höhe von ca. 3%. Durch vorausberechnete Freibeträge in der Lohnsteuertabelle braucht Daniela Schaub jedoch keine Lohnsteuer zu zahlen.

- möglichen persönlichen **Freibeträgen** lt. elektronischer Lohnsteuerkarte (z. B. wegen erhöhter Werbungskosten),

Beispiel:

Daniela Schaub hat keinen Freibetrag auf der elektronischen Lohnsteuerkarte eingetragen.

- **Tabellenfreibeträgen,** die bereits bei der Ermittlung des zu versteuernden Einkommens in den Tabellenwerten berücksichtigt sind.

Beispiel:

Grundfreibetrag, Arbeitnehmerpauschbetrag, Vorsorgepauschale, Entlastungsfreibetrag, Sonderausgabenpauschbetrag sind in den Tabellenwerten berücksichtigt.

Im Rahmen des **Lohnsteuerjahresausgleichs** können Werbungskosten, Sonderausgaben und außergewöhnliche Belastungen geltend gemacht werden (vgl. S. 244 f.).

Lohnsteuerklassen
Die Lohnsteuerklassen, denen die Arbeitnehmer zugeordnet werden, spiegeln **gesellschaftspolitische Zielsetzungen** wider (Förderung von Ehe und Familie).

Klasse	Zuordnungskriterien
I	Arbeitnehmer, die ledig sind, oder Verheiratete, die verwitwet oder geschieden sind.
II	Die in der Steuerklasse I genannten Personen, wenn ihnen der Entlastungsfreibetrag für Alleinerziehende zusteht.
III	Verheiratete Arbeitnehmer, wenn der Ehegatte keinen Arbeitslohn bezieht oder wenn der Ehegatte in die Steuerklasse V eingestuft ist.
IV	Verheiratete Arbeitnehmer, wenn beide Ehegatten Arbeitslohn beziehen.
V	Verheiratete Arbeitnehmer, wenn der Ehegatte ebenfalls Arbeitslohn bezieht und die Einstufung des einen Ehegatten in die Steuerklasse III auf Antrag beider Ehegatten erfolgt.
VI	Arbeitnehmer, die mehrere nicht geringfügig entlohnte Beschäftigungsverhältnisse ausüben, für ein zweites oder weitere Dienstverhältnisse.

Wenn **beide Ehegatten** Arbeitslohn beziehen, stellt der Gesetzgeber zwei Steuerklassenkombinationen zur Wahl. Die Kombination IV/IV bei etwa gleich hohem Arbeitslohn, die Steuerklassenkombination III/V bei erheblich höherem Lohn eines Ehegatten.

Höhe der Lohnsteuer
Das Tarifzonen-Konzept des Einkommensteuer-Tarifs veranschaulicht die Steuerbelastung der Einkommen:

	Einkommensteuertarif (2016)	Zu versteuerndes Einkommen in €	
		Grundtarif (Alleinstehende)	Splittingtarif (Verheiratete)
1. Tarifzone	**Grundfreibetrag** (Nullzone) keine Lohnsteuer, steuerunbelastetes Existenzminimum	bis 8 652,00 €	bis 17 304,00 €
2. Tarifzone	**erste Progressionszone** (Eingangszone) von 14 % bis zum Knickpunkt bei 13 669,00 € auf 24 %	von 8 653,00 € bis 13 699,00 €	von 17 305,00 € bis 27 338,00 €
3. Tarifzone	**zweite Progressionszone** weniger starker Anstieg linear von 25 % auf 42 %	von 13 670,00 € bis 53 665,00 €	von 27 339,00 € bis 107 330,00 €
4. Tarifzone	**obere Proportionalzone** gleichbleibender **Spitzensteuersatz von 42 %**	ab 53 666,00 €	ab 107 331,00 €
5. Tarifzone	gleichbleibender **Spitzensteuersatz von 45 %** (Reichensteuer)	ab 254 447,00 €	ab 508 894,00 €

Schuldner der Lohnsteuer ist der **Arbeitnehmer**. Der **Arbeitgeber haftet für** die **Einbehaltung und Abführung** der Lohnsteuer zu den gesetzlich bestimmten Terminen an das Finanzamt.

Tabellenfreibeträge
Bei den Tabellenfreibeträgen handelt es sich um in die Lohnsteuertabelle eingearbeitete Jahresfrei- und -pauschbeträge (2016).

	Lohnsteuerklassen					
Grundfreibetrag von 8 652,00 €	I	II	III	IV		
Arbeitnehmer-Pauschbetrag von 1 000,00 €	I	II	III	IV	V	
Sonderausgaben-Pauschbetrag von 36,00 €	I	II	III	IV	V	
Versorgungspauschale	I	II	III	IV	V	VI
Entlastungsfreibetrag für Alleinerziehende von 1 908,00 €		II				

Persönliche Lohnsteuerfreibeträge

Mögliche Freibeträge (z. B. erhöhte Sonderausgaben, Werbungskosten und außergewöhnliche Belastungen) werden auf Antrag des Arbeitnehmers **vom Finanzamt** auf der elektronischen LSt-Karte als **persönlicher Freibetrag eingetragen**.

Beispiel:

Georg Lunau, Mitarbeiter im Rechnungswesen der Sommerfeld GmbH, der ein Bruttogehalt von 2 147,00 € erhält, hat auf Antrag einen Jahressteuerfreibetrag wegen erhöhter Werbungskosten von 2 400,00 € in seiner Steuerkarte eintragen lassen. Somit wird die Lohnsteuer von 1 947,00 € (2 147,00 € – 200,00 € = 1 947,00 €) ermittelt.

Werbungskosten = Aufwendungen des AN zum Erwerb, zur Sicherung und Erhaltung des Arbeitslohnes	**Sonderausgaben =** bestimmte im Gesetz aufgeführte Aufwendungen	**Außergewöhnliche Belastungen =** vergleichsweise erhöhte Belastungen
• verkehrsmittelunabhängige Entfernungspauschale zwischen Wohnung und Arbeitsstätte • Berufskleidung • Kosten für Arbeitszimmer, das Mittelpunkt der beruflichen Tätigkeit sein muss • Fachbücher, Fachzeitschriften • Beiträge zu Berufsverbänden und Gewerkschaften • Fortbildungskosten im ausgeübten Beruf • beruflich veranlasste Umzugskosten	**Vorsorgeaufwendungen** • Beiträge zur Kranken-, Renten-, Arbeitslosen-, Pflege-, Unfall- und Lebensversicherung • Bausparbeiträge **übrige Sonderausgaben** • Unterhaltsleistungen an den geschiedenen oder dauernd getrennt lebenden Ehegatten • Kosten der eigenen Berufsausbildung • Kirchensteuer • Steuerberatungskosten • Spenden	• Beerdigungskosten • außergewöhnliche Krankheitskosten • Kuren • Sonderbedarf bei Berufsausbildung • Aufwendungen für eine Haushaltshilfe • Aufwendungen für Heim- und Pflegeunterbringung • Pauschalbeträge für behinderte Menschen • Kinderbetreuungskosten

Elektronische Lohnsteuerbescheinigung

Um die Lohnsteuer zu berechnen und an das Finanzamt abführen zu können, benötigt der Arbeitgeber vom Arbeitnehmer bestimmte Informationen. Dies sind die **Steuerklasse,** die Zahl der **Kinder,** etwaige **Freibeträge** und die **Religionszugehörigkeit.**
Seit dem Jahr 2013 werden diese Informationen in einer Datenbank der Finanzverwaltung hinterlegt (**E**lektronische **L**ohn**S**teuer**A**bzugs**M**erkmale – **ELStAM**) und den Arbeitgebern elektronisch bereitgestellt.
Auf elektronischem Wege rufen die Arbeitgeber alle für den Lohnsteuerabzug wichtigen Besteuerungsmerkmale vom Finanzamt ab, und zwar mithilfe der dazu nötigen **Identifikationsdaten**:

- **Steuernummer** der lohnsteuerlichen Betriebsstätte des Arbeitgebers
- **Identifikationsnummer** und **Geburtsdatum** des Arbeitnehmers

Bei Beginn einer neuen Beschäftigung müssen Arbeitnehmer(innen) ihrem Arbeitgeber ihr **Geburtsdatum**, ihre **Identifikationsnummer** (IdNr.) und die Auskunft erteilen, ob es sich um das **Haupt-** oder **Nebenbeschäftigungsverhältnis** handelt.
Bei Beendigung des Dienstverhältnisses oder am Ende des Kalenderjahres hat der Arbeitgeber die Lohnkonten abzuschließen und dem Arbeitnehmer gemäß Steuerdaten-Übermittlungsverordnung spätestens bis zum 28. Februar des Folgejahres eine **elektronische Lohnsteuerbescheinigung** zu übermitteln bzw. für die Finanzverwaltung bereitzuhalten.

Lohnsteuertabellen

Die Lohnsteuertabellen dienen der schnellen Durchführung des Lohnsteuerabzugs. Bei der Arbeit mit der Lohnsteuertabelle wird wie folgt vorgegangen.

Arbeit mit der Lohnsteuertabelle

1. Ermittlung des steuerpflichtigen Bruttogehalts:
Grundgehalt (lt. Arbeits- oder Tarifvertrag)
+ Zuschläge (z. B. Überstunden)
+ sonstige Beträge (z. B. Arbeitgeberanteil zur vermögenswirksamen Leistung, Jobticket)

= sozialversicherungspflichtiges Bruttogehalt: Berechnungsgrundlage für die
   Sozialversicherungsbeiträge von AN und AG
– Steuerfreibetrag lt. elektronischer Lohnsteuerkarte

= steuerpflichtiges Bruttogehalt: Berechnungsgrundlage der Lohnsteuer

2. Ermittlung der Lohnsteuer
Das so ermittelte steuerpflichtige Bruttogehalt wird jetzt in der Steuertabelle aufgesucht. Stimmt der Tabellenwert nicht mit dem steuerpflichtigen Bruttogehalt überein, ist die Lohnsteuer **vom nächsthöheren Tabellenwert** zu wählen.
Solidarzuschlag und Kirchensteuer können für die entsprechende Steuerklasse unter der Zahl der Kinderfreibeträge des Arbeitnehmers aus der Tabelle entnommen werden.

Für jedes zu berücksichtigende Kind wird jährlich ein **Kinderfreibetrag** von 2 256,00 € und ein Bedarfsfreibetrag von 1 320,00 € für Betreuungs-, Erziehungs- und Ausbildungsbedarf berücksichtigt. Bei Ehegatten, die zusammen zur Einkommensteuer veranlagt werden, verdoppelt sich der Kinderfreibetrag auf 4 512,00 € und der Bedarfsbetrag auf 2 640,00 € (2015).

Kindergeld

Das Kindergeld beträgt monatlich
- für das erste und zweite Kind je 194,00 € (2016),
- für das dritte Kind 196,00 € (2016),
- für jedes weitere Kind 221,00 € (2016).

Arbeitnehmer(innen) erhalten das Kindergeld monatlich von der Familienkasse der Bundesagentur für Arbeit ausbezahlt.

Solidaritätszuschlag

Der Solidaritätszuschlag beträgt zurzeit **5,5 % der Lohnsteuer**. Er wird unter Berücksichtigung von Kinderfreibeträgen in der Lohnsteuertabelle getrennt ausgewiesen.

Kirchensteuer

Für Arbeitnehmer(innen), die einer steuererhebenden Religionsgemeinschaft angehören, muss der Arbeitgeber die Kirchensteuer abziehen und an das Finanzamt abführen. Die Kirchensteuer ist nicht in allen Bundesländern gleich hoch. Sie beträgt in Bayern und Baden-Württemberg **8 %** und in den übrigen Bundesländern **9 % der Lohnsteuer**.

Einbehaltene Sozialversicherungsbeiträge (vgl. S. 232 ff.)

Die Sozialversicherungsbeiträge werden bis zu einer Höchstgrenze, der jeweiligen **Beitragsbemessungsgrenze**, vom Bruttoentgelt berechnet. Der Arbeitnehmeranteil lt. Beitragssatz wird vom sozialversicherungspflichtigen Bruttoentgelt des Arbeitnehmers einbehalten, den Arbeitgeberanteil zahlt der Arbeitgeber.
Die Höhe der **Beiträge zur Sozialversicherung** wird den Werten aus Kapitel 4.3.2 (vgl. S.234 f.) entnommen.
- **Krankenversicherung**: Unter den in der Abzugstabelle angegebenen Beitragssätzen wird der Beitrag, der vom Arbeitnehmer für die Krankenkasse einzubehalten ist, getrennt ausgewiesen

Abzüge an Lohnsteuer, Solidaritätszuschlag und Kirchensteuer in den Steuerklassen

Lohn/Gehalt bei €	StKl	I–VI LSt	SolZ	KiSt 9% (ohne Kinderfreibeträge)	StKl	I, II, III, IV LSt	SolZ (0,5)	KiSt 9% (0,5)	SolZ (1)	KiSt 9% (1)	SolZ (1,5)	KiSt 9% (1,5)	SolZ (2)	KiSt 9% (2)
1 400,00	I/IV	63,66	—	5,72	I	63,66	—	0,63	—	—	—	—	—	—
	II	31,16	—	2,80	II	31,16	—	—	—	—	—	—	—	—
	III	—	—	—	III	—	—	—	—	—	—	—	—	—
	V	214,91	11,82	19,34	IV	63,66	—	2,93	—	0,63	—	—	—	—
	VI	251,25	13,81	22,61										
1 420,00	I/IV	67,91	—	6,11	I	67,91	—	0,89	—	—	—	—	—	—
	II	34,66	—	3,11	II	34,66	—	—	—	—	—	—	—	—
	III	—	—	—	III	—	—	—	—	—	—	—	—	—
	V	222,83	12,25	20,05	IV	67,91	—	3,26	—	0,89	—	—	—	—
	VI	259,16	14,25	23,32										
1 440,00	I/IV	72,25	—	6,50	I	72,25	—	1,16	—	—	—	—	—	—
	II	38,25	—	3,44	II	38,25	—	—	—	—	—	—	—	—
	III	—	—	—	III	—	—	—	—	—	—	—	—	—
	V	230,75	12,69	20,76	IV	72,25	—	3,58	—	1,16	—	—	—	—
	VI	267,00	14,68	24,03										
1 460,00	I/IV	76,66	—	6,89	I	76,66	—	1,44	—	—	—	—	—	—
	II	42,00	—	3,78	II	42,00	—	—	—	—	—	—	—	—
	III	—	—	—	III	—	—	—	—	—	—	—	—	—
	V	238,66	13,12	21,47	IV	76,66	—	3,92	—	1,44	—	—	—	—
	VI	274,91	15,12	24,74										
1 480,00	I/IV	81,16	0,03	7,30	I	81,16	—	1,71	—	—	—	—	—	—
	II	45,75	—	4,11	II	45,75	—	—	—	—	—	—	—	—
	III	—	—	—	III	—	—	—	—	—	—	—	—	—
	V	246,58	13,56	22,19	IV	81,16	—	4,26	—	1,71	—	—	—	—
	VI	282,83	15,55	25,45										
1 500,00	I/IV	85,66	0,93	7,70	I	85,66	—	2,00	—	—	—	—	—	—
	II	49,66	—	4,46	II	49,66	—	—	—	—	—	—	—	—
	III	—	—	—	III	—	—	—	—	—	—	—	—	—
	V	254,41	13,99	22,89	IV	85,66	—	4,61	—	2,00	—	—	—	—
	VI	290,66	15,98	26,15										

Abzüge an Lohnsteuer, Solidaritätszuschlag und Kirchensteuer in den Steuerklassen

Lohn/Gehalt bei €	StKl	I–VI LSt	SolZ	KiSt 9% (ohne Kinderfreibeträge)	StKl	I, II, III, IV LSt	SolZ (0,5)	KiSt 9% (0,5)	SolZ (1)	KiSt 9% (1)	SolZ (1,5)	KiSt 9% (1,5)	SolZ (2)	KiSt 9% (2)
2 000,00	I/IV	203,66	11,20	18,32	I	203,66	6,91	11,30	—	4,84	—	0,03	—	—
	II	162,00	8,91	14,58	II	162,00	1,13	7,79	—	2,07	—	—	—	—
	III	16,33	—	1,46	III	16,33	—	—	—	—	—	—	—	—
	V	434,16	23,87	39,07	IV	203,66	9,02	14,76	6,91	11,30	1,51	7,97	—	4,84
	VI	465,16	25,58	41,86										
2 025,00	I/IV	209,33	11,51	18,83	I	209,33	7,20	11,79	—	5,26	—	0,31	—	—
	II	167,50	9,21	15,07	II	167,50	2,16	8,26	—	2,41	—	—	—	—
	III	19,50	—	1,75	III	19,50	—	—	—	—	—	—	—	—
	V	441,83	24,30	39,76	IV	209,33	9,32	15,26	7,20	11,79	2,55	8,43	—	5,26
	VI	473,00	26,01	42,57										
2 050,00	I/IV	215,08	11,82	19,35	I	215,08	7,50	12,28	—	5,68	—	0,59	—	—
	II	173,08	9,51	15,57	II	173,08	3,20	8,73	—	2,76	—	—	—	—
	III	22,66	—	2,03	III	22,66	—	—	—	—	—	—	—	—
	V	449,50	24,72	40,45	IV	215,08	9,63	15,76	7,50	12,28	3,60	8,91	—	5,68
	VI	480,83	26,44	43,27										
2 075,00	I/IV	220,91	12,15	19,88	I	220,91	7,80	12,77	—	6,12	—	0,90	—	—
	II	178,66	9,82	16,07	II	178,66	4,25	9,20	—	3,12	—	—	—	—
	III	26,00	—	2,34	III	26,00	—	—	—	—	—	—	—	—
	V	457,33	25,15	41,15	IV	220,91	9,94	16,26	7,80	12,77	4,65	9,38	—	6,12
	VI	488,66	26,87	43,97										
2 100,00	I/IV	226,66	12,46	20,39	I	226,66	8,10	13,25	—	6,57	—	1,20	—	—
	II	184,33	10,13	16,58	II	184,33	5,31	9,68	—	3,50	—	—	—	—
	III	29,66	—	2,66	III	29,66	—	—	—	—	—	—	—	—
	V	465,00	25,57	41,85	IV	226,66	10,25	16,77	8,10	13,25	5,70	9,85	—	6,57
	VI	496,83	27,32	44,71										

Quelle: Stollfuß Tabellen, Gesamtabzug 2016, Monat, Allgemeine Tabelle, 101. Auflage, Stollfuß Medien, Bonn 2016.

vom Beitrag, der vom Arbeitgeber zusätzlich zum Gehalt aufzubringen und zusammen mit dem Arbeitnehmeranteil an die Krankenkasse abzuführen ist.

- **Pflegeversicherung**: Auch bei der Pflegeversicherung wird der Beitrag, der vom Arbeitnehmer einzubehalten ist, getrennt ausgewiesen vom Beitrag, der vom Arbeitgeber zusätzlich zum Gehalt aufzubringen und zusammen mit dem Arbeitnehmeranteil abzuführen ist. Zu beachten sind außerdem unterschiedliche Beiträge für Arbeitnehmer(innen) mit und ohne Kinder.
- **Renten- und Arbeitslosenversicherung**: Die angegebenen Werte sind vom Arbeitgeber und vom Arbeitnehmer zu tragen.

Nettoentgelte
Nach Abzug der Lohnsteuer, des Solidaritätszuschlags, der Kirchensteuer und des Sozialversicherungsbeitrages des Arbeitnehmers vom sozialversicherungspflichtigen Bruttogehalt erhält man das Nettoentgelt.

Sonstige Abzüge
Vorschüsse, **vermögenswirksame Leistungen (VL)** oder sonstige Abzüge werden am Ende von dem Nettoentgelt abgezogen, und vom Arbeitgeber einbehalten oder direkt auf das entsprechende Konto überwiesen. Der ausbezahlte Betrag ist somit das um die sonstigen Abzüge geminderte Nettoentgelt.

Ausbezahlter Lohn, ausbezahltes Gehalt
Das ermittelte Nettoentgelt wird dem Arbeitnehmer ausgezahlt bzw. auf sein Konto überwiesen.

Übersicht Gehalts-/Lohnabrechnung		
Grundgehalt		
+ Zulagen in € (z. B. Gefahrenzulagen) + Zuschläge in % (Überstundenzuschläge, Feiertagszuschläge) + weitere finanzielle Leistungen (Urlaubsgeld, AG-Anteil der VL)		
= Bruttogehalt		
– gesetzliche Abzüge	– Steuerabzüge	– Lohnsteuer (s. Lohnsteuertabelle) – KSt (9 % [NRW] von der Lohnsteuer) – SolZ (5,5 % von der Lohnsteuer)
	– Sozialversicherungen	– Krankenversicherung (7,3 % + Zusatzbeitrag) – Pflegeversicherung (1,175 % + ggf. 0,25 %) – Arbeitslosenversicherung (1,5 %) – Rentenversicherung (9,35 %)
= Nettogehalt		
– sonstige Abzüge (Vorzahlungen, VL etc.)		
= ausbezahltes Gehalt/ausbezahlter Lohn		

Beispiel:

Verdienstabrechnung Katja Harms

KFZ-Siebert KG		
Verdienstabrechnung Januar 20..		
Name	Harms, Katja	
Abteilung	Personal	
Steuerklasse	I	
Kinderfreibetrag	–	
Sozialversicherungsnummer	53 240182 W 482	
Steueridentifikationsnummer	933 294 59576	
Name	Harms, Katja	
Konfession	rk	
Personalnummer	03-2010	
Kostenstelle	II	
Bankverbindung	IBAN: DE12 3705 0198 0044 3389 48	
	BIC: COLSED33	
Grundgehalt		2 055,00
AG-Zuschuss vL		20,00
Bruttogehalt		2 075,00
Steuerliche Abzüge		
Lohnsteuer		220,91
SolZ	5,5 %	12,15
KSt	9,0 %	19,88
Steuerliche Abzüge		252,94
AN-Anteil zur Soz.-Vers.		
Rentenversicherung	9,35 %	194,00

Krankenversicherung	7,3 % + 0,9 % = 8,2 %	170,15
Arbeitslosenversicherung	1,5 %	31,13
Pflegeversicherung	1,175 % + 0,25 % = 1,425 %	29,57
AN-Anteil zur Soz.-Vers.		**424,85**
Nettogehalt		**1 397,21**
Sonstige Abzüge		
vL-Sparrate		40,00
Auszahlungsbetrag		**1 357,21**
AG-Anteil zur Soz.-Vers.		
Rentenversicherung	9,35 %	194,00
Krankenversicherung	7,3 %	151,48
Arbeitslosenversicherung	1,5 %	31,13
Pflegeversicherung	1,175 %	24,38
AG-Anteil zur Soz.-Vers.		**400,99**

Den Weg einer Gehalts- /Lohnabrechnung nachvollziehen

- Löhne, Gehälter und Nebenkosten sind für den Arbeitgeber **Aufwand**, für den Arbeitnehmer **Einkommen**.
- Grundlage für die Bestimmung der Arbeitsentgelte bilden der **Mindestlohn** und die **Tarifverträge**.
- **Entgeltformen** sind Zeit-, Leistungs- und Prämienlohn.
- Das steuerpflichtige Bruttoentgelt setzt sich aus dem **Grundbetrag** und möglichen **Zuschlägen** zusammen.
- Vom Bruttoentgelt behält der Arbeitgeber Lohn- und Kirchensteuer und den Solidarzuschlag für das **Finanzamt** und die Beiträge des Arbeitnehmers zur Kranken-, Renten-, Pflege- und Arbeitslosenversicherung für die **Krankenkasse** ein.

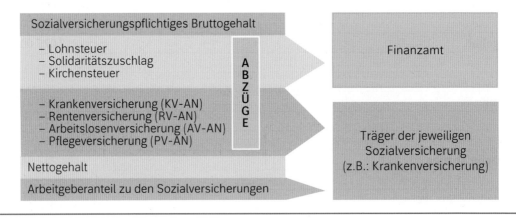

Übungsaufgaben

1. Erstellen Sie mithilfe der Lohnabzugstabellen (S. 246) eine Lohnliste unter Berücksichtigung folgender Daten und der AN-Zusatzbeiträge KV und PV (alle Personen).

Name	Steuerklasse	Arbeitszeit im Monat in Stunden	Davon Überstunden	Stundenlohn in €	Überstundenzuschlag	Zusatzbeitrag zur Krankenversicherung
Arndt, Bernd	III, 2	167	5	8,35	25 %	0,9 %
Gram, Guido	I; 0	158	-	9,40	--	0,9 %
Hartung, Udo	IV,1	167	6	8,30	50 %	0,9 %

2. Erstellen Sie die Gehaltsliste mithilfe der Lohnabzugstabellen (S. 246) unter Berücksichtigung folgender Angaben und eventueller AN-Zusatzbeiträge.

Name	Zusatzbeitrag zur Krankenversicherung	Bruttogehalt	Steuerklasse
Klein, Paula	0,7 %	1 484,00 €	I, 0
Kleiner, Georg	0,9 %	2 076,30 €	III, 2
Manz, Gerd	0,9 %	2 011,15 €	IV, 1

3. Stellen Sie die Lohn- bzw. Gehaltsabrechnung für folgende Arbeitnehmer im April mithilfe der Lohnabzugstabellen (S. 246) auf. Berücksichtigen Sie die AN-Zusatzbeiträge.

a)
Name: Stohlmann, Abteilungsleiter Lager
Familienstand: vh., zwei Kinder, Alleinverdiener
Lohn: 2 030,00 €
Abzüge: 0,9 % AN-Zusatzbeitrag

b)
Name: Sieker, Holzfacharbeiter
Familienstand: vh., ein Kind, Ehefrau verdient etwa gleich viel
Lohn: 1 482,75 €
Abzüge: 0,9 % AN-Zusatzbeitrag
Sonstiges Herr Sieker spart nach Vermögensbildungsgesetz monatlich 40,00 €, AG gibt keinen Zuschuss

c)
Name: Balzar, Holztechniker und Werksmeister
Familienstand: vh., keine Kinder, Alleinverdiener
Gehalt: 2 329,00 €
Abzüge: 0,9 % AN-Zusatzbeitrag
Sonstiges: monatlicher Steuerfreibetrag: 254,00 €

Prüfungsaufgaben

1. Welche Aussage zum Ausbildungsvertrag ist falsch?
   a) Der Ausbildungsvertrag darf auch mündlich abgeschlossen werden.
   b) Ein Ausbildungsvertrag muss zu Beginn der Ausbildung abgeschlossen sein.
   c) Die im Ausbildungsvertrag vereinbarte Probezeit darf nur zwischen einem Monat und vier Monaten betragen.
   d) Bei minderjährigen Auszubildenden müssen auch die Erziehungsberechtigten unterschreiben.
   e) Der Ausbildungsvertrag enthält Informationen über Vergütung, Urlaubstage und den zu erlernenden Beruf.

2. Welches ist **keine** Pflicht des Arbeitgebers?
   a) die Fürsorgepflicht
   b) die Zeugnispflicht
   c) die Ausbildungspflicht
   d) die Vergütungspflicht
   e) die Lernpflicht

3. Welches ist **keine** Pflicht des Auszubildenden?
   a) die Gehorsamspflicht
   b) die Brötchenholpflicht
   c) die Sorgfaltspflicht
   d) die Berufsschulpflicht
   e) die Schweigepflicht

4. Welche dieser Sozialversicherungen wird ausschließlich vom Arbeitgeber bezahlt?
   a) Rentenversicherung
   b) Krankenversicherung
   c) Arbeitslosenversicherung
   d) Unfallversicherung
   e) Pflegeversicherung

5. Ein Kunde im Rentenalter dankt Ihnen für Ihre Tatkraft und dass Sie ihn über den „Generationenvertrag" unterstützen. Erklären Sie, was der Kunde damit meint.

6. Erklären Sie, was mit dem Begriff „Duale Ausbildung" gemeint ist, und nennen Sie die beiden Partner.

7. Sie haben Ihren Gesellenbrief in der Tasche. Da sagt der Obermeister auf der Lossprechung, dass dies der erste Schritt des lebenslangen Lernens in Ihrem Leben ist.
   a) Erklären Sie den Begriff „Lebenslanges Lernen".
   b) Nennen Sie drei Gründe für berufliche Weiterbildungen.
   c) Nennen Sie drei berufliche Weiterbildungsmaßnahmen.

8. Ihr Meister hat die Auftragsbücher gerade voll und braucht jede Hilfe. Da Sie gerade keine Lust auf den Besuch der Berufsschule haben, bieten Sie ihm an, den heutigen Tag zu arbeiten. Damit sparen Sie sich eine wichtige Klassenarbeit, denken Sie sich.
   a) Beurteilen Sie die Situation aus rechtlicher Sicht.
   b) Welches Gesetz regelt den Besuch der Berufsschule?

9. Mit der Beschäftigung von Mitarbeitern und Auszubildenden fallen neben Lohnkosten und der Ausbildungsvergütung auch Lohnnebenkosten an.
   a) Nennen Sie die Sozialabgaben, für die ein Unternehmer aufkommen muss.
   b) Nennen Sie die Träger der fünf Sozialversicherungen.
   c) Nennen Sie jeweils zwei weitere gesetzlich und zwei tariflich geregelte Lohnzusatzkosten für den Unternehmer.

10. Die für Arbeitnehmer verpflichtenden Versicherungen decken den Bedarf im Notfall leider nicht immer vollständig ab. Nennen Sie weitere Versicherungen, die Sie abschließen können,
    a) für einen privaten Pflegefall,
    b) für einen Berufsunfall,
    c) für die Altersvorsorge.

11. Berechnen Sie Ihren Nettolohn sowie die Lohnkosten für Ihren Chef für das 4. Lehrjahr bei einem derzeitigen tariflichen Bruttolohn von 653,00 €. Füllen Sie hierzu die Tabelle aus.

Versicherung	Beitragssatz (2016)	Arbeitnehmer		Arbeitgeber	
		%	€	%	€
KV	14,6 % + 0,9 % Zusatz				
RV	18,7 %				
AV	3,0 %				
PV	2,35 %				
UV	0,331 %				

Nettolohn: _____ €

Lohnkosten des Chefs: _____ €

12. Ihr Chef hat Ihnen in der Firma heute Morgen Ihre erste Abrechnung ausgehändigt. Sie sind 19 Jahre alt. Ihr Monatslohn beträgt 2 300,00 €, von den vermögenswirksamen Leistungen in Höhe von 50,00 € pro Monat übernimmt Ihr Arbeitgeber 21,00 €.
    a) Berechnen Sie ihren Bruttolohn.
    b) Berechnen Sie die Summe der ans Finanzamt abzuführenden Beträge: Lohnsteuer 379,00 €; Kirchensteuer 9 % der Lohnsteuer; Solidaritätszuschlag 5,5 % der Lohnsteuer.
    c) Berechnen Sie den Nettolohn bei folgenden Sozialversicherungsbeiträgen:
       – Krankenversicherung: 14,6 % + 0,9 % Zusatzbeitrag
       – Pflegeversicherung: 2,35 %
       – Arbeitslosenversicherung: 3 %
       – Rentenversicherung: 18,7 %
    d) Berechnen Sie den auf Ihr Konto zu überweisenden Betrag.

13. Ihre beste Freundin hat vor kurzem ihre Gesellenprüfung bestanden und ihre erste Gehaltsabrechnung erhalten. Sie ist 23 Jahre alt und hat keine Kinder. Sie hat im letzten Monat 180 Stunden gearbeitet, bei einem vereinbarten Stundenlohn von 10,31 €. Hinzu kommen 15 Überstunden die mit einem Zuschlag von 20% verrechnet werden. Von den vermögenswirksamen Leistungen in Höhe von 45,00 € pro Monat übernimmt Ihr Arbeitgeber 15,00 €.
    a) Berechnen Sie ihren Bruttolohn.
    b) Berechnen Sie die Summe der ans Finanzamt abzuführenden Beträge: Lohnsteuer 305,75 €; Kirchensteuer 9 % der Lohnsteuer; Solidaritätszuschlag 5,5 % der Lohnsteuer.

5 Arbeitsrechtliche Regelungen und Mitbestimmungs- möglichkeiten kennenlernen

Im folgenden Kapitel lernen Sie am Beispiel der Sommerfeld GmbH und der KFZ-Siebert KG arbeits-rechtliche Gesetze und Verordnungen sowie Mitbestimmungsmöglichkeiten der Arbeitnehmer(innen) im Betrieb kennen.

Sie setzen sich mit den Bestimmungen eines Arbeitsvertrages auseinander und erfahren etwas über die damit verbundenen **Rechte und Pflichten als Arbeitnehmer**(in).

Im Anschluss daran erarbeiten Sie sich Ihre eigenen **Mitwirkungs- und Mitbestimmungsrechte** im Betrieb, die Rechte von Betriebsrat und Jugend- und Auszubildendenvertretung.

Des Weiteren lernen Sie die Bedeutung von **sozialem und technischem Arbeitsschutz** am Beispiel der entsprechenden Gesetze kennen. Vor dem Hintergrund der zu beachtenden Rechtsnormen be-werten Sie die **Kündigung** eines Auszubildenden der Sommerfeld GmbH.

Am Beispiel des **Tarifvertrags** der Kfz-Branche erarbeiten Sie Inhalte und Arten von Tarifverträgen. Sie lernen die Bestimmungen von **Betriebsvereinbarungen** kennen und vollziehen Tarifverhandlun-gen und etwaige Tarifauseinandersetzungen nach. Hierzu simulieren Sie eine Tarifverhandlung aus Sicht der jeweiligen Verhandlungsparteien.

5.1 Die rechtlichen Grundlagen eines Arbeitsverhältnisses kennenlernen

5.1.1 Den Einzelarbeitsvertrag auswerten

Stefan Gudjons, Kfz-Mechatroniker in der Werkstatt der KFZ-Siebert KG, repariert nach Feierabend Oldtimer in seiner Garage auf eigene Rechnung. Als sein Chef davon erfährt, untersagt er ihm die Reparaturen mit der Begründung, dass er ihm das Geschäft damit verdirbt. Stefan Gudjons ist empört. Er ist der beste „Schrauber" in der Werkstatt und was er nach Feierabend macht, sei ja wohl seine Sache! Zu Hause, im Gespräch mit seiner Frau, kommen ihm jedoch Zweifel.

Arbeitsaufträge

1 Stellen Sie in einer Liste die Rechte und Pflichten eines Arbeitnehmers gegenüber.
2 Begründen Sie, ob Herr Gudjons gegen seine Pflichten als Arbeitnehmer verstoßen hat, und erörtern Sie, welche Konsequenzen sein Verhalten haben kann.

Der Arbeitsvertrag ist eine **Form des Dienstvertrags**. In ihm verpflichtet sich der Arbeitnehmer zur Leistung der vereinbarten Dienste und der Arbeitgeber zur Zahlung der entsprechenden Vergütung. Auch für den Arbeitsvertrag gilt der **Grundsatz der Vertragsfreiheit**. Um Benachteiligungen zu vermeiden, ist die Vertragsfreiheit jedoch durch Gesetze (z. B. BGB, HGB, UWG), Verordnungen (z. B. Arbeitszeitordnung), Tarifverträge und Betriebsvereinbarungen eingeschränkt. Diese Regelungen dürfen im Arbeitsvertrag nicht unterschritten werden. Günstigere Vereinbarungen für den Arbeitnehmer sind jedoch zulässig.

Die wesentlichen Vertragsbedingungen eines Arbeitsvertrags, wie Name und Anschrift der Vertragsparteien, Beginn des Arbeitsverhältnisses, Arbeitsort, Beschreibung der Tätigkeit, Höhe des Arbeitsentgeltes, Arbeitszeit, Urlaub und Kündigungsfristen, sind **schriftlich** niederzulegen und von beiden Vertragsparteien zu unterschreiben.

Bei den meisten Arbeitsverhältnissen gelten die ersten drei Monate nach Beginn des Anstellungsverhältnisses als **Probezeit**. Diese kann maximal sechs Monate betragen.

---

§ 622 Abs. 3 BGB:

Während einer vereinbarten Probezeit, längstens für die Dauer von sechs Monaten, kann das Arbeitsverhältnis mit einer Frist von zwei Wochen gekündigt werden.

! **Praxistipps:** Über Arbeitnehmerrechte informieren die entsprechenden Gewerkschaften, z. B. die IG-Metall unter www.igmetall.de.
Das Bürgerliche Gesetzbuch finden Sie im Internet unter www.gesetze-im-internet.de/bgb/

Mit Abschluss des Arbeitsvertrages übernehmen Arbeitnehmer und Arbeitgeber **Rechte und Pflichten**.

Rechte des Arbeitnehmers

- Der Arbeitnehmer hat das Recht auf **Vergütung** seiner Arbeit. Die Höhe der Vergütung regelt der Tarifvertrag, soweit dieser vereinbart wurde. Die Zahlung der Vergütung muss spätestens am letzten Werktag eines Monats erfolgen.

Beispiel:

Ein Mitarbeiter mit einschlägiger gewerblich-technischer Berufsausbildung oder kaufmännischer Berufsausbildung mit Abschluss oder einer gleichwertigen durch mehrjährige Berufspraxis oder durch Qualifizierung erworbenen Ausbildung verdient nach Tarif 2283,00 EUR (2016)

Im Krankheitsfall wird das Gehalt vom Arbeitgeber für die Dauer von sechs Wochen fortgezahlt. Danach bekommt er **Krankengeld** (vgl. S. 232 ff.) von der Krankenkasse.

- Der Arbeitnehmer hat das Recht auf **Fürsorge**. So müssen z. B. die Geschäftsräume und die Arbeitsmittel so beschaffen sein, dass der Arbeitnehmer gegen Gefährdungen seiner Gesundheit geschützt ist.

Beispiel:

Nach Rücksprache mit der zuständigen Berufsgenossenschaft installiert die Sommerfeld GmbH Schutzbleche an den Kreissägen.

- Der Arbeitnehmer hat Anspruch auf bezahlten **Erholungsurlaub**. Das Bundesurlaubsgesetz (BUrlG) garantiert einen Mindesturlaub von 24 Werktagen. Im Tarifvertrag sind i. d. R. längere Urlaubszeiten vereinbart.

Beispiel:

Für die Holz- und kunststoffverarbeitende Industrie Nordrhein ist ein Jahresurlaub von 30 Tagen garantiert.

Während des Urlaubs darf der Arbeitnehmer keiner Erwerbstätigkeit nachgehen. Erkrankt er im Urlaub, so werden die durch Attest nachgewiesenen Tage nicht auf den Jahresurlaub angerechnet.

- Der Arbeitnehmer hat das Recht auf ein **Zeugnis**. Dabei kann er zwischen dem einfachen und dem qualifizierten Arbeitszeugnis wählen. Das **einfache Arbeitszeugnis** enthält lediglich Angaben über die Person des Arbeitnehmers sowie Art und Dauer der Beschäftigung. Das **qualifizierte Arbeitszeugnis** wird auf Wunsch des Arbeitnehmers ausgestellt und enthält zusätzlich Angaben über Führung und Leistung (vgl. S. 196). Bei der Zeugniserstellung sind die Bestimmungen der **Gewerbeordnung** und der **einschlägigen Rechtsprechung** zu beachten.

§ 109 Abs. 2 GewO:

Das Zeugnis muss klar und verständlich formuliert sein. Es darf keine Merkmale oder Formulierungen enthalten, die den Zweck haben, eine andere als aus der äußeren Form oder aus dem Wortlaut ersichtliche Aussage über den Arbeitnehmer zu treffen.

> **! Praxistipp:** Die Gewerbeordnung finden Sie im Internet unter www.gesetze-im-internet.de/gewo/

Nach dem Wortlaut der Gewerbeordnung sind sogenannte **Geheimcodes**, die etwas anderes aussagen als der Wortlaut ausdrückt, **unzulässig**. Ein Zeugnis muss aber auch der Wahrheit (**Zeugniswahrheit**) entsprechen. In der Praxis werden folgende Abstufungen bei der Formulierung des Leistungs- und Führungsverhaltens verwendet.

Beispiel:

Beurteilung der Leistung

Formulierung	Aussage
Er/sie hat die ihm/ihr übertragenen Aufgaben stets zu unserer vollsten Zufriedenheit erledigt.	sehr gute Leistungen
Er/sie hat die ihm/ihr übertragenen Aufgaben stets zu unserer vollen Zufriedenheit erledigt.	gute Leistungen
Er/sie hat die ihm/ihr übertragenen Aufgaben zu unserer vollen Zufriedenheit erledigt.	befriedigende Leistungen
Er/sie hat die ihm/ihr übertragenen Aufgaben zu unserer Zufriedenheit erledigt.	ausreichende Leistungen
Er/sie hat die ihm/ihr übertragenen Aufgaben im Großen und Ganzen zu unserer Zufriedenheit erledigt.	mangelhafte Leistungen

- Der Arbeitnehmer hat das Recht auf Einhaltung einer **Kündigungsfrist**. Ist im Vertrag keine abweichende Regelung getroffen, gilt die gesetzliche Kündigungsfrist von vier Wochen zum Monatsende oder zum 15. eines Monats (vgl. S. 269 ff.).

Pflichten des Arbeitnehmers

- Der Arbeitnehmer hat die Pflicht, die im Arbeitsvertrag vereinbarten **Dienste zu leisten**.

§ 611 BGB:

(1) Durch den Dienstvertrag wird derjenige, welcher Dienste zusagt, zur Leistung der versprochenen Dienste, der andere Teil zur Gewährung der vereinbarten Vergütung verpflichtet.

- Der Arbeitnehmer ist verpflichtet, den Anordnungen des Arbeitgebers in Beziehung auf die ihm übertragenen Arbeiten **Folge zu leisten** (§ 106 GewO).
- Der Arbeitnehmer muss über Geschäfts- und Betriebsgeheimnisse Stillschweigen bewahren (**Schweigepflicht**).
- Der Arbeitnehmer darf ohne Einwilligung des Arbeitgebers weder ein Handelsgewerbe betreiben noch in dem Handelszweig seines Unternehmens für eigene oder fremde Rechnung Geschäfte machen. § 60 Abs. 1 HGB beinhaltet zwei Verbote: Der Angestellte darf sich nicht selbstständig machen (**Handelsverbot**) und er darf auf eigene oder fremde Rechnung keine Geschäfte in der Branche des Arbeitgebers abschließen (**Wettbewerbsverbot**). Als Ausnahme ist eine Erwerbstätigkeit erlaubt, wenn diese dem neuen Arbeitgeber vor Beginn des Arbeitsverhältnisses bekannt ist und er die Aufgabe dieser Tätigkeit nicht ausdrücklich einfordert.

Beispiel:

Ein Mitarbeiter der KFZ-Siebert KG gründet in seiner Garage eine kleine Kfz-Tuner-Werkstatt, in der er in seiner Freizeit an den Autos arbeitet. Falls dies ohne Genehmigung des Arbeitgebers erfolgt, verstößt er gegen das Handels- und Wettbewerbsverbot und muss ggf. mit einer fristlosen Kündigung rechnen.

Weitere rechtliche Regelungen zum Schutz der Arbeitnehmer

Um Benachteiligungen des Arbeitnehmers zu vermeiden, liegen dem Arbeitsverhältnis weitere rechtliche Regelungen zugrunde.

- Die **Betriebsordnung** des Unternehmens in Form einer **Betriebsvereinbarung** (vgl. S. 279 f.).
- Der für die Branche geltende **Tarifvertrag**. Die Tarifbestimmungen stellen geltendes Recht dar. Sie sind unabdingbar, d. h., den Tarifbestimmungen widersprechende Abmachungen sind nichtig.

Beispiel:

Auszug aus dem Manteltarifvertrag für das KFZ-Gewerbe NRW

Arbeitszeit
Die regelmäßige wöchentliche Arbeitszeit beträgt 38 Stunden

Urlaubsdauer
Die Urlaubsdauer beträgt 30 Urlaubstage. Jahressonderzahlung (Weihnachtsgeld) nach 6 Monaten Betriebszugehörigkeit 20%, nach 9 Monaten 25%, nach 12 Monaten 30%, nach 24 Monaten 40%, nach 36 Monaten 50% eines Monatsverdienstes bzw. einer Ausbildungsvergütung

---

- Gesetzliche Bestimmungen zum **Arbeitsschutz**, z. B. Mindestlohngesetz, Bundesurlaubsgesetz, Kündigungsschutzgesetz, Arbeitszeitgesetz (vgl. S. 265 ff.).

Grundlagen des Arbeitsverhältnisses nach der Rangordnung der Rechtsquellen:

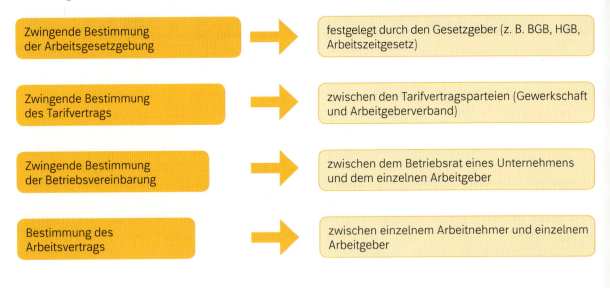

Zwingende Bestimmung der Arbeitsgesetzgebung	festgelegt durch den Gesetzgeber (z. B. BGB, HGB, Arbeitszeitgesetz)
Zwingende Bestimmung des Tarifvertrags	zwischen den Tarifvertragsparteien (Gewerkschaft und Arbeitgeberverband)
Zwingende Bestimmung der Betriebsvereinbarung	zwischen dem Betriebsrat eines Unternehmens und dem einzelnen Arbeitgeber
Bestimmung des Arbeitsvertrags	zwischen einzelnem Arbeitnehmer und einzelnem Arbeitgeber

Den Einzelarbeitsvertrag auswerten

Arbeitsvertrag

Rechte

- Vergütung
- Fürsorge
- Urlaub
- Zeugnis
- Kündigungsfrist

Pflichten

- Dienstleistung
- Weisungen Folge leisten
- Schweigepflicht
- Handelsverbot
- Wettbewerbsverbot

Rechtsgrundlagen des Arbeitsvertrages

Gesetze und Verordnungen		Tarifverträge und Betriebsvereinbarungen
• BGB	• ArbZG	• Lohn- und Gehaltstarifvertrag
• HGB	• BUrlG	• Manteltarifvertrag
• UWG	• KSchG	• Betriebsvereinbarungen
• JArbSchG	• MiLoG	

Übungsaufgaben

1. Erläutern Sie, durch welche Regelungen die Vertragsfreiheit beim Abschluss eines Arbeitsvertrags eingeschränkt wird.

2. Eine Angestellte der Sommerfeld GmbH jobbt während des Urlaubs als Kellnerin in einem Restaurant eines Bekannten. Als Herr Krämer von der Personalabteilung davon erfährt, verbietet er ihr den Nebenjob. Die Angestellte ist der Meinung, was sie in ihrem Urlaub mache, gehe niemanden etwas an. Beurteilen Sie den Fall.

3. Ein Angestellter der KFZ-Siebert KG wird im Urlaub krank. Durch Attest kann er sechs Tage Arbeitsunfähigkeit belegen. Überprüfen Sie, welche Auswirkungen dies auf seinen Urlaubsanspruch hat.

4. Sandra Braun aus der Abteilung Marketing fordert die Auszubildenden Heller und Holl auf, in der Mittagspause das Rasenstück vor dem Bürokomplex der Verwaltung zu mähen. „Was wäre das denn für eine Darstellung unseres Unternehmens, mit einem Urwald vor der Haustür." Beurteilen Sie die Situation.

5. Herr Siebert von der KFZ-Siebert KG macht Robin Strasek ein Angebot für eine Übernahme nach seiner Ausbildung. „Der Firma geht es nicht so gut", sagt er. „Daher kann ich dir nicht den Tariflohn zahlen." Das Angebot enthält einen Stundenlohn von 7,35 €. Herr Siebert meint, dass es dabei ja nicht bleiben werde und als junger Geselle müsse er, Robin, sowieso noch lernen.
   a) Nennen Sie die Vorraussetzungen dafür, dass Robin den Tariflohn von Herr Siebert fordern könnte.
   b) Nehmen Sie zu dem Angebot von 7,35 € Stellung. Recherchieren Sie hierzu auch den aktuellen Tariflohn im Internet.

5.1.2 Die Mitwirkung und Mitbestimmung des einzelnen Arbeitnehmers

Jörg Albers, Auszubildender der Sommerfeld GmbH, kommt in den Pausenraum. Auf dem Weg zu dem Tisch der Auszubildenden tritt er kräftig gegen einen Mülleimer, sodass dieser hinterher verbeult ist. Nicole Ganser fragt Jörg, was denn passiert sei. Jörg winkt ab. *„Die spinnen hier doch alle und wollen mich nur rausmobben"*, sagt er. *„Zuerst hat mir Herr Krämer gestern wegen wiederholtem Zuspätkommen eine Abmahnung verpasst und heute auf dem Flur hat er zu mir gesagt: ‚Junge, ich habe mir gerade deine Personalakte angesehen. Wenn du auch noch die Zwischenprüfung vermasselst, bist du weg.'"*, fügt er hinzu. Nicole beruhigt ihn: *„Auch mit zwei Abmahnungen kannst du nicht so einfach entlassen werden"*, sagt sie. *„Du hast doch noch keine weitere, oder?"* Jörg ist ratlos. *„Was weiß ich, was Herr Krämer in meine Personalakte geschrieben hat."* *„Dann sieh doch nach"*, antwortet Nicole. *„Geht das denn so einfach?"*, fragt Jörg.

Arbeitsaufträge

1 Erarbeiten Sie, welche Mitwirkungs- und Mitbestimmungsrechte der einzelne Arbeitnehmer hat.
2 Stellen Sie fest, ob Jörg Einsicht in seine Personalakte nehmen kann.

Die Mitwirkungs- und Mitbestimmungsrechte des einzelnen Arbeitnehmers und des Betriebsrates sind im **Betriebsverfassungsgesetz** (BetrVG) geregelt.

 Praxistipp: Das Betriebsverfassungsgesetz finden Sie im Internet unter www.gesetze-im-internet.de/betrvg/

In den §§ 81 bis 86 BetrVG sind die **Rechte des Arbeitnehmers auf Unterrichtung, Anhörung, Erörterung und Beschwerde** festgelegt. Sie gelten in Angelegenheiten, die den einzelnen Arbeitnehmer und seinen Arbeitsplatz unmittelbar betreffen.

- Der Arbeitgeber hat den Arbeitnehmer über dessen **Aufgaben und Verantwortlichkeiten** sowie über die **Art der Tätigkeit** und die **Einordnung in den Arbeitsablauf** des Betriebes zu unterrichten (§ 81 BetrVG).

Beispiel:

Jeder neu eingestellte Arbeitnehmer der Sommerfeld GmbH erhält das Organigramm und eine Stellenbeschreibung.

- Bei Einstellung oder Versetzung ist der Arbeitnehmer über die Unfall- und Gesundheitsgefahren des Arbeitsplatzes und über die **Unfallverhütungsvorschriften** zu belehren (§ 81 BetrVG).

Beispiel:

Jeder neu eingestellte Arbeitnehmer der Sommerfeld GmbH wird vor Aufnahme seiner Tätigkeit durch die Umweltbeauftragte, Frau Petra Lauer, und die Sicherheitsbeauftragte, Frau Jutta Schindler, ausführlich informiert.

- In betrieblichen Angelegenheiten, die seine Person und seinen Arbeitsplatz betreffen, hat der Arbeitnehmer das Recht, sich **an seinen Vorgesetzten zu wenden** und von diesem angehört zu werden. Er ist berechtigt, **Vorschläge zur Gestaltung seines Arbeitsplatzes und des Betriebsablaufs** zu machen (§ 82 BetrVG).

Beispiel:

Die KFZ-Siebert KG fordert ihre Mitarbeiter auf, Vorschläge zu Kosteneinsparungen und zur Verbesserung der Sicherheit von Arbeitsabläufen zu machen. Einmal jährlich werden die besten Vorschläge prämiert.

- Jeder Arbeitnehmer hat das Recht, in die über ihn geführten **Personalakten** Einblick zu nehmen. Er kann hierzu ein Mitglied des Betriebsrats hinzuziehen (§ 83 Abs. 1 BetrVG).

Beispiel:

Tülay Güvec bittet Herrn Krämer um Einsicht in ihre Personalakte. Um sicherzugehen, dass sie nichts übersieht, bittet sie die Vorsitzende des Betriebsrats, Frau Stefer, sie zu begleiten und darauf zu achten, ob eine Abmahnung in der Personalakte enthalten ist. Frau Stefer beruhigt sie. *„Eine Abmahnung müsste Ihnen formal zugestellt worden sein und Sie hätten den Empfang bestätigen müssen. Und davon hätte auch ich als Betriebsrätin Kenntnis erhalten."*

- Jeder Arbeitnehmer hat das Recht, sich **bei seinem Vorgesetzten zu beschweren**. Ihm dürfen aus der Beschwerde keine Nachteile entstehen.

Beispiel:

Die Geschäftsleitung der Sommerfeld GmbH hat eine feste Sprechstunde für Mitarbeiter(innen) eingerichtet. Neben Anregungen für die Verbesserung der Betriebsabläufe und Fragen zum eigenen Fortkommen, wird die Sprechstunde auch für die Erörterung von Problemen mit den Vorgesetzten genutzt. Zusätzlich wurde eine sogenannte „Kummerbox" aufgestellt. In diese Box können die Mitarbeiter(innen) auch anonym ihre Beschwerden werfen.

Die Mitwirkung und Mitbestimmung des einzelnen Arbeitnehmers

- Die Mitwirkungs- und Mitbestimmungsrechte des einzelnen Arbeitnehmers und des Betriebsrates sind im **Betriebsverfassungsgesetz** (BetrVG) geregelt.
- Rechte des Arbeitnehmers auf **Unterrichtung, Anhörung, Erörterung und Beschwerde:**
  » Information und Erörterung der Tätigkeit
  » Information und Erörterung der Unfall- und Gesundheitsgefahren
  » Anhörung und Erörterung in betrieblichen Angelegenheiten
  » Einsicht in die Personalakte
  » Beschwerderecht

Übungsaufgaben

1. Daniela Niedlich, Vertriebsleiterin bei der Farbwerke Wilhelm Weil AG, fühlt sich durch ihren Kollegen Stock belästigt. Herr Stock macht anzügliche Bemerkungen und hat Frau Niedlich in der Teeküche unsittlich berührt. Frau Niedlich möchte sich bei ihrem Abteilungsleiter beschweren, hat aber Angst, dass ihr daraus Nachteile entstehen. Diskutieren Sie, welche Probleme mit einer solchen Beschwerde verbunden sind, und beraten Sie Frau Niedlich bei ihrer Entscheidung.

2. Der Auszubildende Schreiner Heinrich Peters ist Mitglied in einer Umweltschutzorganisation. Er ist der Meinung, dass die Sommerfeld GmbH ausschließlich zertifiziertes Holz verarbeiten sollte, und besteht darauf, diesen Vorschlag der Geschäftsleitung persönlich mitzuteilen. Prüfen Sie, ob sich Herr Peters bei diesem Wunsch auf das Betriebsverfassungsgesetz berufen kann.

3. Der Mitarbeiter in der Produktionsabteilung der Sommerfeld GmbH, Emilio Lanzetti, hat sich um eine im Unternehmen ausgeschriebene Stelle beworben. Er wurde nicht ausgewählt. Lanzetti vermutet, dass dies auf eine negative Beurteilung seines Vorgesetzten Herrn Wolf zurückzuführen ist. Er fordert die Einsichtnahme in seine Personalakte. Prüfen Sie, ob Emilio Lanzetti dazu berechtigt ist.

5.1.3 Die Mitwirkung und Mitbestimmung des Betriebsrates und der Jugend- und Auszubildendenvertretung (JAV)

Die Geschäftsführung der Sommerfeld GmbH ordnet aufgrund der guten Auftragslage Überstunden an. Dabei werden die Mitarbeiter(innen) über 50 Jahren aus Altersgründen nicht berücksichtigt. Hera Dubowski regt sich darüber am Ausbildungsstammtisch im Pausenraum auf. *„Es kann doch nicht sein, dass wir für die Oldies Überstunden schieben müssen, das dürfen wir als Auszubildende doch gar nicht"*, sagt sie. *„Du kannst ja zu Frau Stefer gehen, die ist doch nicht umsonst Betriebsratsvorsitzende"*, antwortet Nicole Ganser. *„Ach, die ist doch über sechzig"*, raunzt Hera zurück. *„Das Thema und wir jungen Auszubildenden interessieren sie doch gar nicht. Wir bräuchten eigentlich einen eigenen Vertreter."* Nicole runzelt die Stirn und fragt: *„Haben wir denn so was nicht schon?"*

Arbeitsaufträge

1 Stellen Sie fest, ob der Betriebsrat bei der Anordnung von Überstunden Einfluss auf diese Entscheidung hat.
2 Finden Sie heraus, ob es für die Auszubildenden der Sommerfeld GmbH eine eigene Vertretung gibt und welche Rechte diese hat.
3 Könnte auch in der KFZ-Siebert KG eine Jugend- und Auszubildendenvertretung gebildet werden?
4 Betriebsrat und Jugend- und Auszubildendenvertretung haben einen besonderen Kündigungsschutz. Diskutieren Sie die Notwendigkeit dieser Regelung.

Der Betriebsrat

> **§ 1 Abs. 1 BetrVG:**
>
> In Betrieben mit in der Regel mindestens fünf ständigen wahlberechtigten Arbeitnehmern, von denen drei wählbar sind, werden Betriebsräte gewählt. [...]

! **Praxistipp**: Das Betriebsverfassungsgesetz finden Sie im Internet unter www.gesetze-im-internet.de/betrvg/

Wahl und Zusammensetzung

- **Wahlberechtigt** sind alle Arbeitnehmer, die das 18. Lebensjahr vollendet haben. Wählbar sind alle Wahlberechtigten, die mindestens sechs Monate dem Betrieb angehören. Die Zahl der Betriebsratsmitglieder ist im Betriebsverfassungsgesetz geregelt.
- Auch die **Zusammensetzung** des Betriebsrates regelt das Gesetz. So müssen gewerbliche Mitarbeiter und Angestellte entsprechend ihrem zahlenmäßigen Verhältnis im Betrieb im Betriebsrat vertreten sein. Männer und Frauen sollen entsprechend ihrem zahlenmäßigen Verhältnis vertreten sein.

> **Beispiel:**
>
> In einem Handwerksbetrieb mit 20 % weiblichen Beschäftigten sollte auch der Betriebsrat zu 20 % aus Frauen bestehen.

- Die **Amtszeit** des Betriebsrates beträgt vier Jahre. Die regelmäßigen Betriebsratswahlen finden in der Zeit vom 1. März bis 31. Mai statt. Acht Wochen vor Ablauf seiner Amtszeit bestellt der Betriebsrat einen Wahlvorstand, der die Wahlen vorbereitet und durchführt.
- Der Betriebsrat wird in geheimer und unmittelbarer Wahl gewählt. Die Betriebsratsmitglieder wählen aus ihren Reihen einen **Vorsitzenden**. Die Mitglieder des Betriebsrates sind für die Wahrnehmung ihrer Aufgaben von ihrer beruflichen Tätigkeit freizustellen.

Aufgaben und Rechte des Betriebsrates

- **Interessenvertretung** der Arbeitnehmer im Betrieb
- **Überwachung** der Einhaltung von Gesetzen (z. B. Kündigungsschutzgesetz), Verordnungen (z. B. Arbeitszeitgesetz), Unfallverhütungsvorschriften und Tarifverträgen
- besondere **Förderung** von Jugendlichen, älteren und ausländischen Arbeitnehmern und sonstiger besonders schutzbedürftiger Personen

Darüber hinaus hat der Betriebsrat konkrete **Mitwirkungs- und Mitbestimmungsrechte**.

Mitwirkung bedeutet, dass der Betriebsrat informiert und **angehört** werden muss. Die Rechtsgültigkeit einer Entscheidung hängt hier nicht von der Zustimmung, wohl aber von der vorherigen Unterrichtung des Betriebsrates ab. Das Mitwirkungsrecht des Betriebsrates erstreckt sich u. a. auf folgende Themen:
- alle betrieblichen Angelegenheiten, die die Arbeitnehmer betreffen (Beratungsrecht)
- geplante Betriebsänderungen, z. B. die Einschränkung oder Stilllegung von Betrieben
- Das Mitwirkungsrecht umfasst auch das Recht auf Anhörung und ggf. Widerspruch bei arbeitgeberseitigen Kündigungen und das Informationsrecht bei Maßnahmen der Personalplanung und Einstellung leitender Angestellter.

Mitbestimmung bedeutet, dass betriebliche Maßnahmen erst **nach Zustimmung** des Betriebsrates wirksam werden. Der Betriebsrat hat v. a. in folgenden Angelegenheiten mitzubestimmen:

- Anordnung von **Mehrarbeit**
- Einführung und Anwendung von **technischen Einrichtungen**, die dazu bestimmt sind, das Verhalten oder die Leistung der Arbeitnehmer zu überwachen (§ 87 Abs. 1 Nr. 6 BetrVG)

Beispiel:

Nicole Ganser wendet sich wegen einer Überwachungskamera im Pausenraum an die Betriebsratsvorsitzende. Frau Stefer ist genauso empört wie Nicole, denn der Betriebsrat ist über den Einbau der Anlage weder informiert noch um Genehmigung gebeten worden. In einem Gespräch mit der Geschäftsleitung weist sie darauf hin, dass es sich bei dem Einbau einer Überwachungsanlage um eine mitbestimmungspflichtige Tatsache gem. § 87 Abs. 1 Nr. 6 BetrVG handelt. Die Geschäftsführer der Sommerfeld GmbH sagen daraufhin zu, dass die Anlage unverzüglich abgeschaltet wird.

- Fragen der **betrieblichen Ordnung** und Ausschreibung von Arbeitsplätzen
- Beginn und Ende der täglichen **Arbeitszeit**
- Regelung von **Mehrarbeit** und Aufstellung und Gestaltung eines Sozialplans
- **personelle Einzelmaßnahmen** wie Einstellungen, Ein- oder Umgruppierungen und Versetzungen
- Der Betriebsrat ist vor jeder **Kündigung** zu hören. Der Arbeitgeber muss ihm die Gründe für die Kündigung mitteilen. Wird er vor einer Kündigung nicht gehört, ist diese unwirksam.

Betriebsversammlung

Einmal in jedem Kalendervierteljahr muss der Betriebsrat eine **Betriebsversammlung** einberufen. Sie besteht aus den Arbeitnehmern des Betriebes. Der Arbeitgeber ist zu den Betriebsversammlungen einzuladen und berechtigt, dort zu sprechen.

Kündigungsschutz

Der Betriebsrat genießt einen besonderen Kündigungsschutz. Während der Amtszeit und ein Jahr danach ist eine **Kündigung unzulässig**. Hiervon ausgenommen ist lediglich die außerordentliche Kündigung.

Einigungsstelle

Um etwaige Meinungsverschiedenheiten zwischen Betriebsrat und Unternehmensleitung zu schlichten, kann eine **Einigungsstelle** eingerichtet werden. Sie besteht aus der gleichen Anzahl von Vertretern des Betriebsrats und der Arbeitgeberseite. Beide Seiten einigen sich auf einen unparteiischen Vorsitzenden. Entscheidungen der Einigungsstelle werden mit Stimmenmehrheit getroffen.

Die Jugend- und Auszubildendenvertretung (JAV)

§ 60 Abs. 1 BetrVG:

In Betrieben mit in der Regel mindestens fünf Arbeitnehmern, die das 18. Lebensjahr noch nicht vollendet haben (jugendliche Arbeitnehmer) oder die zu ihrer Berufsausbildung beschäftigt sind und das 25. Lebensjahr noch nicht vollendet haben, werden Jugend- und Auszubildendenvertretungen gewählt.

Wahlberechtigt sind alle jugendlichen Arbeitnehmer (von 14 bis 18 Jahren) und alle Auszubildenden bis zur Vollendung des 25. Lebensjahres. **Wählbar** sind alle Arbeitnehmer, die das 25. Lebensjahr noch nicht vollendet haben. Wird ein Jugend- und Auszubildendenvertreter während seiner Amtszeit 26 Jahre, bleibt er bis zum Ende der Wahlperiode im Amt. Die **Zahl der Jugend- und Auszubildendenvertreter** ist von der Zahl der Jugendlichen bzw. Auszubildenden unter 25 Jahren im Betrieb abhängig.

---

§ 62 Abs. 1 BetrVG:

Die Jugend- und Auszubildendenvertretung besteht in Betrieben mit in der Regel
5 bis 20 der in § 60 Abs. 1 genannten Arbeitnehmer aus einer Person,
21 bis 50 der in § 60 Abs. 1 genannten Arbeitnehmer aus 3 Mitgliedern,
51 bis 150 der in § 60 Abs. 1 genannten Arbeitnehmer aus 5 Mitgliedern, [...]

Die **Amtszeit** des Jugend- und Auszubildendenvertreters beträgt zwei Jahre.
Aufgabe der Jugend- und Auszubildendenvertretung ist es, Maßnahmen, die den Jugendlichen und Auszubildenden dienen, beim Betriebsrat zu beantragen und auf deren Erledigung hinzuwirken.

Die Jugend- und Auszubildendenvertretung kann **zu allen Betriebsratssitzungen Vertreter entsenden**. Sie haben im Betriebsrat Stimmrecht, wenn die Beschlüsse überwiegend die Belange der Jugendlichen und Auszubildenden betreffen.
Während seiner Amtszeit und ein Jahr danach ist die **Kündigung** des Jugend- und Auszubildendenvertreters **unzulässig**. Ist er Auszubildender, muss er auf Antrag nach bestandener Prüfung **übernommen** werden.

Die Betriebsvereinbarung

Betriebsvereinbarungen werden **zwischen Betriebsrat und Arbeitgeber** eines bestimmten Betriebes geschlossen. Sie müssen schriftlich niedergelegt werden und sind an geeigneter Stelle im Betrieb auszulegen. Betriebsvereinbarungen dürfen den Bestimmungen des Tarifvertrages nicht widersprechen, sondern sollten diesen an die besonderen Belange des Betriebes anpassen. Darüber hinaus können in Betriebsvereinbarungen z. B. folgende Regelungen getroffen werden:

* die Planung von Sozialeinrichtungen, z. B. Kantinen, Betriebskindergärten
* Pausenregelungen
* Regelungen über das Verhalten der Arbeitnehmer im Betrieb, wie z. B. Raucherzonen
* die Betriebsordnung

Die Mitwirkung und Mitbestimmung des Betriebsrates und der Jugend- und Auszubildendenvertretung (JAV)

- Aufgaben des Betriebsrates

Das Betriebsverfassungsgesetz

243 511   © Bergmoser + Höller Verlag AG

- Aufgaben der Jugend- und Auszubildendenvertretung (JAV)

  » Vertretung der Interessen der jungen Betriebsangehörigen im Betriebsrat
  » Anträge an den Betriebsrat zu Maßnahmen zugunsten der jungen Betriebsangehörigen stellen
  » Förderung der Integration junger ausländischer Betriebsangehöriger
  » Überwachung der Einhaltung von Vorschriften und Vereinbarungen zugunsten der jungen Arbeitnehmer

- Die Betriebsvereinbarung
  Betriebsvereinbarungen werden **zwischen Betriebsrat und Arbeitgeber eines Betriebes** geschlossen. Sie dürfen den Bestimmungen des Tarifvertrags nicht widersprechen.

Übungsaufgaben

1. a) Nennen Sie Mitwirkungsrechte des Betriebsrats.
   b) Welche Folgen hat es, wenn der Arbeitgeber eine mitwirkungspflichtige Maßnahme trotz Ablehnung durch den Betriebsrat durchführt?
   c) Nennen Sie Mitbestimmungsrechte des Betriebsrats.
   d) Welche Folgen hat es, wenn der Arbeitgeber eine mitbestimmungspflichtige Maßnahme trotz Ablehnung durch den Betriebsrat durchführt?

2. Alexander Schiffer, Fahrer des Abschleppwagens der KFZ-Siebert KG, ist sauer darüber, dass er als junger Kollege häufig Notdienst hat, während die Kollegen Feierabend haben. Er möchte einen Betriebsrat gründen. Stellen Sie fest, ob Herr Schiffer einen Betriebsrat in der KFZ-Siebert KG gründen kann, und erläutern Sie, welche Voraussetzungen hierzu erfüllt sein müssen.

3. Erläutern Sie den besonderen Kündigungsschutz, den der Betriebsrat genießt.

4. Geben Sie an, in welchen Betrieben eine Jugend- und Auszubildendenvertretung (JAV) gewählt werden kann.

5. Der Betriebsrat der Sommerfeld GmbH will eine Personalversammlung durchführen. Die Betriebsratsvorsitzende Ute Stefer bittet die Auszubildendenvertreterin Diana Feld um Klärung der Rechtsgrundlagen. Insbesondere bittet Sie um Antworten auf folgende Fragen:
    a) Wie ist die Zusammensetzung der Betriebsversammlung geregelt?
    b) Darf die Geschäftsleitung an der Betriebsversammlung teilnehmen?
    c) Wie oft darf eine Betriebsversammlung durchgeführt werden?
    d) Entsteht den Arbeitnehmern durch die Teilnahme an der Betriebsversammlung ein Verdienstausfall?
    e) Gibt es Vorgaben über die auf einer Betriebsversammlung zu behandelnden Themen?
    f) Dürfen Vertreter der zuständigen Gewerkschaft an der Betriebsversammlung teilnehmen?

5.1.4 Gesetze und Verordnungen zum Schutz der Arbeitnehmer

Die Sicherheitsbeauftragte Jutta Schindler der Sommerfeld GmbH ruft die Auszubildenden der Firmen zusammen. Im Rahmen der innerbetrieblichen Sicherheit ist es Ihre Aufgabe, die Auszubildenden über den technischen Arbeitsschutz zu informieren. Frau Schindler beginnt mit den Unfallverhütungsvorschriften der Berufsgenossenschaft. Da meldet sich Daniela Schaub. *„Ich hätte mal eine Frage. Eine Kollegin in meiner Berufsschulklasse ist seit kurzem schwanger. Als Elektronikerin muss man ja immer wieder auf Leitern und auf dem Gerüst arbeiten. Wie ist das für Schwangere? Gibt es für die einen besonderen Schutz?"*
Frau Schindler nickt. *„Ja, natürlich gibt es da ein Gesetz. Aber das ist eine Regelung des sozialen Arbeitsschutzes, und die besprechen wir später."*

Arbeitsaufträge

1 Erstellen Sie eine Liste aller Gesetze und Verordnungen zum Schutz der Arbeitnehmer.
2 Unterscheiden Sie die Begriffe „sozialer" und „technischer Arbeitsschutz" anhand ihrer Maßnahmen.
3 Nehmen Sie Stellung zur Frage von Daniela Schaub.

Die nachfolgenden Gesetze und Verordnungen sind als Kollektivarbeitsrecht für die Sozialpartner (Arbeitgeber und Arbeitnehmer) verbindlich. Dabei wird zwischen Regelungen des **technischen Arbeitsschutzes** und des **sozialen Arbeitsschutzes** unterschieden.

Gesetze und Verordnungen zum Schutz der Arbeitnehmer

sozialer Arbeitsschutz	technischer Arbeitsschutz
• Mutterschutzgesetz • Bundesurlaubsgesetz • Arbeitszeitgesetz	Gesundheits- und Unfallschutz

! **Praxistipp:** Die entsprechenden Gesetze finden Sie im Internet unter www.gesetze-im-internet.de

Mutterschutzgesetz (MuSchG) (= sozialer Arbeitsschutz)

- Das **Mutterschutzgesetz** (MuSchG) gilt für alle Frauen, die in einem Arbeitsverhältnis stehen. Es findet auch auf Auszubildende Anwendung.
- Bei der Gestaltung des Arbeitsplatzes muss der Arbeitgeber einer werdenden oder stillenden Mutter **besondere Sorgfalt** walten lassen.
- Auch die **Regelung des Arbeitsablaufes** ist so zu gestalten, wie es im Interesse von Leben und Gesundheit der Arbeitnehmerin erforderlich ist.

Beispiel:

» Wird eine Schwangere mit Arbeiten beschäftigt, bei denen sie ständig stehen oder gehen muss, muss für sie eine Sitzgelegenheit zum kurzen Ausruhen bereitgestellt werden.

» Wird eine Schwangere mit Arbeiten beschäftigt, bei denen sie ständig sitzen muss (z. B. im Sekretariat), ist ihr Gelegenheit zu kurzen Unterbrechungen der Arbeit zu geben.

» Während der Pausen sollte es ihr in einem geeigneten Raum ermöglicht werden, sich auf einer Liege auszuruhen.

- **Sechs Wochen vor der Entbindung** darf eine werdende Mutter nicht beschäftigt werden, es sei denn, dass sie sich ausdrücklich mit einer Beschäftigung einverstanden erklärt. Diese Erklärung kann sie jederzeit widerrufen.
- **Acht Wochen nach der Entbindung** dürfen Frauen nicht beschäftigt werden. Die Frist verlängert sich auf zwölf Wochen bei Früh- oder Mehrlingsgeburten.
- Während der Schutzfristen (sechs Wochen vor und acht Wochen nach der Geburt) erhalten Frauen **Mutterschaftsgeld** von der zuständigen gesetzlichen Krankenkasse. Das Mutterschaftsgeld beträgt maximal 13,00 € pro Kalendertag. Die Differenz zwischen diesem Betrag und dem letzten Nettoarbeitsentgelt ist vom Arbeitgeber zu zahlen.

Beispiel:

Kathy Harms ist Sachbearbeiterin im Büro der KFZ-Siebert KG. Sie hat ein Nettoeinkommen von 1 418,83 €. Am 20. April hat Frau Harms eine Tochter bekommen. In den Monaten Mai und Juni darf Frau Harms nicht beschäftigt werden. Sie erhält für diesen Zeitraum folgendes Arbeitsentgelt:
Mutterschaftsgeld von der Krankenkasse:
Mai: 31 Tage · 13,00 € = 403,00 €; Juni: 30 Tage · 13,00 € = 390,00 €
Differenzbetrag zum letzten Nettoarbeitsentgelt von der KFZ-Siebert KG:
Mai: 1 418,83 € − 403,00 € = 1 015,83 €
Juni: 1 418,83 € − 390,00 € = 1 028,83 €

Bundesurlaubsgesetz (BUrlG) (= sozialer Arbeitsschutz)

Nach dem Bundesurlaubsgesetz hat ein Arbeitnehmer in jedem Kalenderjahr Anspruch auf einen bezahlten **Erholungsurlaub von mindestens 24 Werktagen**. Als Werktage gelten alle Kalendertage, die nicht Sonn- oder Feiertage sind. Der volle Urlaubsanspruch wird erstmalig nach sechsmonatigem Bestehen des Arbeitsverhältnisses erworben.

Arbeitszeitgesetz (ArbZG) (= sozialer Arbeitsschutz)

Die Arbeitszeit der Arbeitnehmer ist durch das Arbeitszeitgesetz (ArbZG) geregelt. Die regelmäßige werktägige Arbeitszeit darf die Dauer von **acht Stunden täglich** nicht überschreiten. Sie kann nur dann auf bis zu zehn Stunden verlängert werden, wenn innerhalb eines halben Kalenderjahres im Durchschnitt eine werktägliche Arbeitszeit von acht Stunden nicht überschritten wird. Eine ergänzende Regelung zum Gesundheitsschutz bei flexiblen Arbeitszeiten kann zwischen den Tarifparteien oder mit deren Zustimmung zwischen Geschäftsleitung und Betriebsräten vereinbart werden.
Sonn- und Feiertagsarbeit ist dann möglich, wenn ein Betrieb sonst seine internationale Konkurrenzfähigkeit verlöre. Sie wird aber nur dann vom Amt für Gewerbeschutz genehmigt, wenn der Betrieb von montags bis samstags bereits rund um die Uhr arbeitet und ausländische Konkurrenten ebenfalls sonntags arbeiten. Jeder Arbeitnehmer muss aber an mindestens 15 Sonntagen arbeitsfrei haben. Auch an Sonn- und Feiertagen darf die maximale tägliche Arbeitszeit zehn Stunden nicht überschreiten.

Gesundheits- und Unfallschutz (= technischer Arbeitsschutz)

Maßnahmen im Rahmen des technischen Arbeitsschutzes haben die Aufgabe, einen umfassenden Unfall- und Gesundheitsschutz zu gewährleisten. Die wichtigste Rechtsgrundlage für den technischen Arbeitsschutz ist die **Gewerbeordnung**. Sie legt unter anderem fest, dass der Arbeitgeber die Arbeitsräume, Maschinen und Gerätschaften so einzurichten und zu unterhalten hat, dass die Arbeitnehmer(innen) gegen Gefahren für Leben und Gesundheit geschützt sind. Insbesondere für ausreichendes Licht, gute Belüftung und Beseitigung bei der Arbeit entstehender Dünste, Gase und Abfälle hat der Arbeitgeber zu sorgen.
Darüber hinaus sind Maßnahmen zum Gesundheits- und Unfallschutz in folgenden Rechtsnormen geregelt:
- **Arbeitsstättenverordnung** (Ziel: menschengerechte Gestaltung von Arbeitsplätzen)
- **Geräte- und Produktsicherheitsgesetz** (Ziel: Vermeidung von Unfällen durch Sicherstellung der einwandfreien Funktionstüchtigkeit technischer Geräte)
- **GHS-Verordnung** (Ziel: sachgerechte Behandlung von Gefahrstoffen)
- Weitere Rechtsnormen sind die **Unfallverhütungsvorschriften der Berufsgenossenschaften (UVV)**, die **Verordnung über Sicherheit und Gesundheitsschutz bei der Arbeit an Bildschirmgeräten** und das **Arbeitssicherheitsgesetz**.

Ziel aller Rechtsnormen ist die Vermeidung von Unfällen und Gesundheitsschäden. Dazu werden **Sicherheitsbeauftragte**, **Fachkräfte für Arbeitssicherheit** und **Betriebsärzte** eingesetzt.

Beispiel:
Jutta Schindler ist Sicherheitsbeauftragte der Sommerfeld GmbH. Sie veranstaltet regelmäßig Seminare für alle Mitarbeiter(innen) zur Unfallverhütung.

Verhalten bei Unfällen

Jeder, der einen Unfall erlebt, ist verpflichtet verletzen Personen zu helfen. Tut er dies nicht, macht er sich gem. § 323 StGB strafbar. Bis zum Eintreffen der Rettungskräfte müssen **Ersthelfer** vor Ort sein, um erste Hilfe zu leisten. Die betrieblich vorgeschriebene Anzahl von Ersthelfern hängt von der Größe des Unternehmens und der Art des Gewerbes ab.

Die Einhaltung der gesetzlichen Regelungen wird durch die staatlichen **Ämter für Gewerbeschutz und Sicherheitstechnik** und die **Berufsgenossenschaft** überwacht.
Um den Gesundheits- und Unfallschutz zu gewährleisten, sind folgende **Kennzeichnungspflichten** zu beachten:

Art des Zeichens	Beispiel	Bedeutung
Rettungszeichen		Rettungszeichen weisen auf Einrichtungen, Geräte oder Rettungswege hin, die für die Rettung von Personen von Wichtigkeit sind.
Brandschutzzeichen		Brandschutzzeichen weisen auf Einrichtungen bzw. Geräte hin, die für den Brandschutz von Wichtigkeit sind.
Gebotszeichen		Gebotszeichen weisen auf ein vorgeschriebenes Handeln hin. Meistens auf das Tragen von Schutzkleidung.
Warnzeichen		Warnzeichen weisen auf eine Gefahr hin.
Verbotszeichen		Verbotszeichen weisen auf ein Verbot hin.

Gesetzen und Verordnungen zum Schutz der Arbeitnehmer

- **Mutterschutzgesetz** (sozialer Arbeitsschutz)
  - » Es gilt für Frauen, die in einem Arbeits- und Ausbildungsverhältnis stehen. Schwangere Frauen dürfen sechs Wochen vor und acht Wochen nach der Entbindung nicht beschäftigt werden.
  - » Während der Schutzfristen erhalten Frauen Mutterschaftsgeld.
  - » Nach der Geburt wird Müttern oder Vätern unter bestimmten Bedingungen Erziehungsgeld gewährt.
- **Bundesurlaubsgesetz** (sozialer Arbeitsschutz)
  - » Jeder Arbeitnehmer hat Anspruch auf bezahlten Erholungsurlaub von mindestens 24 Werktagen.
- **Arbeitszeitgesetz** (sozialer Arbeitsschutz)
  - » Es regelt die Dauer und Lage der Arbeitszeit.
  - » Die regelmäßige und werktägliche Arbeitszeit darf acht Stunden nicht überschreiten.
- **Gesundheits- und Unfallschutz** (technischer Arbeitsschutz)
  - » Die Gewerbeordnungen und weitere Gesetze und Verordnungen regeln den Gesundheits- und Unfallschutz im Unternehmen.
  - » Arbeitgeber sind verpflichtet, Arbeitsräume und Maschinen so einzurichten, dass für Arbeitnehmer möglichst keine Gefährdung für Leben und Gesundheit besteht.

Übungsaufgaben

1. Erläutern Sie den Unterschied zwischen sozialem und technischem Arbeitsschutz und ordnen Sie die oben genannten Gesetze den beiden Kategorien zu.

2. Beurteilen Sie die folgenden Fälle vor dem Hintergrund des Mutterschutzgesetzes.
   a) Die Lagerfachkraft Monika soll am 1. März entbinden. Wegen dringender Inventurarbeiten bittet ihre Chefin sie, am 1. Februar im Betrieb auszuhelfen. Monika ist einverstanden.
   b) Pünktlich am 1. März bekommt Monika eine Tochter. Am 15. April ruft ihre Chefin sie an und bittet sie, in der nächsten Woche im Betrieb auszuhelfen. Monika ist einverstanden.

3. Sie können Ihr Wissen zum Arbeitsschutz auch im Internet testen. Rufen Sie dazu die Seite webtrainings.dguv.de/ auf.

4. Teilen Sie die Klasse in zwei Gruppen, die Prüfer und die Prüflinge. Die Gruppe der Prüfer legt Kriterien für eine Prüfung zum Thema „Arbeitsschutzgesetze" fest und formuliert Fragen. Die Prüflinge bereiten sich vor. Führen Sie die Prüfung durch und bewerten Sie Ihre Mitschüler anhand der formulierten Kriterien.

5. Recherchieren Sie die für Ihren Ausbildungsbetrieb geltenden Arbeitsschutzmaßnahmen und stellen Sie diese in einem Referat vor.

5.1.5 Möglichkeiten der Beendigung des Arbeiterverhältnisses kennenlernen

Jörg Albers ist fassungslos. Erst fällt er durch die Zwischenprüfung und dann überreicht ihm Herr Krämer, der Personalleiter der Sommerfeld GmbH, auch noch die fristlose Kündigung seines Ausbildungsverhältnisses. *„Ich hatte Dich ja nach den zwei Abmahnungen gewarnt! Wenn Du auch noch die Zwischenprüfung vermasselst, bist Du weg"*, sagt Herr Krämer verärgert. Jörg antwortet ratlos: *„Die beiden Vorfälle haben aber doch nichts miteinander zu tun. Ich bin doch seit der Abmahnung immer pünktlich gewesen, wieso kündigen*

Fristlose Kündigung

Sie mir denn jetzt. Und auch noch fristlos! Ist das überhaupt rechtens?" Herr Krämer kratzt sich am Kopf. *„Also die Kündigung ist die Antwort auf das gesammelte Fehlverhalten. Danach kann man nicht mehr erwarten, dass Du hier noch weiter arbeitest."* Jörg ist weiterhin fassungslos und immer noch nicht sicher, ob das alles rechtens ist.

Arbeitsaufträge

1 Stellen Sie fest, in welchen Fällen eine fristlose Kündigung zulässig ist.
2 Finden Sie heraus, welche Möglichkeiten der Beendigung des Ausbildungsvertrags noch bestehen.
3 Erläutern Sie die Kriterien einer Abmahnung.
4 Nehmen Sie Stellung zur Kündigung des Auszubildenden Jörg Albers.

Ein Arbeitsverhältnis kann durch Vertragsablauf, Auflösungsvertrag oder Kündigung beendet werden. Im Falle der Kündigung muss in Unternehmen mit mehr als fünf Beschäftigten das **Kündigungs-schutzgesetz** (KSchG) beachtet werden.

 Praxistipp: Das entsprechende Gesetz finden Sie im Internet unter www.gesetze-im-internet.de/kschg

Arten der Beendigung von Arbeitsverhältnissen

* **Vertragsablauf**: Ist ein Arbeitsverhältnis auf eine bestimmte Zeit eingegangen, so endet es mit Vertragsablauf, d. h. zu dem im Vertrag festgelegten Zeitpunkt.

Beispiel:

Für die Dauer der Möbelmesse stellt die Sommerfeld GmbH zwei Aushilfskräfte ein.

* **Auflösungsvertrag (Aufhebungsvertrag):** Durch einen Auflösungs- oder Aufhebungsvertrag endet ein Arbeitsverhältnis, wenn beide Parteien in gegenseitigem Einvernehmen den Arbeits-vertrag lösen. Diese Form wird in der Praxis häufig angewandt, um eine Kündigung zu vermeiden. Dabei geht die Initiative zu einem Auflösungsvertrag häufig vom Arbeitgeber aus. Die Zustim-mung des Arbeitnehmers wird oft durch die Vereinbarung einer Abfindung erreicht.

Beispiel:

Dem Auslieferungsfahrer Schumacher wird wegen eines schuldhaft verursachten Verkehrs-unfalls der Führerschein entzogen. Arbeitnehmer und Geschäftsleitung einigen sich in einem Auflösungsvertrag auf die Auflösung des Arbeitsverhältnisses. Herr Schumacher erhält eine Abfindung in Höhe eines Monatsgehaltes.

* **Kündigung**: Bei der Kündigung von Arbeitsverhältnissen besteht grundsätzlich die Möglichkeit der ordentlichen und der außerordentlichen Kündigung. Bei der ordentlichen Kündigung wird unterschieden zwischen der Kündigung mit gesetzlicher und mit tariflicher Kündigungsfrist.

  Gesetzliche Kündigungsfrist: Wenn Arbeitnehmer und Arbeitgeber keine besondere Kündi-gungsfrist vereinbart haben und es keine tarifvertraglichen Regelungen gibt, gilt die gesetzliche Kündigungsfrist. Sie beträgt für Angestellte und gewerbliche Arbeitnehmer(innen) gleichermaßen vier Wochen. Die Kündigung muss **schriftlich** erfolgen.
  Bei einer Betriebszugehörigkeit von bis zu zwei Jahren kann der Mitarbeiter **zum 15. eines Monats** oder zum Monatsende gekündigt werden. Ab einer Betriebszugehörigkeit von zwei Jahren kann der Mitarbeiter nur noch zum Monatsende gekündigt werden.

  Beispiel:

  Marvin Lohoff ist seit 18 Monaten bei der KFZ-Siebert KG beschäftigt. Ihm wird am 14. Juli mit Wirkung zum 15. August gekündigt.

  Die gesetzliche Kündigungsfrist verlängert sich für **langjährig beschäftigte Arbeitnehmer.**

Beispiel:

KFZ-Siebert KG

GmbH

KFZ-Siebert KG · Dieselstraße 20 · 45141 Essen

14.07.20..

Herrn
Marvin Lohoff
Waldstraße 22
47047 Duisburg

Kündigung des am 01.01.20.. geschlossenen Arbeitsverhältnisses

Sehr geehrter Herr Lohoff,

hiermit kündigen wir Ihnen das o. g. Arbeitsverhältnis unter Berücksichtigung der gesetzlichen Kündigungsfrist zum 15.08.20..

Die Kündigung ist aus betriebsbedingten Gründen unabwendbar. Deutliche Auftragsrückgänge in den vergangenen Quartalen haben zu einem Rückgang in der Produktion und damit zu einem verringerten Mitarbeiterbedarf geführt. Da wir keine Möglichkeit sehen, Sie an einem anderen Ihrer Qualifikation entsprechenden Arbeitsplatz zu beschäftigen, müssen wir Ihnen leider zum 15.08.20.. die Kündigung aussprechen.

Vor Ausspruch der Kündigung wurde der Betriebsrat ordnungsgemäß von unserer Entscheidung unterrichtet und hat dieser zugestimmt. Die entsprechende Stellungnahme des Betriebsrats fügen wir diesem Schreiben bei.

Wir bedauern diese Entscheidung sehr, bedanken uns für Ihre Mitarbeit und wünschen Ihnen für Ihre berufliche Zukunft alles Gute.

Mit freundlichen Grüßen,

Siebert

Jan Siebert

KFZ-Siebert KG, Dieselstraße 20, 45141 Essen
E-Mail: info@kfz-siebert.de
Internet: www.kfz-siebert.de
Sparkasse Essen   IBAN DE16 3605 0105 0061 4755 86
                      BIC SPESDE3EXXX

Amtsgericht Essen, HRA 14741
Steuernummer 140/15/0230
USt-IdNr. DE136817550
Geschäftsführer: Jan Siebert

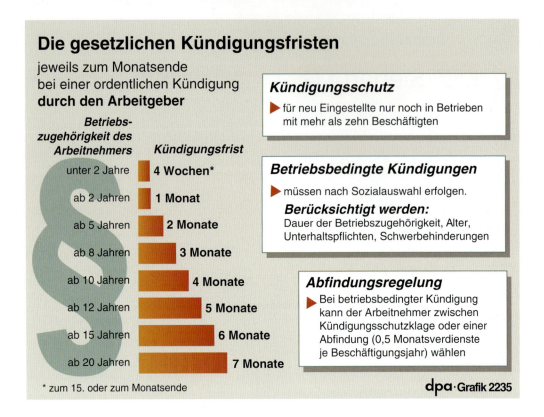

Berechnet wird die Betriebszugehörigkeit vom 25. Lebensjahr des Arbeitnehmers an. **Verlängerte Schutzfristen gelten nur für eine Kündigung durch den Arbeitgeber**. Für Arbeitnehmer gilt in jedem Fall die gesetzliche Kündigungsfrist ohne Verlängerung.

Tarifvertragliche Kündigungsfrist: Die tarifvertraglichen Kündigungsfristen entsprechen i. d. R. den gesetzlichen Bestimmungen oder gehen über diese (zugunsten des Arbeitnehmers) hinaus.

Außerordentliche Kündigungsfrist: Die außerordentliche oder fristlose Kündigung erfolgt, wenn ein wichtiger Grund vorliegt und die Fortsetzung des Arbeitsverhältnisses bis zum Ablauf der ordentlichen Kündigungsfrist nicht mehr zumutbar ist. Der Kündigungsgrund muss dem Vertragspartner schriftlich mitgeteilt werden. Die Kündigung muss innerhalb von zwei Wochen nach Bekanntwerden des Grundes erfolgen. Wichtige Gründe für außerordentliche Kündigungen sind:

Für den Arbeitgeber	Für den Arbeitnehmer
• Diebstahl, Unterschlagung, Betrug • Verweigerung der Dienstpflicht • grobe Beleidigung oder Tätlichkeit	• keine Gehaltszahlung • Verletzung der Sorgepflicht • grobe Beleidigung oder Tätlichkeit

Die Abmahnung

Oft geht die Abmahnung einer Kündigung voraus. Eine Abmahnung ist eine **Rüge des Arbeitgebers** über eine dem Arbeitnehmer vorgeworfene Pflichtverletzung aus dem Arbeitsvertrag. Sie muss auf nachprüfbaren Tatsachen beruhen und deutlich machen, dass im Wiederholungsfall die Kündigung des Arbeitsverhältnisses droht. Die Abmahnung ist an keine besondere Form gebunden, wird jedoch i. d. R. schriftlich verfasst und ist vom Vorgesetzten zu unterschreiben.

Kriterien für eine rechtswirksame Abmahnung

• Der Abmahnungsgrund ist **konkret** mit Zeit und Datum beschrieben.

Beispiel:

Hiermit mahnen wir Sie aufgrund ihrer wiederholten unentschuldigten Fehlzeiten in der Berufsschule (04.03., 11.03., 18.03., 25.03.) ab.

• Der Arbeitgeber muss das Fehlverhalten als **Pflichtverletzung** feststellen und den Arbeitnehmer auffordern, sein Verhalten zu ändern.

Beispiel:

Sie unterliegen als Auszubildender der Berufsschulpflicht. Darüber hinaus ist die Lernpflicht des Auszubildenden in § 13 Abs. 2 BBiG ausdrücklich festgeschrieben.

• Der Arbeitgeber muss darauf hinweisen, dass ein wiederholtes Fehlverhalten aus demselben Grund **zur Kündigung führen kann**.

Beispiel:

Sollte es in Zukunft zu weiteren unentschuldigten Fehlzeiten kommen, behalten wir uns vor, das Ausbildungsverhältnis fristlos zu kündigen.

Der Abgemahnte hat die Möglichkeit der **Gegendarstellung**, der **Beschwerde** beim Betriebsrat und der **Klage** auf Rücknahme.

Die Arbeitspapiere

Bei Beendigung des Arbeitsverhältnisses muss der Arbeitgeber dem Arbeitnehmer die Arbeitspapiere herausgeben. Es sind dies in jedem Fall die **elektronische Lohnsteuerkarte** und der **Versicherungsnachweis**. Auf Wunsch des Arbeitnehmers ist ein **Arbeitszeugnis**, eine **Arbeitsbescheinigung** für die Arbeitsagentur oder eine **Urlaubsbescheinigung** auszustellen.

Das Kündigungsschutzgesetz (KSchG)

Das Kündigungsschutzgesetz als Arbeitsschutzgesetz bietet dem Arbeitnehmer **Schutz vor unberechtigter Kündigung**. Es gilt für Betriebe, die regelmäßig mehr als fünf Arbeitnehmer beschäftigen, und für Arbeitnehmer, die länger als sechs Monate im Betrieb beschäftigt sind. Bei Neueinstellungen findet das Kündigungsschutzgesetz in Betrieben Anwendung, die in der Regel zehn oder mehr Arbeitnehmer beschäftigen. Für bestimmte Beschäftigungsgruppen gilt ein **besonderer Kündigungsschutz**, z. B. für Schwerbehinderte, werdende Mütter, Arbeitnehmervertreter und Auszubildende.

§ 1 Abs. 1 KSchG:

Die Kündigung des Arbeitsverhältnisses gegenüber einem Arbeitnehmer, dessen Arbeitsverhältnis in demselben Betrieb oder Unternehmen ohne Unterbrechung länger als sechs Monate bestanden hat, ist rechtsunwirksam, wenn sie sozial ungerechtfertigt ist.

! **Praxistipp:** Das Kündigungsschutzgesetz finden Sie im Internet unter www.gesetze-im-internet.de/kschg/

Sozial ungerechtfertigt ist eine Kündigung, wenn nicht bestimmte Gründe vorliegen. So muss der Kündigungsgrund

- in der Person des Arbeitnehmers (z. B. mangelnde Eignung),
- im Verhalten des Arbeitnehmers (z. B. unentschuldigtes Fehlen),
- oder in dringenden betrieblichen Erfordernissen (z. B. Schließung einer Abteilung) zu suchen sein.

Hält der Arbeitnehmer seine Kündigung für sozial ungerechtfertigt, so muss er binnen einer Woche beim Betriebsrat **Einspruch** und binnen drei Wochen beim Arbeitsgericht **Kündigungsschutzklage** erheben. Ist fristgerecht Widerspruch eingelegt worden und Kündigungsschutzklage erhoben, muss der Arbeitnehmer i. d. R. weiterbeschäftigt werden, bis über die Klage entschieden ist.

Möglichkeiten der Beendigung des Arbeitsverhältnisses kennenlernen

- **Beendigung des Arbeitsverhältnisses** durch

  » **Vertragsablauf**, d. h. zu dem im Vertrag festgelegten Zeitpunkt
  » **Auflösungsvertrag**, d. h. in gegenseitigem Einvernehmen
  » **ordentliche Kündigung**, d. h. mit einer Frist von vier Wochen zum 15. oder zum Monatsende
  » **außerordentliche oder fristlose Kündigung**, d. h. aus wichtigem Grund, wenn eine Fortsetzung des Arbeitsverhältnisses bis zum Ablauf der ordentlichen Kündigungsfrist nicht mehr zumutbar ist

- **Abmahnung**

  Häufig geht die Abmahnung einer Kündigung voraus. Abmahnungen müssen folgende Kriterien erfüllen.
  » Abmahnungsgrund mit Datum und Art des Fehlverhaltens wird angegeben
  » Aufforderung zur Änderung des Fehlverhaltens wird gestellt
  » Konsequenz bei wiederholtem Fehlverhalten wird angekündigt

- **Kündigungsschutzgesetz**

  bietet Schutz vor unberechtigter Kündigung
  » gilt für Betriebe mit mehr als fünf Arbeitnehmerinnen und Arbeitnehmer, die länger als sechs Monate im Betrieb beschäftigt sind
  » Eine Kündigung ist rechtsunwirksam, wenn sie **sozial ungerechtfertigt** ist. Der Kündigungsgrund muss
    – in der Person oder im Verhalten des Arbeitnehmers oder
    – in dringenden betrieblichen Erfordernissen begründet sein.
  » Gegen eine sozial ungerechtfertigte Kündigung kann der Arbeitnehmer binnen einer Woche **Einspruch** beim Betriebsrat und binnen drei Wochen **Klage** beim Arbeitsgericht erheben.

Übungsaufgaben

1. Stellen Sie fest, welche untenstehenden Papiere einem Arbeitnehmer im Falle einer Beendigung des Arbeitsverhältnisses
   (1) auf Wunsch.
   (2) in jedem Fall.
   (3) in keinem Fall
   ausgehändigt werden müssen.
   a) elektronische Lohnsteuerkarte
   b) Arbeitszeugnis
   c) Betriebsausweis
   d) Versicherungsnachweis
   e) Arbeitsbescheinigung für die Arbeitsagentur

2. Herr Kunstein, Metallarbeiter, ist seit zwölf Jahren im Unternehmen beschäftigt. Mit welcher Frist
   a) kann Herr Kunstein kündigen,
   b) kann Herr Kunstein gekündigt werden?

3. Der Mitarbeiter Heinen erscheint wiederholt zu spät zur Arbeit. Der Leiter der Personalabteilung, Herr Krämer, bittet ihn deshalb zu einem Personalgespräch. Bilden Sie je eine Gruppe „Personalchef" und eine Gruppe „Arbeitnehmer" und bereiten Sie das Gespräch getrennt vor. Führen Sie das Gespräch im Rollenspiel durch und protokollieren Sie den Ablauf. Stellen Sie fest, wo es zu Abweichungen von Ihrer Strategie kommt, und diskutieren Sie die Ursachen.

4. Eine Kündigung ist unwirksam, wenn sie „sozial ungerechtfertigt" ist. Erläutern Sie anhand des § 1 Abs. 2 KSchG, was sich hinter dieser Formulierung verbirgt.

§ 1 Abs. 2 KSchG:

Sozial ungerechtfertigt ist die Kündigung, wenn sie nicht durch Gründe, die in der Person oder in dem Verhalten des Arbeitnehmers liegen, oder durch dringende betriebliche Erfordernisse, die einer Weiterbeschäftigung des Arbeitnehmers in diesem Betrieb entgegenstehen, bedingt ist. Die Kündigung ist auch sozial ungerechtfertigt, wenn
1. [...]
b) der Arbeitnehmer an einem anderen Arbeitsplatz in demselben Betrieb oder in einem anderen Betrieb des Unternehmens weiterbeschäftigt werden kann
   und der Betriebsrat oder eine andere nach dem Betriebsverfassungsgesetz insoweit zuständige Vertretung der Arbeitnehmer [...] schriftlich widersprochen hat, [...]

5. Der Auszubildende Siegfried Holl hat an den Berufsschultagen 30.08., 06.09. und 07.09. den Unterricht geschwänzt und sein Fernbleiben nicht begründet. Nachdem die Berufsschule die Sommerfeld GmbH informiert hat, erhält Siegfried Holl die folgende Abmahnung. Überprüfen Sie, ob die Abmahnung den rechtlichen Anforderungen entspricht.

Sommerfeld GmbH · Gladbecker Straße 85-91 · 45141 Essen

21.09.20..

Herrn
Siegfried Holl
Mondallee 13
45879 Gelsenkirchen

Abmahnung aufgrund wiederholter Fehlzeiten in der Berufsschule

Sehr geehrter Herr Holl,

hiermit mahnen wir Sie aufgrund Ihrer wiederholten unentschuldigten Fehlzeiten in der Berufsschule ab. Die Berufsschule ist wichtig für den Abschluss Ihrer Ausbildung, weshalb ein kontinuierlicher Besuch zwingend notwendig ist.

Sie sind unserer Meinung nach Ihrer Lernpflicht als Auszubildender nach § 13 Abs. 2 Berufsbildungsgesetz nicht nachgekommen.

Wir fordern Sie auf, die Berufsschultage fortan wahrzunehmen. Sollte es in Zukunft zu weiteren unentschuldigten Fehlzeiten kommen, behalten wir uns vor, das Ausbildungsverhältnis fristlos zu kündigen.

Mit freundlichen Grüßen,

Farthmann

Feld

C. Farthmann
Geschäftsführerin der Sommerfeld GmbH

L. Feld
Geschäftsführer der Sommerfeld GmbH

Sommerfeld GmbH, Gladbecker Straße 85-91, 45141 Essen
Deutsche Bank Essen IBAN DE96 3607 0050 0025 2034 88 BIC DEUTDEDEXXX
Postbank Dortmund IBAN DE81 4401 0046 0286 7783 41 BIC PNBKDEFF440

Amtsgericht Essen, HRB 564-0541
Steuernummer 110/120/0189
USt-IdNr. DE129666846
Geschäftsführer: C. Farthmann, L. Feld, H. Sommer

5.2 Das Zustandekommen von Tarifverträgen und Betriebsvereinbarungen nachvollziehen

Robin Strasek, Auszubildender der KFZ-Siebert KG, hat eine Nachricht von der Homepage der IG Metall von einem Freund geschickt bekommen.

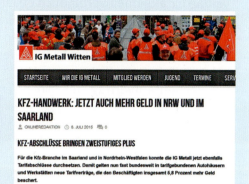

„… In Nordrhein-Westfalen, wo die IG Metall mit der Fachgruppe Kfz-Dienstleistungen im Arbeitgeberverband Metall verhandelte, steigen die Tarifentgelte und Ausbildungsvergütungen ab Juli um drei Prozent und ab Oktober 2017 um weitere 2,8 %."

Robin freut sich über die 3 % mehr Gehalt für 2016 und 2,8 % für 2017. Das war seiner Meinung nach auch dringend notwendig. Am nächsten Tag erzählt er in der Frühstückspause überschwänglich von der guten Nachricht und von den Dingen, die er sich mit dem Geld kaufen möchte. Der Geselle Jürgen Bauer guckt ihn skeptisch an. *„Wenn ich du wäre, würde ich noch nicht auf die Erhöhung hoffen, lass deine Träume erst einmal Träume sein"*, sagt er. Robin ist verwirrt. *„Aber das haben sie doch auf der Homepage der Gewerkschaft geschrieben"*, antwortet er. *„Ja, das stimmt"*, sagt Jürgen Bauer. *„Aber bist du Mitglied in der Gewerkschaft?"*

Arbeitsaufträge

1 Stellen Sie fest, wer die Tarifvertragsparteien in diesem Fall sind und welche rechtliche Bedeutung der Tarifvertrag hat.
2 Beschreiben Sie, welche Arten von Tarifverträgen es gibt.
3 Erläutern Sie, ob Robin eine Erhöhung der Ausbildungsvergütung erwarten kann und welche Randbedingungen hierfür gegeben sein müssen.
4 Informieren Sie sich im Internet über den für Sie gültigen Tarifvertrag und die Tarifvertragsparteien Ihres Ausbildungsbetriebes.

Der Tarifvertrag

- Während der Einzelarbeitsvertrag eine **individuelle**, d. h. einzelvertragliche, Vereinbarung zwischen Arbeitnehmer und Arbeitgeber darstellt, legen Tarifverträge gemeinsame (**kollektive**) Regelungen für ganze Gruppen von Arbeitnehmern und Arbeitgebern fest.
- Grundlage des Tarifvertragswesens ist die in Artikel 9 Abs. 3 GG garantierte **Tarifautonomie**. Danach haben die Tarifvertragsparteien das Recht, Vereinigungen zu bilden und in eigener Verantwortung Tarifverträge abzuschließen.

Art. 9 Abs. 3 GG:

Das Recht, zur Wahrung und Förderung der Arbeits- und Wirtschaftsbedingungen Vereinigungen zu bilden, ist für jedermann und für alle Berufe gewährleistet. Abreden, die dieses Recht einschränken oder zu behindern suchen, sind nichtig, hierauf gerichtete Maßnahmen sind rechtswidrig. [...]

- **Tarifvertragsparteien** (**Sozialpartner**) sind auf der Arbeitnehmerseite die Gewerkschaften und auf der Arbeitgeberseite die Arbeitgeberverbände oder einzelne Arbeitgeber. Tarifvertragsparteien im Technik- und naturwissenschaftlichen Bereich sind die jeweiligen Gewerkschaften des Deutschen Gewerkschaftsbundes DGB (IG-Metall, IG Bergbau-Chemie-Energie, IG Bauen-Agrar-Umwelt), sowie des Christlichen Gewerkschaftsbundes Deutschlands CGB (Christliche

Gewerkschaft Bergbau-Chemie-Energie, Christliche Gewerkschaft Metall etc.) und die branchen-spezifischen Fachvertretungen und -verbände. Nur die Mitglieder der Tarifvertragsparteien sind an den Tarifvertrag gebunden. Das Bundesministerium für Arbeit und Soziales kann einen Tarif-vertrag für **allgemeinverbindlich** erklären. Ist dies erfolgt, gilt der Tarifvertrag für alle Arbeitge-ber und Arbeitnehmer der jeweiligen Branche.

- Die Mitglieder der Tarifvertragsparteien müssen die getroffenen Regelungen erfüllen (**Erfül-lungspflicht**). Während der Laufzeit des Vertrages sind keine Kampfmaßnahmen (z. B. Streik) zulässig (**Friedenspflicht**).

- Ein **Flächentarifvertrag** stellt einen Vertrag für einen räumlichen Geltungsbereich (Tarifgebiet) oder eine bestimmte Fläche (z. B. Rheinland) dar. Er gilt stets für eine oder mehrere Branchen (z. B. für das Kfz-Gewerbe), daher spricht man auch von **Branchentarifverträgen**.

- Damit es nicht zu einem Machtkampf zwischen zwei konkurrierenden Gewerkschaften einer Branche mit unterschiedlichen Forderungen kommt, wurde am 3. Juli 2015 das **Gesetz zur Tarif-einheit** beschlossen. Dieses Gesetz besagt, dass im Streitfall der Tarifabschluss der Gewerk-schaft mit den meisten betroffenen Mitgliedern gilt.

- Die wichtigsten Tarifverträge sind der **Manteltarifvertrag** und der **Vergütungstarifvertrag**. Da-rüber hinaus gibt es noch Tarifverträge über die Höhe vermögenswirksamer Leistungen, Vorruhe-stands-Tarifverträge, Tarifverträge über Sonderzahlungen (z. B. Weihnachtsgeld) usw.

Beispiel:

Tarifvertrag über Entgeltfortzahlung im Krankheitsfall

- **Manteltarifvertrag**: Der Manteltarifvertrag regelt die grundsätzlichen Arbeitsbedingungen. Er wird meist für mehrere Jahre abgeschlossen. Im Manteltarifvertrag sind z. B. folgende Regelun-gen enthalten:
  - » bezahlte Freistellung von der Arbeit
  - » Mehrarbeit
  - » Urlaub
  - » Arbeitszeit
  - » Arbeits- und Schutzbekleidung
  - » Auszubildende

- **Vergütungstarifvertrag**: Der Vergütungstarifvertrag besteht aus dem Gehaltstarifvertrag für die kaufmännischen Angestellten, dem Lohntarifvertrag für die gewerblichen Arbeitnehmer(innen) und dem Tarifvertrag über die Ausbildungsvergütung. Die Arbeitnehmer(innen) werden zunächst entsprechend ihrer tatsächlich verrichteten Tätigkeit in Lohn- und Gehaltsgruppen eingeteilt, de-nen dann die entsprechenden Tarifgehälter zugeordnet werden. Lohn- und Gehaltstarifverträge werden meist für ein Jahr abgeschlossen.

Beispiel:

Auszug aus dem Lohn- und Gehaltstarifvertrag für das Kraftfahrzeuggewerbe

Höhe der Monatsentgelte für Meister

mit Meisterprüfung; Tätigkeiten in Leitungsfunktionen, soweit sie nicht Geschäftsführungsfunktionen be-treffen, Tätigkeiten mit abteilungspolitischer Alleinverantwortung.

4139,00 € (2016)

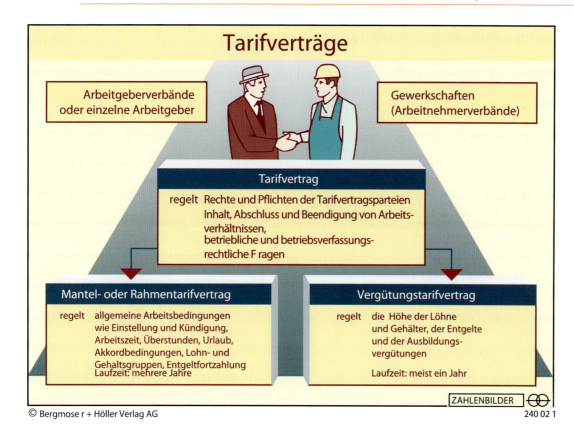

© Bergmose r + Höller Verlag AG   240 02 1

> **!** **Praxistipp:** Auf der Homepage www.tarifregister.nrw.de des Ministeriums für Arbeit, Integration und Soziales des Landes Nordrhein Westfalen finden Sie aktuelle Informationen zu Tarifverträgen der verschiedenen Berufe.

Die Betriebsvereinbarung

Betriebsvereinbarungen werden **zwischen Betriebsrat und Arbeitgeber** eines bestimmten Betriebes geschlossen. Sie müssen schriftlich niedergelegt werden und sind an geeigneter Stelle im Betrieb auszulegen.

Betriebsvereinbarungen dürfen den Bestimmungen des Tarifvertrages nicht widersprechen, sondern sollen diesen **an die besonderen Belange des Betriebes anpassen**. Darüber hinaus können in Betriebsvereinbarungen z. B. folgende Regelungen getroffen werden:

- die Planung von Sozialeinrichtungen, z. B. Kantinen, Betriebskindergärten
- Pausen- oder Urlaubsregelungen
- Regelungen über das Verhalten der Arbeitnehmer(innen) im Betrieb, wie z. B. Rauchverbot oder die Betriebsordnung

Beispiel:

In einer Betriebsvereinbarung zwischen Betriebsrat und Geschäftsleitung der Sommerfeld GmbH wird festgelegt, dass die Übernahmen von Auszubildenden sechs Monate vor dem Abschluss der Ausbildung verbindlich geklärt wird.

Tarifverhandlungen und Tarifauseinandersetzungen

Der **Ablauf von Tarifverhandlungen** könnte unter Einbeziehung von Arbeitskampfmaßnahmen folgendermaßen aussehen:

> Fristgerechte **Kündigung des Tarifvertrages** zum angegebenen Termin.

> Eröffnung der **Tarifverhandlungen**, die Gewerkschaften stellen ihre Forderungen, die Arbeitgeberverbände unterbreiten ihr Angebot.

> Kommt man zu keinem Kompromiss, kann jede Seite das **Scheitern der Verhandlungen** erklären.

> Sind Tarifverhandlungen gescheitert, kommt es zum **Schlichtungsverfahren**. Die tarifliche Schlichtungsstelle besteht aus der gleichen Zahl von Arbeitgeber- und Gewerkschaftsvertretern und einem unparteiischen Vorsitzenden, die nach einem Einigungsvorschlag suchen.

> Kommt es zu keiner Einigung, ist die **Schlichtung gescheitert**. Die Friedenspflicht ist erloschen und der Arbeitskampf kann beginnen.

> Zunächst stellt die Gewerkschaft durch eine **Urabstimmung** fest, ob ihre Mitglieder zum Streik bereit sind.

> Stimmen 75 % der Mitglieder für einen **Streik**, kann die Gewerkschaft den Streik für den Tarifbezirk ausrufen. Bei einem Streik legen die organisierten Arbeitnehmer(innen) für einen befristeten Zeitraum die Arbeit nieder. Ob Auszubildende an Streiks teilnehmen dürfen, ist umstritten. Nach Auffassung des Bundesarbeitsgerichts darf die Gewerkschaft Auszubildende nur dann zu kurzen, befristeten Warnstreiks aufrufen, wenn über die Ausbildungsvergütung verhandelt wird.

> Als Reaktion auf den Streik können die Arbeitgeber die **Aussperrung** aller Arbeitnehmer durchführen, d. h., sie verweigern ihnen die Möglichkeit zu arbeiten.

Für die Dauer von Streik und Aussperrung **ruhen die Arbeitsverträge.** Die Arbeitgeber zahlen demnach auch keine Gehälter. Gewerkschaftsmitglieder erhalten von ihrer Gewerkschaft eine Streikunterstützung. Arbeitnehmer(innen) der unmittelbar betroffenen Betriebe haben weder Anspruch auf Arbeitslosengeld noch auf Kurzarbeitergeld.

Die Umsatzeinbußen bei den Unternehmen, die Zahlung von Streikunterstützung durch die Gewerkschaften und der Verdienstausfall bei den Arbeitnehmern führen dazu, dass die Tarifvertragsparteien in **neuen Tarifverhandlungen** nach einem Kompromiss suchen.

Kommt es zu einer **Einigung**, müssen dem Ergebnis in einer Urabstimmung mindestens 25 % der organisierten Arbeitnehmer(innen) zustimmen.

Ist dies der Fall, kommt es zum **Abschluss eines neuen Tarifvertrages** und die Arbeit wird wieder aufgenommen.

Tarifverhandlungen werden meist für einzelne Bundesländer oder Bezirke durchgeführt. Oft wird der erste Abschluss (**Pilotabschluss**) danach für die anderen Bezirke übernommen.

Streikformen

Es gibt verschiedene **Formen des Streiks:**

Streikform	Wer streikt und was wird bestreikt?	Zulässig/ Nicht zulässig
Wilder Streik	Spontaner Streik ohne Unterstützung einer Gewerkschaft. Die streikenden Arbeitnehmer(innen) können fristlos gekündigt werden.	nicht zulässig
Bummelstreik	Versteckter Streik, bei dem die Arbeitnehmer ihrer Arbeit nur halbherzig nachgehen.	nicht zulässig
Warnstreik	Kurzer Streik, um dem Arbeitgeber seine Bereitschaft zu harten Tarifverhandlungen zu zeigen. Die Dauer ist auf einen kurzen und begrenzten Zeitraum beschränkt.	zulässig
Sympathiestreik	Arbeitnehmer(innen) einer anderen Branche streiken für andere mit und zeigen somit ihre Sympathie.	zulässig
Schwerpunktstreik	Es werden nur einzelne wichtige Betriebe einer Branche bestreikt.	zulässig
Totaler Streik (Flächenstreik)	Es wird eine ganze Wirtschaftsbranche bestreikt.	zulässig
Generalstreik	Die komplette Wirtschaft wird bestreikt.	zulässig

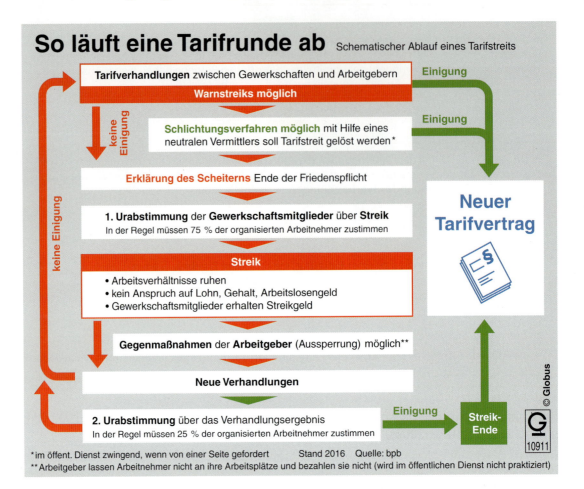

So läuft eine Tarifrunde ab Schematischer Ablauf eines Tarifstreits

Tarifverhandlungen zwischen Gewerkschaften und Arbeitgebern — Einigung

Warnstreiks möglich

keine Einigung

Schlichtungsverfahren möglich mit Hilfe eines neutralen Vermittlers soll Tarifstreit gelöst werden* — Einigung

Erklärung des Scheiterns Ende der Friedenspflicht

1. Urabstimmung der **Gewerkschaftsmitglieder** über **Streik**
In der Regel müssen 75 % der organisierten Arbeitnehmer zustimmen

Streik
• Arbeitsverhältnisse ruhen
• kein Anspruch auf Lohn, Gehalt, Arbeitslosengeld
• Gewerkschaftsmitglieder erhalten Streikgeld

Gegenmaßnahmen der **Arbeitgeber** (Aussperrung) möglich**

Neue Verhandlungen

2. Urabstimmung über das Verhandlungsergebnis
In der Regel müssen 25 % der organisierten Arbeitnehmer zustimmen — Einigung — **Streik-Ende**

keine Einigung

Neuer Tarifvertrag

© Globus

10911

*im öffent. Dienst zwingend, wenn von einer Seite gefordert   Stand 2016   Quelle: bpb
** Arbeitgeber lassen Arbeitnehmer nicht an ihre Arbeitsplätze und bezahlen sie nicht (wird im öffentlichen Dienst nicht praktiziert)

Das Zustandekommen von Tarifverträgen und Betriebsvereinbarungen nachvollziehen

- **Der Tarifvertrag**
  » Der Tarifvertrag legt Lohn- und Arbeitsnormen für die Tarifvertragsparteien **kollektiv**, d. h. gemeinschaftlich, fest.
  » **Tarifvertragsparteien** sind Arbeitgeber/Arbeitgeberverbände und Gewerkschaften.
  » Alle Mitglieder der Tarifvertragsparteien sind an den Tarifvertrag gebunden. Sie müssen ihn erfüllen (**Erfüllungspflicht**) und dürfen während der Laufzeit keine Kampfmaßnahmen ergreifen (**Friedenspflicht**).
  » Tarifverträge können für **allgemeinverbindlich** erklärt werden. Sie gelten dann für alle betroffenen Arbeitnehmer(innen).
  » Der **Manteltarifvertrag** regelt allgemeine Arbeitsbedingungen (Arbeitszeit, Urlaub usw.).
  » Der **Vergütungstarifvertrag** regelt die Lohn-/Gehaltshöhe in den Lohn-/Gehaltsgruppen.

- **Die Betriebsvereinbarung**
  Betriebsvereinbarungen werden **zwischen Betriebsrat und Arbeitgeber eines Betriebes** geschlossen. Sie dürfen den Bestimmungen des Tarifvertrages nicht widersprechen.

Übungsaufgaben

1. Schildern Sie den Ablauf von Tarifverhandlungen
   a) als friedliche Tarifverhandlungen,
   b) als Tarifverhandlungen unter Einbeziehung von Arbeitskampfmaßnahmen.
   Schreiben Sie dazu jeden Schritt auf eine Karte und präsentieren Sie das Ergebnis an einer Pinnwand. Geben Sie den Vortragenden ein Feedback.

2. Formulieren Sie eine „Betriebsvereinbarung" für Ihre Klasse. Sie sollte die Schul- und Hausordnung an die besonderen Belange Ihrer Klasse anpassen.

3. Die Jugendvertreterin der Sommerfeld GmbH hat durchgesetzt, dass die Auszubildenden das Berichtsheft während der Arbeitszeit führen dürfen. Machen Sie einen Formulierungsvorschlag für eine Betriebsvereinbarung.

4. Erläutern Sie die Begriffe Tarifautonomie, Sozialpartner, Urabstimmung und Pilotabschluss.

5. Führen Sie in der Klasse ein Rollenspiel zum Thema „Arbeitskampf" durch.

   Ausgangssituation:
   * **Rollenkarte Gewerkschaft**
     Der Gehaltstarifvertrag Ihrer Branche ist gekündigt. Die Gewerkschaft fordert eine Erhöhung der Gehälter um 3 % und eine Einmalzahlung von 250,00 €. Als Begründung werden die hohen Gewinne in der Branche, die steigenden Preise und die immer höher werdende Steuer- und Abgabenbelastung der Mitarbeiter(innen) angeführt.
   * **Rollenkarte Arbeitgeberverband**
     Der Arbeitgeberverband klagt über die zurückgehenden Umsätze und die steigenden Lohnnebenkosten. Bei einem Abschluss in der geforderten Größenordnung würden Entlassungen und Geschäftsschließungen die Folge sein.
   a) Bilden Sie in der Klasse drei Gruppen, die Vertreter(innen) der Gewerkschaft, die Vertreter(innen) des Arbeitgeberverbandes und die Beobachter(innen).
   b) Jede Gruppe fertigt zunächst Rollenkarten für ihre Rollenspieler an. Die Gruppe der Beobachter(innen) einigt sich auf einen Beobachtungsbogen.
   c) Die Gruppe „Gewerkschaft" und „Arbeitgeber" wählt jeweils drei Rollenspieler(innen) aus ihrer Mitte.
   d) Führen Sie das Rollenspiel durch. Das Rollenspiel sollte ca. 10 Minuten dauern und möglichst auf Video aufgezeichnet werden.

Prüfungsaufgaben

1. Wer darf keinen Tarifvertrag abschließen?
   a) die Arbeitgeberverbände
   b) die Gewerkschaften
   c) die IG Bau
   d) der Fachverband Elektro
   e) der einzelne Arbeitgeber

2. Wann darf eine Gewerkschaft zum Streik aufrufen?
   a) nach dem Scheitern der Schlichtung und der erfolgreichen Urabstimmung
   b) nach dem Scheitern der Tarifverhandlungen und der erfolgreichen Urabstimmung
   c) nach dem Auslaufen des Tarifvertrags
   d) nach der Aussperrung durch den Arbeitgeber
   e) jederzeit, bei erfolgreicher Urabstimmung

3. Welche ist die richtige Antwort zum Kündigungsschutz der Betriebsmitglieder und JAVs?
   a) Sie können jederzeit fristgerecht gekündigt werden.
   b) Sie können nach ihrer Tätigkeit erst drei Jahre später gekündigt werden.
   c) Sie können nach ihrer Tätigkeit erst ein Jahr später gekündigt werden.
   d) Sie können gar nicht gekündigt werden.
   e) Sie können nach ihrer Tätigkeit erst fünf Jahre später gekündigt werden.

4. Wer darf nicht an der Wahl zur Jugend- und Auszubildendenvertretung (JAV) teilnehmen?
   a) der 17-jährige Arbeitnehmer
   b) die 20-jährige Auszubildende
   c) der 24-jährige Auszubildende
   d) die 22-jährige Arbeitnehmerin
   e) alle jugendlichen Arbeitnehmer(innen)

5. Einige Mitarbeiter(innen) Ihres Betriebes wollen einen Betriebsrat gründen.
   a) Nennen Sie die Voraussetzungen, damit ein Betriebsrat gegründet werden kann.
   b) Nennen Sie die Hauptaufgaben des Betriebsrats und geben Sie hierfür jeweils ein Beispiel.

6. Der Betriebsrat Ihres Betriebes hat in verschiedenen Fällen entweder
   a) Mitwirkungsrechte oder
   b) Mitbestimmungsrechte.
   Nennen Sie jeweils zwei Rechte.

7. Sie führen einen Handwerksbetrieb und beschließen, mit Ihrem Betrieb Mitglied im Arbeitgeberverband zu werden.
   a) Erklären Sie, welche Verpflichtungen bezüglich der tariflichen Vereinbarungen ein Unternehmen mit seiner Mitgliedschaft eingeht.
   b) Erklären Sie den Unterschied zwischen einem Manteltarifvertrag und einem Entgelttarifvertrag.

8. Sie sind Geselle eines Handwerksbetriebs. Es existiert ein Manteltarifvertrag für Ihre Branche. Wer hat diesen ausgehandelt und welche Punkte enthält er?

9. Sie sind als Unternehmer Mitglied im Arbeitgeberverband und somit auch verpflichtet, die tariflichen Vereinbarungen einzuhalten.
    a) Erklären Sie, wer in Deutschland zu den Tarifvertragsparteien gehört, und gehen Sie dabei auch auf den Begriff „Tarifautonomie" ein.
    b) Nennen Sie die gesetzlichen Möglichkeiten („Kampfmittel"), die Tarifvertragsparteien haben, um ihre Forderungen durchzusetzen.

10. Bei einer Tarifverhandlung kann es folgende Verhandlungsschritte geben: Urabstimmung, Friedenspflicht läuft ab, Streik, Kündigung des bestehenden Vertrages, Schlichtung, Aussperrung, Urabstimmung, neuer Tarifvertrag.
    a) Ordnen Sie die Begriffe in eine zeitlich sinnvolle Reihenfolge.
    b) Erklären Sie den Begriff „Friedenspflicht".

11. Sie haben nach der Ausbildung eine Zusage für einen neuen Arbeitsvertrag als Geselle in der Firma, in der Sie Ihre Ausbildung gemacht haben. Ihr Chef und Sie sind sich schnell einig und schlagen per Hand ein. Einige Tage später haben Sie jedoch immer noch kein Schriftstück erhalten. Auf Nachfrage antwortet Ihr Chef, dass doch alles klar sei. Sie haben ja mündlich alles beschlossen und der Rest regelt sich schon.
    a) Erklären Sie, welche Form ein Arbeitsvertrag haben muss, um gültig zu sein.
    b) Nennen Sie fünf Inhalte, die in einem Arbeitsvertrag geregelt sein müssen.
    c) Nennen Sie die Rechte und Pflichten, die aus einem abgeschlossenen Arbeitsvertrag entstehen.

12. Sie haben Ihre Stelle gekündigt und haben sich bei einem neuen Unternehmen beworben. Bei der Einladung zu dem Bewerbungsgespräch bittet die neue Firma Sie, auch ein Arbeitszeugnis der alten Firma mitzubringen. Ihr alter Chef sagt Ihnen jedoch, dass er so einen Mist nicht macht, insbesondere nachdem Sie ihn jetzt einfach im Stich lassen und zur Konkurrenz gehen.
    a) Erklären Sie, ob Ihnen ein Arbeitszeugnis zusteht und welche Form dieses haben muss.
    b) Erklären Sie den Unterschied zwischen einem einfachen und einem qualifizierten Arbeitszeugnis.

13. Erstellen Sie eine Tabelle mit Vor- und Nachteilen die durch eine Mitgliedschaft in einer Gewerkschaft entstehen.

Vorteile	Nachteile

14. Ihr Kollege Houssem kommt gebürtig aus Algerien, in seiner Jugend ist er nach Deutschland gekommen. Er ist nun schon seit fünfzehn Jahren Mitglied einer Gewerkschaft. In seinem Heimatland wurden Arbeitskämpfe strikt verboten und teilweise gewaltsam unterdrückt.
    a) Nennen Sie zwei Grundrechte die in Deutschland Tarifverhandlungen mit Arbeitskämpfen möglich machen.
    b) Erklären Sie diese Grundrechte kurz.

6 Investitionen beurteilen und Finanzierungsalternativen vergleichen

In diesem Kapitel lernen Sie unterschiedliche Investitionsarten kennen. Anschließend entscheiden Sie über eine Investition. Dazu stellen Sie zur Entscheidungsvorbereitung Berechnungen an, die Ihnen helfen, Ihre Investitionsentscheidung zu begründen.

Ist die Entscheidung für eine Investition erst einmal getroffen, werden Sie der Frage nachgehen, wie sich diese finanzieren lässt. Sie werden verschiedene Finanzierungsmöglichkeiten und Kreditsicherheiten kennenlernen und eine begründete Entscheidung zwischen den verschiedenen Finanzierungsmöglichkeiten treffen können.

Im weiteren Verlauf des Kapitels diskutieren Sie zunächst die Verschuldungsproblematik aus Sicht des Unternehmens, um dann den Blick auf private Konsumgewohnheiten zu lenken. Sie werden über die Notwendigkeit nachdenken, einen Haushaltsplan zu nutzen und ein Haushaltsbuch zu führen. Sie diskutieren die Verschuldungsproblematik aus Sicht des Verbrauchers und informieren sich über Wege, die aus der privaten Schuldenfalle führen.

6.1 Eine Investition planen, vergleichen und entscheiden

6.1.1 Eine Investition planen

Frau Farthmann, Herr Sommer und Herr Feld diskutieren im Rahmen eines Teamgesprächs die Planungen für das nächste Jahr. Hierbei stellt Frau Farthmann fest, dass dringend eine neue Universalmaschine benötigt wird (Investition), um auch in den nächsten Jahren weiterhin erfolgreich zu sein. Herr Feld begegnet dieser Aussage etwas skeptisch und antwortet: *„Liebe Claudia, bist du wirklich sicher, dass sich das überhaupt lohnt? Hast du dir auch schon mal Gedanken darüber gemacht, wie wir diese Investition bezahlen (Finanzierung)?"* Daraufhin meldet sich Herr Sommer zu Wort und sagt: *„Ich stimme Claudia zu. Wir müssen investieren, denn ansonsten wachsen wir nicht. Natürlich gebe ich auch dir in dem Punkt der Finanzierungsfrage recht. Mein Vorschlag lautet, dass sich Claudia um die Frage kümmert, ob sich die Investition in neue Maschinen überhaupt für uns rechnet. Dich lieber Lambert, möchte ich bitten, gemeinsam mit Herrn Effer die Frage der Finanzierung zu klären."*

Arbeitsaufträge

1 Stellen Sie die Positionen der beteiligten Personen in schriftlicher Form kurz dar. Gehen Sie hierbei auch auf die verschiedenen Anlässe bzw. Arten der jeweiligen Investition ein.
2 Erläutern Sie den Zusammenhang zwischen einer Investition und einer Finanzierung.

Zusammenhang zwischen Investition und Finanzierung

Der Begriff **Investition** leitet sich aus dem lateinischen „investire" ab und bedeutet „ein-kleiden, be-kleiden". Hiermit ist gemeint, dass sich ein Unternehmen zum Beispiel mit neuen Maschinen, Rohstoffen, Mitarbeitern etc. „einkleidet". In der Betriebswirtschaftslehre spricht man davon, dass bei einer **Investition** finanzielle Mittel (Geld) in Vermögen (Maschinen, Grundstücke, Gebäude, neue Mitarbeiter etc.) umgewandelt werden.

Unternehmen investieren, weil sie davon ausgehen, dass ihre geleistete Zahlung in der Zukunft durch Erlöse (z. B. Einnahmen durch den Verkauf von hergestellten Produkten oder angebotenen Dienstleistungen) wieder „zurückfließen". Neben dem Rückfluss der Kosten soll zudem noch ein **„Gewinn"** erwirtschaftet werden.

Beispiel:

Die Sommerfeld GmbH benötigt zur Erweiterung ihres Sortiments eine neue Universalmaschine. Die Kosten für den Kauf einer solchen Maschine belaufen sich auf 100 000,00 €. Durch diese neue Universalmaschine hofft die Sommerfeld GmbH in den kommenden drei Jahren Mehrerlöse von 150 000,00 € zu erzielen.

Der Begriff **Finanzierung** beschreibt die Beschaffung von finanziellen Mitteln (z. B. Geld in Form von Darlehen oder Krediten), um geplante Investitionsvorhaben bezahlen zu können.

Beispiel:

Die Sommerfeld GmbH nimmt für die Universalmaschine ein Darlehen in Höhe von 100 000,00 € bei der Postbank Dortmund auf.

Arten von Investitionen

Nicht jede **Investition** zielt auf den Kauf einer neuen Maschine oder eines neuen Fahrzeugs. Es besteht auch die Möglichkeit, bereits bestehende Maschinen zu erneuern oder auch in „Dinge" zu investieren, die auf den ersten Blick nicht sichtbar sind. Hinzu kommt, dass nicht jede Investition das gleiche Ziel verfolgt. Neben dem **Gewinnstreben** (ökonomisches Ziel) werden auch **soziale** und **ökologische Ziele** verfolgt.

Sachinvestition

Sachinvestitionen beziehen sich auf eine „Sache" und beantworten folglich auch die Frage, in „Was" ein Unternehmen investiert. Folgende Formen einer Sachinvestition lassen sich unterscheiden:

- **Ersatzinvestition**

Im Rahmen einer Ersatzinvestition werden verbrauchte Betriebsmittel (Maschinen, Werkzeuge etc.) durch neue Betriebsmittel ersetzt. Das neue Investitionsobjekt bleibt jedoch in seinen Eigenschaften ähnlich zum bisherigen.

Beispiel:

Die Mitarbeiter(innen) der KFZ-Siebert KG sind genervt von der ständig defekten Hebebühne. Herr Siebert erkennt das Problem und investiert in eine neue Hebebühne.

- **Rationalisierungsinvestition**

Bei einer Rationalisierungsinvestition möchte sich ein Unternehmen bspw. im Bereich der Produktion verbessern und z. B. leistungsfähiger, schneller oder umweltfreundlicher (ökologisches Ziel) werden. Dies kann zur Konsequenz haben, dass Mitarbeiter(innen) durch leistungsstarke Maschinen ersetzt werden, was zu sozialen Konflikten führen kann.

Beispiel:

Die Sommerfeld GmbH möchte ihre Produktionsmenge im Bereich der Bürostühle erhöhen. Hierzu wird eine neue Anlage mit einer nahezu doppelten Produktionsgeschwindigkeit beschafft. Zudem verbraucht diese Anlage auch weniger Energie.

- **Erweiterungsinvestition**

Hierbei strebt ein Unternehmen eine Erweiterung der Kapazität an. Dies kann zum Beispiel durch eine zusätzliche Maschine gleichen Typs erreicht werden.

Beispiel:

Damit zukünftig auch an einem weiteren Standort die Produktlinie „FS-Linie Drehstuhl" hergestellt werden kann, beschließt die Sommerfeld GmbH, eine weitere Maschine zur Produktion zu beschaffen.

Immaterielle Investition

Eine immaterielle Investition kann man nicht „direkt anfassen". So kann ein Unternehmen in eine **Werbeaktion** investieren (vgl. Seite 173 ff.), um somit die Kunden noch gezielter anzusprechen. Darüber hinaus können Unternehmen in ihre Mitarbeiter(innen) investieren, indem sie in **Fort- und Weiterbildungen** qualifiziert werden (soziales Ziel).

Beispiel:

Die KFZ-Siebert KG plant die Produktion eines kurzen Werbespots für das örtliche Kino.

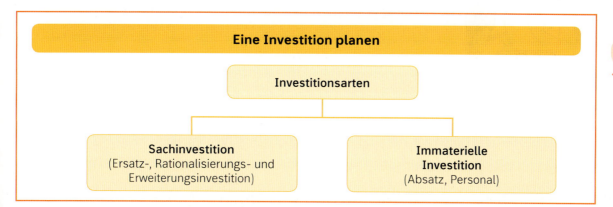

Übungsaufgaben

1. Ordnen Sie die folgenden Investitionen ihrer jeweiligen Art zu.
   a) Kauf einer neuen Fräsmaschine. Die bisherige Fräsmaschine war nicht mehr zu reparieren.
   b) Um zukünftig die Produktion zu erweitern, wird eine zweite Sägemaschine angeschafft.
   c) Damit zukünftig das Unternehmen ausbilden kann, wird einem langjährigen Mitarbeiter die Fortbildung zur Erreichung des Ausbildereignungsscheins finanziert.
   d) Durch den Kauf einer verbesserten Fertigungsmaschine können 15 Bürostühle in der Stunde mehr produziert werden.

2. Erläutern Sie, warum Unternehmen immer wieder investieren müssen.

3. Entwickeln Sie jeweils zwei Beispiele für die Investitionen der Sommerfeld GmbH, die
   a) ein ökonomisches Ziel, b) ein ökologisches Ziel, c) ein soziales Ziel verfolgen.

4. Nehmen Sie zu folgender Aussage Stellung: *„Es kann bei einer Investition zu einem Konflikt zwischen den ökonomischen, ökologischen und sozialen Zielen kommen."* Entwerfen Sie hierzu auch ein Beispiel.

5. Warum sollte eine Investition heutzutage vermehrt ökologische Ziele verfolgen?

6.1.2 Mit einem statischen Verfahren der Investitionsrechnung eine Investitionsentscheidung treffen

Frau Farthmann hat herausgefunden, dass sich die Investition in eine neue Universalmaschine lohnen würde. Hierzu liegen zwei Angebote vor.
Frau Farthmann: *„Die Universalmaschine vom Hersteller Sarburg kostet 1 000 000,00 € und die andere von Lindemann liegt bei 400 000,00 €."*
Herr Feld: *„Ist ja dann klar, welche wir nehmen. Die günstigere Maschine von Lindemann."*
Frau Fartmann: *„Das kannst du doch so gar nicht entscheiden!"*

Arbeitsaufträge

1 Stellen Sie mögliche Gründe dar, welche für die Position von Frau Farthmann und für die von Herrn Feld sprechen.
2 Listen Sie weitere Daten auf, die für diese Investitionsentscheidung notwendig sind.

Bei jeder Investition muss geprüft werden, ob sie wirtschaftlich ist. Eine Investition gilt als wirtschaftlich, wenn die Einnahmen, die mit ihr erzielt werden, größer als die Ausgaben sind. Um eine Investitionsentscheidung begründet treffen zu können, bieten sich die **vier statischen Vergleichsrechnungen** an.

Kostenvergleichsrechnung	Gewinnvergleichsrechnung	Rentabilitätsvergleichsrechnung	Amortisationsvergleichsrechnung

Kostenvergleichsrechnung

Diese Variante konzentriert sich auf die anfallenden Kosten der Investitionsalternative. Die Kosten können pro **Zeitraum** oder **pro Stück** miteinander verglichen werden.
Die Anschaffungskosten einer Investitionsalternative werden **nicht** berücksichtigt. Es werden nur die Kosten berücksichtigt, die im Laufe der Investition entstehen. Hierzu zählen z. B. die **fixen Kosten** (Kosten, die immer anfallen, wie z. B. Mieten und Versicherungen, auch wenn nicht produziert wird) und die **variablen Kosten** (Kosten, die nur durch die Produktion entstehen, wie z. B. die Materialkosten).

> **!** **Merke:** Die Alternative mit den geringsten Kosten ist zu bevorzugen.

Beispiel:

Investitionsalternativen	Angebot 1	Angebot 2
Anschaffungskosten in €	1 000 000,00	400 000,00
Produktion (Stück/Jahr)	125 000,00	125 000,00
Fixe Kosten in €	20 000,00	25 000,00
Variable Kosten in €	100 000,00	105 000,00
Erlöse (Einnahmen) pro Jahr in €	**205 000,00**	**200 000,00**

Berechnung der jährlichen Kosten

Kostenart	Angebot 1	Angebot 2
Fixe Kosten in €	20 000,00	25 000,00
+ Variable Kosten in €	100 000,00	105 000,00
Summe der Kosten in € (**Zeitraum**)	120 000,00	130 000,00
Summe der Kosten in € pro **Stück** (Kosten geteilt durch die Produktion)	0,96	1,04

Empfehlung: Angebot 1 ist zu bevorzugen, da es die geringsten Kosten (Kostenersparnis: 10 000,00 €) hat.

Gewinnvergleichsrechnung

Bei dieser Methode wird die Investitionsalternative gewählt, die den höchsten Gewinn verspicht. Dazu werden den erwarteten Erlösen (Einnahmen durch den Verkauf eines Produktes) die voraussichtlichen Kosten gegenübergestellt.

! Merke: Die Alternative mit dem höchsten Gewinn ist zu bevorzugen.

Beispiel:

Investitionsalternativen	Angebot 1	Angebot 2
Erlöse in €	205 000,00	200 000,00
Kosten (siehe Kostenvergleichsrechnung) in €	120 000,00	130 000,00
Erlös in € – Kosten in €	205 000,00 –120 000,00	200 000,00 –130 000,00
= Gewinn in €	85 000,00	70 000,00

Empfehlung: Angebot 1 ist aufgrund des höheren Gewinns (Gewinnvorteil: 15 000,00 €) die bessere Alternative.

Rentabilitätsvergleichsrechnung

Hierbei wird nun das eingesetzte Kapital (im Wesentlichen die Anschaffungskosten für ein Investitionsobjekt) in Bezug zum Gewinn gesetzt.

Beispiel:

Die Sommerfeld GmbH hat weiterhin die Wahl, in Maschine A oder Maschine B zu investieren. Maschine A erzielt einen jährlichen Gewinn in Höhe von 85 000,00 €. In der Anschaffung hat diese 1 000 000,00 € gekostet. Maschine B hingegen erwirtschaftet einen jährlichen Gewinn in Höhe von 70 000,00 €. Die Anschaffungskosten dieser Maschine liegen bei 400 000,00 €. Gemäß der Gewinnvergleichsrechnung würde sich die Sommerfeld GmbH für Maschine A entscheiden. Wenn jedoch das eingesetzte Kapital (zur Berechnung wird die Hälfte der Anschaffungskosten genommen) ins Verhältnis zum jährlichen Gewinn gesetzt wird, fällt auf, dass bei **Maschine B** mit wesentlich weniger Kapitaleinsatz ein noch höherer Gewinn erzielt werden kann ([70 000,00 € : 200 000,00 €] · 100 = **35 %**), als bei **Maschine A** ([85 000,00 € : 500 000,00 €] · 100 = **17 %**). Die Rentabilität (die jährliche Verzinsung des eingesetzten Kapitals) ist bei Maschine B folglich höher.

Die Berücksichtigung der **Verzinsung des eingesetzten Kapitals** ist von Bedeutung, da durch eine Investition Kapital gebunden wird, welches nicht mehr für andere Zwecke verfügbar ist. In anderen

Worten: Wenn das Geld einmal investiert ist, kann es an anderer Stelle, wie z. B. bei einer Bank, keine Zinsen mehr erbringen.

! Merke: Die Alternative mit der höheren Rentabilität ist zu bevorzugen.

Amortisationsvergleichsrechnung

Bei dieser Investitionsmethode bildet die **Amortisationsdauer** die Entscheidungsgrundlage. Die Amortisationsdauer stellt den Zeitraum dar, innerhalb dessen die Ausgaben für eine Investition zurückgeflossen sind. Je kürzer dieser Zeitraum ist, desto lohnender ist die Investition.

> **Beispiel:**
>
> Ein Kunde der KFZ-Siebert KG möchte von Herrn Siebert wissen, wann er sein Geld durch den Einbau einer Gasanlage „wieder raus" hat. Herr Siebert versucht es dem Kunden anhand eines kleinen Beispiels zu erklären: *„Der Umbau Ihres Autos auf Gasbetrieb kostet einmalig 6 000,00 €. Die Ersparnis durch das Tanken des nun preisgünstigeren Kraftstoff liegt im Jahr bei 1 000,00 €, folglich würde sich Ihre Investition in die Umrüstung in sechs Jahren amortisiert haben."*

! Merke: Die Alternative mit der kürzesten Amortisationsdauer ist zu bevorzugen.

Mit einem statischen Verfahren der Investitionsrechnung eine Investitionsentscheidung treffen

Statische Verfahren der Investitionsrechnung

Hauptaufgabe:	Verfahren:	Kritik:
Beurteilung der Vorteilhaftigkeit einer Investition	• Kostenvergleich • Gewinnvergleich • Rentabilitätsvergleich • Amortisationsvergleich	Verfahren nutzen durchschnittliche Gewinne, Kosten etc., ohne dabei den Faktor Zeit zu berücksichtigen

Übungsaufgaben

1. Beurteilen Sie folgende Investitionsalternativen (Universalmaschinen) der Sommerfeld GmbH gemäß den statischen Verfahren. Geben Sie abschließend eine Empfehlung an die Geschäftsleitung ab.
   a) Kostenvergleichsrechnung
   b) Gewinnvergleichsrechnung
   c) Rentabilitätsvergleichsrechnung

Investitionsalternative	Universalmaschine A	Universalmaschine B
Anschaffungskosten	500 000,00 €	550 000,00 €
Fixe Kosten	30 000,00 €	25 000,00 €
Variable Kosten	90 000,00 €	75 000,00 €
Erlöse pro Jahr	255 000,00 €	265 000,00 €

2. Die Heinrich Schulte e. K. benötigt zur Erweiterung ihrer Kapazität im Produktionsbereich „Glasplatten" eine neue Maschine. Ermitteln Sie zur Beurteilung der Investitionsalternativen den jeweiligen Gewinn und die Rentabilität. Abschließend geben Sie eine Empfehlung an Herrn Schulte ab. Folgende Daten liegen Ihnen vor:

Investitionsalternative	Alternative 1	Alternative 2
Anschaffungskosten	50 000,00 €	61 800,00 €
Jährliche Produktions- und Verkaufsmenge	6 500 Stück	7 500 Stück
Fixe Kosten	10 000,00 €	14 500,00 €
Variable Kosten pro Stück	7,50 €	11,50 €
Erlöse pro Stück	15,00 €	20,00 €

3. Erklären Sie die Rentabilitätsvergleichsrechnung, indem Sie auch auf die Notwendigkeit dieses Vergleichs eingehen.

4. Die KFZ-Siebert KG hat zur Investition in neue Kompressoren alle notwendigen statischen Verfahren durchgeführt. Bei der Amortisationsvergleichsrechnung ergab sich für Kompressor A ein Wert in Höhe von 1,5 Jahren und bei Kompressor B wurden 3,0 Jahre ermittelt.
   a) Erklären Sie die Amortisationsvergleichsrechnung.
   b) Erläutern und beurteilen Sie das Ergebnis.

5. Beurteilen Sie die statischen Verfahren zur Investitionsentscheidung kritisch.

6.2 Eine Investition finanzieren

6.2.1 Darlehensarten vergleichen

Herr Feld, Herr Effer und Frau Farthmann treffen sich zu einer gemeinsamen Besprechung. In dieser stellt sie ihren beiden Kollegen die Ergebnisse der Investitionsvergleichsrechnung vor.

Frau Farthmann: *„Es hat sich gezeigt, dass das Angebot vom Hersteller Lindemann für uns das Beste ist. Nun stellt sich die Frage, wie wir die 400 000,00 € zur Anschaffung finanzieren. Mit Herrn Sommer ist bereits besprochen, dass zum Ende des Jahres die Anschaffung erfolgen soll."*

Herr Feld: *„Um diese Frage werden wir uns kümmern und dir dann schnellstmöglich Bescheid geben. Ich rufe gleich Frau Mandelholz von der Postbank Dortmund an."*

Frau Farthmann: *„Denke bitte auch daran, dass in wenigen Wochen ein weiterer Gesellschafter in unser Unternehmen eintritt. Das wird uns bei dieser Anschaffung sicherlich helfen."*

Arbeitsaufträge

1 Versetzen Sie sich in die Rolle von Frau Farthmann, Herrn Feld und Herrn Effer und listen Sie mithilfe eines „Brainstorming" mögliche Formen der Finanzierung auf.
2 Erläutern Sie, was der letzte Beitrag Frau Farthmanns bzgl. des neuen Gesellschafters mit der Frage der Finanzierung zu tun hat.

Eigen- und Fremdfinanzierung

Zur Finanzierung einer Investition stehen Unternehmen im Wesentlichen zwei Möglichkeiten zur Verfügung:

Eigenfinanzierung

Bei dieser Form der Finanzierung wird einem Unternehmen von den Eigentümern auf unbestimmte Zeit Kapital zur Verfügung gestellt. Als Gegenleistung werden die Kapitalgeber am Gewinn beteiligt und erhalten ein Mitspracherecht im Unternehmen.

Beispiel:

> Die Sommerfeld GmbH nimmt Herrn Yilmaz als neuen Gesellschafter auf. Herr Yilmaz leistet eine Einlage in Höhe von 40 000 €. Dieses Kapital steht nun der Sommerfeld GmbH auf unbestimmte Zeit zur Verfügung. Im Gegenzug wird Herr Yilmaz prozentual an den zukünftigen Gewinnen beteiligt.

Fremdfinanzierung

Hierbei erhält ein Unternehmen Kapital von Personen oder Kreditinstituten (Banken), die nicht am Unternehmen beteiligt sind. In den meisten Fällen geschieht dies in Form von Bankkrediten. Bei einem **Kreditvertrag** werden zwischen dem Unternehmen **(Schuldner)** und dem **Kreditgeber** (Gläubiger) folgende Punkte vertraglich festgehalten: Laufzeit des Kredits, Tilgungsraten (Rückzahlungsraten), Zinsen etc.

Der Kreditgeber erhält für die Vergabe seines Geldes **Zinsen** vom Schuldner.

Die Begriffe **Kredit und Darlehen** unterscheiden sich insbesondere durch die jeweilige Laufzeit und die Höhe der Kreditsumme.

Kredit	kurzfristig (z. B. ein Jahr) mit kleinerer Kreditsumme (z. B. 4 000,00 €)
Darlehen	langfristig (z. B. mehr als vier Jahre) mit höherer Kreditsumme (z. B. 70 000,00 €)

Die Rückzahlung eines Kredits bzw. Darlehens erfolgt meist in **Raten** und nennt sich **Tilgung**. Die Kosten für ein Darlehen werden jährlich berechnet und als **Zinsen** bezeichnet.

Vor- und Nachteile der Eigen- bzw. Fremdfinanzierung

	Eigenfinanzierung	Fremdfinanzierung
Vorteile	• keine Zinsbelastung • steht zeitlich unbefristet zur Verfügung	• Das Unternehmen bleibt unabhängig, da Kreditinstitute sich nicht ins Geschäft einmischen. • Die Kreditvergabe ist bei vorhandenen Sicherheiten i. d. R. problemlos.
Nachteile	• möglicher Verlust der Selbstständigkeit, da z. B. ein neuer Gesellschafter Mitspracherecht besitzt • Beteiligung des Gesellschafters am Gewinn	• Kreditgeber verlangt Zinsen • Kreditgeber verlangt Sicherheiten (vgl. S. 300 f.)

Darlehensarten

Die verschiedenen Arten der Darlehen unterscheiden sich im Wesentlichen durch die Art und Weise, wie die Rückzahlung (Tilgung) erfolgt. Hierbei lassen sich **drei** Arten unterscheiden:

Darlehensart	Merkmal
Abzahlungsdarlehen	Der Kreditnehmer **leistet jährlich fallende Zahlungen** in Form von Tilgungen und Zinsen. Hierbei bleibt die Tilgung gleich und die Zinsen sinken jährlich.
Annuitätendarlehen (lateinisch: „annus", Jahr)	Der Kreditnehmer **leistet jährlich gleichbleibende Zahlungen** in Form von Tilgungen und Zinsen. Hierbei steigt die jährliche Tilgung und die jährlichen Zinsen nehmen ab (→ Annuität = Tilgung + Zinsen).
Festdarlehen	Der Kreditnehmer **leistet die Zahlung erst am Ende der Laufzeit des Darlehens.** Hierbei zahlt er am Ende direkt die Gesamttilgung sowie die Zinsen.

Beispiel:

Herr Feld und Herr Effer haben nach Absprache mit Herrn Sommer festgelegt, dass für die Anschaffung der Universalmaschine 160 000,00 € durch ein Darlehen zu finanzieren sind. Hierzu liegen Angebote ihrer Hausbank vor.

- **Angebot: Abzahlungsdarlehen**
  (Darlehenssumme: 160 000,00 €, Zinssatz: 7 %, Laufzeit: vier Jahre)

Jahr	Darlehen zu Beginn des Jahres in €	Tilgung in €	Zinsen in €	Zahlung in €	Darlehen zum Ende des Jahres in €
1	160 000,00	40 000,00	11 200,00	41 200,00	120 000,00
2	120 000,00	40 000,00	8 400,00	48 400,00	80 000,00
3	80 000,00	40 000,00	5 600,00	45 600,00	40 000,00
4	40 000,00	40 000,00	2 800,00	42 800,00	0,00

! Merke: Die Tilgung bleibt gleich und die Zinsen fallen. Die Zinsbelastung (Darlehenskosten) beträgt insgesamt 28 000,00 €.

- **Angebot: Annuitätendarlehen**
  (Darlehenssumme: 160 000,00 €, Zinssatz: 7 %, Laufzeit: vier Jahre, Berechnung mit einen Zinsrechner durch Eingabe in ein Computerprogramm der Bank)

Jahr	Darlehen zu Beginn des Jahres in €	Tilgung in €	Zinsen in €	Zahlung in € (Annuität)	Darlehen zum Ende des Jahres in €
1	160 000,00	36 036,50	11 200,00	47 236,50	123 963,50
2	123 963,50	38 559,05	8 677,45	47 236,50	85 404,45
3	85 404,45	41 258,19	5 978,31	47 236,50	44 146,26
4	44 146,26	44 146,26	3 090,24	47 236,50	0,00

! Merke: Die Tilgung nimmt zu, die Zinsen nehmen ab und die Annuität bleibt gleich. Die Zinsbelastung (Darlehenskosten) beträgt 28 946,00 €.

- **Angebot: Festdarlehen**
  (Darlehenssumme: 160 000,00 €, Zinssatz: 7 %, Laufzeit: vier Jahre)

Jahr	Darlehen zu Beginn des Jahres in €	Tilgung in €	Zinsen in €	Zahlung in €	Darlehen zum Ende des Jahres in €
1	160 000,00	0,00	11 200,00	11 200,00	160 000,00
2	160 000,00	0,00	11 200,00	11 200,00	160 000,00
3	160 000,00	0,00	11 200,00	11 200,00	160 000,00
4	160 000,00	160 000,00	11 200,00	171 200,00	0,00

! **Merke:** Die Tilgung erfolgt erst im letzten Jahr. Die Zinsen bleiben gleich. Die Zinsbelastung (Darlehenskosten) beträgt 44 800,00 €.

Gegenüberstellung der Zinsen (Darlehenskosten)

Abzahlungsdarlehen	Annuitätendarlehen	Festdarlehen
28 000,00 €	28 946,00 €	44 800,00 €

Konsequenz: Herr Feld und Herr Effer entscheiden sich für das Abzahlungsdarlehen, da die Zinsen hier am geringsten sind.

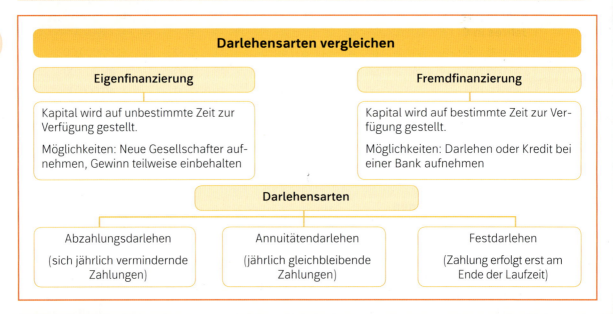

Übungsaufgaben

1. Die KFZ-Siebert KG benötigt zur Finanzierung ihrer neuen Lagerhalle ein Darlehen in Höhe von 135 000,00 €. Hierzu liegen dem Unternehmen zwei Darlehensformen der Hausbank vor.
   a) Festdarlehen: Laufzeit fünf Jahre, Zinssatz 8 %
   b) Abzahlungsdarlehen: Laufzeit fünf Jahre, Zinssatz 8 %
   Beraten Sie mit ihrem erworbenen Wissen die KFZ-Siebert KG hinsichtlich der Wahl des Darlehens.

2. Erklären Sie die verschiedenen Darlehensarten.

3.   Stellen Sie die Vor- und Nachteile der Eigen- und Fremdfinanzierung gegenüber.

4.   Unterscheiden Sie die Begriffe Kredit und Darlehen.

5.   Die Annuität beträgt im Rahmen eines Annuitätendarlehens 25 045,65 €. Die Höhe des Darlehens liegt im ersten Jahr bei 100 000,00 €. Der Zinssatz liegt bei 8 %. Die Laufzeit beträgt insgesamt fünf Jahre.
     Ermitteln Sie für das erste Jahr folgende Werte.
     a) Tilgung   b) Zinsen   c) Darlehensschuld am Ende des ersten Jahres

6.2.2   Leasing als alternative Finanzierungsmöglichkeit bewerten

Herr Lanzetti berichtet Herrn Sommer, dass er für den Fuhrpark dringend einen neuen Lieferwagen benötigt. Der frühere Lieferwagen hat nun nach über 15 Jahren seinen Dienst im Unternehmen geleistet und wird verschrottet. Der Entschluss für ein bestimmtes Modell steht nach einigen Vergleichen fest. Die Anschaffungskosten liegen bei 45 000,00 €. Allerdings entgegnet Herr Sommer, dass sie durch die letzte größere Investition ihren Kreditrahmen bereits ausgeschöpft haben. Daraufhin fragt ihn Herr Lanzetti, ob man einen Lieferwagen auch leasen kann.

Arbeitsaufträge

1 Erläutern Sie, warum Herr Lanzetti Leasing als Finanzierungsmöglichkeit vorschlägt.
2 Stellen Sie mit Ihrem Vorwissen einen ersten Unterschied zwischen der Kreditfinanzierung und dem Leasing dar.

Begriff Leasing

Das Leasing ist ein miet- oder pachtähnliches Vertragsverhältnis für einen bestimmten Zeitraum. Für die Nutzung des Leasinggegenstandes wird ein Entgelt verlangt, welches der Leasingnehmer an den Leasinggeber in vereinbarten Zeitabschnitten (z. B. monatlich) zu bezahlen hat. Der **Leasinggeber** bleibt **Eigentümer** (rechtliche Herrschaft) der Sache und der **Leasingnehmer** wird **Besitzer** (tatsächliche Herrschaft).

Beispiel:

Die KFZ-Siebert KG benötigt einen neuen Servicewagen. Anstatt ein Darlehen für die Finanzierung eines eigenen Servicewagens aufzunehmen, entscheidet sich das Unternehmen dafür, direkt beim Hersteller einen Wagen für zwei Jahre zu leasen. Die monatliche Leasingrate liegt hierfür bei 810,00 €.

Arten des Leasings

Die Arten des Leasings lassen sich nach folgenden Punkten unterscheiden:

Vertragsinhalt	Leasinggeber	Laufzeit
Leasingverträge mit Kauf- oder Mietverlängerungsmöglichkeit: Der Leasingnehmer hat am Ende der vereinbarten Laufzeit das Recht, die Sache zu einem Restwert zu kaufen oder das Leasing fortzusetzen.	**Hersteller (direktes Leasing)** Hierbei stammt die Sache direkt von einem Hersteller (z. B. Maschinen- oder Autohersteller).	**Lange Laufzeit (Finance-Leasing)** Hierbei ist der Leasingvertrag während der Grundleasingzeit nicht kündbar. Das Risiko der Wertminderung durch einen Schaden oder durch neue Technologien trägt der Leasingnehmer.
Leasingverträge ohne Kauf- oder Mietverlängerungsmöglichkeit: Hierbei ist der Leasingnehmer am Ende der Laufzeit in der Pflicht, die geleaste Sache zurückzugeben.	**Leasingagentur (indirektes Leasing)** Eine Agentur kauft bei einem Hersteller die Sache ein und bietet diese ihren Leasingkunden an.	**Kurze Laufzeit (Operate Leasing)** Der Leasingnehmer hat die Möglichkeit, den Vertrag jederzeit und somit kurzfristig zu kündigen. Das Risiko der Wertminderung durch einen Schaden oder durch neue Technologien trägt der Leasinggeber.

Rechnerische Gegenüberstellung Leasing und Darlehen

Beispiel:

Ein Lieferwagen für die Sommerfeld GmbH kostet in der Anschaffung 45 000,00 €.

Darlehen		Leasing mit Kaufoption	
Darlehenssumme: 45 000,00 €		Grundleasingzeit: fünf Jahre	
Laufzeit: fünf Jahre		Jährliche Leasingrate (inkl. aller Gebühren): 13 000,00 €	
Zinsen: 8 %			
Darlehensart: Abzahlungsdarlehen		Restwert: 0,00 €	
Jahr	**Ausgaben für das Darlehen in €** (Tilgung + Zinsen)	**Jahr**	**Ausgaben Leasing in €**
1	9 000,00 + 3 600,00 = 12 600,00	1	13 000,00
2	9 000,00 + 2 880,00 = 11 880,00	2	13 000,00
3	9 000,00 + 2 160,00 = 11 160,00	3	13 000,00
4	9 000,00 + 1 440,00 = 10 440,00	4	13 000,00
5	9 000,00 + 720,00 = 9 720,00	5	13 000,00
Ausgaben insgesamt:	**55 800,00 €**	**Ausgaben insgesamt: 65 000,00 €**	

Empfehlung: Bei Betrachtung der jeweiligen Ausgaben, ohne Berücksichtigung eines Kreditrahmens, ist die Aufnahme des Darlehens dem Leasing vorzuziehen.

Vor- und Nachteile des Leasings

Vorteile	Nachteile
Das Kapital, was durch die Nutzung des Leasings eingespart wird, kann anders investiert werden.	Das Unternehmen erwirbt kein Eigentum an der geleasten Sache. Hierdurch ist keine Veränderung an der Sache möglich.
Kurze Leasingzeiten ermöglichen es einem Unternehmen, auf dem neuesten technologischen Stand zu sein.	Die geleaste Sache (z. B. ein Lieferwagen) ist nicht Eigentum des Unternehmens und kann keine Sicherheit für ein zukünftiges Darlehen sein.
Hersteller oder Leasingagenturen verlangen keine Sicherheiten für einen Leasingvertrag.	Bei der Form des Financial Leasing ist der Leasingnehmer vertraglich lange gebunden.

Leasing als alternative Finanzierungsmöglichkeit bewerten

Allgemein	Mieten oder Pachten einer Sache
Besitz/Eigentum	• Leasinggeber = Eigentümer • Leasingnehmer = Besitzer
Arten	• mit oder ohne Kaufverlängerungsmöglichkeit • direktes oder indirektes Leasing • Finance oder Operate Leasing
Vorteil	geringer Kapitalbedarf
Nachteil	Kosten sind meist höher als bei der Aufnahme eines Kredits bzw. Darlehens

Übungsaufgaben

1. Die KFZ-Siebert KG möchte gerne zukünftig ihren Kunden einen Leihwagen zur Verfügung stellen. Hierzu plant sie, einen Kleinwagen der Marke „Ria" zu kaufen. Der Kaufpreis beim örtlichen Autohändler für das Modell „Avi" liegt bei 11 000,00 € (netto). Das Unternehmen möchte diese Investition fremdfinanzieren. Hierzu liegen zwei Alternativen vor.

Ratenkredit (Hausbank)		Leasing (Leasinggesellschaft „Renta")	
Kreditsumme:	11 000,00 €	Leasingrate:	220,00 €/Mon.
Laufzeit:	36 Monate	Laufzeit:	36 Monate
Zinssatz:	8 %	Restwert[1]:	6 400,00 €

a) Empfehlen Sie dem Unternehmen ein Finanzierungsangebot.

b) Herr Siebert plant, Eigentum an dem Fahrzeug zu erwerben. Bleiben Sie bei Ihrer Empfehlung?

2. Ordnen Sie die folgenden Fälle den jeweiligen Leasingarten zu.

a) Die Sommerfeld GmbH least einen Gabelstapler beim Hersteller.

b) Die KFZ-Siebert KG plant, zu Testzwecken ein neues Kfz-Diagnosegerät zu kaufen. Die Dauer des Leasings soll entsprechend kurz sein.

c) Ein Klebstoffhersteller möchte nach dem Ende der Leasingzeit Eigentum an der Abfüllanlage erwerben.

d) Ein Hersteller für Stahlrohrgestelle plant, ein Schweißgerät für mindestens acht Jahre zu leasen.

e) Die Sommerfeld GmbH least einen Kopierer bei einer Agentur, welche ausschließlich Kopiergeräte verschiedenerer Hersteller im Leasingangebot hat.

3. Stellen Sie jeweils zwei Vor- und Nachteile des Leasings im Vergleich zum Darlehen gegenüber.

---

1 Zu diesem Wert kann das Fahrzeug am Ende der Leasingzeit gekauft werden und wird dann Eigentum der KFZ-Siebert KG.

6.2.3 Kreditsicherheiten beschreiben

Herr Sommer kommt heute früh ins Unternehmen. Bei der Kontrolle seiner E-Mails sieht er direkt die Nachricht von Frau Farthmann.

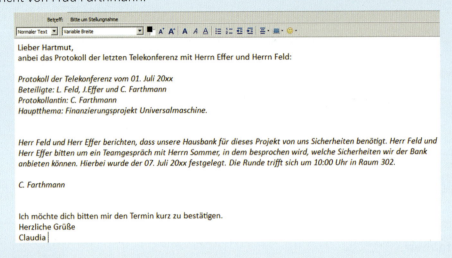

Arbeitsaufträge

1 Erläutern Sie, warum die Hausbank von der Sommerfeld GmbH Sicherheiten für das Darlehen benötigt.
2 Unterstützen Sie Herrn Sommer bei der Vorbereitung für das anstehende Teamgespräch und tragen Sie mögliche Kreditsicherheiten zusammen.

Notwendigkeit von Kreditsicherungen

Kreditinstitute verleihen Geld gegen ein Entgelt (Zinsen) und sind auf die Rückzahlung der vergebenen Kredite angewiesen. Dabei können sich die Kreditinstitute nicht nur auf „das Wort" ihrer Kunden oder deren Unterschrift verlassen, sondern benötigen „Sicherheiten" für den Fall, dass Kreditnehmer die Tilgung und die Zinsen nicht mehr leisten.

Kreditsicherheiten lassen sich in zwei Hauptgruppen unterscheiden.

Personalkredite	Realkredite
Als Sicherheit dienen Personen mit ihrem Kapital.	Als Sicherheit dienen Sachen/Gegenstände.

Personalkredite

Bürgschaft

Bei der Bürgschaft wird neben dem Kreditgeber (Bank) und dem Kreditnehmer eine dritte Person (**Bürge**) benötigt. Die Bürgschaft bedarf immer der Schriftform. Ein Bürge wird immer dann in die Pflicht genommen, wenn der Kreditnehmer seinen Zahlungsverpflichtungen nicht mehr nachkommt.

Diese Sicherung wird nicht nur bei Kredit- und Darlehensverträgen eingesetzt, sondern z. B. auch bei Wohnungsmietverträgen. Oft fordern Vermieter gerade von jungen bzw. einkommensschwachen Mietern eine Sicherheit in Form einer Bürgschaft. Als Bürge kommen dann z. B. die Eltern infrage.

Beispiel:

Die Feld OHG hat bei ihrer Hausbank ein Darlehen in Höhe von 200 000,00 € aufgenommen. Als Sicherheit bietet sie der Bank eine Bürgschaft ihres langjährigen Geschäftspartners, Herrn Jablon, an. Als die Feld OHG ihren Zahlungsverpflichtungen nicht mehr nachkommen kann, verlangt die Bank die restlichen Zahlungen von Herrn Jablon.

Realkredite

Lombardkredit (Verpfändung von beweglichen Sachen)

Hierbei wird eine bewegliche Sache, wie z. B. Schmuck, Wertpapiere, Edelmetalle, als Sicherheit im Rahmen eines kurzfristigen Kredits angeboten. Diese Sicherheiten werden auch als **Pfand** bezeichnet. Dieses Pfand geht nach Abschluss eines Pfandvertrags in den Besitz des Kreditgebers über. Der Eigentümer bleibt jedoch der Kreditnehmer.

Beispiel:

Peter Kraus möchte sich gerne ein Heimkino einrichten. Hierzu benötigt er von seiner Bank einen Kredit in Höhe von 5 000,00 €. Als Kreditsicherheit verlangt die Bank die Schmucksammlung, welche Peter Kraus von seiner Großmutter geerbt hat. Die Schmucksammlung bleibt bis zum Ende der letzten Zahlung im Schließfach der Bank (Besitz).

Hypothek oder Grundschuld (Verpfändung von nicht beweglichen Sachen)

Bei einer Hypothek oder Grundschuld werden dem Kreditgeber Grundstücke und Gebäude als **Pfand** angeboten. Diese Pfandrechte werden beim Grundbuchamt ins **Grundbuch** eingetragen. Wenn der Kreditnehmer seinen Zahlungsverpflichtungen nicht mehr nachkommt, so kann der Kreditgeber das Gebäude oder Grundstück im Rahmen einer Versteigerung verwerten.

Beispiel:

Erika Berg plant eine Außensanierung ihres Hauses. Hierzu benötigt sie ein Darlehen in Höhe von 40 000,00 €. Als Sicherheit lässt sie eine Grundschuld auf ein unbebautes Grundstück, welches sie vor vielen Jahren erworben hat, eintragen.

Sicherungsübereignungskredit

Bei dieser Kreditsicherheit bleibt der Kreditnehmer **Besitzer** (tatsächliche Herrschaft) der Sache und überträgt das **Eigentum** an den Kreditgeber. Dies ist besonders für Unternehmen relevant, die z. B. eine Maschine als Sicherheit anbieten. Die Unternehmen können mit der Maschine weiter produzieren, um durch den Absatz weiterhin ihren Zahlungsverpflichtungen nachkommen zu können.

Beispiel:

Sonja Nolden bietet für die Aufnahme eines Kredits ihr Auto als Sicherheit an. Weil sie nach wie vor Besitzerin des Autos ist, kann sie dieses weiterhin nutzen. Allerdings muss sie der Bank den Fahrzeugbrief übergeben. Somit ist die Bank bis zur vollständigen Kreditrückzahlung Eigentümer.

Kreditsicherheiten beschreiben

Kreditgeber verlangen zur Absicherung der Vergabe eines Kredits bzw. Darlehens eine Sicherheit vom Kreditnehmer.

Arten von Kreditsicherheiten	
Personalkredite (Personen dienen mit ihrem Kapital als Sicherheit)	Realkredite (Sachen dienen als Sicherheit)
Bürgschaft (**dritte Person haftet**)	• Lombardkredit (beweglichen Sachen) **Kreditnehmer: Eigentümer und Kreditgeber: Besitzer** • Hypothek oder Grundschuld (unbewegliche Sachen) • Sicherungsübereignungskredit (bewegliche Sachen) **Kreditnehmer: Besitzer und Kreditgeber: Eigentümer**

Übungsaufgaben

1. Erklären Sie, warum Kreditgeber eine Sicherheit für die Vergabe eines Darlehens oder Kredits verlangen.

2. Erläutern Sie den Unterschied zwischen einem Personalkredit und einem Realkredit.

3. Ordnen Sie die folgenden Fälle den jeweiligen Kreditsicherheiten zu.
   a) Herr Müller bietet seine Golfschlägersammlung als Sicherheit hat. Die Bank deponiert die Sammlung in einer eigenen Lagerhalle.
   b) Frau Yilmaz sichert dem zukünftigen Vermieter ihrer Tochter zu, dass sie im Zweifel für die Miete ihrer Tochter aufkommen wird.
   c) Die Schäfer & Co. KG benötigt dringend ein Darlehen. Hierzu sucht sie nach einer Kreditsicherheit. Jedoch sind die einzig möglichen Sicherheiten in betrieblicher Nutzung und somit dringend notwendig.
   d) Thomas Schneider möchte die Schlosserei seines Vaters gerne erweitern. Als Kreditsicherheit bietet er ein unbebautes Grundstück an, welches er geerbt hat.

4. Erläutern Sie den Unterschied zwischen dem Lombardkredit und dem Sicherungsübereignungskredit und stellen Sie mögliche Vor- und Nachteile für den Kreditgeber und den Kreditnehmer gegenüber.

6.3 Die Verschuldungsproblematik aus Sicht eines Unternehmens verstehen

Daniela Schaub ist für eine Woche bei Frau Nolden in der Finanzbuchhaltung eingesetzt. In der Mittagspause lauscht sie einem Gespräch zwischen Frau Nolden und ihrer Kollegin Yvonne Peters.

Frau Nolden: *„Hast du schon davon gehört, dass unser Kunde, die Bürofachhandel Karl Schneider GmbH, Insolvenz angemeldet hat?"*

Frau Peters: *„Davon habe ich schon gehört. Ich bin mal gespannt, ob die auch die letzten noch offenen Rechnungen an uns zahlen werden."*

Daniela denkt sich: *„Da bin ich mal gespannt, wie das Unternehmen nun an sein Geld kommt."*

Nennen Sie Gründe, die dazu geführt haben könnten, dass die Bürofachhandel Karl Schneider GmbH Insolvenz anmelden musste.

Ursachen der Überschuldung

Die Gründe der Überschuldung von Unternehmen können finanzielle, personelle und organisatorische Ursachen haben.

Finanzielle Ursachen

Probleme im Bereich der Finanzierung sind ein Hauptgrund für Insolvenzen. Die Höhe des erforderlichen Eigenkapitals wird von vielen Betrieben unterschätzt. Darüber hinaus entstehen Probleme durch zu hohe Zinsbelastungen und zu optimistische Rückzahlungsfristen bei Krediten. Weitere Probleme können durch zu hohe Privatentnahmen entstehen oder wenn die Kunden ihre Rechnungen gar nicht oder stark verspätet bezahlen.

Personelle Ursachen

Folgende Probleme können mit der Person des Unternehmers verbunden sein.

Probleme	Beispiele
mangelhafte **Unternehmerqualifikation**	fehlende kaufmännische Ausbildung
unzureichende **Marktkenntnisse**	Konkurrenz oder Zielgruppe falsch analysiert
ungenügende **Führungskenntnisse**	Unkenntnis moderner Methoden zur Mitarbeiterführung
mangelnde **Praxiserfahrung**	Gründung eines Unternehmens direkt nach der Ausbildung

Sachliche Ursachen

Die **Verschärfung des Wettbewerbs** ist einer der am häufigsten genannten Gründe für Unternehmenskrisen. Darüber hinaus spielen **Standortprobleme** und die Mietkosten eine Rolle. Der **Nachfragerückgang** durch Änderung der Verbrauchergewohnheiten (Kaufinteressen der Kunden) oder eine allgemeine **Verschlechterung der Konjunktur** (Entwicklung der Gesamtwirtschaft z. B. in den Bereichen Nachfrage von Produkten, Beschäftigung von Arbeitnehmern etc.) können ebenfalls Ursachen für Unternehmenskrisen sein.

Organisatorische Ursachen

- **falsche Beschaffungsmengen** (mehr Material besorgt, als notwendig war) mit der Folge, dass der Bestand im Lager sehr hoch ist
- **fehlerhafte Personaleinsatzplanung** (beim Kundentermin stehen drei Mitarbeiter herum, obwohl sie bei einem anderen Kundentermin dringend benötigt würden)
- **demotiviertes Personal** (keine Aufstiegschancen, fehlende Anerkennung)
- **mangelnde Terminplanung** (ein Kundentermin wurde schon zum wiederholten Mal kurzfristig durch das Unternehmen abgesagt. Nun hat der Kunde ein anderes Unternehmen beauftragt)

Ablauf des Insolvenzverfahrens

Allgemeine Vorschriften

Bevor ein **gerichtliches Insolvenzverfahren** eröffnet wird, suchen Schuldner und Gläubiger nach einem außergerichtlichen Einigungsversuch. In einem **Vergleich** bietet der Schuldner dem Gläubiger eine Teilzahlung an. Wird die akzeptiert, kann ein gerichtliches Insolvenzverfahren abgewendet werden.

Ziel des gerichtlichen Insolvenzverfahrens ist es, die Gläubiger zu befriedigen, indem das Vermögen des Schuldners verwertet und der Erlös verteilt wird (das Vermögen wird „flüssig gemacht"). In einem **Insolvenzplan** kann festgelegt werden, wie das Unternehmen **saniert** werden kann, um sich wieder positiv zu entwickeln. Das Insolvenzverfahren wird von dem Insolvenzgericht durchgeführt, in dessen Bezirk der Schuldner seinen Gerichtsstand hat.

Beispiel:

Die Bürofachhandel Karl Schneider GmbH hat ihren Sitz in Gelsenkirchen. Somit wird das Insolvenzverfahren beim Insolvenzgericht in Gelsenkirchen geführt.

Eröffnung und Durchführung eines gerichtlichen Insolvenzverfahrens

Eröffnung des Insolvenzverfahrens

Antrag kann vom Schuldner oder Gläubiger gestellt werden.

Voraussetzungen:
- Zahlungsunfähigkeit des Schuldners
- Überschuldung
- drohende Zahlungsunfähigkeit (Antrag kann nur vom Schuldner gestellt werden)

Eingang beim Insolvenzgericht

Gericht ordnet Sicherungsmaßnahmen an:

Bestellung eines **Insolvenzverwalters** (wird öffentlich durch Eintrag ins Handelsregister gemacht)

Aufgaben des Insolvenzverwalters
- Sicherung des Vermögens
- Prüfung, ob Vermögen ausreichend ist
- Vermögen „flüssig machen" (**Liquidation**)
- Aussetzung von Zwangsvollstreckungen

Vermögen ist ausreichend

Vermögen ist nicht ausreichend

Eröffnungsbeschluss wird öffentlich gemacht

Inhalte:
- Firma, Name, Geschäftszweig (Schuldner)
- Name & Anschrift (Insolvenzverwalter)
- Aufforderung an die Gläubiger, ihre Forderungen zu stellen

Insolvenzverfahren wird eingestellt

Schuldner wird in ein öffentliches Schuldnerverzeichnis eingetragen.

Konsequenzen für die Gläubiger
- müssen Forderungen schriftlich an den Insolvenzverwalter stellen
- Forderungen werden gem. einer Rangfolge, die der Insolvenzverwalter festlegt, befriedigt.

Konsequenzen für den Schuldner
- darf sein Vermögen nicht mehr verwalten
- erteilte Vollmachten werden gelöscht
- darf seine Geschäftspost nicht öffnen
- muss Auskünfte an Insolvenzverwalter geben

Verwertung der Insolvenzmasse ist beendet

Aufhebung des Insolvenzverfahrens
(Gläubiger können ihre restlichen Forderungen geltend machen)

Die Verschuldungsproblematik aus Sicht eines Unternehmens verstehen

- **Ursachen der Verschuldung**
  - » finanzielle Ursachen (nicht genügend Eigenkapital)
  - » personelle Ursachen (fehlende Praxiserfahrung)
  - » sachliche Ursachen (Wettbewerbsdruck)
  - » organisatorische Ursachen (falsche Beschaffungsmenge)
- **Ablauf eines Insolvenzverfahrens**
  1. Gläubiger oder Schuldner stellt den Antrag
  2. Eröffnung durch das Insolvenzgericht
  3. Ernennung eines Insolvenzverwalters mit öffentlicher Bekanntmachung im Handelsregister
  4. Zwangsvollstreckungen werden ausgesetzt
  5. Sicherung des Vermögens durch Insolvenzverwalter
  6. Vermögen wird „flüssig" gemacht, um damit Gläubiger zu befriedigen
  7. Wenn die Verwertung der Insolvenzmasse abgeschlossen ist, gilt das Insolvenzverfahren als beendet.

Übungsaufgaben

1. Beschreiben Sie einige Ursachen, die bei Unternehmen zur Verschuldung führen können.

2. Skizzieren Sie kurz den Ablauf eines Insolvenzverfahrens.

3. Nennen Sie einige Aufgaben des Insolvenzverwalters.

4. Erläutern Sie mögliche Konsequenzen, die auf den Schuldner nach der Eröffnung des Insolvenzverfahrens zukommen.

5. In einem Schreiben liest Frau Nolden stirnrunzelnd Folgendes: „Der Insolvenzverwalter, Herr Wilbert Hohäuser, setzt alle Zwangsvollstreckungen gegen die Bürofachhandel Karl Schneider GmbH aus." Erläutern Sie Frau Nolden, welche Auswirkungen dies auf die Gläubiger hat.

6. Erläutern Sie, warum eine außergerichtliche Einigung sinnvoll sein kann.

6.4 Einen Haushaltsplan erstellen und persönliche Konsumgewohnheiten betrachten

Schlechte Stimmung beim gemeinsamen Sonntagsfrühstück der Familie Schaub.

Vater Otto Schaub: „Wir haben jetzt gerade mal den 20. des Monats, nur noch 110,00 € Bargeld in der Haushaltskasse und schon wieder totale Ebbe auf unserem Konto. Gestern kam dann noch der Kfz-Steuerbescheid über 184,00 € und die Reparatur des Wäschetrockners steht auch noch an."

Sohn Jörn Schaub: „ Hm, wo soll denn da das Problem sein, wir sind doch sonst auch immer ganz gut über die Runden gekommen."

Mutter Anja Schaub: „Das stimmt natürlich, aber in den letzten Monaten war es schon mal häufiger sehr knapp und wir mussten an unsere Ersparnisse – ich weiß auch nicht, wo das ganze Geld immer bleibt."

Arbeitsaufträge

1 Bilden Sie in Ihrer Klasse Kleingruppen und tauschen Sie sich über Ihre Erfahrungen aus.
- Wie gelingt es Ihnen, mit Ihrem Einkommen/Budget bis zum Monatsende auszukommen?
- Wie gehen Sie mit unvorhergesehenen größeren Ausgaben um?
- Was tun Sie, um den Überblick über Ihre Ausgaben zu behalten?
2 Welche Vorschläge können Sie der Familie Schaub unterbreiten, damit sie einen Überblick über ihre Ausgaben erhält und mit ihrem monatlichen Einkommen „gut über die Runden kommt"?

Kein Auskommen mit dem Einkommen: Diese Erfahrung machen viele Jugendliche und Familien. Umsichtiges Wirtschaften, vorausschauendes Planen und auch schon mal Verzicht sind die Grundlagen für eine gesunde finanzielle Situation. Ein wirtschaftlich verantwortungsvolles Verhalten lässt sich erlernen. Die wichtigsten Werkzeuge dafür sind ein **Haushaltsplan** und ein **Haushaltsbuch.**

Haushaltsplan

Viele Menschen wissen nicht genau, wie viel Geld sie jeden Monat tatsächlich zur Verfügung haben. Eine Möglichkeit, sich einen Überblick zu verschaffen, wie viel Geld im Monat zur Verfügung steht und welche Ausgaben davon bestritten werden müssen, ist ein **Haushaltsplan**.
Auf der **Einnahmeseite** enthält der Haushaltsplan alle Geldeingänge, die im Monat zu erwarten sind. Dazu gehören Gehälter, Löhne, Kindergeld und weitere Posten. Auf der **Ausgabenseite** werden alle Ausgaben festgehalten, die während des Monats anfallen. Miete, Lebensmittel, Kommunikation, Kleidung usw. Sind Kredite vorhanden, müssen auch die monatlichen Raten berücksichtigt werden. Abschließend werden die Summen addiert. Die Differenz zwischen den Einnahmen und den Ausgaben zeigt, ob das Geld überhaupt für den monatlichen Bedarf ausreicht oder ob im günstigsten Fall am Monatsende sogar noch etwas übrig bleibt.

Beispiel:

Die Aufstellung des Haushaltsplans der Familie Schaub

HAUSHALTSPLAN Familie Schaub			
Einnahmen in €		**Ausgaben in €**	
Einkommen Otto Schaub	1 960,00	**Fixe Ausgaben**	
Einkommen Antje Schaub	640,00	Miete	690,00
Kindergeld für Daniela und Jörn	380,00	Nebenkosten (Heizung, Wasser, Müllgebühren, …)	120,00
Auszubildendenvergütung Daniela	200,00	Strom	80,00
Job Jörn	120,00	Sparvertrag	370,00
Summe Einnahmen	**3 288,00**	Anteilig Hausratsversicherung	8,00
		Anteilig Haftpflichtversicherung	6,00
		Kreditrückzahlung Möbelkauf	50,00
		Variable Ausgaben	
		Lebenshaltung	
		Ernährung	400,00
		Bekleidung	294,00
		Körperpflege	150,00

Einnahmen in €		Ausgaben in €	
		Kantine Otto Schaub	60,00
		Verkehr und Mobilität	
		Anteilig Steuer/Versicherung	60,00
		Benzin	150,00
		Pflege	10,00
		Wartung und Reparatur	50,00
		Öffentliche Verkehrsmittel	30,00
		Kommunikation	
		Telefon und Internet (Flat)	39,90
		Handy	35,00
		GEZ	17,40
		Kabel	9,95
		Sonstiges	
		Zigaretten und Alkohol	110,00
		Vereinsbeitrag Fußball	10,00
		Taschengeld Jörn	50,00
		Volkshochschulkurse	50,00
		Friseur	40,00
		Restaurant	90,00
		Freizeit, Kultur	134,00
		Summe Ausgaben	**3 114,25**
	Gesamteinnahmen		3 288,00
	– Gesamtausgaben		3 114,25
	= frei verfügbares Einkommen		**173,75**

Einnahmen ermitteln

In der Auflistung der Einnahmen werden nur **Einkünfte** berücksichtigt, die regelmäßig jeden Monat anfallen: Dies sind z. B. Lohn, Gehalt, Rente, Unterhaltszahlungen und Kindergeld. Für ihre Arbeitsleistung beziehen Angestellte **Gehalt** und Arbeiter(innen) **Lohn**, das bzw. der ihnen monatlich auf ihr Girokonto ausgezahlt wird. Der genaue Überweisungsbetrag ist auf der **Gehaltsabrechnung** oder Lohnabrechnung angegeben. Auf der Abrechnung werden das Bruttogehalt oder der Bruttolohn ebenso aufgeführt wie das Nettogehalt oder der Nettolohn. Ausgezahlt wird nur der Nettobetrag, von dem bereits Steuern, Sozialversicherungen abgezogen wurden.

Arbeitslose haben Anspruch auf Lohnersatzleistungen vom Arbeitsamt. In der ersten Zeit der Arbeitslosigkeit wird das **Arbeitslosengeld I (ALG I)** gezahlt, das 60 % (kinderlos) bzw. 67 % (mit Kind) des letzten Nettoeinkommens beträgt. Ist der gesetzliche Zeitraum verstrichen, bekommen Langzeitarbeitslose nur noch das wesentlich geringere **Arbeitslosengeld II (ALG II, Hartz IV)**, welches der Grundsicherung dient. Beide Leistungen müssen beantragt werden.

Im Jahr 2016 beträgt der Regelbedarf für volljährige Partner 360,00 €. Jugendliche in einem Alter von 14 Jahren bis 17 Jahren erhalten 302,00 € und junge Erwachsene ab 18 Jahren, die noch keine 25 Jahre alt sind und bei ihren Eltern wohnen, erhalten 320,00 €.

Für Kinder haben Eltern einen Anspruch auf **Kindergeld**. Das Kindergeld wird monatlich ausgezahlt, und zwar an den Elternteil, bei dem die Kinder leben, falls die Familie getrennt ist. Das Kindergeld wird unabhängig vom Einkommen der Eltern gezahlt. Der Betrag für das erste und zweite Kind beläuft sich ab 1. Januar 2016 auf jeweils 190,00 €, für das dritte Kind auf 196,00 € und für jedes weitere Kind auf 221,00 €.

Ausgaben ermitteln

Wie viel Geld für was ausgegeben wird, hängt auch von den **persönlichen Konsumgewohnheiten** ab. Den größten Anteil bei den Ausgaben stellen meistens die Wohnkosten dar.

• Wohnkosten

Die Kosten für die Wohnung bestehen nicht nur aus der reinen **Miete**. Auch die **Wohnnebenkosten** können eine erhebliche Summe ausmachen. Typische Wohnnebenkosten sind

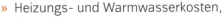

» Heizungs- und Warmwasserkosten,
» Grundsteuer,
» Straßenreinigung,
» Müllabfuhr,
» Schornsteinfeger,
» Fahrstuhl und Hausbeleuchtung,
» Gebäudeversicherung,
» Hausreinigung und -pflege.

Für diese Nebenkosten zahlt der Mieter monatlich einen Abschlag an den Vermieter. Der Vermieter muss die Nebenkosten jährlich abrechnen. Je nachdem, wie hoch die tatsächlichen Kosten im Laufe des Jahres waren, erhält der Mieter das zu viel gezahlte Geld zurück oder er muss eine **Nachzahlung** leisten.

Der Strom in der Wohnung des Mieters wird durch ein Stromversorgungsunternehmen geliefert. Der Mieter muss dazu bei einem Versorger einen Abnahmevertrag schließen. Die Zahlung erfolgt in monatlichen Abschlägen an den Versorger. Am Ende des Jahres erfolgt eine genaue Abrechnung, die je nach Verbrauch und Strompreisentwicklung zu einer Rückzahlung oder einer Nachzahlung führen kann.

• Lebenshaltung

Eine ausgewogene und gesunde Ernährung ist wichtig für die Gesundheit und die berufliche Leistungsfähigkeit.

Beispiel:

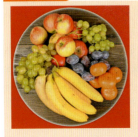

Familie Schaub hat beschlossen, keine Chips mehr zu kaufen. Kaum sind diese im Haus, so stürzen sich alle Familienmitglieder darauf und essen sie alle auf. Stattdessen steht nun immer eine Schale Obst auf dem Küchentisch.

Außerdem wird **Kleidung** benötigt. Diese hält nicht ewig und ist der Mode unterworfen. Gerade heranwachsende Kinder benötigen öfters neue Kleidung.

Ein weiterer Posten im Haushaltsplan ist die **Körperpflege**. Seife, Shampoo und Zahnbürste gehören zu den Grundlagen der Hygiene.

Auch muss die Wohnung regelmäßig geputzt werden. **Reinigungsmittel** wie Spülmittel oder Putzmittel müssen gekauft werden. Zwar handelt es sich bei Reinigungsmitteln, Toilettenpapier oder Pflegemitteln oft nur um kleine Posten, für die Geld ausgegeben werden muss, doch können sich auch diese schnell summieren.

• Verkehr und Mobilität

Viele Menschen benötigen ein Auto, um ihren Arbeitsplatz zu erreichen oder um sich den Alltag angenehmer zu gestalten. Die Kosten für ein Auto sind beträchtlich. Neben den Treibstoffkosten fallen weitere Beträge an, die im Haushaltsplan aufgeführt werden müssen. Einmal jährlich sind **Kfz-Steuer** und **Kfz-Versicherung** fällig, zudem sind **Reparatur- und Wartungskosten** zu berücksichtigen. Um die monatlichen Kosten für das Auto zu errechnen, wird der Gesamtbetrag für das Jahr durch die Anzahl der Monate geteilt, sodass die Höhe des monatlichen Anteils in den Haushaltsplan eingetragen werden kann.

Beispiel:

Für Kfz-Steuer und Autoversicherung bezahlt Familie Schaub jährlich 720,00 €. Diesen Betrag teilt sie durch zwölf und setzt somit in ihrem Haushaltsplan monatlich 60,00 € für diese Ausgaben an.

Bus und Bahn können eine Alternative zum Auto sein. Monatskarten, Schülerkarten und Einzelfahrscheine sind weitere Posten für den Haushaltsplan. Am preiswertesten ist das Fahrrad. Die Bewegung aus eigener Kraft wirkt sich auch positiv auf die Gesundheit aus. Dennoch ist auch das Fahrradfahren nicht gänzlich kostenlos.

• Kommunikation

Ohne Telefon und Internet ist das Leben für die meisten Menschen nicht denkbar. Neben einem **Festnetzanschluss**, der monatlich bezahlt werden muss und der meistens auch den Internetzugang beinhaltet, besitzen viele Menschen heute ein Smartphone. Wer damit viel telefoniert oder viel im Internet surft, hat eine **Flatrate**, für die eine monatliche Gebühr fällig wird. Aber auch wer eine **Prepaid-Lösung** hat, bei der die Kosten im Voraus bezahlt werden, sollte dafür einen entsprechenden Betrag einplanen.

Zu den Aufwendungen für Kommunikation gehören auch die Kosten, die für den Fernseh- und Radioempfang anfallen. Für den öffentlichen Rundfunk und die öffentlichen Fernsehprogramme sind **Rundfunkgebühren** zu entrichten.

Dabei gilt der Grundsatz: „Eine Wohnung – ein Beitrag." Empfangsgeräte in privat genutzten Fahrzeugen sind mit dem Beitrag ebenfalls abgedeckt. Empfänger von Sozialleistungen und Studierende können sich auf Antrag von den Rundfunkgebühren befreien lassen.

• Versicherung

Versicherungen dienen dem Schutz vor den Folgen von Unfällen oder anderen Vermögenseinbußen und Kosten, die nicht vorhersehbar sind. Einige Versicherungen sollten in jedem Haushalt vorhanden sein.

» **Haftpflichtversicherung:** Sie schützt vor hohen Kosten, wenn man durch Fahrlässigkeit anderen Menschen Schaden zufügt, für den man aufkommen muss.

» **Hausratversicherung:** Sie übernimmt im Falle von Einbrüchen, Feuer oder Wasserschäden die Kosten, die für die Neubeschaffung von Möbeln, Kleidung und Hausrat anfallen.

» **Berufsunfähigkeitsversicherung:** Sie bewahrt vor dem finanziellen Absturz, wenn jemand zum Beispiel aufgrund eines Unfalls oder einer Krankheit nicht mehr in seinem Beruf arbeiten kann. Welche weiteren Versicherungen abgeschlossen werden, hängt von der persönlichen Lebenssituation ab.

• Sonstiges

Einige Ausgaben fallen an für Dinge, die nicht unbedingt notwendig sind.

Genussmittel wie Tabak oder Alkohol gehören ebenso dazu wie Kinokarten, Karten für Freizeitparks oder der Besuch in einer Diskothek. Ebenfalls sind **Taschengeld** für die Kinder, **Vereinsbeiträge** und die Kosten für den **Friseur** im Haushaltsplan zu berücksichtigen.

• Schulden

Etliche Familien und Haushalte haben Schulden. Bei der Erstellung eines Haushaltsplanes sind eventuell vorhandene Schulden zu berücksichtigten. Dazu werden alle Schulden mit ihren monatlichen Raten in einer Liste erfasst.

Haushaltsbuch führen

Mit der Führung eines Haushaltsbuchs werden **alle Ausgaben des täglichen Lebens erfasst** und somit im Blick behalten.

Zum einen lässt sich mit dem Führen eines Haushaltsbuches ermitteln, wie viel Geld für bestimmte Ausgaben tatsächlich gebraucht wird. Zum anderen zeigt sich am Ende des Monats, wo in Zukunft Einsparungen möglich sein könnten. Es gibt verschiedene Möglichkeiten, ein Haushaltsbuch zu führen.

! **Praxistipp:** Viele Haushalte führen ein Haushaltsbuch, in dem alle Ausgaben **handschriftlich** eingetragen werden. Ebenso bieten **Apps** und kleine Computerprogramme die Möglichkeit, ein Haushaltsbuch zu führen. Egal, wofür man sich entscheidet, wichtig ist es, wirklich alles zu erfassen.

Einen Haushaltsplan erstellen und persönliche Konsumgewohnheiten betrachten

- Wichtige Werkzeuge für wirtschaftlich verantwortungsvolles Handeln im Privatleben sind ein **Haushaltsplan** und ein **Haushaltsbuch**.
- Ein Haushaltsplan führt **alle Einnahmen** und **alle Ausgaben** eines Haushalts auf.

HAUSHALTSPLAN			
Einnahmen		**Ausgaben**	
Einkommen		**Fixe Ausgaben**	
Kindergeld		Miete	
...		...	
Summe Einnahmen		**Variable Ausgaben**	
		Lebenshaltung	
		...	
Einnahmen		**Ausgaben**	
		Verkehr und Mobilität	
		Anteilig Steuer/Versicherung	
		...	
		Kommunikation	
		Telefon fix und Internet	
		...	
		Sonstiges	
		Zigaretten und Alkohol	
		...	
		Summe Ausgaben	
	Gesamteinnahmen		
	– Gesamtausgaben		
	= frei verfügbares Einkommen		

- Im **Haushaltsbuch** werden alle Ausgaben des täglichen Lebens erfasst.

Übungsaufgaben

1. Erläutern Sie, warum viele Personen und Familien Schwierigkeiten haben, mit ihrem Geld auszukommen.

2. Führen Sie eine Woche lang einen eigenen Haushaltsplan. Legen Sie den Schwerpunkte dabei auf **Freizeit**: Ausgehen, Kino, Partys, Internet, Benzinkosten, Hobbies usw.; **Lebensmittel**: Alle Getränke und Speisen, die Sie nicht zu Hause einnehmen (Denken Sie auch an das Popcorn im Kino, die Chipstüte und die Cola „zwischendurch"); **Kleidung**: Auch wenn Sie sie nicht selbst bezahlen;
Sonstiges: Smartphone, Zigaretten, Kosmetika usw.
Denken Sie bitte daran, dass die meisten von Ihnen das Einkommen nicht wöchentlich erhalten. Daher muss für den Haushaltsplan der wöchentliche Anteil berechnet werden.

3. Erstellen Sie für eine(n) 19-jährige(n) Auszubildende(n) im zweiten Ausbildungsjahr einen Haushaltsplan. Die/Der Auszubildende will von zu Hause ausziehen. Folgende Wohnungen stehen zur Auswahl.

> ### App./1-Zi.-Wohnungen
>
> **Zentrums-Nähe**, möbl. App. 14 m², 180,00 € warm, ab 1.9. ...
> **Nähe Klinikum, hübsches App.**, 20/25 m², DuWCKn, Balk., teilmöbliert, 210,00/260,00 € inkl. NK
> **Junkerstr.**, 2ZK+B, 46 m², KM 280,00 € + 55,00 € NK, 2 MM Kaution, ...

Bedenken Sie für die weiteren Planungen zur Erstellung des Haushaltsplans die folgenden Punkte.

- Wie viel Geld steht monatlich fest zur Verfügung? Nehmen Sie die durchschnittliche Ausbildungsvergütung Ihres Ausbildungsberufs.
- Welche festen Ausgaben werden monatlich anfallen? (Bedenken Sie, dass der Einzug in die eigene Wohnung ansteht.)
- Versuchen Sie die entstehenden Kosten abzuschätzen und gleichen Sie diese in Ihrer Klasse ab.
- Welche variablen (veränderbaren) Ausgaben sind monatlich anzusetzen?

4. Erstellen Sie eine Liste der Einrichtungs- und Ausstattungsgegenständen, die der/die Auszubildende für eine erste eigene Wohnung (s. Beispiel Aufgabe 3) benötigt. Wie teuer sind diese? Wie viel Geld wird als „Startkapital" zur Einrichtung der Wohnung benötigt?

6.5 Den Weg in die Schulden erkennen und Lösungen zum Verlassen dieses Weges entwickeln

Daniela Schaub spielt mit dem Gedanken, sich ein neues Notebook zu kaufen. Und wenn das Geld reicht, dann würde sie sich gerne sogar ein leichtes und leistungsstarkes „Ultrabook" zulegen. Während eines Einkaufsbummels durch einen großen Elektronikfachmarkt bleibt Daniela vor den Ultrabooks stehen. Bald wird sie von einem Verkäufer angesprochen und schnell wird klar, dass Danielas bevorzugtes Ultrabook 1 249,00 € kostet.

Daniela: „... ob ich mir das mit meinem Azubigehalt leisten kann, ich weiß nicht?"

Verkäufer: „Ja, das ist schon eine Menge Geld, wenn man noch in der Ausbildung ist. Aber zurzeit haben wir eine Aktion mit 0 % Zinsen und bieten Auszubildenden eine Ratenkauflaufzeit von 24 Monaten an, dann ist das gar nicht mehr so schlimm." Er tippt etwas in seinen Rechner ein. „Schauen Sie mal, bei einer Laufzeit von 24 Monaten zahlen Sie nur 52,04 € im Monat für Ihr neues Ultrabook." Daniela ist begeistert. „Das ist ja viel einfacher als gedacht!"
Schnell sind die nötigen Formulare ausgefüllt und unterschrieben, und Daniela geht mit ihrem neuen Ultrabook nach Hause. Als sie zu Hause angekommen ist, kommen ihr die ersten Zweifel. „Ob das mal gut geht? Schon in den letzten zwei Monaten bin ich mit meinem Gehalt kaum ausgekommen."

Arbeitsaufträge

1 Beurteilen Sie sowohl Danielas Verhalten als auch das Verhalten des Verkäufers.
2 Welche Möglichkeiten sehen Sie für Daniela, wenn Sie Ihre Entscheidung bereut?

Verschuldungsproblematik der Verbraucher

Etwa 10 % der in Deutschland lebenden Erwachsenen sind überschuldet. Als **überschuldet** gelten Personen, die nicht in der Lage sind, ihre **Zahlungsverpflichtungen** in absehbarer Zeit zu begleichen. Besonders kritisch sind Schulden gegenüber dem Vermieter oder dem Energieversorger. Diese Zahlungsrückstände bedrohen die Existenz des Schuldners. Bei Mietschulden droht Wohnungsverlust und im schlimmsten Fall Obdachlosigkeit. Zahlungsrückstände bei Energieversorgern können die Strom- und Energieversorgung der Wohnung gefährden.

Unerwartete Arbeitslosigkeit, Trennungen oder Krankheit können dazu führen, dass Menschen – auch schon mal unverschuldet – in eine Situation der **Überschuldung** geraten. Die häufigste Ursache für Überschuldung junger Menschen ist jedoch übermäßiger Konsum. Der Einkauf „auf Pump" ist oft verführerisch einfach und unkompliziert. Für größere Ausgaben werden Kredite aufgenommen. **Zinsen** und zu zahlende **Raten** summieren sich schnell zu großen Summen, die das Haushaltsbudget stark belasten.

Hauptauslöser von Überschuldung 2014
in %

© Statistisches Bundesamt, Wiesbaden 2015

Alltägliche Verbraucherkredite

Können bestimmte Ausgaben oder Konsumwünsche nicht mit dem zur Verfügung stehenden Einkommen oder dem Ersparten beglichen werden, bieten Geldinstitute und Handelsunternehmen Kredite an. Die wichtigsten Kredite für Privatpersonen sind der **Dispositionskredit,** der **Ratenkredit** (Anschaffungsdarlehen) und der **Hypothekenkredit**.

Dispositionskredit

Nach der Eröffnung eines Girokontos erhalten Bankkunden mit regelmäßigem Einkommen die Möglichkeit, einen Dispositionskredit **(Überziehungskredit)** in Anspruch zu nehmen. Das Girokonto kann dann formlos, ohne Rückzahlungsfrist und weitere Rückfragen, bis zu einem festgelegten Betrag (etwa zwei bis drei Monatseinkommen) überzogen werden. Dieser Form des Kredites ist einfach und bequem. Wie für jede Kreditform, sind auch für die Inanspruchnahme des Dispositionskredites **Zinsen** zu zahlen. Gemessen an anderen Kreditformen sind diese beim Dispositionskredit relativ hoch. Die Höhe der zu zahlenden Zinsen wird meist als **Zinssatz** angegeben, der die jährlichen Zinsen in Prozent in Bezug auf das Kapital ausdrückt. Berechnet werden die Überziehungszinsen eines Dispositionskredits täglich auf Grundlage des Kontostandes.

Beispiel:

Daniela Schaub überzieht ihr Girokonto für die Dauer von zwölf Tagen um einen Betrag von 85,00 €. Der Zinssatz bei Danielas Bank für einen Dispositionskredit beträgt zurzeit 11 %.

11% Zinsen **für ein Jahr** von 85,00 € sind: $\dfrac{85,00 \cdot 11}{100} = 9,35\ €$

11% Zinsen **für einen Tag** von 85,00 € sind: $\dfrac{85,00 \cdot 11}{100 \cdot 360} = 0,026\ €$

11% Zinsen **für zwölf Tage** von 85,00 € sind: $\dfrac{85,00 \cdot 11 \cdot 12}{100 \cdot 360} = 0,31\ €$

Ratenkredit

Ratenkredite bieten günstigere Zinsen als ein Dispositionskredit. Ein Ratenkredit sollte nur dann aufgenommen werden, wenn größere langlebige Konsumgüter, wie eine Waschmaschine oder ein unbedingt notwendiges Auto, zu kaufen sind.

Weil die unpünktliche Rückzahlung eines Ratenkredits oder sogar das Nichtzurückzahlen des Kredits für den Kreditnehmer gravierende Folgen haben können – bis hin zur Verbraucherinsolvenz (vgl. S. 316 f.) –, hat der Gesetzgeber besondere Regeln für die Vergabe von Krediten erlassen.

Banken und gewerbliche Kreditgeber dürfen nur mit volljährigen Personen Kreditverträge abschließen. Kreditverträge, die eine Summe von 200,00 € übersteigen, müssen immer **schriftlich** vereinbart werden. In allen Ratenkreditverträgen muss eine **Widerrufsbelehrung** enthalten sein. Sie gibt dem Kreditnehmer das Recht, den Kreditvertrag innerhalb von zwei Wochen nach Abschluss schriftlich zu widerrufen, und zwar ohne Angabe von Gründen. Außerdem muss jeder Kreditvertrag gewisse Mindestangaben beinhalten, ohne die der Vertrag nicht gültig ist. Zu den **Mindestangaben im Kreditvertrag** gehören

- die Kreditsumme,
- die Art und Weise der Rückzahlung,
- der effektive Jahreszins und
- die Gesamtkosten, die durch diesen Kredit entstehen.

Die Angabe des Zinssatzes in Form des **Effektivzinssatzes** soll dem Kunden die Möglichkeit geben, verschiedene Kredite miteinander vergleichen zu können. In den Effektivzinssatz gehen die Kosten eines Kredites mit ein. Je nach Anbieter können dies sein:

- verlangter **Sollzins** (**Nominalzins**)
- **Provisionen** (meist zwischen 1 % und 3 % des Kreditbetrages)
- weitere **Kreditnebenkosten** (z. B. Wertermittlungsgebühren für Kreditsicherheiten)

Werden **Sicherheiten** (vgl. S. 300 ff.) für den Kredit notwendig, müssen auch diese im Kreditvertrag aufgeführt und benannt sein.

Beispiel:

Berechnung der Kosten, des Teilzahlungspreises und der Monatsrate

Bei Familie Schaub steht die Neuanschaffung eines Gebrauchtwagens an. Um diesen zu bezahlen, muss ein Kredit von 3 600,00 € für die Dauer von drei Jahren aufgenommen werden. Der angebotene Nominalzins der Bank A beträgt 6,5 %, zudem wird eine Provision von der Bank verlangt, deren Kosten sich auf 1 % des Kreditbetrages belaufen. Die Bank B bietet einen Kredit zu einem Effektivzins von 6,7 % an.	6,5 % Zins von 3 600,00 € für 3 Jahre ... 702,00 €
	+ 1 % Provision des Kreditbetrages ... 36,00 €
	Kosten des Kredits ... 738,00 €
	Diese Kosten entstehen für Familie Schaub für die Laufzeit von **drei** Jahren. Damit ergibt sich ein
	Teilzahlungspreis von ... 4 338,00 €
	und eine **Monatsrate von**
	(4 338,00 € : 36) = ... 120,50 €.

Berechnung des effektiven Jahreszinses

Um den effektiven Jahreszins zu bestimmen, berechnet man, wie viel Prozent des Kreditbetrages die Gesamtkosten ausmachen.

Ergebnis:

Der effektive Zinssatz der Bank A von 6,83 % liegt über dem Effektivzinssatz der Bank B (6,7 %). Das Angebot der Bank B ist also günstiger.

$$3\,600,00\ € - 100\ \%$$
$$738,00\ € - x\ \%$$

$$x = \frac{738,00\ € \cdot 100}{3\,600,00\ €} = 20,5\ \%$$

Der effektive Zins beträgt also für drei Jahre (Kreditlaufzeit) 20,5 %.

Damit ergibt sich ein **effektiver Jahreszins** in Höhe

von $\dfrac{20,0\ \%}{3} = 6,83\ \%$

Gefahren der Kreditaufnahme für Privatpersonen

! **Praxistipp:** Schulden sollten nur dann gemacht werden, wenn sichergestellt ist, dass die Raten und Zinsen pünktlich beglichen werden können. Vor einer größeren Anschaffung zu sparen, um diese dann ohne Kredite oder Kontoüberziehungen zu finanzieren, ist immer der sparsamste Weg, weil keine Zinsen und Gebühren anfallen.

Kein Kredit eines Kreditinstituts ist kostenlos. Mit der Vergabe von Krediten verdienen Kreditinstitute Geld. Neben der **Rückzahlung des Kreditbetrages** werden auch **Zinsen** auf das geliehene Geld fällig. Diese liegen immer über dem Satz der Sparzinsen.

Bevor Kreditinstitute einen Kredit vergeben, überprüfen sie immer erst die **Kreditwürdigkeit** des Kunden. Dies geschieht bei Auskunfteien wie der **SCHUFA** (Schutzgemeinschaft für allgemeine Kreditsicherung). Über solche Auskunfteien erhält das Kreditinstitut Informationen, wie riskant die Kreditvergabe an eine bestimmte Person ist. Eingetragen werden sowohl laufende Kredite als auch Ratenkäufe. Erfasst wird auch, ob es bei der Rückzahlung eines Kredits zu Unregelmäßigkeiten gekommen ist, Mahnungen erstellt worden sind oder ob es sogar zu einem gerichtlichen Mahnverfahren gekommen ist. Kreditsuchende, über die nachteilige Informationen bei einer Auskunftei gespeichert sind, bekommen nur noch schwer einen Kredit. Bevor eine Kreditanfrage gestellt wird kann es deshalb vorteilhaft sein, eine **Selbstauskunft** einzuholen, um zu überprüfen, ob die erfassten Informationen korrekt sind. Falsche Informationen müssen aus dem Datensatz einer Auskunftei gelöscht werden.

! **Merke:** Sollte es einmal dazu kommen, dass Sie als Verbraucher Schwierigkeiten haben, einen Kredit zurückzuzahlen, dann
nehmen Sie Kontakt mit den Kreditgebern auf und suche Sie gemeinsam nach einer Lösung – ein Ignorieren des Problems verschlimmert die Situation.
Suchen Sie eine **Schuldnerberatung** für eine professionelle Unterstützung und Beratung auf.

Gerichtliches Mahnverfahren

Bleibt ein Kreditnehmer pünktliche Kreditrückzahlung schuldig, so wird zunächst versucht, ihn mit einem **außergerichtlichen Mahnverfahren** zur Zahlung zu bewegen. In dieser Phase erhält der Schuldner ein oder mehrere **Mahnschreiben**. Wird auf die Mahnungen nicht mit einer Zahlung reagiert, wird ein gerichtliches Mahnverfahren eingeleitet. Dies beginnt mit der Zustellung eines **Mahnbescheides**, den der Kreditgeber (Gläubiger) dem Schuldner über das zuständige Amtsgericht zustellt. Im extremsten Fall wird dieses Verfahren bis zur **Zwangsvollstreckung** gegen den Schuldner durchgeführt. Bei einer Zwangsvollstreckung dürfen Gegenstände, die der Schuldner für eine bescheidene Lebensführung nicht benötigt, gepfändet werden.

Beispiele:

Kleidung, einfache Möbel, Fernsehgerät

Ist eine **Zwangsvollstreckung mangels verwertbarer Gegenstände beim Schuldner erfolglos** und hat der Gläubiger das Gefühl, dass der Schuldner verwertbare Gegenstände unterschlägt, muss der Schuldner auf Antrag des Gläubigers eine eidesstattliche Versicherung über seine Vermögensverhältnisse ablegen. Bei der **eidesstattlichen Versicherung** erklärt der Schuldner, dass sich außer den angegebenen Gegenständen keine weiteren Vermögensgegenstände in seinem Eigentum befinden.

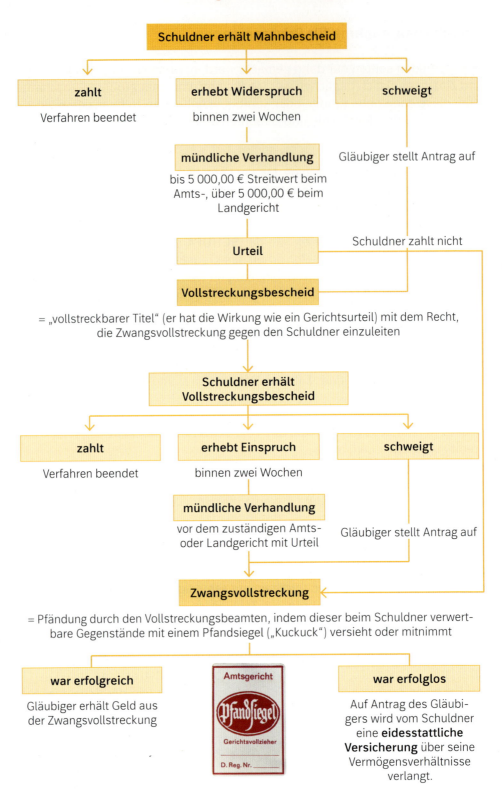

Schuldner erhält Mahnbescheid

zahlt
Verfahren beendet

erhebt Widerspruch
binnen zwei Wochen

schweigt

mündliche Verhandlung
bis 5 000,00 € Streitwert beim Amts-, über 5 000,00 € beim Landgericht

Gläubiger stellt Antrag auf

Urteil

Schuldner zahlt nicht

Vollstreckungsbescheid

= „vollstreckbarer Titel" (er hat die Wirkung wie ein Gerichtsurteil) mit dem Recht, die Zwangsvollstreckung gegen den Schuldner einzuleiten

Schuldner erhält Vollstreckungsbescheid

zahlt
Verfahren beendet

erhebt Einspruch
binnen zwei Wochen

schweigt

mündliche Verhandlung
vor dem zuständigen Amts- oder Landgericht mit Urteil

Gläubiger stellt Antrag auf

Zwangsvollstreckung

= Pfändung durch den Vollstreckungsbeamten, indem dieser beim Schuldner verwertbare Gegenstände mit einem Pfandsiegel („Kuckuck") versieht oder mitnimmt

war erfolgreich
Gläubiger erhält Geld aus der Zwangsvollstreckung

Amtsgericht
Pfandsiegel
Gerichtsvollzieher
D. Reg. Nr. _____

war erfolglos
Auf Antrag des Gläubigers wird vom Schuldner eine **eidesstattliche Versicherung** über seine Vermögensverhältnisse verlangt.

Privatinsolvenz – die Stufen des Verbraucherinsolvenzverfahrens

In manchen Fällen ist die Verschuldung so hoch, dass Privatpersonen – genauso wie Unternehmen – **Insolvenz** anmelden müssen (vgl. S. 303 f.). Als **insolvent** gilt eine Person, die zahlungsunfähig ist. Das **Verbraucherinsolvenzverfahren** gliedert sich in mehrere Stufen, die aber nicht alle durchlaufen werden müssen.

1. Außergerichtlicher Einigungsversuch

Ein außergerichtlicher Einigungsversuch mit den Gläubigern ist dem Gesetz nach zwingend notwendig. Mithilfe einer Schuldnerberatung werden alle Schulden erfasst. Angestrebt werden ein Teilverzicht der Schulden oder weitere Ratenzahlungen. Einer Lösung **müssen alle Gläubiger** zustimmen. Diese Variante ist für den Verschuldeten am günstigsten, da keine Gerichtsgebühren und Kosten für den Insolvenzverwalter anfallen.

2. Gerichtlicher Einigungsversuch

Der Schuldner kann ein Verbraucherinsolvenzverfahren beim Gericht beantragen. Das Insolvenzgericht prüft nun, ob ein Schuldenbereinigungsverfahren, bei dem die Gläubiger auf einen Teil ihrer Forderungen verzichten, Erfolg verspricht.

3. Gerichtliches Insolvenzverfahren

Das vorhandene Vermögen des Schuldners wird nach Abzug der Verfahrenskosten durch das Gericht an die Gläubiger verteilt. Auch der pfändbare Teil des zukünftigen Einkommens wird zur **Schuldentilgung** eingesetzt. In dieser Phase stellt der Schuldner außerdem den Antrag auf Erlass seiner Restschulden (**Restschuldbefreiung**). Die Restschuldbefreiung sieht vor, dass nach Ablauf einer bestimmten Zeitdauer (sechs, fünf oder drei Jahre) die bis dahin noch übrig gebliebenen Schulden komplett erlassen werden.

4. Wohlverhaltensphase

In dieser Phase muss der Schuldner eine Reihe von **Auflagen erfüllen**. Der Schuldner muss alles unternehmen, um einer bezahlten Arbeit nachzugehen. Ein Wechsel des Arbeitgebers oder ein Umzug muss umgehend an das Insolvenzgericht gemeldet werden. In der Wohlverhaltensphase, die zwischen drei und sechs Jahren dauert, darf der Schuldner nur so viel Geld aus seinem Einkommen behalten, wie er zur Absicherung seines **Existenzminimums** benötigt.

5. Restschuldbefreiung

Nach Ablauf der Wohlverhaltensphase entscheidet das Insolvenzgericht, ob es zur Restschuldbefreiung kommt. Alle bis dahin noch offenen Forderungen der Gläubiger werden dem Schuldner zu diesem Zeitpunkt erlassen. Die Gläubiger haben also keinen Anspruch mehr auf die Forderungen aus der Vergangenheit. Der Schuldner ist somit wieder **schuldenfrei**.

Den Weg in die Schulden erkennen und Lösungen zum Verlassen dieses Weges entwickeln

- **Ursachen der Verschuldung bei Privatpersonen:** Arbeitslosigkeit, Trennung, Krankheit, übermäßiger Konsum

Alltägliche Verbraucherkredite

Dispositionskredit	Ratenkredit
Formloser Kredit, der das Überziehen des Girokontos ermöglicht.	Rückzahlung eines Kredites in Teilzahlungsraten Gesetzliche Regelung: • Schriftform • 14 Tage Widerrufsrecht nach Vertragsabschluss

- In den **effektiven Jahreszins** werden die Kreditkosten miteingerechnet, dadurch werden die Kreditangebote für Verbraucher vergleichbar.
- Über Auskunfteien, wie z. B. die **SCHUFA** erhält das Kreditinstitut Informationen, wie riskant die Kreditvergabe an eine bestimmte Person ist. Erfasst werden bei einer Auskunftei laufende Kredite, Ratenkäufe, Unregelmäßigkeiten bei der Kreditrückzahlung.
- Werden Kredite nicht fristgerecht zurückbezahlt, so erhalten Kreditnehmer in den meisten Fällen in einem außergerichtlichen Mahnverfahren zunächst eine oder mehrere **Mahnungen**.

- Ablauf des **gerichtlichen Mahnverfahrens:**

Mahnbescheid → Vollstreckungs- bescheid → Zwangsvollstreckung → eidesstattlich Versicherung

Sobald der Schuldner seine Schulden bezahlt, ist das gerichtliche Mahnverfahren beendet.
- Hochverschuldete Privatpersonen können das **Verbraucherinsolvenzverfahren** durchlaufen, an dessen Ende sie wieder schuldenfrei sind.

Übungsaufgaben

1. Erläutern Sie, was Ihrer Meinung nach die wichtigsten Gründe sind, warum Personen in eine Situation der Überschuldung geraten.

2. Berechnen Sie die jeweiligen Zinsen des Dispositionskredits.

	Betrag	Dauer in Tagen	Zinssatz
a)	120,00 €	10	11 %
b)	370,00 €	45	12,5 %
c)	950,00 €	21	11,75 %
d)	629,00 €	37	12,95 %

3. Berechnen Sie für die folgenden Ratenkredite
   - den Teilzahlungspreis,
   - die Monatsrate,
   - den effektiven Jahreszins.

	Kreditbetrag	Dauer in Jahren	Sollzinssatz/ Nominalzinssatz	weitere Kreditkosten
a)	1 000,00 €	1	8,0 %	-----
b)	3 500,00 €	2	7,0 %	Provision: 70,00 €
c)	9 000,00 €	3	6,75 %	Provision: 1 % der Kreditsumme

4. Erläutern Sie den Unterschied zwischen Nominalzins und Effektivzins.

5. Familie Schaub plant eine Amerikareise. Dafür reicht das angesparte Urlaubsgeld nicht aus. Zusätzlich werden 4 000,00 € benötigt. Die Familie überlegt nun, dies mit einem Ratenkredit zu finanzieren. Ihre Hausbank bietet ihnen dazu folgende Kreditkonditionen an: Sollzins 7,2 %, Provision 40,00 %, Laufzeit 18 Monate. a) Berechnen Sie den Teilzahlungspreis. b) Berechnen Sie die monatliche Kreditrate. c) Würden Sie der Familie Schaub zur Annahme des Kredits raten? Begründen Sie Ihre Antwort.

6. Beschreiben Sie den Ablauf des gerichtlichen Mahnverfahrens.

7. Viele Menschen, die in eine Situation der Überschuldung geraten sind, neigen dazu, ihre Post nicht mehr zu öffnen und Mahnungen zu ignorieren. a) Nehmen Sie Stellung zu diesem Verhalten. b) Wie kann es gelingen, sich aus einer Situation der Überschuldung zu befreien? Erläutern Sie mögliche Handlungsalternativen.

Prüfungsaufgaben

1. Welche Aussage beschreibt den Begriff „Fremdfinanzierung"?
    a) Zur Finanzierung einer Investition werden Teile des Anlagevermögens verkauft.
    b) Forderungen werden zur Finanzierung genutzt.
    c) Eine Investition wird durch ein Darlehen bei einer Bank finanziert.
    d) Eine OHG nimmt zur Finanzierung neuer Investitionen neue Gesellschafter auf.

2. Wenn Banken einem Betrieb Geld überlassen, nennt sich das:
    a) Spekulationsgeschäfte
    b) Kredit
    c) Sicherheit
    d) Wertpapiere

3. Welche Aussage beschreibt den Begriff „Leasing"?
    a) Leasing ist ein längerfristiger Kredit.
    b) Unter Leasing versteht man die Verpfändung von Gegenständen.
    c) Das Leasing beschreibt das Mieten von Sachen.
    d) Das Leasing beschreibt das Kaufen von Sachen auf Raten.

4. Was bezeichnet die Rückzahlung eines Kredits?
    a) Zinsen
    b) Abschreibungen
    c) Sicherheit
    d) Tilgung

5. Was könnte ein Grund für die Insolvenz eines Unternehmens sein?
    a) keine Konkurrenz
    b) hohe Auftragslage
    c) keine gesicherte Finanzierung
    d) großer Kundenstamm

6. Wer stellt den Antrag zur Eröffnung eines Insolvenzverfahrens?
    a) Insolvenzverwalter
    b) Schuldner
    c) Kammer
    d) Berufsgenossenschaft

7. Welche Aussage erklärt den Begriff „Bürgschaft"?
    a) Versammlung einer Bürgerbewegung
    b) Verpfändung von Grundstücken
    c) eine dritte Person, die bei einem Kredit als Sicherheit dient
    d) Zivilcourage

8. Was zählt zu den Realkrediten?
    a) die Bürgschaft
    b) die Zahlung von Zinsen
    c) die Tilgung
    d) die Hypothek

9. Bei einem Festdarlehen …
   a) … wird das Darlehen jährlich getilgt.
   b) … wird ein doppelter Zinssatz gezahlt.
   c) … wird das Darlehen erst am Ende der Laufzeit getilgt.
   d) … werden neben Hypotheken auch Bürgschaften zur Sicherheit benötigt.

10. Welchen der folgenden Aussagen zum Haushaltsplan ist falsch?
    a) Menschen, die einen Haushaltsplan führen, wissen wie viel Geld sie zur freien Verfügung haben.
    b) Nur Menschen, die verschuldet sind, sollen einen Haushaltsplan führen.
    c) Im Haushaltsplan sind alle regelmäßigen Einnahmen und Ausgaben aufgeführt.
    d) Durch einen Haushaltsplan kann der bessere Umgang mit Geld erlernt werden.
    e) Ein Haushaltsplan kann mit einem Haushaltsbuch oder auch mit einer App geführt werden.

11. Welche Aussagen zum Dispositionskredit sind richtig?
    a) Für diese Kreditform sind keine Sicherheiten erforderlich.
    b) Privatkunden erhalten einen flexiblen Kreditrahmen, der auf dem Sparbuch bereitgestellt wird.
    c) Sollzinsen (Dispozinsen) sind nur für den beanspruchten Betrag zu zahlen.
    d) Für einen Dispositionskredit gibt es keine festen Rückzahlungstermine.
    e) Jeder Dispositionskredit muss mindestens einmal im Jahr beglichen werden.
    f) Ein Dispositionskredit ist ein relativ preiswerter Kredit mit niedrigen Zinssätzen.

12. Ratenkredite müssen innerhalb einer bestimmten Zeit zurückbezahlt werden. Bei den zu zahlenden Beträgen handelt es sich um
    a) Zinsen,
    b) Abschreibungen,
    c) Tilgungen,
    d) Lebenshaltungskosten,
    e) Zinsen und Tilgungen.

13. Wodurch wird das gerichtliche Mahnverfahren eingeleitet?
    a) Androhung eines Mahnbescheids
    b) Mahnschreiben
    c) Zwangsvollstreckung
    d) Mahnbescheid
    e) Vollstreckungsbescheid

14. Welche Aussagen zur Widerrufsbelehrung bei der Kreditvergabe von Kreditinstituten an Privatpersonen ist richtig?
    a) Bei der Vergabe von Krediten an Privatpersonen muss eine Widerrufsbelehrung enthalten sein.
    b) Nachdem der Kreditvertrag unterzeichnet wurde, haben Privatpersonen ein 4-wöchiges Widerrufsrecht, wenn sie die Gründe für den Widerruf angeben.
    c) Nur Kreditinstitute, die besonders verbraucherfreundlich sind, bieten ihren Kunden ein Widerrufsrecht an.
    d) Nach der Kreditunterzeichnung haben Privatkunden ein 14-tägiges Widerrufsrecht ohne Angabe von Gründen.
    e) Wenn ein Kreditvertrag erst einmal unterschrieben ist, dann gibt es keine Möglichkeit mehr, diesen zu widerrufen.

15. Eine Facharbeiterin bezieht eine Monatslohn von 2 890,00 €. Zudem erhält sie 368,00 € Kindergeld im Monat. Die Summe der fixen Ausgaben beträgt 1 019,00 € im Monat. Die variablen Ausgaben im Monat betragen 930,00 €. Für Verkehr und Mobilität sind im Haushaltsplan 325,00 €, für Kommunikation und sonstige Ausgaben insgesamt 560,00 € angesetzt. Berechnen Sie das frei zur Verfügung stehende Einkommen pro Monat.

16. Für die Dauer von 21 Tagen überziehen Sie Ihr Girokonto um 360,00 €. Der zu zahlende Zinssatz beträgt 11 %. Berechnen Sie die Höhe der zu zahlenden Überziehungszinsen.

17. Wie kann sich jemand, der einen Mahnbescheid erhält, gegen diesen wehren?

18. Nennen Sie die Stufen bzw. Verfahrensschritte des privaten Insolvenzverfahrens.

7 Die Rolle der Bundesrepublik Deutschland in einer globalisierten Weltwirtschaft beurteilen

In diesem Kapitel werden Sie die **soziale Marktwirtschaft** als Rahmenbedingung für das wirtschaftliche Handeln der Unternehmen und als Grundlage für die Ausgleichsfunktion des Staates kennenlernen. Danach setzen Sie sich mit **überstaatlichen Einflussgrößen der Wirtschaftspolitik** auseinander, die selbst für kleine Unternehmen eine zunehmend wachsende Bedeutung haben.

Im weiteren Verlauf werden Sie erarbeiten, wie sich die Prozesse der **Globalisierung** auf die gewerblich-technischen Unternehmen auswirken, und betrachten die Chancen und Risiken aus verschiedenen Perspektiven. In diesem Zusammenhang befassen Sie sich mit der unternehmerischen Entscheidung der Standortverlagerung. Dabei werden Sie erkennen, dass das Entscheidungskriterium „Lohnkosten" für viele Unternehmen einen Standort im Ausland attraktiv macht, nicht aber in allen Fällen ein Erfolgsgarant ist.

Letztendlich befassen Sie sich mit den **Möglichkeiten des Lebens, Lernens und Arbeitens in Europa**. Dabei werden Sie den Fokus auf die Möglichkeiten und den Nutzen von Auslandspraktika während der Berufsausbildung legen.

7.1 Die soziale Marktwirtschaft als Wirtschaftsordnung kennenlernen

Die Sommerfeld GmbH beteiligt ihre Mitarbeiter(innen) seit 1999 mit 50 % am Gewinn (nach Steuern). Ziel ist, dass diese sich durch eine Beteiligung am Erfolg des Unternehmens stärker mit ihrem Unternehmen identifizieren und motiviert sind, eigenverantwortlich die Ziele des Unternehmens zu gestalten und zu erreichen. Die Beteiligung am Gewinn wurde vermögensbildend umgesetzt, sodass die Mitarbeiter(innen) aktuell über 28 % des Kapitals halten.

In der Mittagspause diskutieren Rainer Kunze, der Leiter der Produktentwicklung, und Murat Öger, der Abteilungsleiter des Kundendienstes. *„Wenn es der Sommerfeld GmbH einmal wirtschaftlich schlecht gehen sollte, dann müssen wir Arbeitnehmer über unsere eigene Entlassung befinden, da wir Miteigentümer des Unternehmens sind. Das ist doch absurd!"*

„Wer weiß, ob wir dann Arbeitslosengeld bekommen?", fragt Herr Kunze. Herr Öger beruhigt ihn: *„Wir leben in einer sozialen Marktwirtschaft, da kann Ihnen nichts geschehen. Sie werden vom sozialen Netz schon aufgefangen."*

Arbeitsaufträge

1 Arbeiten Sie die Merkmale der sozialen Marktwirtschaft heraus und erläutern Sie, was unter dem sozialen Netz zu verstehen ist.
2 Erläutern Sie anhand von Beispielen, durch welche Maßnahmen der Staat in die Wirtschaft eingreift.

In der Bundesrepublik Deutschland wird die **Wirtschaftsordnung der sozialen Marktwirtschaft** praktiziert. Hierbei wird einerseits das Individualprinzip auf den Märkten verwirklicht, d. h., es gilt das Gesetz von Angebot und Nachfrage. Andererseits greift der Staat steuernd durch eine sozial orientierte Gesetzgebung in die Wirtschaft ein.

Merkmale der sozialen Marktwirtschaft

Die soziale Marktwirtschaft will die Wirkungsweise der Marktkräfte mit den Ansprüchen **persönlicher Freiheit und sozialer Gerechtigkeit** verbinden. In der sozialen Marktwirtschaft sind die Produktionsmittel grundsätzlich Privateigentum. Arbeitnehmer(innen) können sich durch den Erwerb von Aktien und sonstigen Anteilen an Unternehmen am Produktivvermögen beteiligen. Daneben verfügt auch der Staat über Produktionsmittel, die öffentliches Eigentum sind (staatliche Betriebe und Beteiligungen an privaten Betrieben). Ferner besteht **Gewerbefreiheit**, d. h., jeder Bürger ist berechtigt, selbstständig ein Gewerbe zu betreiben.

Beispiel:

Ein Tischlermeister der Sommerfeld GmbH macht sich selbstständig und eröffnet eine Tischlerei.

Unternehmen planen marktabhängig ihre Produktion und ihre Investitionen, die Haushalte verfügen frei über ihr Einkommen. Durch Leistungswettbewerb auf den Märkten werden über eine freie Preisbildung Angebot und Nachfrage gesteuert.

Die Sommerfeld GmbH entwickelt einen neuen Bürostuhl, der den modernsten ergonomischen Ansprüchen gerecht werden soll. Das Unternehmen entscheidet über die Höhe der Investitionen, den Preis und die Ausstattung. Dabei orientiert es sich an den Marktbedingungen (Konkurrenz, Kundenwünsche usw.). Der Markt entscheidet letztlich über den Erfolg des Produktes. über die Verwendung des Jahresgewinnes entscheiden die Geschäftsführer der Sommerfeld GmbH.

Arbeitnehmervertreter (Gewerkschaften) und Arbeitgebervertreter handeln als autonome Sozialpartner Löhne, Gehälter und Arbeitsbedingungen aus (**Tarifautonomie**).

Die Rolle des Staates in der sozialen Marktwirtschaft

Der **Staat übernimmt in der sozialen Marktwirtschaft eine Ausgleichsfunktion** und greift nur ein, wenn die freiheitliche Wirtschaftsordnung und der Schutz des Einzelnen oder des Gesamtwohls gefährdet sind. Durch Gesetze und Verordnungen schränkt er den Entscheidungsfreiraum des Einzelnen zwar ein, jedoch sichert er gleichzeitig auch die Rechte des Einzelnen.

- **Wettbewerbsrecht**: Der Staat hat Gesetze erlassen, die den freien Wettbewerb der Marktteilnehmer garantieren sollen. Zum Beispiel werden im **Gesetz gegen Wettbewerbsbeschränkungen (GWB)** Unternehmenszusammenschlüsse (Kartelle, Fusionen) kontrolliert, die zu einer marktbeherrschenden Stellung führen und den Wettbewerb einschränken können.

Beispiel:

Das Bundeskartellamt in Bonn verhängte gegen sechs Hersteller von Feuerlöschschläuchen eine Geldbuße von 2,3 Mio. €, weil nachgewiesen werden konnte, dass sie den Markt für Bau- und Industrieschläuche quotenmäßig untereinander aufgeteilt und Preisabsprachen getätigt hatten.

- **Arbeitsrecht**: Der Staat schreibt verbindlich bestimmte Normen für Arbeitnehmer(innen) und Arbeitgeber vor.

Beispiele:

Mutterschutzgesetz, Kündigungsschutzgesetz, Berufsbildungsgesetz, Jugendarbeitsschutzgesetz, Arbeitszeitgesetz, Mitbestimmungsgesetz

- **Umweltrecht**: Mit diesen Gesetzen soll geregelt werden, dass unverhältnismäßige Umweltbelastungen vermieden werden. Hierdurch wird die ökologische Verpflichtung des Staates deutlich gemacht.

Beispiele:

Gesetz über die Vermeidung und Entsorgung von Abfällen (Abfallgesetz), Verpackungsverordnung, Kreislaufwirtschaftsgesetz

- **Recht zum Schutz geistigen Eigentums**: Hierin ist geregelt, dass die wirtschaftliche Verwertung von Gütern (Erfindungen) nur den Personen zusteht, die das geistige Eigentum daran haben.

Beispiele:

Patentgesetz, Gebrauchsmustergesetz, Urheberrechtsgesetz u. a. mit dem Verbot, unberechtigt Kopien aus Büchern, Tonträgern usw. anzufertigen

- **Handelsrecht**: Hiermit werden **Rahmenbedingungen für Unternehmen** vorgegeben, die die Gründung, Firmierung, Rechnungslegung und die Veröffentlichung von Unternehmensdaten regeln.

Beispiele:

Handelsgesetzbuch, GmbH-Gesetz, Aktiengesetz

- **Steuerrecht**: Mit den **Steuereinnahmen finanziert der Staat seine Ausgaben**. Durch Steuererhöhungen oder -senkungen kann der Staat regulierend in das Wirtschaftsgeschehen eingreifen. Soziale Aspekte werden berücksichtigt, indem bei der Lohn- und Einkommensteuer Freigrenzen und ein gestaffelter Tarif je nach den sozialen Verhältnissen des Steuerpflichtigen festgelegt werden.

Beispiele:

Einkommensteuergesetz, Körperschaftsteuergesetz, Umsatzsteuergesetz, Gewerbesteuergesetz

- **Sozialgesetze**: Der **Staat schafft soziale Sicherheit**, um Menschen zu unterstützen, die u. a. durch Krankheit, Alter oder Arbeitslosigkeit in wirtschaftliche Not geraten. Er entspricht dadurch dem Anspruch auf soziale Sicherheit und Gerechtigkeit. Die Sozialgesetze sind im Sozialgesetzbuch (SGB) geregelt. Hier sind alle Bereiche zusammengefasst, die dem Sozialrecht zugerechnet werden, insbesondere die Regelungen über die verschiedenen Zweige der Sozialversicherung.

Beispiele:

Kranken-, Unfall-, Renten-, Arbeitslosen-, Pflegeversicherung als Zweige der Sozialversicherung; Bundessozialhilfegesetz; Wohngeldgesetz; Bundesausbildungsförderungs-Gesetz (BAföG)

Die soziale Marktwirtschaft als Wirtschaftsordnung kennenlernen

- In der sozialen Marktwirtschaft wird das **Individualprinzip** verwirklicht und durch eine **staatliche Steuerung** mit sozial orientierter Gesetzgebung ergänzt.
- **Produktionsmittel** sind grundsätzlich Privateigentum.
- Auf den Märkten ist **Leistungswettbewerb** vorhanden.
- Angebot und Nachfrage werden durch **freie Preisbildung** geregelt.
- Arbeitnehmer und Arbeitgeber handeln als autonome Sozialpartner (**Tarifautonomie**).
- Der Staat übernimmt durch Gesetze eine soziale **Ausgleichsfunktion** (Wettbewerbs-, Arbeits-, Umwelt-, Handels-, Steuerrecht, Recht zum Schutz geistigen Eigentums).
- Durch ein **soziales Netz** werden Bürger vor den Folgen wirtschaftlicher Not durch den Staat geschützt.

Übungsaufgaben

1. Beschreiben Sie die Merkmale der sozialen Marktwirtschaft.

2. Erläutern Sie, wie der Staat seine soziale Ausgleichsfunktion innerhalb der sozialen Marktwirtschaft wahrnimmt, am Beispiel
   a) des Wettbewerbsrechtes,
   b) des Arbeitsrechtes,
   c) des Umweltrechtes.

3. Belegen Sie mit konkreten Beispielen, wie in der sozialen Marktwirtschaft der Staat durch Gesetze eine soziale Ausgleichsfunktion ausübt.

4. Erläutern Sie den Grundsatz der Gewerbefreiheit.

7.2 Überstaatliche Wirtschaftspolitik kennenlernen

Die KFZ-Siebert KG hat zur Stromerzeugung eine Windenergie-Anlage angeschafft. Die Kosten der Energiegewinnung sind dadurch deutlich verringert worden, nicht zuletzt wegen der staatlichen Subventionen. *„Trotzdem rechnet sich die Anlage immer noch nicht"*, sagt Jan Siebert enttäuscht. *„Wie wäre es, wenn Sie versuchen, Mittel aus dem Strukturfonds der EU zu beantragen?"*, schlägt Max Fischer, der Personalleiter, vor. *„Die EU zahlt doch keinem Kfz-Betrieb in Essen die Stromrechnung, die haben Wichtigeres zu tun"*, erwidert Herr Siebert unwillig.

Arbeitsaufträge

1 Ermitteln Sie, welche Aufgaben die Europäische Union hat.
2 Stellen Sie fest, wo Maßnahmen der Europäischen Union in Ihr persönliches Leben eingreifen.

Die Wirtschaftspolitik in der Bundesrepublik Deutschland wird zunehmend durch überstaatliche Wirtschaftspolitik bestimmt oder ersetzt. Träger überstaatlicher Wirtschaftspolitik sind z. B. die Europäische Union (**EU**), die Organisation für wirtschaftliche Zusammenarbeit und Entwicklung (**OECD**) und internationale Organisationen wie der Internationale Währungsfond (**IWF**).

Europäische Union (EU)

Die **Europäische Gemeinschaft (EG**) entstand 1965 aus der Europäischen Gemeinschaft für Kohle und Stahl (EGKS), der Europäischen Wirtschaftsgemeinschaft (EWG) und Euratom. 1992 wurde in Maastricht der Vertrag der **Europäischen Union** (EU) unterzeichnet.
Die **Merkmale der Europäischen Union** sind ein gemeinsamer Binnenmarkt ohne Grenzen für den Verkehr von Personen, Waren, Dienstleistungen und Kapital, die europäische Unionsbürgerschaft, eine gemeinsame Außen- und Sicherheitspolitik und damit die politische Union der Mitgliedsstaaten.

Die Europäische Union

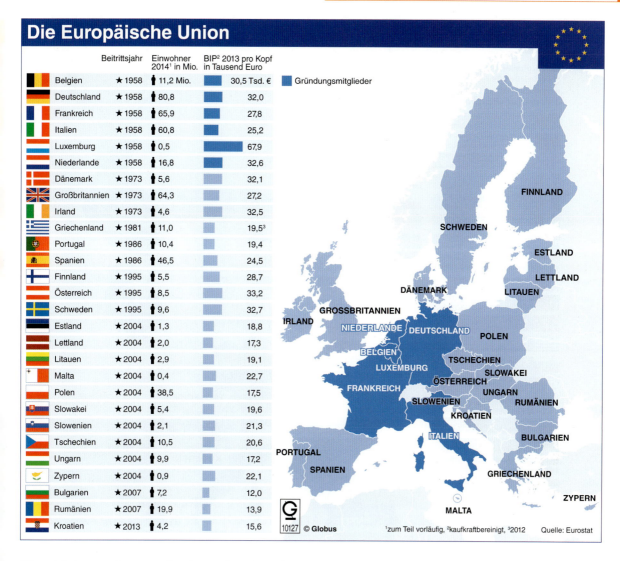

		Beitrittsjahr	Einwohner 2014[1] in Mio.	BIP[2] 2013 pro Kopf in Tausend Euro	
	Belgien	★ 1958	11,2 Mio.	30,5 Tsd. €	■ Gründungsmitglieder
	Deutschland	★ 1958	80,8	32,0	
	Frankreich	★ 1958	65,9	27,8	
	Italien	★ 1958	60,8	25,2	
	Luxemburg	★ 1958	0,5	67,9	
	Niederlande	★ 1958	16,8	32,6	
	Dänemark	★ 1973	5,6	32,1	
	Großbritannien	★ 1973	64,3	27,2	
	Irland	★ 1973	4,6	32,5	
	Griechenland	★ 1981	11,0	19,5[3]	
	Portugal	★ 1986	10,4	19,4	
	Spanien	★ 1986	46,5	24,5	
	Finnland	★ 1995	5,5	28,7	
	Österreich	★ 1995	8,5	33,2	
	Schweden	★ 1995	9,6	32,7	
	Estland	★ 2004	1,3	18,8	
	Lettland	★ 2004	2,0	17,3	
	Litauen	★ 2004	2,9	19,1	
	Malta	★ 2004	0,4	22,7	
	Polen	★ 2004	38,5	17,5	
	Slowakei	★ 2004	5,4	19,6	
	Slowenien	★ 2004	2,1	21,3	
	Tschechien	★ 2004	10,5	20,6	
	Ungarn	★ 2004	9,9	17,2	
	Zypern	★ 2004	0,9	22,1	
	Bulgarien	★ 2007	7,2	12,0	
	Rumänien	★ 2007	19,9	13,9	
	Kroatien	★ 2013	4,2	15,6	

G 10127 © Globus [1]zum Teil vorläufig, [2]kaufkraftbereinigt, [3]2012 Quelle: Eurostat

Die wichtigsten **Organe der Europäischen Union** sind das Europäische Parlament, der Ministerrat und die Kommission.

- Das **Europäische Parlament** besteht aus den Abgeordneten der Mitgliedsländer. Es hat eine kontrollierende und beratende Funktion.
- Dem **Ministerrat** gehören die 28 Fachminister der einzelnen Länder an. Er beschließt über die Vorschläge der Kommission.
- Die **Kommission** besteht als eigentliche „Regierung" der EU aus 28 Mitgliedern. Sie arbeitet Vorschläge aus, die nach Zustimmung durch den Ministerrat für alle Mitgliedsländer verbindliche Rechtsnormen darstellen.
- Grundsatzentscheidungen der Europäischen Union werden vom **Europäischen Rat**, dem die Regierungschefs der Mitgliedsländer angehören, getroffen.
- Über die Einhaltung der durch die EU festgelegten Rechtsnormen wacht der **Europäische Gerichtshof**.

Die Euroländer

EU-Mitglieder, die den Euro als offizielle Währung eingeführt haben, und das Jahr der Euro-Einführung

Belgien	1999
Deutschland	1999
Finnland	1999
Frankreich	1999
Irland	1999
Italien	1999
Luxemburg	1999
Niederlande	1999
Österreich	1999
Portugal	1999
Spanien	1999
Griechenland	2001
Slowenien	2007
Malta	2008
Zypern	2008
Slowakei	2009
Estland	2011
Lettland	2014
Litauen	2015

EU-Mitglieder, die den Euro (noch) nicht eingeführt haben, und ihre derzeit gültige Währung

Bulgarien	Lew
Dänemark	Dänische Krone
Großbritannien	Pfund Sterling
Kroatien	Kuna
Polen	Złoty
Rumänien	Leu
Schweden	Schwed. Krone
Tschechien	Tschech. Krone
Ungarn	Forint

10045 © Globus   Stand 2015

Quelle: Europäische Union

Organisation für wirtschaftliche Zusammenarbeit und Entwicklung (OECD)

Ziel der OECD ist es, durch Koordination der Wirtschaftspolitik der Mitgliedsländer deren wirtschaftlichen Wohlstand zu fördern.

Mitglieder sind neben den Staaten der Europäischen Union z. B. die USA, Japan, Kanada, Australien, Neuseeland und die Schweiz.

Zur Erreichung dieses Ziels wurden verschiedene Ausschüsse eingesetzt, die aus Vertretern der Mitgliedsländer bestehen.

- Der **wirtschaftspolitische Ausschuss** erarbeitet Vorhersagen und Empfehlungen zu Währungs-, Struktur- und Konjunkturpolitik der Mitgliedsländer. Auf der Grundlage einer von den jeweiligen Mitgliedsländern durchgeführten Analyse werden vergleichende Länderberichte erstellt und Vorschläge zur Lösung anstehender Probleme gemacht.
- Der **Entwicklungshilfeausschuss** koordiniert die Hilfe an die Entwicklungsländer und versucht so, ihren Nutzeffekt zu steigern.
- Die Förderung der internationalen Zusammenarbeit bei der friedlichen Nutzung der Kernenergie koordiniert die **Atomenergie-Agentur** in Wien.

Internationaler Währungsfond (IWF)

Der IWF ist eine Unterorganisation der Vereinten Nationen. Ihm gehören 187 Mitgliedsstaaten an. Seine Hauptaufgabe ist die **Überwachung der internationalen Währungs- und Wechselkurspolitik** mit dem Ziel stabiler Wechselkurse. Die Mitgliedsstaaten sind berechtigt, Kredite des IWF in Anspruch zu nehmen. Die Verrechnungseinheiten zwischen den Notenbanken der Mitgliedsländer werden als Sonderziehungsrechte bezeichnet.

Gerade die **Entwicklungsländer** sind zunehmend auf Kredite des IWF angewiesen. Ihre Vergabe wird an harte Auflagen geknüpft, so müssen z. B. Haushaltsdefizite abgebaut und Subventionen gestrichen werden. Zur Förderung der Exporte wird z. B. die Forderung erhoben, die Landeswährung abzuwerten. Die Folge können Entlassungen im öffentlichen Dienst, Streichung von Subventionen bei Grundnahrungsmitteln und eine Verteuerung der Importe sein. Wegen dieser z. T. gravierenden Eingriffe in die Wirtschaftspolitik der Empfängerländer ist der IWF nicht unumstritten.

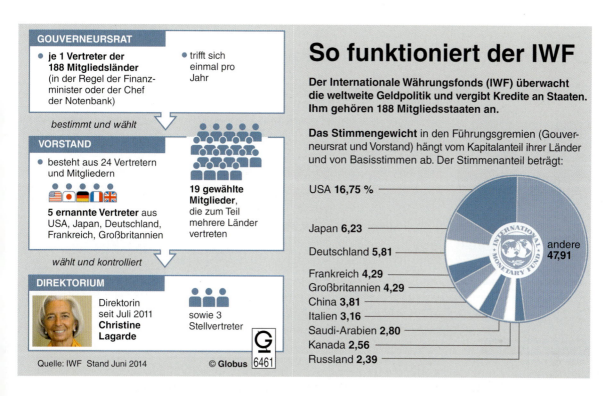

GOUVERNEURSRAT
- je 1 Vertreter der **188 Mitgliedsländer** (in der Regel der Finanzminister oder der Chef der Notenbank)
- trifft sich einmal pro Jahr

bestimmt und wählt

VORSTAND
- besteht aus 24 Vertretern und Mitgliedern
- **5 ernannte Vertreter** aus USA, Japan, Deutschland, Frankreich, Großbritannien

19 gewählte Mitglieder, die zum Teil mehrere Länder vertreten

wählt und kontrolliert

DIREKTORIUM
Direktorin seit Juli 2011 **Christine Lagarde**

sowie 3 Stellvertreter

Quelle: IWF Stand Juni 2014   © Globus 6461

So funktioniert der IWF

Der Internationale Währungsfonds (IWF) überwacht die weltweite Geldpolitik und vergibt Kredite an Staaten. Ihm gehören 188 Mitgliedsstaaten an.

Das Stimmengewicht in den Führungsgremien (Gouverneursrat und Vorstand) hängt vom Kapitalanteil ihrer Länder und von Basisstimmen ab. Der Stimmenanteil beträgt:

USA **16,75 %**

Japan **6,23**

Deutschland **5,81**

Frankreich **4,29**

Großbritannien **4,29**

China **3,81**

Italien **3,16**

Saudi-Arabien **2,80**

Kanada **2,56**

Russland **2,39**

andere **47,91**

Überstaatliche Wirtschaftspolitik kennenlernen

- **Europäische Union (EU)**
  Merkmale:
  » gemeinsamer Binnenmarkt ohne Grenzen für den Verkehr von Personen, Waren, Dienstleistungen und Kapital
  » gemeinsame Europawährung (€)
  » Unionsbürgerschaft
  » gemeinsame Außen- und Sicherheitspolitik
- **Organisation für wirtschaftliche Zusammenarbeit und Entwicklung (OECD)**
  Ziel: Koordination der Wirtschaftspolitik der Mitgliedsländer, um deren Wohlstand zu fördern
- **Internationaler Währungsfond (IWF)**
  Ziel: Überwachung der internationalen Währungs- und Wechselkurspolitik zur Erreichung stabiler Wechselkurse

Übungsaufgaben

1. Erläutern Sie Gemeinsamkeiten und Unterscheide der Träger überstaatlicher Wirtschaftspolitik.

2. Stellen Sie die wichtigsten Organe der Europäischen Union vor.

3. Endziel der Europäischen Union ist die politische Union der Mitgliedsstaaten.
   a) Erläutern Sie die Stationen auf dem Weg zur Erreichung dieses Ziels.
   b) Stellen Sie in einer Liste Vor- und Nachteile einer politischen Union gegenüber.
   c) Diskutieren Sie die Vor- und Nachteile in der Klasse.

4. Erläutern Sie die Ziele des IWF.

7.3 Chancen und Risiken der Globalisierung beurteilen

Tom Vogler, der Werkstattleiter der KFZ-Siebert KG, unterhält sich in der Mittagspause angeregt mit Max Fischer, dem Personalleiter, über einen Leitartikel in der „KFZ-Aktuell", der führenden Branchenzeitschrift für das Kfz-Gewerbe.

Max Fischer: *„Schau mal, die Helo AG, eine unserer Lieferantinnen wird ihren Produktionsstandort Anfang des nächsten Jahren von Essen nach Wrzesnia in Polen verlagern."*

Tom Vogler: *„Das kann doch nicht sein. Jetzt geht die Helo AG auch noch ins Ausland. Die erzielen doch jedes Jahr hohe Gewinne. Dann kann man dieses Argument, dass die Lohnkosten in Deutschland zu hoch seien, doch nicht akzeptieren. Und Lohnkosten sind ja nicht alles. Ich habe schon von Unternehmen gehört, die große Probleme nach der Standortverlagerung hatten!"*

Arbeitsauftrag

1 Erläutern Sie weitere Gründe, die für die Entscheidung zur Standortverlagerung von Unternehmen – neben den niedrigeren Lohnkosten – eine Rolle spielen.
2 Erklären Sie, welche Probleme zur Rückverlagerung eines Unternehmens führen können.

Der Begriff Globalisierung ist heutzutage ein vieldiskutierter Begriff und berührt uns in vielen Bereichen unseres Lebens. Nie zuvor gab es eine so starke weltweite Vernetzung der Bereiche Wirtschaft, Politik, Kultur, Umwelt und Kommunikation. Insbesondere das Internet hat diese Entwicklung rasant beschleunigt. Heutzutage erlauben es die modernen Kommunikationsmittel, jederzeit mit jedem Teil der Welt in Kontakt zu treten und immer darüber informiert zu sein, was auf der Welt los ist. Unternehmen sind in der Lage, sich weltweit Angebote einzuholen und dort zu produzieren, wo es am günstigsten ist. Große Unternehmen agieren längst nicht mehr national, sondern international. Es wird dort produziert, wo es für die Unternehmen am billigsten ist.

Beispiel:

Sportschuhe, die in Deutschland oder den USA entwickelt werden, lassen die Hersteller in Taiwan oder China produzieren. Auf Containerschiffen werden sie dann nach z. B. Deutschland transportiert und landen in den Regalen der deutschen Sportartikelhändler.

Globalisierung

Unter Globalisierung versteht man die **weltweite Vernetzung von Unternehmen und Wirtschaftsmärkten.** Es sind internationale Märkte entstanden, auf denen Güter, Waren, Dienstleistungen, Kapital und Arbeitskräfte ausgetauscht werden. Für Unternehmen hat das zur Konsequenz, dass sich die Suche nach dem richtigen Produktionsstandort, einem Lieferanten oder Arbeitskräften längst nicht mehr auf eine Region oder ein Land beschränkt. Das kann z. B. für ein deutsches Unternehmen bedeuten, dass es seine Produktentwicklung in den USA betreibt, Zwischenprodukte und Rohstoffe in China einkauft, die Produktion in Taiwan erfolgt und das Kapital auf dem deutschen Finanzmarkt besorgt wird. Die Entwicklung in den Bereichen Informations- und Kommunikationstechnologie, im Transportwesen – insbesondere dem Schiffsverkehr –, auf den Kapitalmärkten und die Liberalisierung der internationalen Märkte haben entscheidend dazu beigetragen, dass sich die „Globalisierung" in den letzten Jahren deutlich beschleunigt hat.

Beispiel:

Der Fahrradhersteller FADD OHG aus Dortmund lässt seine in den USA entwickelten Rennräder in Taiwan produzieren. Das Aluminium für den Rahmenbau wird dafür in China eingekauft. Die beiden Eigentümer haben ihr Unternehmen vor zehn Jahren mit Eigenkapital in Höhe von 600 000,00 € und einem Kredit der Volksbank Dortmund über 500 000,00 € gegründet.

Der wirtschaftliche Globalisierungsprozess wird stark von multinationalen Unternehmen geprägt, die in vielen Ländern der Welt vertreten sind und in ihrer Branche eine Vormachtstellung einnehmen. Solche sogenannten **Global Player** produzieren weltweit und versorgen die Weltmärkte mit ihren Produkten oder Dienstleistungen.

Beispiel:

Toyota, als der im Jahr 2015 größte Automobilhersteller der Welt, produziert in mehr als 50 außerjapanischen Produktionsstätten und verkauft über 5 Millionen Fahrzeuge weltweit. Weitere Global Player sind z. B. Sony, Nike, adidas, VW, Apple, Coca-Cola.

Rahmenbedingungen der Globalisierung

Die Globalisierung wird insbesondere durch Entwicklungen im Bereich der **Informations- und Kommunikationstechnologie**, der **Transportkosten und -technik**, der **Liberalisierung des Austausches auf den Güter-, Finanz- und Arbeitsmärkten** vorangetrieben.

Die Fortschritte in der **Informations- und Kommunikationstechnologie** können als stärkste Triebfeder für die rasante Entwicklung der Globalisierung in den letzten Jahren betrachtet werden. Moderne Satellitentechnik und das **Internet** machen die Welt zu einem globalen Dorf, in dem Unternehmen mit ihren Handelspartnern auf der ganzen Welt rund um die Uhr ohne Probleme kommunizieren. E-Mail, Videokonferenz, Chat oder ein Telefongespräch stehen den Unternehmen heutzutage zum günstigen Preis zur Verfügung. Das mobile Internet per Smartphone oder Tablet war ein weiterer Schritt zur „einfachen" **weltweiten Kommunikation**. Der moderne Datenaustausch vereinfacht nicht nur den internationalen Handel von Gütern, sondern ermöglicht auch die weltweite Vernetzung von Spezialisten verschiedenster Fachbereiche und damit den Austausch von Dienstleistungen.

Die in den letzten Jahrzehnten stark sinkenden **Transportkosten** und neue **technische Entwicklungen** im **Gütertransport** sind weitere Faktoren, die den globalen Handel vorangetrieben haben. Dies gilt insbesondere für den Schiffsverkehr mit mittlerweile riesigen Ladekapazitäten und moderner kostensparender Containertechnik.

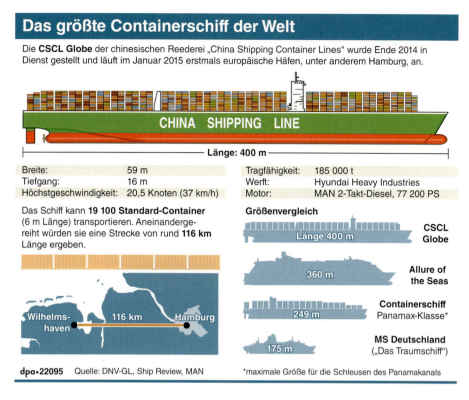

Das größte Containerschiff der Welt

Die **CSCL Globe** der chinesischen Reederei „China Shipping Container Lines" wurde Ende 2014 in Dienst gestellt und läuft im Januar 2015 erstmals europäische Häfen, unter anderem Hamburg, an.

Länge: 400 m

Breite:	59 m
Tiefgang:	16 m
Höchstgeschwindigkeit:	20,5 Knoten (37 km/h)

Tragfähigkeit:	185 000 t
Werft:	Hyundai Heavy Industries
Motor:	MAN 2-Takt-Diesel, 77 200 PS

Das Schiff kann **19 100 Standard-Container** (6 m Länge) transportieren. Aneinandergereiht würden sie eine Strecke von rund **116 km** Länge ergeben.

Wilhelms-haven — 116 km — Hamburg

Größenvergleich

Länge 400 m — **CSCL Globe**

360 m — **Allure of the Seas**

249 m — **Containerschiff** Panamax-Klasse*

175 m — **MS Deutschland** („Das Traumschiff")

dpa•22095   Quelle: DNV-GL, Ship Review, MAN   *maximale Größe für die Schleusen des Panamakanals

Auch die **Liberalisierung der Märkte** kann als Grund für Globalisierungsprozesse identifiziert werden. Internationale Vereinbarungen zur Abschaffung oder Verringerung von hohen Zöllen führten dazu, dass sich nationale Märkte für den globalen Markt öffnen konnten. Unterstützt wurde diese Entwicklung durch die Lockerung die Einfuhrbestimmungen, was zur weiteren Auflösung der bisherigen Handelshemmnisse führt und den globalen Handel weiter vorantreibt.

Die bestehenden weltweiten Unterschiede im Bereich der **Lohnkosten** müssen als weiterer wichtiger Grund für die Globalisierung betrachtet werden. Dadurch wird die Situation der **niedrig qualifizierten Arbeitnehmer(innen)** in den traditionellen Industrieländern schwierig, da sie nun in direkte Konkurrenz mit Arbeitnehmern aus **Niedriglohnländern** treten. Andererseits haben gut **qualifizierte und flexible Fachkräfte** die Möglichkeit, weltweit Beschäftigung zu finden. Allerdings gibt es auch hier mittlerweile eine Konkurrenzsituation, da das Einkommen eines z. B. in Indien qualifizierten Ingenieurs deutlich niedriger ist, obwohl das Qualifikationsniveau als ähnlich gut wie in den Industrieländern eingestuft wird.

Auswirkungen der Globalisierung

Globalisierung ist ein Thema, das viel diskutiert wird, weil es neben positiven Auswirkungen auch zu kritischen Entwicklungen für Unternehmen, Konsumenten und auch die Umwelt führt.

Auswirkungen der Globalisierung	
positiv	**negativ**
• die Öffnung der globalen Absatzmärkte für Unternehmen	• Wettbewerbsdruck für Kleinunternehmen
• weltweiter Beschaffungsmarkt für Rohstoffe und Zwischenprodukte	• Macht der „Global Player" steigert sich weiter
	• hoher Preisdruck für Produzenten
• Verlagerung von Unternehmensbereichen ins Ausland zu günstigeren Rahmenbedingungen	• Gefahr des Verlustes von Arbeitsplätzen z. B. durch Produktionsverlagerungen in den Industrienationen

Auswirkungen der Globalisierung	
positiv	**negativ**
• neue Arbeitsplätze in den Schwellenländern entstehen	• „schlechte" Arbeitsbedingungen in den Niedriglohnländern
• Durch Standortverlagerung der Unternehmen kann der Wohlstand in den Niedriglohnländern steigen.	• Umweltverschmutzung durch niedrige Umweltstandards in den „neuen" Produktionsstandorten und hohes Transportaufkommen
• Konsumenten können „grenzenlos" Waren und Dienstleistungen „einkaufen" und dieses vielfach günstiger.	• Gefahr von Ressourcenverschwendung
	• globale Finanzmärkte sind sehr krisenanfällig
• Technischer Fortschritt kann sich schneller auch in Entwicklungsländern verbreiten.	• Know-how-Verlust z. B. beim Verkauf von Hochtechnologie nach Asien

Deutschland und die Globalisierung

Deutschland gilt aktuell als einer der größten Profiteure der Globalisierungsprozesse. In vergangenen Zeiten spielten beim Export die Güter, deren Herstellung auf billige Arbeitskräfte basierte, und Rohstoffe eine entscheidende Rolle für die Handelsbilanz. Diese Situation hat sich geändert und spielt dem Autobauer- und Maschinenland Deutschland in die Hände. Insbesondere beim Handel mit technisch aufwendigen Gütern spielt Deutschland eine wichtige Rolle und nimmt weltweit eine klare Führungsrolle ein. Interessant ist, dass beim Bewerten der wirtschaftlichen globalen Leistungsfähigkeit, neben den traditionellen Exportbereichen Waren, Dienstleistungen, Finanzen und Arbeitskräfte, auch der Bereich der grenzüberschreitenden Datenströme betrachtet wird.

Beispiel:

Die Geschäftsführung der Sommerfeld GmbH konferiert jeden ersten Montag im Monat mit einem wichtigen Zulieferer von Fertigteilen aus China in einer Skype-Videokonferenz.

Deutschland ist der Sieger der Globalisierung

Die am besten vernetzten Länder
Gesamtranking aus fünf Kategorien[1]

Land	Waren	Dienstleistungen	Finanzen	Personal	Daten/Kommunik.
1. Deutschland	**3**	**5**	**7**	**5**	**2**
2. Ver. Staaten	8	9	5	1	7
3. Singapur	2	3	4	18	5
4. Großbritannien	13	6	9	7	3
5. Niederlande	6	7	15	29	1
6. Frankreich	9	10	36	15	4
7. Kanada	16	22	13	9	18
8. Russland	19	30	16	2	21
8. Italien	11	20	31	16	10
10. Belgien	4	8	30	39	11
10. Spanien	21	12	35	12	12

1) Werte von 2012, Personal von 2010, Daten/Kommunikation von 2013. 2) Länderübergreifende Datenverbindungen.

Der Datenverkehr steigt enorm
in Billionen Megabyte pro Sekunde[2]

+1769 %

05 06 07 08 09 10 11 2012

45 40 35 30 25 20 15 10 5 0

Quelle: McKinsey / F.A.Z.-Grafik Piron

Dabei darf sich Deutschland nicht auf seiner Führungsposition ausruhen, die auf dem gegenwärtigen Vorsprung im notwendigen Know-how für die Produktion der Güter beruht. Länder wie China oder Brasilien holen schnell auf.

> **Beispiel:**
>
> *Deutsche Autobauer wie Mercedes, Volkswagen und BMW exportierten im Jahr 2015 nach Angaben des Verbandes der Autoindustrie (VDA) ca. 4,5 Millionen Personenkraftwagen ins Ausland.*

Standortverlagerung

Der enorme **Wettbewerbs- und Preisdruck** führt bei Unternehmen zu einer Diskussion über die **Standortverlagerung**. Insbesondere die niedrigeren **Lohnkosten** und der **Zugang** zu neuen **Absatzmärkten** stehen für viele Unternehmen im Zentrum ihrer Überlegungen, obwohl es noch eine Vielzahl weiterer Faktoren als Entscheidungsgrundlage für Standortentscheidungen gibt. Aspekte wie Steueranreize oder eine geringe Regulierung durch den Staat können weitere Motive der Unternehmen sein, ihre Standorte zu verändern.

Nicht nur für große Unternehmen ist eine Standortverlagerung aufgrund der **Kosten- und Marktchancen** von großer Attraktivität. Auch kleine und mittlere Unternehmen befassen sich zunehmend mit Verlagerungsentscheidungen. In dieser Gruppe der Unternehmen spielen allerdings eher die EU-Mitgliedsstaaten als Zielländer eine Rolle. Demgegenüber setzen große Unternehmen auf den asiatischen Raum als Ziel für einen neuen bzw. weiteren Standort.

Befragungen der Unternehmen nach der Standortverlagerung haben ergeben, dass sich bei einem großen Anteil der Unternehmen die Erwartungen an ein Engagement im Ausland erfüllt haben. Die Ziele, einen neuen Markt zu erschließen und die Lohnkosten zu reduzieren, konnte von vielen Unternehmen erreicht werden.

Auf der anderen Seite musste festgestellt werden, dass es bei einem nicht unerheblichen Anteil der Unternehmen zu einer **Rückverlagerung des Standortes** gekommen ist. Die Rückverlagerung gegründet sich oftmals darin, dass sich Erwartungen an das Qualitätsniveau der Produkte nicht erfüllt haben oder große Probleme in der Lieferfähigkeit der hergestellten Produkte aufgetreten sind.

Wie viel Arbeit kostet

Arbeitskosten 2014 (Bruttoverdienst plus Lohnnebenkosten) pro Stunde (in Euro)

Land	Arbeitskosten
Dänemark	42,00 €
Belgien	41,10
Schweden	40,20
Luxemburg	35,70
Frankreich	35,20
Niederlande	33,50
Finnland	32,90
Deutschland	31,80
Österreich	31,70
Irland	28,40
Italien	27,40
EU	24,40
Großbritannien	22,20
Spanien	21,00
Zypern	15,70
Slowenien	15,50
Griechenland	14,40
Portugal	12,60
Malta	11,80
Estland	10,20
Slowakei	10,00
Tschechien	9,60
Kroatien	9,30
Polen	8,20
Ungarn	7,80
Lettland	7,00
Litauen	6,60
Rumänien	4,80
Bulgarien	3,80

Quelle: Stat. Bundesamt

dpa·22578

Beispiele:

Überblick über einzelne Rückverlagerungsfälle		
Firma/Produkt	**Verlagerungsort/jetziger Produktionsort**	**Grund der Rückkehr**
Terra Tec Computer: Soundkarten	Taiwan → Mönchengladbach	Know-how-Diebstahl
ABB-Stotz-Kontakt: Sicherungs- automaten zur Kurzschlussver- hinderung	Portugal, Spanien, Singapur → Heidelberg	mehr Kundennähe erforderlich (schnellere Lieferung, höhere Flexibilität)
Bertrand Faure: Autositze	Produktion mithilfe tschechischer Zulieferer → Regensburg	lange Wartezeiten an der Grenze, dadurch Produktionsverzögerun- gen und teure Überstunden
Sennheiser electronic GmbH: Elektroakkustik (Mikrofone, Kopfhörer, Empfängerboxen)	Shanghai → Burgdorf bei Hannover	Qualitätsmängel, Lieferengpäs- se, Know-how-Diebstahl
Fujitsu ICL: Montage der ASI- Computer	Taiwan → Sommerda/Thüringen	hohe Fracht- und Finanzierungs- kosten (acht Wochen Seefahrt), Wertverlust durch schnelle Entwicklung der Technik

Quelle: Philipp, Marc: Rückverlagerungen deutscher Unternehmen aus dem Ausland, Zugriff am 13.11.2015 unter:

www.rueckverlagerung.de/presseberichterstattung.html

Chancen und Risiken der Globalisierung beurteilen

- Unter dem Begriff **Globalsierung** wird der Prozess der internationalen **Verflechtung** von Wirtschafts- unternehmen und das **Verschmelzen** der Wirtschaftsmärkte über die Grenzen einzelner Staaten hinaus verstanden.
- Auf den **globalen Wirtschaftsmärkten** findet ein Austausch von Waren, Dienstleistungen, Kapital und Arbeitskräften statt.
- Multinationale Unternehmen (**Global Player**) agieren weltweit und bestimmen die Entwicklungen maßgeb- lich.
- Der Prozess der Globalisierung wird durch die Entwicklungen in der **Informations- und Kommunikati- onstechnologie**, im Bereich **Transporttechnik** bzw. **-kosten** und durch die **Liberalisierung der Märkte** beschleunigt.
- Neben einer Vielzahl von **positiven Auswirkungen** der **Globalisierung** gibt es für Unternehmen, Kon- sumenten und die Umwelt auch **negative Entwicklungen**.
- **Deutschland** gilt als einer der **Gewinner** im **Globalisierungsprozess** und im internationalen Ver- gleich als sehr leistungsfähiges Exportland.
- Begründet durch **niedrige Lohnkosten** und Chancen auf die **Erschließung neuer Märkte, verlagern** viele Unternehmen ihren **Standort** ins Ausland.
- Nicht erfüllte Erwartungen an die Standortverlagerung, wie eine nicht ausreichende Kostenreduzierung in der Produktion, Qualitätsverluste oder Lieferengpässe, führen in einigen Fällen zu einer **Rückverla- gerung des Standortes** der Unternehmen.

Übungsaufgaben

1. Erläutern Sie die wichtigsten Ursachen für die Prozesse der Globalisierung.

2. Geben Sie jeweils zwei Beispiele für multinationale Unternehmen als „Global Player" aus folgenden Wirtschaftsbereichen.
    a) Automobile   b) Textilien   c) Möbel
    d) Mobiltelefone   e) Fahrräder   f) Gastronomie

3. Nennen Sie je drei Vor- und Nachteile der Globalisierung.

4. Erläutern Sie die möglichen Beweggründe eines deutschen Möbelherstellers, seinen Produktionsstandort nach China zu verlagern.

5. Beschreiben Sie, wie Deutschland seinen internationalen Spitzenplatz innerhalb der Industrienationen insbesondere gegen die aufstrebende Konkurrenz der Schwellenländer wie China oder Brasilien behaupten kann.

6. Recherchieren Sie im Internet die wichtigsten Argumente der Globalisierungsgegner.

7. Begründen Sie, warum eine Standortverlagerung in ein Niedriglohnland für ein Unternehmen auch den Produktionsstandort Deutschland sichern kann.

7.4 Die Möglichkeiten des Lebens, Lernens und Arbeitens in Europa erkennen

Eriks Wark, Auszubildender zum Mechatroniker in der KFZ-Siebert KG, erfährt in der Berufsschule auf einer Informationsveranstaltung vom EssGro-Projekt. Hierbei bietet die Essener Berufsschule in Zusammenarbeit mit einer Groninger Berufsschule zehn jungen Auszubildenden die Möglichkeit, ein 4-wöchiges Auslandspraktikum zu absolvieren. Eriks ist total begeistert. Einen Monat in den Niederlanden zu arbeiten und zu leben, das sieht er als tolle berufliche und persönliche He-

rausforderung an. Jetzt muss er nur noch seinen Chef überzeugen. Am nächsten Tag im Betrieb spricht er sofort den Geschäftsführer Jan Siebert an, und berichtet ihm von seinem Wunsch, am EssGro-Projekt teilzunehmen.

Jan Siebert: *„Das hört sich ja wirklich spannend an, aber meinst du denn, das du dort wirklich was für deine Ausbildung lernst? Und können wir uns das als Betrieb überhaupt finanziell leisten?"*

Arbeitsaufträge

1 Beschreiben Sie die Ziele eines Auslandspraktikums für Auszubildende und Betrieb.
2 Recherchieren Sie im Internet zu den Förderprogrammen für Auslandspraktika innerhalb der Berufsausbildung. Stellen Sie Ihre Ergebnisse vor.

Der **Europäische Wirtschaftsraum (EWR)** umfasst die Mitgliedsstaaten der Europäischen Union, ferner Island, Lichtenstein, die Schweiz und Norwegen. Dieser Wirtschaftsraum wird von mehr als 520 Millionen Menschen bewohnt und stellt einen der größten Arbeitsmärkte der Welt dar.

Durch die zunehmende wirtschaftliche Verflechtung (Globalisierung) spielen **internationale Erfahrungen** für Unternehmen eine wichtige Rolle. Fast die Hälfte der deutschen Unternehmen haben in ihrem täglichen Handeln schon direkte **Auslandskontakte** (z. B. zu ausländischen Kunden) und weitere haben vor, international tätig zu werden. Dabei sind Kenntnisse in einer Fremdsprache und **interkulturelle Kompetenzen** als Zusatzqualifikation von großer Bedeutung. Das sind Gründe, warum sich immer mehr Menschen innerhalb ihrer schulischen Laufbahn oder im Rahmen ihrer beruflichen Qualifizierung für einen Auslandsaufenthalt entscheiden.

Eine weitere Herausforderung des europäischen Arbeitsmarktes liegt natürlich auch darin, dass versucht werden muss, die Ungleichgewichte der nationalen Arbeitsmärkte in Europa zu verringern. Dafür ist es notwendig, die Bereitschaft der Europäer zu erhöhen, sich grenzübergreifend einen Arbeitsplatz im Ausland zu suchen.

Mobilität der Arbeitskräfte

Der **europäische Arbeitsmarkt** weist neben 2 bis 3 Millionen offenen Stellen gleichzeitig hohe Arbeitslosenquoten und noch höhere Werte bei der Jugendarbeitslosigkeit auf. Europa bietet gute **Chancen,** einen neuen Arbeitsplatz bzw. eine berufliche Ausbildung zu erlangen, wenn die Menschen bereit sind, in ein anderes Land zu ziehen. Das würde dazu führen, dass mit einer Steigerung der Mobilität der Arbeitnehmer bereits ein Beitrag zur Lösung der Probleme der europäischen Krisenländer geleistet werden könnte.

Beispiel:

Das Unternehmen Bosch geht auf der Suche nach Auszubildenden neue Wege, weil der deutschen Wirtschaft aktuell die Lehrlinge ausgehen. Nach einer Werbekampagne in spanischen Zeitungen konnten 50 junge Spanier für eine Ausbildung in Deutschland beim Traditionsunternehmen gewonnen werden. Laut Europäischer Statistikbehörde war im Jahr 2014 in Spanien mehr als jeder zweite Jugendliche arbeitslos.

Die Europäische Sozialcharta

Eine der wichtigsten rechtlichen Grundlagen für das Leben und Arbeiten in Europa ist die Europäische Sozialcharta. In dieser Vereinbarung haben sich die Mitgliedsstaaten des Europarates im Jahr 1961 auf **garantierte Rechte für soziale Sicherheit und angemessene Arbeitsbedingungen** geeinigt. Die Charta beinhaltet 19 Grundrechte mit den Schwerpunkten Arbeitsmarkt, berufliche Bildung, Familie und Chancengleichheit.

Europäische Sozialcharta			
Die unterzeichnenden Länder verpflichten sich, eine Politik zu verfolgen, die es als Ziel hat, die folgenden Rechte und Grundsätze zu gewährleisten:			
Artikel	**Inhalt**	**Artikel**	**Inhalt**
1.	Recht auf Arbeit	11.	Das Recht auf Schutz der Gesundheit
2.	Recht auf gerechte Arbeitsbedingungen	12.	Das Recht auf soziale Sicherheit
3.	Recht auf sichere und gesunde Arbeitsbedingungen	13.	Das Recht auf Fürsorge
4.	Recht auf ein gerechtes Arbeitsentgelt	14.	Das Recht auf Inanspruchnahme sozialer Dienste
5.	Das Vereinigungsrecht	15.	Das Recht körperlich, geistig oder seelisch Behinderter auf berufliche und soziale Eingliederung oder Wiedereingliederung
6.	Das Recht auf Kollektivverhandlungen	16.	Das Recht der Familie auf sozialen, gesetzlichen oder wirtschaftlichen Schutz
7.	Das Recht der Kinder und Jugendlichen auf Schutz	17.	Das Recht der Mütter und der Kinder auf sozialen und wirtschaftlichen Schutz
8.	Das Recht der Arbeitnehmer(innen) auf Schutz	18.	Das Recht auf Ausübung einer Erwerbstätigkeit im Hoheitsgebiet der anderen Vertragsparteien
9.	Das Recht auf Berufsberatung	19.	Das Recht der Wanderarbeiter und ihrer Familien auf Schutz und Beistand
10.	Das Recht auf berufliche Ausbildung		

Quelle: Praetor Intermedia UG: Europäische Sozialcharta, Zugriff am 21.01.2016 unter: www.sozialcharta.eu

In den einzelnen Artikeln werden die entstehenden Verpflichtungen für die Vertragsstaaten genauer definiert.

Beispiel:

Artikel 1 – Das Recht auf Arbeit[1]

Um die wirksame Ausübung des Rechtes auf Arbeit zu gewährleisten, verpflichten sich die Vertragsparteien:

1. zwecks Verwirklichung der Vollbeschäftigung die Erreichung und Aufrechterhaltung eines möglichst hohen und stabilen Beschäftigungsstandes zu einer ihrer wichtigsten Zielsetzungen und Aufgaben zu machen;
2. das Recht des Arbeitnehmers wirksam zu schützen, seinen Lebensunterhalt durch eine frei übernommene Tätigkeit zu verdienen;
3. unentgeltliche Arbeitsvermittlungsdienste für alle Arbeitnehmer einzurichten oder aufrecht zu erhalten;
4. eine geeignete Berufsberatung, Berufsausbildung und berufliche Wiedereingliederung sicherzustellen oder zu fördern.

Auslandspraktikum (Mobilität)

Für eine wachsende Zahl von Unternehmen ist es von großem Interesse, es ihren Auszubildenden zu ermöglichen, an einem **Auslandspraktikum** – auch **Mobilität** genannt – teilzunehmen. Nicht nur für die Unternehmen sondern auch für die jungen Auszubildenden bieten die Auslandspraktika eine große Chance zur beruflichen und persönlichen Entwicklung.

Aktuell haben nur **4 % der Auszubildenden** Erfahrungen im Ausland während ihrer Ausbildung gesammelt. Die deutsche Bundesregierung hat sich zum Ziel gesetzt, dass im Jahr **2020 mindestens 10 %** den Schritt ins Ausland wagen.

Interessenten an einem beruflichen Praktikum im Ausland können sich bei ihrem Ausbilder oder in der Berufsschule informieren. Austauschprojekte werden von den Berufsschulen, den Kammern oder auch von den Betrieben selbst organisiert.

Hinaus in die Welt ...

So viele Auszubildende aus der Bundesrepublik gingen mithilfe von Fördermitteln aus dem Leonardo-da-Vinci-Programm für ein berufliches Praktikum ins Ausland ■ Fördermittel in Millionen Euro

2008	2009	2010	2011	2012	2013
11,1	14,8	16,1	17,5	22,9	25,8
7.149	9.991	10.305	11.221	14.304	15.939

013: bewilligte Auslandsaufenthalte; Quelle: Bundesinstitut für Berufsbildung

Institut der deutschen Wirtschaft Köln

© 2013 IW Medien · iwd 31

1 Quelle: Praetor Intermedia UG: Europäische Sozialcharta, Zugriff am 21.01.2016 unter: www.sozialcharta.eu/europaeische-sozialcharta-9326

Beispiel:

*Das Berufskolleg Mitte der Stadt Essen bietet jungen Auszubildenden im Beruf „Mechatroniker"
ein 4-wöchiges Auslandspraktikum in Kfz-Betrieben im Raum Groningen. Dieser Austausch, das
EssGro-Projekt, wird in Zusammenarbeit mit einer Groninger Berufsschule organisiert, die zeitgleich junge niederländische Auszubildende nach Essen schickt.*

Ziele

Ein Auslandspraktikum bringt nicht nur für den Auszubildenden einen großen **beruflichen** und **persönlichen Nutzen.** Auch die beteiligen Betriebe, Berufsschulen und weiterer Institutionen können
von einem Mobilitätsprojekt profitieren. Die Internationalisierung der Ausbildung und die Möglichkeiten zur **Vernetzung der am Auslandspraktikum Beteiligten** im In- und Ausland birgt eine Vielzahl
von Chancen.

Mögliche **Ziele** eines Auslandspraktikums in der Berufsausbildung:

- Kennenlernen einer fremden **Kultur**, Abbau von Vorurteilen
- Erlernen und Verbessern einer **Fremdsprache**
- Erfahrungen sammeln in einem **ausländischen Schul- und Ausbildungssystem**
- **Fachkenntnisse** (Techniken bzw. Abläufe) erwerben
- Sammeln von **praktischen Erfahrungen** im ausländischen Betrieb
- Stärkung von **Schlüsselqualifikationen** wie Teamfähigkeit, Selbstbewusstsein und Belastbarkeit
- stärkeres Engagement nach der Rückkehr in den Ausbildungsbetrieb
- europäische **Vernetzung** von Schulen und Betrieben

Beispiel:

*Das Berufskolleg Mitte der Stadt Essen bereitet die Teilnehmer am EssGro-Projekt in einem
interkulturellen Training auf das 4-wöchige Auslandspraktikum in den Niederlanden intensiv vor.
An acht Unterrichtstagen findet, neben der Auseinandersetzung mit der niederländischen Kultur,
ein intensives Sprachtraining statt. Die Teilnehmer verbessern so bereits in der Vorbereitung ihre
Sprachkompetenz und setzen sich mit der niederländischen Kultur auseinander.*

Immer wichtiger wird auch der Aspekt, dass Ausbildungsbetriebe mit dem Angebot eines Auslandspraktikums die Möglichkeiten haben, ihren Ausbildungsplatz attraktiver zu gestalten. Denn insbesondere leistungsstarke Jugendliche schauen bei der Wahl ihres Ausbildungsplatzes genau darauf,
was dieser zu bieten hat.

Rahmenbedingungen

Die Teilnahme am Auslandspraktikum steht **Auszubildenden in allen Ausbildungsberufen** offen.
Der Zeitraum kann bis zu einem Viertel der Ausbildungszeit umfassen. Das heißt, bei einer dreijähri-
gen Ausbildung können **bis zu neun Monate** im Ausland verbracht werden. Der Ausbildungsbetrieb
ist verpflichtet, in dieser Zeit seine **Vergütung** weiter zu bezahlen.

Das Auslandspraktikum wird im Rahmen von sogenannten **Mobilitätsprojekten** von Einrichtungen
der beruflichen Ausbildung geplant und umgesetzt. Zur Unterstützung eines solchen Mobilitätsprojek-
tes können **Fördergelder** beantragt werden. Dafür ist es notwendig, mindestens einen ausländischen
Partner (Berufsschule, Betrieb) in einem der Programmländer zu haben. Das **EU-Förderprogramm
Erasmus+** ermöglicht es Auszubildenden, internationale Erfahrungen in einem der Programmländer
zu erwerben.

!   **Praxistipp:** Informationen zum Förderprogramm und zu den Programmländern finden Sie auf
der Webseite der Nationalen Agentur beim BIBB: www.na-bibb.de.

Beispiel:

Das EssGro-Projekt des Berufskollegs Mitte der Stadt Essen wird über das Förderprogramm Erasmus+ finanziert. Für die Teilnehmer bedeutet das, dass Aufwendungen wie Fahrtkosten, Verpflegung und Unterkunft aus den Fördermitteln bezahlt werden.

Zertifizierung

Für Teilnehmer an Auslandspraktika ist es von großer Bedeutung, die erworbenen Qualifikationen in europaweit vergleichbarer Form zu dokumentieren. Diese Möglichkeit bietet der „Europass", der die im Ausland erworbenen Qualifikationen und Kompetenzen der Praktikanten für den europäischen Arbeitsmarkt in verständlicher Form zertifiziert.

Der Europass besteht aus insgesamt fünf Dokumenten, die jeweils einzeln nutzbar sind:

Europass Lebenslauf	Standardisierte Form eines Lebenslaufes mit Überblick über den Bildungsstand und die Praxis- bzw. Arbeitserfahrungen einer Person
Europass Sprachenpass	Selbsteinschätzung der Sprachkenntnisse einer Person auf Grundlage des Europäischen Referenzrahmens für Sprachen
Europass Mobilität	Dokumentation der während des Auslandsaufenthaltes gesammelten Lern- und Arbeitserfahrungen
Europass Zeugniserläuterungen	Erläuterung von Inhalten und Lernergebnissen der dualen und vollzeitschulischen Ausbildungen, die Berufsabschlüsse europaweit verständlich und vergleichbar macht.
Europass Diploma Supplement	Erläutert Hochschulabschlüsse (für Auszubildende nicht relevant)

Beispiel:

Vier Wochen nach Abschluss des Auslandspraktikums wird Jan Siebert mit seinem Auszubildenden Eriks zu einer feierlichen Übergabe der Zertifikate über eine erfolgreiche Teilnahme am EssGro-Projekt eingeladen. Unter anderem bekommt jeder Teilnehmer den Europass Mobilität ausgehändigt, der die innerhalb des Projektes erworbenen Lern- und Arbeitserfahrungen dokumentiert.

Quelle: Nationales Europass Center (NEC) in der Nationalen Agentur Bildung für Europa beim Bundesinstitut für Berufsbildung (NA beim BIBB), www.europass-info.de

Die Möglichkeiten des Lebens, Lernens und Arbeitens in Europa erkennen

- Der **Europäische Arbeitsmarkt** mit seinen Ansprüchen an die **Mobilität der Arbeitskräfte** stellt für Unternehmen und Arbeitnehmer eine **Herausforderung** und zugleich eine **Chance** dar.
- **Interkulturelle Kompetenzen** und **Fremdsprachenkompetenz** gewinnen als Zusatzqualifikationen in der beruflichen Qualifizierung an Bedeutung.
- Die **Europäische Sozialcharta** gilt als wichtigste rechtliche Grundlage für das Leben und Arbeiten in Europa. Die Zielsetzung dieser Vereinbarung ist es, ein Mindestniveau für **soziale Rechte** und angemessene **Arbeitsbedingungen** in den Mitgliedsstaaten zu sichern.
- **Auslandspraktika (Mobilitäten)** während der Berufsausbildung bieten eine Chance zur persönlichen und beruflichen Kompetenzentwicklung von jungen Auszubildenden.
- **Förderprogramme der Europäischen Union** wie Erasmus+ unterstützen die Vorbereitung und Durchführung der Auslandspraktika finanziell.
- Der **europass** **dokumentiert** und **zertifiziert** die im Ausland erworbenen **Qualifikationen** und **Kompetenzen** in einer europaweit vergleichbaren Form.

Übungsaufgaben

1. Erläutern Sie, welche Chancen der europäische Arbeitsmarkt zur Verringerung der Ungleichgewichte der nationalen Arbeitsmärkte in Europa bietet.

2. Definieren Sie je ein Beispiel für Kompetenzen und Qualifikationen, die den beruflichen Wechsel ins Ausland erleichtern.

3. Die Europäische Sozialcharta ist eine wichtige rechtliche Grundlage für das Leben und Arbeiten in Europa.
   a) Erläutern Sie, in welcher Institution die Europäische Sozialcharta erstellt und vereinbart wurde.
   b) Benennen Sie die Zielsetzung der Europäischen Sozialcharta.
   c) Die Charta soll der Bevölkerung der Unterzeichnerstaaten umfassende soziale Rechte garantieren. Nennen Sie vier Beispiele von Rechten aus der Europäischen Sozialcharta.

4. Recherchieren Sie mögliche Ansprechpartner für ein Auslandspraktikum innerhalb Ihrer Ausbildung.

5. Stellen Sie dar, welche Unterstützung das EU-Förderprogramm für Auslandspraktika bietet.

6. Ein Auslandspraktikum kann dem Auszubildenden, aber auch dem Ausbildungsbetrieb einen großen Nutzen bringen. Nennen Sie je zwei mögliche Ziele eines Auslandspraktikums für den teilnehmenden Auszubildenden und den Ausbildungsbetrieb.

7. Daniela Schaub hat ein vierwöchiges Auslandspraktikum bei einem Möbelhersteller in Finnland absolviert. Das Praktikum wurde von der Kreishandwerkskammer geplant, vorbereitet und durchgeführt. Im Rahmen einer Abschlussfeier bekommt Daniela den „europass Mobilität" ausgehändigt.
   a) Erläutern Sie die Bedeutung des „europass Mobilität".
   b) Nennen und beschreiben Sie weitere Dokumente, mit denen der europass, die im Ausland erworbenen Qualifikationen und Kompetenzen der Praktikanten zertifiziert.

Gebundene Prüfungsaufgaben

1. Geben Sie an, welche Wirtschaftsordnung in der Bundesrepublik Deutschland umgesetzt wird.
   - a) Planwirtschaft
   - b) Zentralwirtschaft
   - c) Freie Marktwirtschaft
   - d) Soziale Marktwirtschaft

2. Entscheiden Sie, welche Institution in der sozialen Marktwirtschaft das Einhalten von Regeln überprüft.
   - a) Industrie- und Handelskammer
   - b) jedes Unternehmen in Eigenverantwortung
   - c) Bundeskartellamt
   - d) Wirtschaftsministerium

3. Ein wichtiges Merkmal der sozialen Marktwirtschaft ...
   - a) ... ist die Steuerung von Angebot und Nachfrage über eine freie Preisbildung.
   - b) ... ist die Festlegung von Höchstpreisen durch den Staat.
   - c) ... ist staatlicher Einfluss auf den Umweltschutz.
   - d) ... sind Produktionsmittel in staatlichem Eigentum.
   - e) ... sind staatliche Wirtschaftspläne.

4. Geben Sie an, welches Ziel der Internationale Währungsfond (IWF) verfolgt.
   - a) Überwachung der internationalen Währungs- und Wechselkurspolitik
   - b) Preisstabilität innerhalb der Europäischen Union
   - c) Unterstützung von Kreditinstituten bei Zahlungsschwierigkeiten
   - d) Förderung der wirtschaftlichen Entwicklung in den Mitgliedsländern

5. Entscheiden Sie, wie viele Mitgliedsländer der EU den Euro als Währung eingeführt haben.
   - a) 12
   - b) 19
   - c) 22
   - d) 27

6. Prüfen Sie, bei welcher Aussage es sich um eine negative Folge der Globalisierung handelt.
   - a) Arbeitnehmer finden auch im Ausland Arbeitsplätze.
   - b) Der Wohlstand in den Dritte-Welt-Ländern verbessert sich.
   - c) Die Verschmutzung der Umwelt in den Entwicklungsländern nimmt zu.
   - d) Der weltweite Verbrauch fossiler Brennstoffe ist gesunken.

7. Die Vereinbarungen der Europäischen Sozialcharta sollen den Menschen in den Vertragsstaaten ...
   - a) ... das Recht auf Arbeit sichern.
   - b) ... eine hohe Altersversorgung garantieren.
   - c) ... einen hohen Lebensstandard ermöglichen.
   - d) ... den unentgeltlichen Besuch kultureller Veranstaltungen ermöglichen.

8. Geben sie an, welches Dokument die im Auslandspraktikum gesammelten Lern- und Arbeitserfahrungen europaweit vergleichbar zertifiziert.
   - a) euro**pass** Lebenslauf
   - b) euro**pass** Sprachenpass
   - c) euro**pass** Mobilität
   - d) euro**pass** Zeugniserläuterungen

9. Das EU-Förderprogramm Erasmus+ ermöglicht es ...

   a) ... Auszubildenden, internationale Erfahrungen in einem der Programmländer zu erwerben.

   b) ... jungen Menschen, in sozialen Einrichtungen in Entwicklungsländern zu arbeiten.

   c) ... Führungskräften aus der Wirtschaft, an Weiterbildungsmaßnahmen im Ausland teilzunehmen.

   d) ..., zur Prüfungsvorbereitung an Seminaren im Ausland teilzunehmen.

10.

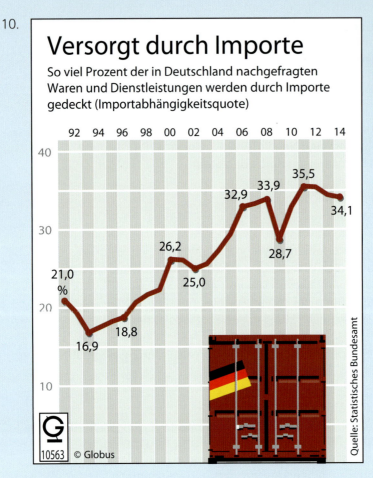

Die Bundesrepublik Deutschland ist international gesehen eine der größten Exportnationen. Auf der anderen Seite wird ein Großteil der in Deutschland nachgefragten Waren und Dienstleistungen durch Importe gedeckt. Beschreiben Sie die Aussagen des folgenden Schaubildes in eigenen Worten.

11. Die Globalisierung ist eine Entwicklung, die neben positiven Auswirkungen auch negative Folgen zu verzeichnen hat. Nennen Sie je zwei positive und negative Auswirkungen der Globalisierung.

12. Geben Sie zwei Beispiele für staatliche Eingriffe in die soziale Marktwirtschaft an.

13. Die ersten Schritte zum Auslandspraktikum sind oftmals, dass ein Auszubildender an einem Mobilitätsprojekt der Berufsschule teilnehmen kann und der Ausbildungsbetrieb vom Nutzen der Teilnahme überzeugt werden muss. Formulieren Sie vier mögliche Argumente für ein Auslandspraktikum in der Berufsausbildung.

14. Die vier euro*pass*-Dokumente für Auszubildende beschreiben Kompetenzen und Qualifikationen europaweit transparent und verständlich. Nennen und erläutern Sie die vier euro*pass*-Dokumente.

Gesetzesabkürzungen

Abfallgesetz	AbfG
Aktiengesetz	AktG
Abgabenordnung	AO
Bildschirmarbeitsplatzverordnung	BildscharbV
Bürgerliches Gesetzbuch	BGB
Bundes-Immissionsschutzgesetz	BlmSchG
Gesetz über elektronische Handelsregister und Genossenschaftsregister	EHUG
Einkommensteuergesetz	EStG
Gebrauchsmustergesetz	GebrMG
Gefahrgutverordnung	GGV
Genossenschaftsgesetz	GenG
Geräte- und Produktsicherheitsgesetz	GPSG
Geschmacksmustergesetz	GeschmMG
Gesetz gegen den unlauteren Wettbewerb	UWG
Gesetz gegen Wettbewerbsbeschränkungen	GWB
Gesetz zum Mindestlohn	MiLoG
Gewerbeordnung	GewO
Grundgesetz	GG
GmbH-Gesetz	GmbHG
Handelsgesetzbuch	HGB
Kreislaufwirtschaftsgesetz	KrWG
Markengesetz	MarkenG
Patentgesetz	PatG
Produkthaftungsgesetz	ProdHaftG
Scheckgesetz	SchG
Schulgesetz	SchulG
Signaturgesetz	SigG
Strafgesetzbuch	StGB
Umweltverträglichkeitsprüfungsgesetz	UVPG
Verpackungsverordnung	VerpackV
Zivilprozessordnung	ZPO

Sachwortverzeichnis

Bildquellenverzeichnis